ALL BLACKS

勝者の系譜

THE JERSEY

THE SECRETS BEHIND THE WORLD'S MOST SUCCESSFUL TEAM

PETER BILLS

ピーター・ビルズ

西川知佐 訳

TOYOKAN BOOKS

アカロア湾のカンタベリー植民地。初期植民地での生活は過酷を極めた。1851 年から 1860 年にかけてアカロアでは、24 人の遺体が埋葬されている。当時の平均寿命は 27 歳にも満たなかった。
(DEA / BIBLIOTECA AMBROSIANA / Getty Images)

主将ジョー・ウォーブリック（ンガティ・ランギティヒ部族）率いる「ニュージーランド・ネイティブズ」。シルバー・ファーンが施された黒衣をまとって海外遠征を行った最初のチームで、107 試合をこなした。
(Bob Thomas / Popperfoto / Getty Images)

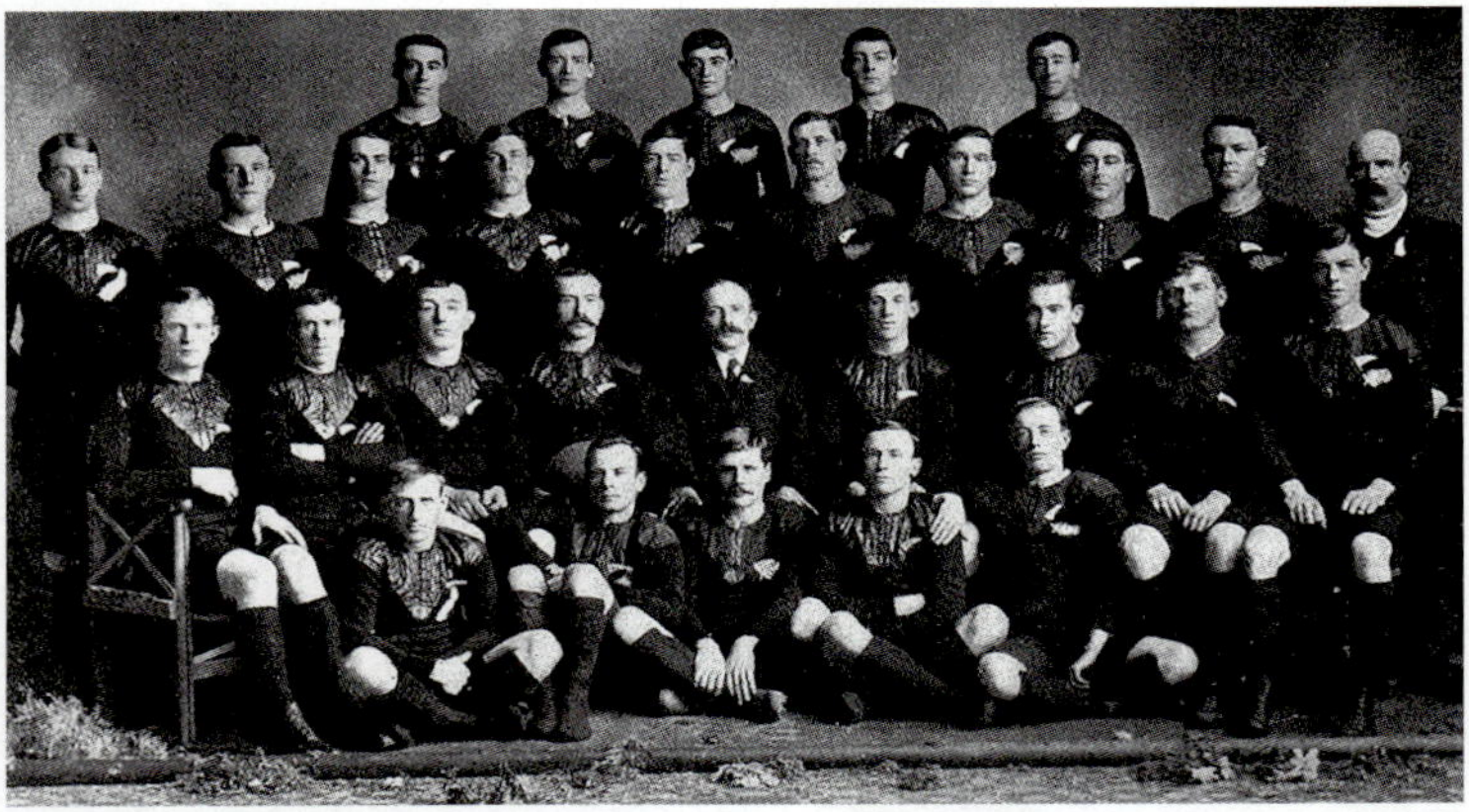

1905 年に北半球遠征を行った初代オールブラックス。成績は 35 戦 34 勝だが、1 戦だけ 0 対 3 でウェールズに敗れている。この遠征にて、世界にハカとオールブラックスが知れ渡ることとなったと言われている。（Bob Thomas / Popperfoto / Getty Images）

1905 年生まれのネピアは、1924 年の北半球遠征にてその名を知られるようになる。マオリ人選手として有名なだけでなく、歴代オールブラックスの中でも特に優れたフルバックでもある。（Francis M. R. Hudson / Getty Images）

ベルギー、イーペルにある、第一次世界大戦の戦地で死亡したマオリ人兵士の墓の一つ。コモンウェルス戦争墓地委員会によって大切に管理されている。（Jack Taylor / Getty Images）

左からマイク・クロン、イアン・フォスター、ギルバート・エノカ、スティーブ・ハンセン、ウェイン・スミス。過去 10 年間にわたって、サー・グラハム・ヘンリーとともに世界最高のコーチ、マネジメントチームとして活躍してきた。

（Phil Walter / Getty Images）

ニュージーランドラグビー協会スティーブ・チュー CEO（左）と、元オールブラックスコーチのウェイン・スミス（右）。ニュージーランドがラグビー界に君臨する上で大きく貢献した。

（Marty Melville / Getty Images）

オークランド・グラマープレスクールの選手らと握手を交わす元オールブラックスのサー・ブライアン・ウィリアムズ。（Phil Walter / Getty Images）

テ・クイティにある自身の銅像の前に立つコリン・ミーズ。20 世紀最高の選手と謳われた。2017 年に他界する少し前に撮影。（Hannah Peters / Getty Images）

ブライアン・ウィリアムズ。卓越したパワーとバランスで、誰にも止められない圧倒的なランを見せた。
（Central Press / Getty Images）

オーストラリア代表でハーフバックを務めたケン・キャッチポール。1968 年の試合中にミーズから受けた行為によって、国際舞台でのキャリアに終止符が打たれた。
（The Sydney Morning Herald / Getty Images）

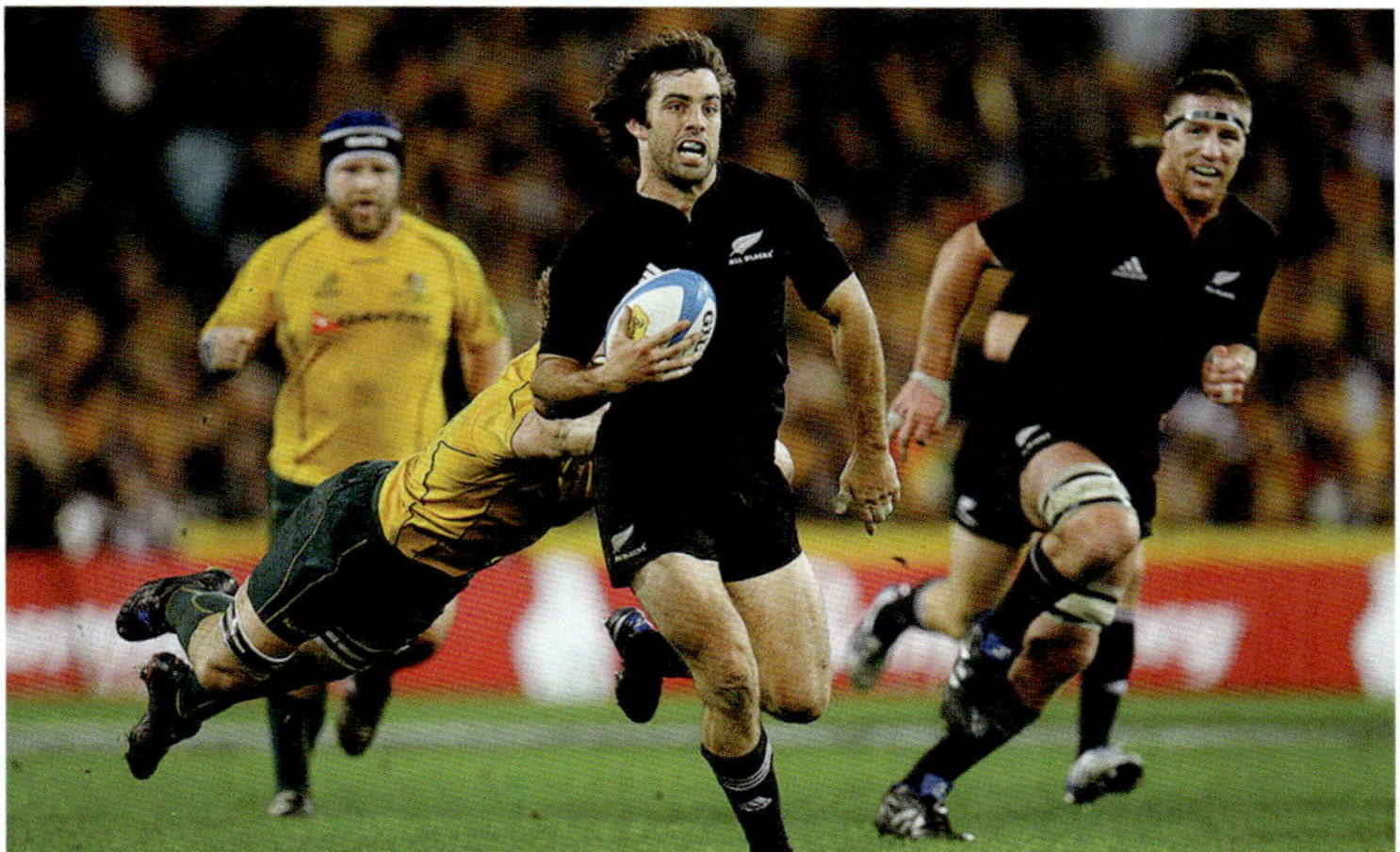

コンラッド・スミス。オールブラックス史上に残る名選手で、2011 年、2015 年のワールドカップ連覇に貢献。ニュージーランド高等法院の法廷弁護士および事務弁護士でもある。
（Cameron Spencer / Getty Images）

ボーデン・バレット。世界ナンバーワンの司令塔。2016 年、2017 年には 2 年連続でワールドラグビー最優秀選手賞を受賞している。（Mike Hewitt / Getty Images）

ワイサケ・ナホロ。オールブラックスが誇る快速ウイングで、2015 年ワールドカップの優勝メンバー。（Matt King / Getty Images）

リアム・メッサム。マオリの血を引き、マオリラグビーを代表する存在。

（Miles Willis / Getty Images）

ジェローム・カイノ。あのサー・コリン・ミーズが「カイノからはタックルされたくない」と語ったほど、歴代オールブラックス随一の頑健さを誇る。

（Hannah Peters / Getty Images）

ファンと交流するソニー・ビル・ウィリアムズ。オールブラックスの選手は、ファンの大切さをよく分かっている。
(Paul Gilham / Getty Images)

2015 年ワールドカップで悲願の連覇を達成した、オールブラックス伝説の二人。ダン・カーター（左）とリッチー・マコウ（右）。カーターは代表史上最多の 1598 得点、マコウは史上最多の 148 キャップを誇る。
(David Rogers / Getty Images)

謝辞

初めてニュージーランドを訪れたのは、一九七五年のことだった。まさに忘れられない体験だった。

ずっと来たかった場所にたどり着くまでに五年もかかった。オークランド、イーデン・パークでのニュージーランド対スコットランドの悪名高き一戦を観戦し、その魅力の虜となった。酒場が午後六時に閉店する悪法「酒場の午後六時閉店規則」（一九六七年廃止）とラグビー選手が主人公の漫画『Loosehead Len（ルーズヘッド・レン）』というニュージーランドを代表する二大アイコンの雰囲気が感じられた時代のことだ。

以来、私は何度となくニュージーランドを訪ねてきた。

二〇一七年には、本書の調査のために五ヶ月ほど滞在した。あの年のニュージーランドは、ムール貝の一種である名物グリーンマッスルの深刻な不漁に見舞われていた。世界最高品質を誇る白ワイン用ブドウ、ソーヴィニヨン・ブランも不作であった。

本書を執筆するにあたり、ニュージーランドのみならず、世界中の人々から多大なる協力を得たことに心から感謝の意を表したい。

完成まで三年の歳月を要したが、その間に九十人以上もの人々に話を聞いてきた。

エージェントを務めてくれたロンドン在住のデイヴィッド・ラクストン、そしてニュージーランドラグビー協会にかつて所属していたイアン・ロングの助力なしには、ここまでたどり着くことはできなかったであろう。

ニュージーランドラグビー協会のスティーブ・チュー会長、オールブラックスのヘッドコーチであるスティーブ・ハンセンにも同様に多大なる支援を受けた。二〇一五年ラグビーワールドカップ中に本プロジェクトの話が持ち込まれたが、二人の助けなしには本書が日の目を見ることはなかったはずだ。

多くの著名なラグビー関係者にも、貴重な時間を割いていただいた。ご協力、そして温かく迎えてくれたことに感謝を申し上げたい。ニュージーランドの友人たちも、本書に対して感想やアドバイスを寄せてくれたり、食事や宿泊場所を提供してくれたりした。

次に挙げる人々は、私の話に耳を傾けては、貴重なアドバイスを与えてくださった。

元オールブラックスのコンラッド・スミス、元南アフリカ代表のコーチであるニック・マレット、マレー、シャロン・ディーカー夫妻、マッセー大学の体育学講師ジェレミー・ハペタ、ニュージーランドラグビー協会のトレイシー・カイ、ピーター・フランクリン、デイヴィッド・メイヒュー、ロジャー・ペイン、イアン・マリン、セルジュ・マニフィカト、ティム・アーロット、ブライアン・ローレンス、リズ・グリフィス。

南アフリカ、そしてイギリスでは、マーク・ボールドウィンがその素晴らしい視点でもって、本プロジェクトを全体的に監督してくれた。

ニュージーランドでも、次の人々にあらゆる面で力になっていただいた。彼らにも改めてお礼を申し上げたい。ロジャー&ディアン・ホール、ロス&トリシア・マッケイ、メアリー&アンドリュー・コロウ、マーガレット・ケネディ、マイク&ベン・ドーマー、ウィル・フェアバーン、ゲイリー・カーター。ダニーデンの素晴らしいサザンクロス・ホテルのサラ・マクドナルド。ヴィック率いるエース・レンタルズ社員一同。彼らこそ、ニュージーランド最高のレンタカー会社だ。

オールブラックスにてコーチ、あるいはマネージメントを務めるスティーブ・ハンセン、イアン・フォスター、ウェイン・スミス、ギルバート・エノカは、それぞれの自宅にて長いインタビューに応じてくれた。サー・ブライアン・ロホア、サー・グラハム・ヘンリー、サー・ブライアン・ウィリアムズ、ジョン・ハート、グラハム・モーリー、アンディ・ヘイデンからも惜しみない協力をいただいた。

オールブラックスのマネージャーであるダレン・シャンドには、二〇一七年ラグビーチャンピオンシップ開催中のニュージーランドとケープタウンで大変お世話になった。セレクターのグラント・フォックスには、スーパーラグビーの試合に連れていってもらっては彼の立場がいかに重要かを詳しく教えてもらい、オークランドでもたくさんの話が聞けた。ノースショアRFCではブラッド・ジョンストンが、マヌカウではフランク・バンスが温かく迎えてくれた。

数多くの人が、わざわざ時間を設けては、貴重な考えを聞かせてくれた。

オールブラックスの現役選手からは、ライアン・クロッティ、デイン・コールズ、ワイサケ・ナホロ、ジェローム・カイノ、アーロン・スミス、ボーデン・バレット、ブローディ・レタリック、ダミアン・マッケンジー、キーラン・リード、ワイアット・クロケット。

他にも、リアム・メッサム、ディグビー・イオアネ、リッチー・マコウ、アンディ・ダルトン、クリス・レイドロー、ルーベン・ソーン、キース・ミューズ、ウェイン・シェルフォード、クレイグ・ダウド、スコット・ロバートソン、トニー・ブラウン、ブレント・インピ、トニー・ジョンソン、サー・ジョン・キー、ハーミッシュ・ライアック、リチャード・キンレイ、ジェロミー・ノウラー、デール・スタンリー、メルヴェ・アオアケ、アンディ・ハンター、ジュディ・クレメント、メリッサ・ラスコー、アン・ブラックマン、グラント・ハンセン、スティーブ・コール、デイヴィッド・ガルブレイス、セリ・エヴァンス、デーブ・アスキューといった名前が挙げられる。

ニュージーランドのスーパーラグビー界のメディア関係者では、クルセイダーズのジュリエット・クリーバー、チーフスのニキータ・ホール、ハイランダーズのアマンダ・グールド、ハリケーンズのグレン・マクリーに力を貸していただいた。

国別に見ると、オーストラリアではブラッド・バーク、ジューン・キャッチポール、ジョン・コノリー、ボブ・ドワイヤー、ジョン・イールズ、アラン・ジョーンズ、ニック・ファージョーンズ、アンドリュー・スラック、ウェイン・スミス、エド・ジョリーに。そして南アフリカではヴィクター・マットフィールド、ゲイリー・プレーヤー、ジョエル・ストランスキー、ブレンダン・フェンター、アリ・バッヒャー、アシュウィン・ヴィレムセ、スティーブ・ネルに大変お世話になった。

イギリスではディック・ベストが有益なアドバイスを与えてくれた。フランスのパリではダン・カーターから、ノルマンディーではサー・トニー・オライリーからそれぞれ深い考察を聞くことができた。ラグビーが盛んな南西フランスではコンラッド・スミス、ピエール・ベルビジェ、パスカル・オンダーツ、アンドレ・ボニファス、フランソワ・モンクラ、ファビアン・ペルーズ、ティエリー・デュソトワールの協力にあずかった。

そしてアイルランドのマンスターでは元オールブラックスのダグ・ハウレットが様々な見解を聞かせてくれ、ウィリー・ジョン・マクブライドとトニー・ワードも快く力を貸してくれた。デイヴィッド・ラクストン・アソシエイツのレベッカ・ウィンフィールドにも惜しみない感謝を捧げたい。同様にロビン・ハーヴィ、ローラ・カー、クロエ・メイ、アレックス・ヤング、ポール・マルティノヴィッチ、そしてマクミラン出版社のスタッフたちにも万謝の意を表したい。本書の完成によって、これまでの恩に報いることができるならば幸いだ。

全ての面で私を支えてくれたアヴリルにも礼を述べたい。本リストの最後にその名があるからと言って、決して感謝の思いが低いわけではない。

残念なことに、本書の執筆中に二人のオールブラックスの元選手が逝去された。サー・コリン・ミーズとイアン・スミスだ。二人には自宅に招待していただいただけでなく、手厚いご支援も受けた。その数ヶ月後に、両者ともそれぞれこの世から旅立たれた。

本書は、ニュージーランドラグビーの決定書などではない。過去にも数多くの素晴らしい専門書が出版されている。それでも私は本書によって、この類い稀な国のラグビーとその黄金期を、これまでになかった視点から捉え直すことができたと感じている。

オールブラックスの歴代選手、歴史の目撃者たるラグビー関係者らの助けを得ながら、よそ者の立場からニュージーランドのラグビーを見つめたのが本書である。これは強みではあっても、決して弱点ではないと出版社も述べている。

たった人口四百八十万人の国が、いかにしてラグビー界の王者に君臨できたのか？

本書によってその問いが少しでも解明できればと思う。ここでは、オールブラックスが世界で最も成功したチームになった数多の背景と理由が、テーブルの上に散らばったパンくずのようにいたるところで見つかるだろう。注意深くそれらを拾い集めては、じっくりと考えてもらいたい。議論に値することであるはずだ。

ピーター・ビルズ

目次

プロローグ

彼はつかの間、嵐の前の静けさの中にいた。絶えず人目にさらされている彼にとって、そこでの一人の時間はとても貴重だった。喧騒に包まれる観客席、飛び交う歓声、敵陣との激しい身体のぶつかり合い。闘牛の世界もかくやという熱狂が彼を待ち受けている。だがこの部屋にいるうちは、まだ一人きりでいられる。

オールブラックスのキャプテンともなると、ニュージーランドではプライバシーはないも同然だ。誰もが国民的英雄の私生活を知りたがり、彼が興味を抱いたものはことごとく調べ上げられ丸裸にされる。そんな世間の好奇の目も、マスコミの無遠慮な視線もここまでは届かない。彼はごく個人的な、そして最後となる儀式を始めた。

ロッカールームの自分の名前が書かれたコーナーへ行くと、壁にかけられていたボストンバッグを手に取り、ジッパーを開ける。一番上には、ニュージーランドの男にとっての神聖な宮殿《ヴァルハラ》が鎮座している。オールブラックスのジャージだ。オーガスタ・ナショナル・ゴルフクラブで行われるマスターズのグリーンジャケットと同じく、限られた者だけに着ることが許された、スポーツ界に燦然と輝く伝説のユニフォームだ。

色は黒。これまでも、これからもずっと黒だ。単なるジャージではない。世界中のニュージーランド人が憧れてやまないラグビーの象徴であり、特別なオーラをたたえた存在だ。オールブラックスは、間違いなくスポーツ史に残る偉大なチームだ。そしてそのジャージは、人々に深い尊敬の念を抱かせ、ときには畏怖すら感じさせる。

彼も幼い頃からずっと憧れてきた。そう思い込んでいた。たった一度でいい。あのジャージに袖を通すことさえ叶えば、それで満足できる。そんなかつての自分の純粋さを思い出しては、彼は頬を緩ませる。実際は満足するどころか、もっと着ていたいという思いが一層強くなっていったことを知っているからだ。

イングランドのトゥイッケナム・スタジアム奥深くにある小さな更衣室で、彼は壁に向かって立ち、自分だけの空間と時間に没頭していた。二〇一五年のワールドカップ決勝戦直前。相手はタスマン海を挟んだ永遠のライバル、オーストラリアだ。オールブラックスは三四対一七で勝利を収め、史上初の連覇を達成することとなる。精神的にも身体的にもタフな試合だ。なにせあの、喧嘩ばかりしながらも離れられない恋人同士のような因縁の相手なのだ。

もうすぐ、耳を聾《ろう》さんばかりの観客の大声援が、戦いの舞台に姿を現す選手たちを迎える。だがその前に、彼はいつもの儀式を終わらせなければならない。

神聖なジャージを両手でつかむと、バッグからそっと取り出した。生まれたばかりの我が子を抱く父親のような、慎重な手つきだ。そしてジャージに顔を近づけると、そのまますずめた。強すぎる思いがあふれ出たわけでも、過度に感傷的になったわけでもない。引退試合ゆえの緊張感を解放しているのでもない。

リッチー・マコウは、自身にとって百四十八回目、そして最後となる国際試合を前に、ほんのいっときだけチームメイトのことを頭から追いやり、しばし自分だけの世界に入り込んでいった。

いつものように、目の前に一人の少年が現れる。少年は、初めてラグビー場を歩いているところだ。大それたフィールドではない。ニュージーランドの美しき南島のワイタキ川とセント・メアリー山脈に挟まれた、ワイタキ渓谷の小さな町クロウにあるごく普通のラグビー場だ。少年がどれほどラグビーに熱中していたか、マコウは振り返っていく。少年はたったの七歳。ブカブカのジャージと短パン、靴下が足首までずり下がった姿で、膝小僧を泥だらけにしながら仲間と駆け回っている。クラブの青年たちが試合をする姿を、タッチラインの外側からじっと眺めている。そこに混ざりたくてたまらないといった様子だ。

少年は、ラインを越えてきたボールを懸命に追っている。誰よりも早くあの皮のボールをつかんでは、ピッチに戻そうと躍起になっている。いつか僕もチームに混ざって試合に出たい。熱い思いで、少年の胸ははち切れんばかりだ。そんな少年の姿を見つめるマコウの顔はほころんでいる。

場面が変わり、最初の恩師バーニー・マコーンとの練習風景が浮かんできた。マコーンは、自分の息子と、その親友で近くの谷に住む農場の息子にラグビーを教えている。その親友こそマコウだった。マコーンは、普及し始めた一八七〇年代からすでに国民にとってアイデンティティの一部となっていたラグビーの基礎について、二人に教えている。

それからマコウは、血も滲むような努力の日々に思いを馳せていく。何年も苛酷な練習をこなし、ラグビーの基礎を体に叩き込み、あらゆる技術を習得した。全てはラグビー界のトップに立つため。長く厳しい道のりだった。紆余曲折に後戻り、坂道もいくつもあった。あまりの辛さに涙し、血も流した。歯をくいしばるような努力の連続だった。

そして少年は、さらに大人の男へと成長していく。かつての希望に満ちた少年は、オールブラックスのジャージを身につけ、さらには最高の栄誉が授けられる。ナショナルチームのキャプテンに就任するのだ。

マコウはジャージに顔をうずめ、外の世界から遠く離れたまま、これこそずっと追い求めてきたものだと自分に言い聞かせていた。彼はこの立場に慣れたくはなかった。かつての自分の姿や辛い道のりを思い出し、その助けを借りて、自分にこびりつきそうな慣れを払い落としたかった。一四八キャップの記録を目前にしてもまだ、彼は自分が置かれた状況を、当然のものとして受け入れることを拒んでいたのだ。

「ああすることで、自分の立場をより強く意識できる気がしたんです。そうしなければスタジアムに行って、ただ漫然と試合をこなすだけになってしまう。僕はどんな試合の前にも一人の時間をとって、自分にこう言い聞かせていました。『ずっとここに立つために頑張ってきたんだろ？　楽しんでこいよ』って。

その言葉が浸透すると、今度は『これが当たり前の状態だと思ってはいけない』という気持ちが強くなるんです。僕のこだわりだったんです。とにかく惰性で試合に出て、適当なプレーをするのは嫌だった。試合が終わった後に『ベストなパフォーマンスじゃなかった。もっと力が出せたはずなのに』とは思いたくなかったんです。

だから試合前には、必ずあの儀式をしていたんです。あのジャージを着られることがどんなに栄誉なことか、当然だと思い込んではいけないんだって、少しだけ立ち止まるようにしていたんです」

チームメイトたちも、マコウにとってこの儀式がいかに重要か、彼が一人になれる時間と空間をどれほど必要としていたか、充分に理解していた。

マコウは、人生の全てをラグビーに捧げてきた。引退後の生活は大きく変わるが、それでも彼の心からラグビーへの情熱が消えることはないだろう。冬の夕暮れ迫る中、地元のラグビー場で父親に「もう一回だけキックさせて」とせがんだ少年のように、いつでも、何度でも、ラグビーは彼の心をつかもうとし続けるのだ。

この先も、マコウはボールを追っていたときのことを繰り返し思い出しては、その度に新鮮な驚きを覚え、大きな活躍ができたことを感謝し続けるだろう。だが彼は自らの活躍よりも、誇らしい気持ちであのジャージを着ることができた事実を、なによりも幸福に感じている。彼が最も誇りにしているのが、祖国ニュージーランドなのだ。

自分を長年のメンバーにできたナショナルチームではなく、あのチームに所属できた自分の方こそ幸せ者だとマコウは述べている。彼は、自身とチームのジャージとのつながりを、たった一言で表している。「名誉」だ。二〇一五年のワールドカップでニュージーランドを優勝に導き、二〇一九年に日本で開催されるワールドカップで前人未到の三連覇を狙うスティーブ・ハンセンヘッドコーチも同様の発言をしている。

ニュージーランドのラガーマンにとって、この「名誉」という言葉は、冬のダニーデンの泥だらけのフィールドと同じくらい親しみ深い存在だ。「名誉」とはジャージそのものを指すのであって、ジャージを着る選手が優れていることを意味するわけではない。ジャージは、ニュージーランドの国民のみならず、世界中の人々から深く崇められている。カンタベリーの農家からブラフの牡蠣漁師。ウェリントンの役人からオークランドの起業家まで、老若男女問わず、あらゆる人々がオールブラックスのジャージに深い敬意を抱いているのだ。

ジャージを目にすれば、敬虔な信者よろしく深く頭を下げる。神聖なジャージに袖を通した者は、それだけで尊敬を集め、特別な存在だとみなされる。

オールブラックスのジャージが、ここまで尊敬される理由はいくつも挙げられるが、身をもって理解するには、ニュージーランドの魂の奥深くまで潜っていかなければならない。ある国民が「世界から忘れられた小国。世界の底に位置する国だ」と言うようなニュージーランドとは、一体どんな国なのだろうか？

二〇一七年、私は五ヶ月かけてニュージーランド中を旅した。ラグビー選手やファンだけでなく、その社会に生きる様々な種類の人々と出会っては話を聞いた。なぜニュージーランドはラグビーが強いのか？　そこになにか特別な理由が存在するのか？　人口四百八十万人の国がどうやってトップランナーたり得るのか？　敗北することがほぼなく、ラグビー界の頂点に君臨し続ける決定的な要因とはなんなのか？

本書は、オールブラックスがどのようにして常勝軍団へと変貌したのか、ニュージーランドだけでなく、世界中でラグビーに携わる人々の助けを得ながら独自の視点で探っていく。

ニュージーランド中のラグビー場を調べれば、それこそ古い紙が床に散乱しているように、その強さを裏付けるデータが大量に見つかるだろう。だが中でも、ある理由だけは際立ってはっきりしている。ニュージーランド人は、チームのためにラグビーをプレーしているのではない。彼らは、国を背負ってプレーしているのだ。

第1章 開拓者のDNA

サー・ウィルソン・ワイナリー、サー・ブライアン・ロホア、リッチー・マコウ、ワイサケ・ナホロその他多数の協力を得て

「母国の土から引き剝がされ、親木から切り取られたとき、私たちは痛みを覚える。その激しい痛みを抱えながら、残りの人生を歩いていかなければならない」

一九世紀ニュージーランド入植者の言葉

キャッチフレーズは「植民地での生活」だった。現代に当てはめれば、クルーズ会社が「地中海の島々を巡る旅」と宣伝しているようなものだろうか。とても魅惑的。でもご注意を。そこでは手厚いもてなしもなければ、沈みゆく夕日を眺めながらカナッペを楽しむような優雅なひと時もなかったからだ。

一九世紀半ば、イギリスとアイルランドの海岸線沿いに点在する、交易の盛んな大小様々な港から、いくつもの船がニュージーランドに向けて出発した。着の身着のまま船に乗り込んだ

人々の心は高鳴りながらも、同時に錨《いかり》のように重く沈み、外洋向けの木造船のようにきしんでいた。荒れ狂う海を乗り越えるのに、風向きによっては三ヶ月から四ヶ月もかかる。心楽しくいられるわけがなかった。

ある悲惨な現実が、船に乗り合わせた人間を結びつけていた。誰もが忸怩《じくじ》たる思いで、新天地を求めて地球の裏側へと旅立つという苦渋の決断を下した。彼らは自分は負け犬だという事実を認めざるを得なかった。

母国での終わりの見えない極貧生活に疲れきった人々が、新たな生活を求めて乗船した。引きずる足で前へ進み、名簿の確認を済ませて荷物を積み込む。一九世紀のイギリスとアイルランドには、いたるところに苦難があふれていた。工業化の波が押し寄せ、あらゆる産業で失業者が続出した。アイルランドではジャガイモ飢饉が起こり、血も涙もない地主や家主に苦しめられる人もいた。そんな窮地から逃れるために、人々は止むを得ずに船に乗り込んだ。

すでにどん底の暮らしなのだ。地球の裏側に行ったって、これ以上悪くはならないだろう。誰もがそう思おうとした。だが、現実とは往々にして思い通りにはいかないものだ。

船乗りたちの間では、ニュージーランドはすでに知られた存在だった。一六四二年、オランダ東インド会社の探検隊を率いた航海者アベル・タスマンが、ニュージーランド南島の西海岸の海図を初めて製作した。そして母国オランダの州にちなんで「新ゼーラント（Nieuw Zeeland）島」と命名した。

だがそれよりもずっと前に、ポリネシアの船乗りたちがこの「新しい島」を発見していたことを、タスマンも認めざるを得なかった。何世紀も前に、ポリネシア人たちはワカ・ホウルアと呼ばれる舷外《げんがい》浮材のついたカヌーに乗り込み、嵐の季節を逃れて南下する鳥の群れを追ってたどり着いていたのだ。彼らが頼りにしたのは太陽、星、海流だった。

トンガの船乗りは「コンパスと違って、太陽と星が方角を間違えることはない」という言葉を残している。

そんな島が「新しい」わけがなかった。何世紀にもわたって、マオリの祖先たちが小さな船で大波を乗り越えて、ポリネシアの島々から命懸けでやってきていたのだ。パケハ（マオリ語で「白人」を指す）が上陸し始めたのは、一九世紀に入ってからだ。マオリ人たちが築いてきた歴史の中に、白人が登場する。現地人の目には不審者として映っただろう。マオリの伝承では、八百年から千年ほど前にクペという名の船乗りが、初めて太平洋を渡って島に上陸したとされている。そしてその妻が、島の海岸を見てこう口にしたという。「雲、白い雲、長くたなびく白い雲」

こうして、マオリの言葉で「白い雲のたなびく国」との意味を持つ「アオテアロア」という名が島につけられた。

遠く離れた島に貧しさに喘《あえ》ぐ人々が、世界中から少しずつ、だが途切れることなく流れ着いていく。一八三二年には、南島に最初のパケハの女性が上陸したと言われている。その八年後、マオリの族長たちとイギリス政府の代理人との間でワイタンギ条約が結ばれ、ニュージーランドは正式にイギリスの植民地となった。

入植者の多くが、祖国では惨めきわまりない生活を送ってきた。スコットランドの織工たちは雀の涙ほどの賃金だったため、幼い我が子が病気にかかって死んでいく姿を前にしても、悲嘆にくれる以外なにもできなかった。グラスゴー、エディンバラ、ロンドン、バーミンガム、リーズ、マンチェスターといったイギリス都市部の貧しい地域では、いくつもの疫病が蔓延していた。

人々に金なんてなかった。彼らには、同じように働き続けても、生活が良くなるとは到底思えなかった。闇に紛れて道行く人を襲う強盗のように、飢え、貧困、苦難が一体となって、多くの人を情け容赦なく打ちのめした。

なかには、最果てのシェトランド諸島からやってくる者もいた。スコットランド北東部の冷たい北大西洋に浮かぶ島で、地主から立ち退きにあった小作人たちだ。ニュージーランドに渡った彼らは、故郷の島とよく似た風景が広がっていることを発見する。だが少なくともここでは地主に追い立てられることはない。

アイルランドでは一八四〇年代後半に大規模なジャガイモ飢饉が起こり、ニュージーランドへの入植者がさらに増加した。織工、農家、家庭内労働者は、飢饉だけでなく、急速な工業化に伴う大量解雇によって生活が脅かされていた。

アイルランドの農家、スコットランドの職工、コーンウェルのスズ炭坑作業員。生き残る道を必死に求めた彼らは、同じ結論にたどり着いた。世界の反対側にある別天地で新たに生活を立て直すしかない。だが目指した島が、どのような場所なのか想像できる者は誰もいなかった。

それよりもまずは海を渡りきることが先だった。イングランドは、古くから海洋国家として栄えてきた。だが海の本当の姿を目にしたことがあり、その恐ろしさを知っていたのはプロの船乗りだけだった。プリマスの救貧院やマンチェスターのスラム街に暮らす女性や子供たちは、大波に翻弄されて激しく揺れる船上がどのようなものか知る由もなかった。

一八三九年九月一八日、最初の入植船オーロラ号が、ケント県のテムズ川下流に位置するグレーブゼンドを出発。翌四〇年一月二二日にニュージーランドに到着した。その四ヶ月の間に、船上で二人の赤ん坊が誕生した。一人目は男の子、二人目は女の子だった。後を追うようにして、オリエンタル号、デューク・オブ・ロックスバー号、ベンガル・マーチャント号、アデレード号も次々と流れ着き、フランスからの移住者も時を同じくしてクライストチャーチ東岸沿いのアカロアに上陸。ヨーロッパからの大量入植が始まったのだ。大量の囚人たちを乗せたファースト・フリートがオーストラリア東岸ボタニー湾に到達した五十二年後に、ニュージーランドは最初のヨーロッパ移住者たちを迎えたのだった。

「鍋、やかん、樽、箱が飛び交い、ドアが開いたり閉まったりする……。海鳴りが響き、風が吹きすさぶ。船が軋み、子供たちが泣きわめく……」

これは一八五〇年代の入植船シャーロット・ジェーン号に乗っていた人物が書き記した言葉だ。一八五一年一月一八日土曜日には、地元の新聞リットルトン・タイムズが、イギリスから四隻の船がやってきたことを伝えている。そのうちの一つがシャーロット・ジェーン号だった。アレクサンダー・ローレンスが船長を務め、容積はたったの七二〇トン。乗船者は百五十四名。うち百四名は質素な三等船室で寝起きしなければならなかったが、その一方で個室が割り当てられた幸運な者も二十六名ほどいた。

出航するとき、移民たちは甲板に立ち尽くしては、濃い霧に包まれたデヴォン海岸沿いの港町プリマスサウンドを見つめていた。母国の姿もこれで見納めだ。誰もが声もなく、湧き上がる悲しみに耐える。それから九十九日後、彼らはニュージーランド南島のクライストチャーチからほど近い港町リットルトンに降り立った。

一八五〇年一二月一六日には、ニュージーランド総督サー・ジョージ・グレイがスループ艦HMSフライで南島に駆けつけ、入植者らを出迎えたとされている。

ある人物の旅の手記には、このような言葉が残されていた。

「故郷の海岸がゆっくり遠ざかる。私は、なんとも言い得ない、気の抜けた感覚に包まれていた。誰もが甲板に立ち尽くし、海岸で振られるハンカチが見えなくなるまで手を振り返し続けた。そんな状況の中、ある詩の一節を思い出していた。私のお気に入りの詩だ……」

私たちを乗せた船はゆっくりと進む
泡立つ波をかき分け
風を突き抜けて
遠ざかる島を惜しむように
小旗がはためく
分かち難くつながった
愛する者との別れが辛くないわけがない
心はさまよいながらも
残した者のもとへ舞い戻ろうとする

風は吹き荒れ、船は激しく揺れた。入植者らが不安を覚えなかったわけがない。ある女性が書いた当時の日記がある。それを読むと、彼らがどれほど過酷な日々をやり過ごさなければならなかったかがよく分かる。

「七月二四日、金曜日。とても寒い日だった。大荒れの夜が終わったと思ったら、昼もひどい有様だった。高波と強風が次々と襲ってくる。わざわざ甲板に出ようとする者など一人もいなかった。暖を取るために、みなで食堂を走り回った。退屈で、惨めで、わびしい一日だった」

「七月二五日、土曜日。天気は良いが、とにかく寒い。風が強ければ、波も荒い。今日も走り回って寒さをしのいだ。乗船から三ヶ月目！　陸地が恋しくてたまらないけれど、先が全く見えない未来について考えるのも怖い」

「七月二七日、月曜日。凍えるほど寒く、雨と風が吹き付ける大荒れの一日だった。これまでになく波が高い。甲板は滑りやすく、乗組員が何人も海に放り出された。甲板に出ようとする乗客は一人もいなかった。いくつもの高波が船尾を越えていく。夕方になって、テーブルから離れて体を温めるために走り始めようとした瞬間、怪物じみた巨大な波が船を襲った。天井に張られた帆布越しに大量の海水が降ってきて、テーブルや椅子など、なにもかもがびしょ濡れになった。いつものように恐ろしくてたまらなかった。船は縦にも横にも大きく揺れていた」

孤独感、恐れ、不安。入植者らは、想像したこともない世界に無防備に投げ込まれていた。サイコロの最後の一振りに、自分の命を賭けているようなものだった。サイコロが止まったとき、彼らは一体どんな顔をしているだろう。無事に旅を終え、自分と家族の未来を託した新天地をその目で見ることができるのだろうか。そもそも、無事に旅を終えられるのだろうか。

シャーロット・ジェーン号のような小型帆船には、せいぜい旧式の医療設備しか搭載されていなかった。誰もが船酔いに悩まされたが、より深刻な病が彼らを襲った。命を落とした者はそのまま海に葬られ、居合わせた人々に複雑な悲しみを与えた。

都市、町、村、へき地——船には、様々な場所からやってきた人々が乗り込んでいた。一八四二年には、六十名の移住者がコーンウォール地方にあるコバー川沿いの町ヘルストンから出発し、ニュージーランド北島の西岸に位置するニュー・プリマスにたどり着いた。誰もがみな、月にでも行くような決心を抱いていたことだろう。当時、イギリスからニュージーランドへの旅は、それほど途方もなく大掛かりなものだったのだ。

島に降り立った人々が目にしたのは、なにもない風景だった。だが、苦痛に満ちた日々を生き延びてきたという事実が、彼らに生きる意欲を与えた。新しい土地での果てない労働を乗り切る上で、大きな力となった。これまでだって何マイルも歩いては、過酷な肉体労働に明け暮れてきたのだ。ここでそれができないわけがない。誰もが汗水たらし、必死に体を動かした。自分たちは、いつだって冷静沈着で、我慢強い。なにより、ここにやってきた決断は間違っていなかった。そう己に言い聞かせるように、誰もが目の前の仕事を黙々と片付けていった。一心に仕事に打ち込むほど、鎮痛剤用の香油を塗られたように両肩の痛みは和らいでいくのだった。その間にも、両島の海岸沿いにいくつもの船が不定期に到着していた。そして一八三九年に、奇妙な出来事が起こった。北島の最北端でワイタンギ条約が締結される少し前のことだ。現在のウェリントン・ハーバーは、マオリ語で「タラ族の偉大なる港（テ・ファンガヌイ・ア・タラ）」と呼ばれていた。かつては、ポート・ニコルソンという名だった。一八二六年にやってきたキャプテン・ジェームス・ハードがこの地を去る前に、当時のシドニー港長ジョン・ニコルソンにちなんで命名したと言われている。その後一九八四年に、ウェリントン・ハーバーへと改名された。

ハードが去ってから十三年後、ニュージーランド会社の最高責任者ウィリアム・ウェイクフィールドが、土地購入の取引のためにこの地へやってきた。襞襟《ひだえり》がついた細身のジャケットと帽子を身につけたウェイクフィールドと側近は、その地に一人の白人の男が暮らしていることを知って大いに驚いた。男の名はジョー・ロビンソンで、元船乗りだったと推測されている。彼がどのようにしてここにやってきたか誰も分からず、本人も話そうとしなかった。脱走兵か、オーストラリアから逃げ出してきた囚人かも分からない。だが過去がどうあれ、ロビンソンはそこで生き延びようとしていた。生活拠点を持ち、結婚し、船大工として働いていた。

ウェイクフィールドは彼の存在に当惑したが、ロビンソンの方こそ脅威にさらされることになる。ウェイクフィールドとの遭遇と、大挙して押し寄せる入植者たちのせいで、彼の隠遁《いんとん》生活は大きく変化した。そして悲劇が起こった。宴の席で酒を飲みすぎたロビンソンは、その場にいた者と喧嘩となり大怪我を負い、オーストラリアからやってきた警察官に拘束されたのだ。罪人の扱いに慣れている警察官らは、ロビンソンをボートに押し込むと、近くの刑務所に連れていったという。その後彼がどうなったかは分かっていない。

一方、リットルトンでは、勇敢な男女が新天地を初めて目にするところだった。「ひどくがっかりした」という表現では足りないほど、彼らの落胆は大きかった。辺りに立ち込める冷たく湿った霧が、彼らの情熱をさらに湿らせた。

「町をひと目見た瞬間に愕然とした。黒く恐ろしい岩山が町をぐるりと取り囲み、圧迫される。イングランドでは決して目にすることのない奇妙な光景だ。なにより衝撃的だったのは、この土地の貧しくうらびれた姿だった。港自体は良かったが、静けさと重たい雰囲気に沈んでいた」

内陸に位置するクライストチャーチも、彼女らの目には同じく寂れた場所に映った。

「オックスフォード大学のクライストチャーチにちなんで名付けられたこの場所は、『平原が続く町』と呼ばれていた。大工がカンナをかけた台所テーブルみたいに、なにもない真っ平らな場所だったのだ。平原が何マイルも続き、どの道も一マイル先までまっすぐに伸びている。あちらも、こちらも、北も、南も、東も、西も、どの方角を向いても、ただただまっすぐなのだ。曲がり道も、起伏も、丘も小山もなにもない。夏だろうが、冬だろうが、このような環境を目にすれば暗く憂鬱な気持ちになる……。とにかく一日一日をやり過ごすだけの毎日だ。楽しみなんてなにもない。全てが恐ろしいほどに退屈なのだ」

入植者たちは、船から運び出した荷物のように重く、鬱々とした気持ちを抱えていた。それでも彼らは、奇跡的にも自分たちの内側に〝神秘の井戸〟を掘り当てては、そこから後世のニュージーランド人が誇る素晴らしい資質をいくつも汲み上げていった。深い深い落胆の底に隠れていた情熱がゆっくりとせり上がり、やがては勇敢さと忍耐強さとなって表面に現れたのだった。

自分たちの手で運命を切り開く。そんな入植者たちの不屈の精神は、この地で生きる人々の特質となっていく。全く違ったタイプの人間の寄せ集めが、世界から取り残され、なにもない未開の地で生き抜くために力を合わせていった。

最も厳しい環境と対峙《たいじ》しなければならなかったのは、なんといっても最初の入植者たちだ。人間らしい生活を立ち上げるために、誰もが貴重な働き手となった。男も女も子供たちも、できることならなんでもした。自分たちの生活を築こうと、全員が労働に没頭した。一八五〇年代から六〇年代にかけて、アカロアには多くの職業が誕生する。農家、小売商人、大工、木《こ》びき、ブッシュマン、教師、郵便配達員、船頭、ホテル管理人、レンガ職人、桶職人、弁護士、医者、税関職員。

どれほど過酷な生活だったのだろう。一八五一年から一八六〇年にかけて、アカロアでは二十四名の遺体が埋葬されている。そのうち四十歳を超えていたのは、たったの四名だけだった。当時の平均寿命は二十七歳にも満たず、ある資料には「自然環境が原因」と記録されている。またニュージーランドに存在しなかった病原菌をパケハが持ち込んだことで、マオリ族とパケハの平均余命の差は大きく開いていく。一八七〇年代後半までにパケハの平均寿命は五十歳を突破。これは当時の世界でも一、二を争う高さだが、一方のマオリ族の平均寿命はとても低く、一八九〇年代初頭で男性二十五歳、女性二十三歳だった。マオリ族の人口は激減していき、一七六九年に十万人だったのが一八九六年には四万二千人ほどにまで落ち込んだ。ヨーロッパから持ち込まれた麻疹《ましん》、おたふく風邪、百日咳《ぜき》、気管支炎、結核などの病原菌によって、マオリ族は次々と命を落としていった。

入植者たちの我慢強くひたむきな姿勢は、この「新しい国」で生きる白人たちの気質の核となり、その後の世代にも脈々と受け継がれていった。遠路はるばる、世界から取り残された荒れ地にやってきた彼らの特徴は、今のニュージーランド人の中にも強く感じることができる。チームワークを重んじ、挫折しても立ち上がり、逆境でも冷静に行動し、自力で困難を乗り越える力を持ち、リスクを負うことも厭わない。ニュージーランドがラグビー界のトップに君臨し続ける理由はいくつもあるが、この国民性こそ最初に挙げられるべきものだろう。

オールブラックスで活躍したサー・ブライアン・ロホアはこう話す。「昔から、ニュージーランドはフィジカルな国でした。現代を生きる私たちも、その流れを受け継いでいます。特にラグビーをプレーする人間は、フィジカルなタイプが多いんです。体同士のぶつかり合いを求め、荒っぽいことを好む。今も昔も変わりません」

入植者たちは、船から降り立った瞬間から全力を尽くした。木を切り倒しては土地をならし、雨風をしのぐための簡単な小屋を建てた。二〇世紀に突入するたった五十年前の話だとはにわかには信じ難い。

魚と鶏は豊富だったが、一九世紀後半から牧羊が主要産業として盛んになっていく。一七七〇年代にキャプテン・ジェームズ・クックによってニュージーランドに最初の羊が持ち込まれ、一八〇〇年代初頭に、主にオーストラリアから羊が次々と連れてこられた。リトアニアからの入植者は、こう記録している。「船から陸地が見えたとき、なんて岩の多い島だろうと誰もが思った。でも徐々に近づくと、その岩が動いていることに気づいた。丘にいたのは大量の羊だったのだ」

その後すぐに、北島よりも南島の方が、放牧に適していることが判明する。北島でもポート・ニコルソン（現在のウェリントン）北部のワイラパなどで放牧されていたが、増加する牧羊農家を賄えるだけの広大な牧草地はなく、雨の多い天候もスペイン原産でオーストラリア経由で運び込まれたメリノ羊の飼育には適さなかった。一八五〇年代後半までには、南島のほとんどの土地がマオリ族から買収されていった。残りの土地は、両島ともにイギリス政府から借り入れていた。カンタベリー平野やオタゴといった乾燥地帯は、他の場所よりも容易に放牧地として活用することができた。

一八四〇年代初頭ウィリアム、ジョン・ディーンズ兄弟がニュージーランドに上陸し、カンタベリー地方リッカートンの約四百エーカーの土地を管理していた。一八五〇年にイギリスからの正式な入植者がカンタベリーに初上陸したが、ディーンズ兄弟はそれよりも前にこの地に降り立っていたので「プレアダマイト（アダム以前）入植者」に分類された。当初は畜牛を飼育していた兄弟だったが、徐々に牧羊へと移行していく。ちなみに彼らが使っていた土地は、現在でもディーンズ家が所有している。オールブラックスに選出され、クルセイダーズの黄金期をコーチとして支えたロビー・ディーンズは、この一族の出身だ。彼の父親は北カンタベリーのシェビオットで農場を営んでいた。ラグビーコーチに就任する前まで、ロビー・ディーンズは職業を「羊飼い」と自称していた。

丘と平野が多く、青々とした草原が広がる南島東岸は、上質なウールで有名なメリノ羊の放牧にうってつけだった。イギリス政府は、入植者らに土地を斡旋する植民会社を通して、ニュージーランドの発展をコントロールしていたが、ニュージーランド政府による数々の非合法な行為には問題も多かった。これらの問題は、今なお完全には解決されておらず、いまだに金銭での保障がなされている。またニュージーランド政府軍とマオリ軍との間でニュージーランド戦争（マオリ戦争）が勃発したのも、イギリス政府がマオリ族の土地を収奪したことが原因だった。

一八〇〇年代にイギリス、アメリカ、ヨーロッパで繊維工業が発展。上質なウールの需要が高まったことで、ニュージーランドの羊毛産業は急成長していく。食肉とウールの両方で利益を上げられる牧羊業は、ニュージーランドの代表産業となっていった。

だが羊毛産業の繁栄も数年で陰りを見せ、二〇世紀末には急速に状況が悪化する。世界的なウールの需要が冷え込み、ニュージーランドの代表産業は勢いを失っていった。事態を解決する方法はただ一つ。羊の大量処分だ。数年間で羊の数は六千万頭から二千万頭にまで減らされ、代わりに好調の酪農業が成長していった。それでも地元でさえ羊肉の値はあまり下がらなかったという。

一九世紀中頃には、羊を育ててその毛を刈ることこそ、ニュージーランドでは最も重要な仕事だとされていた。家族に楽な暮らしをさせたいと願っていた初期入植者らが、そんな未来が待っていることを知れば幻滅していたに違いない。誰もが朝から晩まで薮を刈っては土地を整え、農業を始めた。女だからと過酷な労働を免れることはなかった。

ある母親は十六人もの子供を産んだと言われている。どの子供たちも、建国を支える貴重な働き手だ。当時は少女でも一日で百頭もの羊の毛を刈ることができたと記録されている。その父親ともなると、倍の量はさばけていたに違いない。過酷な状況に置かれれば、女性でも造船までこなすほどだった。軍の組織のように、誰もが互いを少しずつ助け合っていた。

「新しい国」での、終わりのない肉体労働と過酷な仕事が、入植者たちの特質を形作っていった。なかでも精神的な回復力こそ、最も重要な要素だった。この力がなければ、ニュージーランドが一国として成長するには至らなかったはずだ。オールブラックスのジャージに袖を通した男たちにも、この力はしっかりと受け継がれている。

一八八〇年代にリットルトンの港町に降り立った入植者女性は、最初その寂れた風景に大きく落胆した。しかしクライストチャーチ周辺地域に移ると、環境を前向きに受け入れていく。

「公共の建物がいくつもある……。病院は素敵な建物だし、立地もなかなか良い。綺麗な庭があり、近くにはエイボン川が流れている。ここからそう遠くないところには、国で一番の美術館がある。図書館は朝十時から夜の十時まであいている。日曜も夜の七時から九時まで利用でき、町の規模にしては管理も行き届いている。最近では、ヒアフォードという高級ホテルが町の中心部（カテドラル・スクウェア）に建ち、素敵な店もいくつかある。クライストチャーチには、とても感じの良い労働者クラブもある。二、三回足を運んだことがあるけれど、とても楽しい夜を過ごせた」

それでも女性は、気分が深く沈むこともあったようだ。こちらの方が、彼女の本心だったのかもしれない。

「大聖堂付近の中心部を除けば、町には惨めな雰囲気が漂っていて、見た目もひどく貧しい。

美しく凝った建築物などなく、想像力を掻《か》き立てるような魅力的なものも全く見当たらない」

だが現実の前では、憂鬱に沈んでばかりはいられない。生き残るためにとにかく働くしかなかった。この女性も兄弟に宛てた手紙の中で「辛い状況だけれど、それでもなんとかやっていかなければならない」と述べている。仲間と共に目の前の仕事に懸命に取り組むことで、不満の多くが解消されていった。入植者は、なんとか思い通りに生きていけるように一丸となって奮闘したのだ。手からも心からも血が流れたが、同時に不屈の精神が彼らの中にしっかりと根を下ろしていった。この精神は後世にも伝わり、オールブラックスが成功を収める上でも大きな役目を果たしている。

*

両島全域に小規模な初期入植地が次々と芽吹いては、人々の額から流れる汗を水分として大きく成長していった。オタゴの主要都市ダニーデンは「リトル・ペイズリー」として知られていたが、「ニュー・エディンバラ」という名前がつけられそうになったこともあった。これに異を唱えたのがスコットランド人作家であり出版業者のウィリアム・チェンバースだ。一八四三年にはチェンバースは、植民事業を手がけていたニュージーランド会社に対して、「ニュー・エディンバラ」と名付けることを考え直すよう願い入れる手紙を出している。

まだニュー・エディンバラという名に決まっていないようなら、再考を強くお願いしたい。他にも、オールド・エディンバラとの縁が感じられる優れた名前があるはずだ。ゲール語でエディンバラを意味する「ダニーデン」という名はどうだろうか。現在でも詩の中で用いられることもある。町の名に「ニュー」という言葉を使うべきではない。北米には「ニュー」とつく都市が多数存在するが、これは甚だ恥ずかしいことだ。近年では、その名を改めるべきとの声も上がっている。貴社がこのような名前をつけることがあってはならない。

ウィリアム・チェンバース

一八四六年、町の名はダニーデンに正式に変更された。スコットランドとつながりのある「南のエディンバラ」という意味を持つ名に落ち着いたわけだ。実はこの名はラグビーにも深く関係している。ニュージーランドにラグビーを紹介したチャールズ・ジョン・モンローの父親は、スコットランドのエディンバラ出身だったのだ。

スポーツ界の一匹狼として知られていたモンローは、南島北東部ネルソン郊外に生まれ、ネルソン大学を卒業。多額の遺産を受け継いだことを幸いに、気ままな生活を送っていた。国で初めて行われたポロの試合に参加し、ニュージーランド最古のゴルフコースの一つ「マナワツ・ゴルフ・クラブ」の設立にも携わった。パーマストンノースにクレイグロックハートと名付けた大きな家を建てては、クロケットに興じ、マナワツ・クラブでビリヤードやスヌーカーを楽しんだ。

ニュージーランドにラグビーが定着するはずがないという声も聞かれたが、そんなことはなかった。その激しさと荒っぽさが、マオリ、パケハに関係なく、血気盛んな若者にぴったりだったのだ。畑仕事や家畜の飼育といった肉体労働で体を鍛えた男たちが、地域や町にできたチームに参加していった。己の身体能力を駆使して敵からボールを奪い、走り、タックルをする。彼らにうってつけのスポーツだった。必要なのは度胸と大胆さだけ。当時のニュージーランドには、どちらの気質も溢れかえっていた。

一八六七年、十六歳のモンローは留学生としてイングランドへと渡った。建前は軍に進むための教育を受けるためだとしていたが、彼に軍人になる気は毛頭なかったようだ。ノースロンドンのフィンチリーにあるクリストズ・カレッジで学び、そこでラグビーと出会う。カレッジでは「フットボール」と呼ばれていたが、ルールはラグビーと似ていたようだ。モンローはセカンドフィフティーンでプレーをしていたが、予定通り修了するとニュージーランドに帰国した。

ラグビーは、一八二三年にイングランドはラグビー校の生徒ウィリアム・ウェブ・エリスによって生み出されたと言われている。フットボールの試合中、エリスがボールを抱えたまま走り出したことで誕生したのだ。それから半世紀後、地球の裏側にあるニュージーランドで、国内最初となるラグビーの試合が行われた。会場はネルソンの森林公園ボタニカル・リザーブ。試合を開催するにあたり運がモンローを味方した。ネルソン・クラブの同意を取り付けたモンローは、ネルソン・カレッジの校長フランク・シモンズ師のもとを訪れた。シモンズ師がラグビー校の卒業生だったことで話はとんとん拍子に進み、すぐに試合の日程が決められた。

一八七〇年五月十四日土曜日の午後二時。美しい木々に囲まれたボタニック・リザーブで試合は始まった。晴れわたった空の下、背が高く立派な木々がその奇妙な出来事を見守っているような風景だった。

ネルソン・クラブとネルソン・カレッジによって行われたその試合内容は、現在のラグビーとは大きく異なっていた。各チームの選手は十八名。ボールがトライラインを越えると、コンバージョンキックに「トライ」できる権利が与えられる。トライだけでは得点にならなかったのだ。クラブ側が二回「コンバージョンキック」を決め、二対〇で勝利を収めた。

記録によると、二百名ほどの観客が集まったとされている。誰も試合内容が理解できないのではないか懸念されつつも、国内初となるラグビーの試合は決行された。その後、長きにわたってニュージーランドを力強く支えていくスポーツが、楕円形の芝生の中で勢いよく展開していった。試合について地元新聞社は「勢いがあってやかましく、怒号が飛び交っていた」「すぐに大人気になるだろう」などと報じた。

試合は大きな評判となり、一八七一年九月九日にはオタゴ大学の学生チームと、オタゴ・ボーイズ・ハイスクールの在学生・卒業生チームの間で試合が行われた。取り仕切ったのは教師であるG・M・トムソンだったと伝えられている。一八五八年にロンドンで設立された世界最古のラグビークラブ「ブラックヒース」の選手だったトムソンは、生徒たちのために試合をすることを思いついた。土曜の午後を危険な煙突掃除をして過ごしていた生徒たちに、なにか楽しんで打ち込めるものを見つけたかったと語られている。

各チーム二十二名の選手が参加したというのだから、試合はさぞ混乱していたことだろう。実際に次のような記録も残っている。「四十四名の選手と二名の審判が、小さなグラウンドの中でもつれるように争っていた。あちらに走れば誰かにぶつかり、こちらに走れば別の誰かにぶつかるような状況だった」。これは今のラグビーにも通じるところがある。現在は十五人制だが、スペースがないのは同じだ。

ラグビーの良いところは、簡単に試合ができる点にある。平らにならされた放牧場と、豚の膀胱《ぼうこう》でできたボールがあればいいのだ（クライストチャーチの少年たちは、雄牛の膀胱を使っていたとされている）。相手と激しくぶつかり合う気概があれば、誰だって試合に参加できる。フィールド内ではどのような行為もほぼ許されていた。職工、肉体労働者、毛刈り職人、建築業者、大工。誰もがラグビーに熱中した。

南島の南端に位置するスチュワート島には、製材所が多く、ラグビーをプレーするのに適したタフで筋肉質の若者が大勢いる。そのため、スチュワート島と南島最南端の町ブラフの各ラグビーチームの間で、毎年試合を行うことが恒例となった。

当時のニュージーランド社会には、生まれや職業に関係なく、過剰なエネルギーを持て余し、フラストレーションのはけ口を求める若者が大勢いた。彼らがラグビーに惹かれたのも当然のことで、プレー人口は急増していく。一八七〇年代後半、ヨーロッパには普仏戦争の傷跡がまだ深く残っていた。そんな中で初の国際試合が開催された。ウェリントン対イギリスの船乗りの一戦だ。身体のぶつかり合いに、多くの人が惹きつけられた。二一世紀を代表するラグビー選手であり、オールブラックスでウイングを務めたフィジー出身のワイサケ・ナホロも、身体の激しいぶつかり合いがラグビーの真髄だと語る。身長一メートル八六センチ、体重九六キロの恵まれた体躯《たいく》に、力強い走り。そんなナホロが言うのだから間違いない。

「島生まれの選手は、誰でもこの才能を持っています。ニュージーランド出身の選手と違って、私たちには爆発的な力が備わっているんです。生まれ育った島と家族に別れを告げて、私たちはニュージーランドにやってきました。悲惨な戦争を乗り越えたことも誇りにしている。私たちには、負け犬にはなりたくないという意地があったんです。強力なヒットとランで支配する側に回ってやるんだという強い気持ちを持っています。ここがニュージーランドの選手との大きな違いです。私も、ラグビーならではの身体のぶつかり合いが大好きです。意欲をそそられるし、自分のタフさ、男らしさを実感できます。支配するか、支配されるか。誰だって弱い奴にはなりたくない」

とはいえ当時も、スピードとスキルが軽視されていたわけではない。スポーツとしてラグビーが確立されていない時代には、体格が物を言ったのかもしれない。しかしラグビーの基礎はそのスキルにあり、極めるためには頭を使ってプレーする必要があると当時の選手たちも理解していく。ニュージーランド人たちは、ここでも秀でた力を持っていた。

ラグビーが、男性優位社会への期待を後押ししたことは間違いないだろう。一八六四年発行『サウザン・マンスリー・マガジン』は、ニュージーランドではバーと玉突き場だけが「若者たちの主な盛り場」であるとして、イギリスのように「男らしいスポーツ」とされるラグビーに人気が集まらないのではないかと憂慮している。その心配も杞憂《きゆう》に終わる。世紀が変わる頃には、ニュージーランドでのラグビー人気は不動のものとなっていったからだ。

だが一つだけ問題があった。政府や首相、軍隊にとっては、別の「身体的なぶつかり合い」の方がより魅力的だったようだ。戦争だ。実際に、ラグビーと戦争は相性が良いと主張する声も聞かれた。一九〇二年にはマオリ人弁護士トム・エリソンが、ラグビーを「兵士を生産するゲーム」だと評している。ニュージーランド人たちは、地球の果てにいる自分たちが、世界の出来事に巻き込まれることはないという感覚を持っていたのかもしれない。だが一九世紀から二〇世紀にかけて、その考え方が間違っていたことが証明されてしまう。

一九世紀のニュージーランドは、戦争への気運が高まった時代だった。一八〇〇年代にマオリ族と白人の間で民族闘争が勃発。マスケット戦争へと発展し、多くの犠牲者を生んだ。マイケル・キングは著書『History of New Zealand（ニュージーランドの歴史）』にてこう書いている。「それはニュージーランド史における〝大虐殺〟の時代だった。何百人の男、女、子供が殺され、さらに多くの人間が奴隷となった。いくつもの少数民族が皆殺しにされ、かろうじて生き残った一つか二つの家族も処刑された。争いでは、信じられないほどの残虐行為もなされた。チャタム諸島の浜では、ンガティ・ムトゥンガ族のンガティワイ準部族が、先住民モリオリの女性たちを捕まえては、杭に縛り付けて長く辛い死を味わわせたりした」

三十年以上も続いたこの争いによって、二万人以上のマオリ人が殺害されたとキングは記している。「ニュージーランド人がかかわった争いにおいて、これほどまでの犠牲が出たのは後にも先にもない」

一八四五年から一八七二年にかけては、マオリ軍とニュージーランド政府軍の間で「ニュージーランド戦争」（マオリ戦争）が起こった。イギリス政府によって設置されたニュージーランド政府はこの争いで多くの問題行為を起こし、今なおマオリ族に対して賠償金を支払い続けていることを忘れてはならない。

この争いは、土地売却と一八四〇年に締結されたワイタンギ条約がもとで引き起こされた。一八六〇年代の争いでは、政府軍はあわせて一万八千人もの騎兵隊、砲兵隊、地元市民軍を投入。対するマオリ族は英国ほど強力な武器は持ち合わせなかったものの、要塞化した村「パ」からゲリラ戦術を展開して相手に大きな痛手を負わせることに成功した。

マオリ族は勇敢に戦った。太古の昔から流れる血がそうさせた。しかし大勢が命を落とし、結果、五百名以上の族長がマオリ語版の「ワイタンギ条約」に同意した。族長の大半が英語を読めず、英語版の「ワイタンギ条約」に署名したのは三十五名にとどまった。

遠く離れたイギリスとのつながりは一見希薄にも見える。だが一九世紀最後に起こった戦争では、何千人ものニュージーランドの若者たちがイギリスのために命を落としている。一八九九年から一九〇二年にかけての「南アフリカ戦争」（第二次ボーア戦争）は、ニュージーランド兵が初めて参加した国外戦争だ。

ニュージーランド政府は、大英帝国側として第一次世界大戦への参戦を熱望していた。戦争の時代だった。遠く離れた戦地で無残に命を落としていく若者たちについて思いを巡らせた国民は、ニュージーランドにもオーストラリアにもいなかっただろう。国の発展のためには、なんらかの犠牲が必要だとすら考えられていたのだ。

トルコ北西部、ヨーロッパ側に位置するガリポリ半島は、ダーダネルス海峡にのぞむ断崖絶壁だ。当時の英国海軍大臣であったウィンストン・チャーチルは、「ダーダネルス海峡の嵐」なる言葉でもってここを強行突破することを目論んでいた。そんなチャーチルの非現実な計画のために、この地にはオーストラリア、ニュージーランド、イギリス、フランス、アイルランドから多くの若い兵が送り込まれては、命を落とすことになる。フランスだけでも七万九千の兵士のうち一万人が死亡し、イギリス・アイルランドは二万一千人以上の犠牲者が出ている。

ガリポリ半島は悲惨な状況にあった。オーストラリアとニュージーランドからも、最低限の訓練を受けただけの大勢の若い兵が船に乗ってやってきては、この灼熱の地で「情け容赦のない大量虐殺」に見舞われることになる。ガリポリ半島の上陸拠点は、場所によっては幅六メートルもない狭さだったという。そこで待ち伏せをしていたトルコ軍が、地の利を生かして、降り立つ兵士たちに次々と砲火を浴びせかけた。見つかった兵士はことごとく激しい攻撃にさらされ、命を落としていった。

そのような状況下でも、マオリ族は特別な存在感を発揮していたと言われている。チュヌク・ベア山頂にて、マオリ部隊は期待以上の働きを見せたと記録されている。弾の入っていないライフル銃に銃剣を装着し、彼らは音もなく前進して「第三ポスト」と呼ばれる場所に近づいていく。そしてその晩、マオリ族の兵士たちは六回も激しいハカを行い、トルコ兵たちを震え上がらせたという。付近のトルコ軍の塹壕からも兵士が逃げ出していた。チュヌク・ベア山頂での戦いでは、八月六日に行われたその攻撃だけが成功したようだ。マオリ族の活躍のおかげだ。総勢五百人ほどの兵士しかいなかったマオリ族部隊は、「ガリポリ半島最強の戦士」と称えられたのだった。

現在では約一万四千人のニュージーランド兵がガリポリ半島での戦いに従事したことが明らかになっている。しかし一九一九年の記録文書には、英軍側の手違いによって八千五百五十六名分の兵士の名前しか掲載されなかった。命を落としたニュージーランド兵二千七百七十九名には、当時のオールブラックス選手アルバート・ダウニングとヘンリー・デューワも含まれていた。カンタベリー大隊に所属していたロバート・ヒートン・リビングストン伍長は、一九一五年七月二三日の記録に次のような言葉を残している。簡潔だが、悲惨さがありありと伝わってくる。「地球上に地獄が存在するなら、五月八日土曜日の出来事がそうだろう。銃弾がひっきりなしに飛んできて、地面からは砂埃が舞い上がる。私たちは、マシンガンとライフル銃を発砲しながら、五百メートル弱を素早く移動した。ブーツのつま先を三発の銃弾がかすっていった。カンタベリー第一団には百六十名の兵士がいたが、たった二時間で六十四名が命を落とした。堪え難い緊張感が続いた」

西部戦線でも、兵士たちは何週間にもわたって悲惨な塹壕にとどまらなければならなかった。連合国側の将軍たちの数日で伸びた口ひげの方が長いほど、現場にいた兵士たちはどこにも進めなかった。一九一七年の半年だけで、ニュージーランド兵は、アラス、メセン、パッシェンデールで行われたソンムの戦いに派遣されていく。パッシェンデールでは、ニュージーランドラグビー界のデイブ・ギャラハーが殺された。一九〇五年から一九〇六年に「ジ・オリジナルズ」を率いてグレートブリテン島、フランス、アメリカを巡ったオールブラックスの伝説のキャプテンだ。戦闘中に致命傷を負い、数時間後に帰らぬ人となった。

第一次世界大戦では計十三人のオールブラックスの選手が命を落とした。うち四人は、一九一七年六月に二週間にわたって行われたメセンの戦いで死亡した。当時のニュージーランドには、使命感から兵士に志願する若者が多かった。ギャラハーもその一人で、一九〇一年には年齢を偽ってまで南アフリカ戦争に出兵した。

一九一五年、オタゴ大学は「前年のチームAからは十四人の選手が、クラブ全体からは五十六人の選手が出兵した」と発表した。国中の大小様々なラグビークラブから若者たちが兵隊に加わった。終戦後、オタゴ大学ラグビークラブは「一九一九年、チームはかつての体制へと戻ることができた。しかし戦争によって、多くの前途有望な選手を失った。南部チームの一つはレギュラーメンバー十五人中十二人を失い、他のクラブも同様の大きな被害を被っている」という声明を発表した。

第一次世界大戦ではパッシェンデール、メセン、ガリポリ、チュヌク・ベアに。第二次世界大戦ではエル・アラメイン、トブルクをはじめとするリビア各地、クレタ島などに、多くのニュージーランド兵がイギリス軍の多国籍パイロットとして参戦した。これらの戦いで命を落とした兵士たちの名前は記録に残され、毎年四月二五日のアンザックデーに追悼される。

世界の果てにある二つの小さな島から、多くのヒーローが世界へと旅立っていった。一九四一年のある日、オークランドでは半ズボン姿の六歳の少年が母親に急かされていた。きれいに磨かれた小さな靴に、念入りにブラシが当てられた制服のジャケット。アイロンがしっかりとかかったシャツに、完璧に結ばれたネクタイ。全ては、出征兵士を見送りに行くためだ。

「大勢の人がクイーンズ・ストリート沿いに詰めかけ、船に乗り込んでいく兵士たちを見送りました」そう話したのは、オールブラックスの元キャプテン、サー・ウィルソン・ワイナリーだ。「その数年後、今度は帰ってくる兵士たちを出迎えました。でも旅立ったときよりも、ずっと少ない人数しか帰ってこないことにすぐに気が付きました」。そう回想するワイナリーは静かに涙を拭った。

ニュージーランド兵たちがいかに勇敢で、いかに恐れを知らなかったかがよく分かる作品がある。第二次世界大戦の北アフリカ戦線を舞台にしたアラン・ムーアヘッドの名作『African Trilogy（砂漠の戦争：北アフリカ戦線 1940-1943／早川書房（1968））』だ。

「やっと、サボテンの原をまわって、スースの北で本道と合流した。本道に出ると、ニュージーランド師団が真正面から突っ走ってくるのにぶつかった——敵の目から見たらこうなのだろう、というような近づき方だった。戦車、大砲、装甲車を伴って、彼らは通り過ぎていった——世界でもっとも立派な戦士たち、側面迂回の専門家たち、砂漠でドイツ軍を相手に二年間戦った男たち、五、六度におよぶ大会戦における勝者たち。彼らはハンサムというには、あまりにやつれ、痩せすぎていたし、優雅というには、あまりにがっしりして筋張りすぎ、完璧というには、あまりに若く、その肉体が前面に押し出されすぎていた。しかし、もしアングロ・サクソン系の陸軍の中で、もっとも立ちなおりが早く、もっとも実戦の経験をつんだ戦闘員を見たいと思ったら、まさに彼らだった」

これこそ、時代を超え、世界中の戦地に存在したニュージーランド兵の姿だ。筋骨たくましい肉体で「戦士」として戦った兵士たち。敗北を想定することすら拒み、危険が身に降りかかっても簡単には諦めない。難局を冷静に切り抜け、最善の道を選ぶ。こういった資質は、間違いなくニュージーランドのラグビー選手にも引き継がれている。「戦士」として戦う選手たちだ。目標のために全てを賭け、身体的な痛みを恐れず、他者の苦しみを自分のものとして受け止める。

ニュージーランドの根幹をなす文化と、オールブラックスを形作った精神は、深くつながっている。かつて入植者らが直面した困難が、今のニュージーランド人たちの気質を形作った。ガリポリで生き残った元兵士に、ある人がこう尋ねた。死ぬと分かっていて、なぜ敵陣に突入できたのか。彼は迷うことなく次のように答えたという。「仲間が突入しようとしていたのだ。自分だけが逃げるわけにはいかない。一緒にいる仲間を見殺しにすることなどできない」

銃声が鳴りやむと、生き残った者たちのすすり泣きと、死者を埋めるための墓穴を掘り続ける音だけが辺りに響いていた。最後まで仲間を見捨てないこの兵士たちの気持ちは、後世のラグビー界にもつながっては、選手たちの最後まで試合を諦めないという姿勢になって現れている。

負けを良しとせず、逆境でも全力を尽くし、冷静を保ち続ける。周囲が混乱に陥っていても、自分にとって正しい決定を下すことができる。仲間を助けるためなら、個人的な問題や目標を簡単に犠牲にする。互いを助け、士気を高め合う精神――これらの特質は、今なおニュージーランド社会に引き継がれている。

リッチー・マコウのような畜産農家の少年が、ニュージーランド派遣軍の制服を着て出兵していた。一九一五年のガリポリ、一九一七年のパッシェンデールには、そんな若き兵士たちが大勢参加していた。勇気と度胸、大儀のために命を投げ打つ姿勢、仲間のために身を挺《てい》する覚悟を持った若者たち。

マコウも、その当時に生まれていたら戦争に参加しただろうか。

「チームでそういった戦争について話し合ったこともあります。でも状況によって、いろいろと変わってくると思うんです。世間ではラグビー選手は勇敢だとされていますが、戦場の勇敢さとは別種のものですよね。ラグビー場では、銃で撃たれることはまずないですし。でもあの時代に生まれていたら、ラグビー選手も祖国のために立ち上がってほしいと望まれていたでしょうね。僕もよく自問します。お前なら戦争に参加するか？　そうですね。もちろん参加する、と言いたいですね」

二〇一一年のワールドカップでオールブラックスが勝利した後、ニュージーランド政府はチームキャプテンの功績を称えてマコウのナイト称号授与を提案した。政治家が人気取りのために利用しようとしたとも考えられる。だが、マコウはそれを辞退した。「私だけが勝利を収めたわけではありません。私はチームの一員だっただけです」。これぞチームワークの精神である。

オールブラックスだけでなく、多くのラグビー選手が世界中の戦地で命を落とした。若かりし頃の彼らは、ボールとともに走り、パスし、蹴り、タックルをした。勝利に浸れることもあれば、慰めの言葉をかけられることもあった。そして、戦地で帰らぬ人となった。だがその存在が忘れ去られることはない。

マコウは、デイブ・ギャラハーの死についてどう思っているのだろうか。

「オールブラックスのことは抜きにして考えてみましょう。私の祖父も第二次世界大戦に出兵していました。小さい頃は祖父と仲が良く、戦争で祖父がなにをやったかはぼんやりと知っていました。でも二〇〇五年に、祖父とじっくり話して初めて本当に理解できた気がしました。

ギャラハーがキャプテンを務めたオリジナルズ誕生から百周年を迎えた年です。私たちは、兵士たちについてじっくり話し合いました。そして祖父がどんな場所にいたか実感できた気がしました。幼い頃に祖父が話してくれた戦争話も、より実感を持って理解できました。

彼らが国のためにしてくれたことを想像すると、どれだけ私たちが恵まれているかよく分かります。ラグビーに関して言えば、一九〇五年に選手たちは未来を切り開くために遠征を行った。彼らは、ブリテン諸島とフランス、アメリカで半年間試合を行った後、再び戦地へ赴きました。そのうちの何人かは数年後に命を落としました。とても偉大な行為です」

戦士として、己に厳しく生きた男たち。

ラグビー選手と兵士たちの性質は、不思議なほど似通っている。マコウも知人から指摘を受けて、そのことに気づいたという。

今では、マコウは別の視点からこのことを受け止めていると話す。「昔のニュージーランド人は、物事を解決することに長けていたと言われています。でもその背景には、初期入植者の存在があるはずです。一八〇〇年代に行き先もよく分からぬまま船に乗り込んでは、未開の地にたどり着き、なんとか生きてきた。そんな状況をくぐり抜ければ、誰だってタフになるはずです。そしてその性質が世代を超えて受け継がれているのだとすれば、私たちはみんな同じ性質を備えているでしょう。そう考えるのが自然な気がします」

初期入植者らは、精神的にも身体的にも、生きるだけで精一杯の生活を送っていた。

「一八〇〇年代には、全てのことを自分でやるしかなかった。誰かに電話して手伝いを求めることなんて不可能だった。そんな自給自足の精神が、今でも私たちの中で生き続けているんです。もちろん、環境も変化して、その精神も徐々に弱くはなっているかもしれませんが、少しは残っているはずです。マオリ族も、過酷な環境を生き延びてきた。それらの要素が一体となって、ここで生きる人々は、逆境から立ち直る力とタフな姿勢を身につけていったんです」

感情を表に出さず、余計なものを拒む人々。偽りの勝利にも、見掛け倒しの虚像にも騙されない。つまずいても立ち上がり続け、心に決めたことに専念する。この国が誕生したときから、国で初めてラグビーの試合が行われたときから、この国の人間はそんな性質を備えてきた。理想的なラグビー選手を思い浮かべてみてほしい。きっとその選手は、これらの特徴を全て備えているはずだ。

第2章 戦争

ウェイン・スミス、ウィリー・アピアタ、トニー・ジョンソン
その他多数の協力を得て

「遠いフランスの地で任務を果たした彼らは、今やフランスに眠る
一国の心臓に彫り込まれた彼らの声価が絶えることはない
ポピーが咲き誇る地で眠れ
夏の太陽の下で眠れ
雪に覆われた大地に抱かれて眠れ
兵士よ、あなたの任務は終わったのだ」

エリノア・ラモント
（若くして戦争で亡くなったニスベット・シレフス・ラモントの義理の妹）

彼は、なんの悩みも持たないまま船に揺られていた。愉快な気持ちで魂も幸福で満たされて

いた。仲間のラグビー選手たちとともに、新たな時代の幕開けを待っていた。

ロバート・スタンリー・〝ボビー〟・ブラックは、ハリーとエミリー・ブラックの息子として、インバーカーギルのアロータウンに生まれた。他のオールブラックス選手と同じく、ブラックも代表ジャージに袖を通せることを誇りに感じていた。一緒にいた仲間たちもジャージを着るのは初めてだった。彼らは長年の夢を叶えたのだ。

ブラックらは旅立ちを喜んでは、互いに称え合っては、冗談を交わした。どの顔も明るく輝いている。だが選手たちの勝利に対するこだわりは真剣で、本物だった。それは現在も変わらない。

彼らを乗せた船は、タスマン海の定められた航路をゆっくりと進んでいった。目指すはオーストラリア。ブラックの緊張も高まっていた。オールブラックスとしてプレーをするのだ。幼い頃から憧れてきた夢の舞台であり、彼はそのチャンスをつかんだのだ。

シドニーに到着し、その数週間後にオーストラリアとの最初のテストマッチが行われた。一九一四年七月一八日のシドニー・スポーツ・グラウンドにて、ニュージーランドは五対〇で勝利を収めた。二十一歳で代表デビューを果たしたブラックにとって、オールブラックスとしてのキャリアが始まろうとしていた。

だが人生は残酷だった。その十七日後の八月四日、イギリス国王ジョージ五世の決断がブラックの運命を大きく変えた。イギリスがドイツに宣戦布告したのだ。第一次世界大戦である。そのような状況でも八月にオーストラリアとの二回のテストマッチを済ませてから帰国した。ブリスベンでのテストマッチ二戦目を一七対〇で、シドニーでの三戦目を二二対七で勝利している。ヨーロッパで起こっている戦争など、彼らにとっては遠い世界の出来事でしかなかった。

すぐにブラックは再び船旅に出ることになる。このとき彼が向かっていたのは戦地だった。笑顔を浮かべる者は誰もおらず、みな悲痛な面持ちだった。彼らの荷物にラグビー用具は入っていなかった。

第二大隊カンタベリー連隊に配置されたブラックは、一九一六年九月二一日に帰らぬ人となった。二十三歳だった。第一次世界大戦で命を落としたオールブラックスの選手の中で、彼が最も若かった。オールブラックスの選手では、ジム・マクニースも死亡している。サウスランド地方出身で、一九一四年のオーストラリアとの最初のテストマッチで一トライを決めては、チームに勝利を呼び込んだ。

ロシアの地では冬の風が吹いただけで全てが凍りつくように、たった一度の戦争でも人間は大きく変わる。第一次世界大戦も、ニュージーランドの歴史に決して消えない影響を残した。ガリポリ、チュヌク・ベア、ソンム、メセン、パッシェンデール……。これらの地でニュージーランド兵の血が大量に流された。

現在のニュージーランドでも、第一次世界大戦の影響を感じられる。人々の強い意志、愛国心、逆境に立ち向かう姿勢、勇敢さ、精神的な豊かさ、自立心。背景は違えど、誰もが大義のために危険を冒し、我が身を捧げる。これらの特質は人々が戦争をくぐり抜けながら、深めていったものだ。今ではオールブラックスの選手たちにも受け継がれている。

ニュージーランドが兵士を犠牲にして、国家としての栄誉を守ろうとしていたことは明白だ。第一次世界大戦は、国民一人ひとりに少なからぬ影響を与えた。ラグビー場も例外ではなかった。

戦地に行かなかったニュージーランド人たちが、兵士がどのように死んでいったか知ることはなかった。パッシェンデールの戦いでは、ある兵士は傷を負ったために戦線を退こうとしてぬかるみに足を取られ、深さ三メートルもの水が溜まった漏斗孔《ろうとこう》に落ちて命を落とした。兵士たちは使い捨ての駒同然に次々と死んでいった。だが彼らの母国にいる人々がそんな現実を知ることはなかった。

フランス北部からベルギーにかけて点在する戦争墓地には、「神に知られている（Known unto God）」という一文が刻まれた墓石が立っている。ラドヤード・キップリングによって提案された無名兵士のためのもので、訪れる人々の心に強烈な印象を残している。キップリングも、子供に先立たれた親の苦しみはよく分かっていた。彼自身も、当時十八歳だった息子ジョンを一九一五年のルースの戦いで失っている。

第一次世界大戦に参加したことで、ニュージーランドは手痛い犠牲を払った。戦地に兵士を送った国の中でも、最も高い割合の死傷者が出た。人口百万ほどだったニュージーランドは十一万人もの兵士を送り出したと記録されている。うち一万八千人が死亡し、五万五千人が負傷。ニュージーランド兵の六六パーセント、計七万三千人もの死傷者が出たことになる。

北島と南島からの人間だけでなく、ニュージーランド人に勧誘されたポリネシア人も二つの大戦に出兵していた。第一次世界大戦では、クック諸島から派遣された五百人もの兵士が、第一ラロトンガ部隊を編成。これに加えてニウエ島の百五十人の兵、そしてフィジー、サモア、トンガ、タヒチ、ギルバート・エリス諸島からも参加があった。第二次世界大戦では、マオリ大隊にポリネシア人も加わっていた。

大勢の男性を失ったことで、国家は大打撃を受けた。死亡者の約七割(一万二千五百名ほど)が西部戦線に派遣されていた。ニュージーランドが、最も大きな人的被害を被ったのが第一次世界大戦だった。社会全体がその大きな喪失に傷ついた。死にたくないという本能に抗いながら、兵士たちは自ら進んで銃弾が飛び交う戦地へと身を投じていった。

ボビー・ブラックの遺体が見つかることはなかった。ソンムのロンギュヴァルに位置するキャタピラーヴァレイ墓地には、ニュージーランド戦没者慰霊碑がある。ブラックの名はそこに刻まれている。慰霊碑に刻まれた五千五百七十人の兵士のうち、三千八百人ほどは遺体が見つかっていないままだ。

ブラックが命を落とした戦いの様子も記録されている。

「九月一五日金曜日六時二〇分。大砲砲撃の援護を受けて、攻撃が開始された。彼らは煙と霧に包まれながら前進しては、その日のうちにフレー村東部に到達した。そこでドイツ軍の一部の土地を占拠しては、防衛戦線を形成した」

一方、ガリポリにいたニュージーランド兵は、隣のイギリス師団よりもはるか前を歩いたことで、ドイツ軍の砲兵部隊の攻撃にさらされた。

イギリス師団が到着するまで、彼らは五日も待たなければならなかった。その間にさらに四度の攻撃を受け、多数の死傷者が出た。ニュージーランド歩兵隊は、前線に二十三日もとどまり続けた。雨に降られ、歩くのが困難なほど足元はぬかるんでいた。地面にいくつも漏斗孔が開いては、そこに水が溜まった。中間地帯には死体がいくつも転がり、辺りには死臭が充満していた。

これこそ一九一六年七月一日から一一月一八日まで続いた、悪名高きソンムの戦いだ。この場所のどこかに、今なおボビー・ブラックの遺骨が眠っているはずだ。

私はその地を訪れた。ニュージーランド兵が攻撃を仕掛けたとされる場所に立ってみると、ある言葉が胸に去来した。「苦しみ」でもなければ「憎しみ」でも「死」でもない。「平和」という言葉だった。

ソンムの戦いの中でも特に死者の多かったハイウッドを、そよ風が吹き抜けていく。一羽のツバメが風に乗って急降下し、遠くに見える黄金色に輝く畑では収穫機がトウモロコシを刈り取っている。穏やかで、静かで、平和な雰囲気が辺りを取り巻く。皮肉なことに、目の前の田園風景はただただ美しかった。

あの九月の朝は、耳を切り裂くような戦闘の音が一帯に轟いていたことだろう。イギリス軍の砲兵隊による集中砲弾。前進を促すホイッスルの合図、後続の兵士たちへかけられる叫び声。ドイツ軍によるマシンガンの発砲音。銃弾を受けて負傷した兵士たちが泣き叫ぶ声。

世界で初めて戦車が投入されたのがソンムの戦いだ。初日だけでイギリス軍では五万八千人もの死傷者が出たとされており、ソンムの戦い終了時にはイギリス軍とフランス軍だけでも六十万人もの死者が出たと記録されている。ニュージーランド兵は二千人以上が死亡し、六千人以上が怪我を負った。死者の大半は、ボビー・ブラックのように遺体が見つかっていないままだ。連合国軍が百メートル進むごとに、千人以上の命が消えたとも言われるほど悲惨な戦場だったのだ。

一九一七年一〇月四日、グラヴェンシュタフェル山脚での戦いにてデイブ・ギャラハーのヘルメットを爆弾の金属片が貫通した。致命傷を負ったギャラハーは、その日のうちにオーストラリア軍の現場救護所で死亡した。彼の遺体は、他の百十七人のニュージーランド兵と共に、ベルギーのウェスト＝フランデレン州ポペリンゲにあるナイン・エルムズ墓地に埋葬された。当時四十三歳だったギャラハーは年齢的に兵役が免除されていたが、彼は自ら志願して戦地へ赴いた。ギャラハーの弟ダグラスとヘンリーも第一次世界大戦で戦死。別の弟チャールズは命までは落とさなかったものの、ガリポリで重傷を負った。

ギャラハーの遺体は、アンザック兵専用の一角に眠っている。その隣のⅢ区画・Ｄ列・三番にはオーストラリアの機関銃隊の所属兵が、反対側には第四十四歩兵大隊の兵士が埋葬されている。また同列には、オークランドとウェリントン連隊の同胞たちも眠る。

収穫機に刈られるトウモロコシのように、アンザックの若い命は戦場で無残にも散っていったのだった。

ラグビーボールが置かれているギャラハーの墓石には、次のような言葉が添えられている。

「あなたは私たちの中に生き続け、この深い敬意が失われることはない。あなたから、偉大なるラグビーチームは始まった」

一九〇五年に結成された初代オールブラックス「オリジナルズ」にとって、ラグビーとは、男性性を追求するような存在だった。当時のニュージーランド自体も、野心に燃える若き国家だった。オークランド在住のスカイテレビのコメンテーターで、この時代について調査を行うトニー・ジョンソンは次のように話している。

「当時のニュージーランドは、母国イギリスを助けたいという思いを抱いていました。マオリ人も、自分たちの役割を果たしたいと考えていた。戦争に参加した背景には『私たち、すごかったでしょ！』と認めてもらいたい気持ちがあったんです。

一九〇五年に当時の首相リチャード・セドンは、オリジナルズに対して遠征許可を出しました。国にもっと人を呼び込みたかった首相は、遠征を絶好の機会だと捉えました。我が国にはこんなに素晴らしい若者がいて、健康的なアウトドアの生活のおかげでこんなに屈強なラグビー選手が生まれたんだ。そう、イギリスにアピールできると考えたんです。『ニュージーランドに来て！』とメッセージを発していたんです。

また自分たちのアイデンティティを模索していた時期でもありました。多くの国民が、ラグビーでなら世界で有名になれると思ったんです。ラグビーをアピールすれば、世界の果てにある小国が存在感を示していくことができると気づいたんです」

百年以上経った現在でも、ニュージーランドは同じ思いを抱いている。オールブラックスが世界最強として君臨し続ける理由の一つに、そんな人々の思いがあるかもしれない。「オールブラックスはチームとしてではなく、国としてプレーしている」という言葉には、その思いが感じられる。

デイブ・ギャラハーの両親は、後先考えずにニュージーランドにやってきたとジョンソンは話す。「新たな生活をすぐに始められると思い込まされて、多くの人がニュージーランドの土地を購入しました。でも自分たちの手で土地を整えなければ、住めるような状態にはなりません。ギャラハーの父親は年老いていて過酷な労働は担えなかったため、代わりに母親が大黒柱となって一家を支えました。でも母親は癌《がん》に侵され、死亡してしまいます。とても強い女性だったようで、その強さは間違いなくギャラハーに引き継がれています。彼の母親こそ、真の開拓者でした。彼女は覚悟を決めていましたが、様々な困難や苦痛に耐えなければなりませんでした。

弟や妹の面倒を見なければならなかったギャラハーは、自然とリーダーの素質を身につけていきます。軍隊では軍曹を務め、優れた指導力を発揮しました。当時の若者は義務感から、戦地に赴きました。彼らにとってそれは大冒険だったのです」

フランス北部の美しい墓地にも、多くのニュージーラン兵が眠っている。一九一七年六月には、メセンのドイツ軍陣地に埋設された十九個の地雷が大爆発。人工的な地震が生じた。二週間も続いた激しい爆撃戦のクライマックスとも言える出来事であり、同時に七月三一日から始まったパッシェンデールの戦いの前哨戦のきっかけにもなった。だが多くのドイツ軍の機関銃隊がその大爆発を生き残り、状況が分かっていない敵兵に対して残虐な報復を仕掛けていった。

メセンの戦いでも多くのニュージーランド兵が命を落とした。メセン高地は、まさに「死の道」だった。見晴らしが良く、身を隠す場所がどこにもなかったため、多くの兵士が銃弾の雨に倒れた。

ベン・メイソンも生まれた時代が違えば、そんな兵士の一人だったかもしれない。オークランド生まれのメイソンは、メセンにあるニュージーランド追悼記念館を訪れることを長年夢見てきた。「子供だった頃、世間ではハリー・ポッターが大人気でしたが僕は歴史書や戦争にまつわる本を読みあさっていました」。そしてメイソンは、ついに恋人と記念館を訪れた。メセン一帯と館内を見て回った後、第一次世界大戦に従事した自身の三人の家族のために、ニュージーランド国旗を掲げた。ちなみに、そのうち一人はパッシェンデールの戦いを含めて、大戦を生き延びたという。

今ではメセン中央広場の脇に、ニュージーランド兵の彫像が設置されている。パッシェンデールの戦いから百周年を迎えた二〇一七年には、地元のカフェでニュージーランド兵を追悼するための展示会も開かれた。

ジョージ・セラーズは、オールブラックスの選手として十五試合に出場した。マオリ・オールブラックスの初の海外遠征メンバーでもあった。

セラーズも、メセンの戦いで死亡した一人だ。負傷した仲間の兵士を背負って避難させようとしているところを殺害された。同記念館には彼の名も記録されている。

セラーズの命日は一九一七年六月七日となっているが、オールブラックスのジェームズ・ベアードも同じ日に死亡している。レジナルド・テイラーとジム・マクニースも、同じ六月に亡くなった。タラナキ代表だったテイラーは、一九一三年のランファーリー・シールドをかけた戦いでオークランドに勝利。同年にはオールブラックスとして二回のテストマッチに出場している。優れたフォワードだった彼は、二十八歳でこの世を去った。

一方のマクニースはインバーカーギル出身だ。一九一三年と一四年に、オールブラックスとして五回のテストマッチに出場。ベアードは、一九一三年に地元ダニーデンで行われた対オーストラリア戦のメンバーに選ばれている。

メセンを訪れた私は、その一帯にあった森の中に入ってみた。フェンスをよじ登り木々の中に立ってみると、妙に心に残る静けさが辺りを包んでいることに気が付いた。時折鶏の鳴き声や農家のトラクターが通り過ぎる音が聞こえてくる以外は、なんの音もしない。太陽が沈んでいき、夏の夕暮れがゆっくりと迫ってくる。鳥たちがさえずる声も聞こえる。たった百年もしたら、この地にこんなにも柔らかくて穏やかな静けさが訪れるとは、当時の兵士たちは夢にも思わなかっただろう。

「私は地獄で死んだ。誰もが、パッシェンデールの戦いを地獄と呼んだ」。そんな言葉を残したのは、反戦詩人として知られるシーグフリード・サスーンだ。この短い一文から、語り尽くせないほどの恐怖が伝わってくる。とある元アンザック兵は、パッシェンデールでの生々しい体験をこう記録している。

一〇月一二日、パッシェンデールの戦い。私は若き連絡係とともに、爆破し尽くされた道を歩いていた。足元はひどくぬかるみ、茶色く濁った水に覆われていた。いたるところに深さ三メートルもの漏斗孔が開いている。そこだけ水の色が違っているが、気づかずに足を踏み入れれば最後だ。深い穴に落ち、二度と這い上がってこられない。

私たちは、朽ち果てた古い農家にたどり着いた。ドイツ兵が二人いて、一人はすでに事切れていた。もう一人の負傷兵も殺害した。そこから五百メートルほど離れた司令部に情報を伝達するためにルーカスランプを点灯した。その途端、背後の壁に銃弾が撃ち込まれた。少しでも位置が逸れていたら、私の命はなかっただろう。スナイパーが私たちを狙っていることが分かった。

私は、連絡係であるロジャースに「私はあそこの塹壕に入り、攻撃してきた敵を探す」と告げると、彼は「私も一緒に行きます」と主張した。ロジャースはライフル銃の使い方すらろくに知らないほどの素人だったが、とにかく私たちは塹壕に飛び込んでスナイパーの姿を探した。ロジャースがスナイパーを発見し、指をさして私に知らせた。三百メートルも離れていないところに、確かにスナイパーがいた。すぐに殺害した。

すると今度は頭上からマシンガンが乱射された。パッシェンデール付近の高台の中腹あたりから無数の銃弾が飛んできて、背後の壁に当たっては四方に跳ね返った。殺されるのも時間の問題だった。私たちは頭を下げてやり過ごした。攻撃がやむと、私はレンガの壁越しに目だけ出して周囲をうかがおうとした。再び攻撃が始まった。その瞬間、マシンガンの光が見えた。敵の姿は把握できなかったが、それで充分だった。攻撃がやんだ瞬間に私は上体を起こして、光が見えた方向に発砲し、弾丸を二発撃ち込み、また身を隠した。

そんなやりとりが一時間半ほど続いた。私が何度目かに発砲したところで、敵からの攻撃は途絶えた。窮地を抜けたようだったが、念のためもう三発ほどを撃ち込んでおいた。「これで奴らも死んだだろう」と言うと、ロジャースも同意した。その瞬間、バン！　左側から砲撃を受けた。百メートルほど離れた場所からだっただろうか。危うく命中するところだったが、私はそちらに向かって数発撃ち返した。再び一時間ほどの攻防が続いた後、その攻撃も止んだ。

だがまた別の方向から弾丸が飛んできた。見上げてみると、マシンガンの銃口が見えた。これもひどい戦いだった。マシンガンの弾丸が雨のように降りそそいできたので、レンガの壁裏に隠れ続けなければならなかった。

その戦いも、私たちはなんとか切り抜けることができた。そして私は勲章をもらった。だが軍は戦場で起こっていたことを全く把握していなかったようだ。授与理由はなんだったかって？ 敵側と交渉を行い、危機を乗り越えた。私は敵と交渉などしなかった。こちらが連絡係を放っていたら、すぐにでもマシンガンで蜂の巣にされていたはずだ。

パッシェンデールにある記念館のニュージーランドに関連したセクションには、「兵士たちの休息」というタイトルで興味深いものが展示されている。カーキ色の靴ひもがついた、茶色い革のラグビーブーツが一足。誰かが、ラグビーブーツを戦地に持ってきたのだ。ニュージーランド兵がいたなによりの証拠だ。この地には、ニュージーランド人たちのＤＮＡがしっかりと残されているのだ。

今でも犠牲となったニュージーランド兵に対する、畏敬の念が忘れられることはない。オールブラックスの選手や関係者の中にも、この地へはるばるやってくる者もいる。二〇一七年までアシスタントコーチを務めたウェイン・スミスもその一人だ。

「なぜ、このことを学校で教わらなかったのか。なぜ自分は知らずにいたのか。この地を訪れたとき、そんな思いが湧き上がってきました」とスミスは語る。「戦場となった小さな丘を目にして涙が出ました。兵士たちは漏斗孔に落ち、冷たい水の中で溺れ死んだ。悲劇以外の何物でもありません。アンザック兵を称える巨大な記念碑も立っていました。ニュージーランドとオーストラリアからやってきた彼らは、なぜあの戦争が起こっているか、理由も分からないまま戦っていたはずです。流れに翻弄されて、ここまでやってきてしまった。それがどんな気持ちだったか、想像することすらできません。

第一次世界大戦について書かれた本を読むだけでも、怒りがこみ上げてきます。リーダーシップについて少しも理解しない愚かな指導者たちが、勇敢な若者たちを戦地に送り込み、殺していった。ライオンたちが、ロバに率いられていたようなものです」

スミスは、イギリス最高の武功勲章のヴィクトリア十字章を受章したニュージーランド人ウィリー・アピアタとも面会している。とても寡黙な人物だったと、そのときのことをスミスは振り返る。「戦争を体験した後、アピアタはほぼ話せなくなっていたんです。私が『時差ボケですか』と問いかけると、彼は『違う。あの悲惨な体験からいまだに立ち直れずにいるんだ』と答えました。

塹壕から出れば、たちまち殺されることが兵士たちには分かっていました。それでもなぜ彼らは塹壕を出ていったのか。仲間のためです。目の前で殺されていく仲間を放っておけなかったんです。

歴史を振り返れば、いつの時代にも争いは起こっています。それが人間です。でも子供たちや次の世代のことを考えると、とても悲しくなります。そんな世界で子供たちは成長していかなければならないのか、生きなければならないのか。そう思うと残念でなりません」

戦い続ける人間。スミスは自身のことをそう思っていないようだ。それでも「ニュージーランドは開拓者精神にあふれた国です」と話す。「私たちのDNAにも、その精神が染み込んでいます。生命力あふれた勇敢な戦士だと言えるかもしれませんね」

私はタイン・コット墓地を訪れ、そこに立つ一万一千九百六十一もの白い墓石の間をゆっくりと歩いた。パッシェンデールの戦いで命を落とした、連合国側の兵士が眠っている。私は物思いにふけっていた。かつて大勢の人間が命を落としたこの地は、今ではとても美しい。なんと皮肉な世界なんだろうか。儚《はかな》げな蝶が楽しげに飛び回り、赤いバラが柔らかな羽音を響かせるミツバチを誘う。あちらの白い墓石の上では、亡き戦士の肩の上に優しく手を置くように一匹のトンボが羽を休めている。その墓には「ニュージーランド連隊兵　第一次世界大戦」と刻まれている。

地球の反対側で大勢の国民が戦死したことで、ニュージーランドにも深刻な影響が出ていた。本大戦によって六割もの労働力が失われたために、生産性は低下し、価格高騰へとつながっていった。代わりに女性が労働の担い手となり、製品をイギリスへ輸出し続けることだけが、経済の崩壊を食い止める唯一の方法だった。

もちろん、多くの女性も戦争に従事していた。五百五十人以上のニュージーランド人看護師が野戦病院で働いていた。一九一五年一〇月二三日、ドイツ軍の潜水艦Uボートから発射された魚雷によってエーゲ海沖で救護船マルケットが沈没し、乗っていた百六十七人が死亡。ニュージーランド人も三十一人乗船しており、うち十人が看護師であった。ちなみに、そのほとんどが南島出身者だった。さらに五百人以上の看護師が志願しては、フランス、ベルギー、イングランドで救護活動にあたっていた。その働きぶりが認められ、クイーンエリザベス・メダルを授けられた者もいる。

フランスには、ニュージーランドと深いつながりを持った町が存在する。ヴァランシエンヌから南下したところにあるル・ケノワだ。町の通りの名前だけでも、ニュージーランドとかかわりがあることが分かる。通りにニュージーランドの政治家ヘレン・クラークや、外交官エイドリアン・メイシーの名がつけられ、街角には「ニュージーランド」「アオテアロア」という道標が立つ。ニュージーランド出身の作曲家グレアム・オールライトの名前がついた通りもあれば、オールブラックスと呼ばれる場所まである。壁には「一九一四年-一九一八年　ニュージーランド人の名誉の通り」と書かれている。

その理由は、第一次世界大戦の終了間際に起こった出来事が関係している。一九一八年一一月四日、停戦協定が締結される一週間前のことだ。ニュージーランド兵は、四年前からドイツ軍に占領されてきたフランス北部にある町を奪取するよう命令を受けた。だが行動は作戦通りには進まなかった。町に進入しようにも内壁が高すぎて、持参した梯子《はしご》が届かなかったのだ。これではうまくいかない。

そこでなんとかしてしまうのが、ニュージーランド人だ。水門のすぐ上に小さな足場を見つけ出すと、梯子を置いて、壁を乗り越えてしまったのだ。そして見張りのドイツ兵を射殺した。その音を聞きつけた町のドイツ兵たちはひどく焦った。敵が壁を越えてくるはずがないと踏んでいたからだ。ドイツ兵は抵抗することなくそのまま降伏した。ニュージーランド兵が機転を利かせたことで、フランス人を助けることができた。彼らの持つ「なせば成る」という精神は、ラグビーチームだけでなく、国民の中にも深く流れている。

それから百年ほど経過した現在も、ル・ケノワはニュージーランドとの深い関係を保ち続けている。学校でも、勇敢な兵士たちのことが、新たな世代に語り継がれているのだった。

第3章 学校——全てが始まる場所——

ジェローム・カイノ、ボーデン・バレット、リアム・メッサム、
ウェイン・スミス、ルーベン・ソーン、スティーブ・コール、
アラン・ジョーンズ、グラント・ハンセン、ダグ・ハウレット、
サー・グラハム・ヘンリーその他多数の協力を得て

「オールブラックスの強さの秘訣は、ニュージーランドの学校のシステムにあります。多くの学校で、優れた若き選手が育成されている。草の根レベルでラグビーの最も大切な部分が培われているんです。それも、とても早い段階で。オールブラックスの成功は、学校のファーストフィフティーンよりもずっと前、もしかしたらU12よりも前から始まっている気がするんです」

ジェローム・カイノ（元オールブラックス フォワード）

偉大なラグビー選手と偉大な首相。それぞれ名前を六人挙げてください。ニュージーランドの若者にそう聞けば、ラグビー選手なら十二人の名前は易々と列挙されるのに対して、首相は

二人ほど出ればいい方。ほぼ間違いなくそんな結果になるはずだ。

ラグビー王国ニュージーランドでは、万事がそのような調子だ。ラグビー好きが骨の髄まで染み込んでいる。

大昔のラグビー選手の逸話が、家宝のごとく親から子へと代々受け継がれていく。何十年も前に活躍した伝説の選手の名前が、若者の口から淀みなく飛び出す。デイブ・ギャラハー、ジョージ・ネピア、シリル・ブラウンリー、ボブ・スコット、ビリー・ウォレス、ボブ・ディーンズ、コリン・ミーズ、リッチー・マコウ。ニュージーランドの歴史、あるいはラグビー界の歴史を彩った選手たち。ニュージーランドでは、国の歴史とラグビーの歴史が深く結びついている。

一八八八年、ニュージーランド・ネイティブズが渡英し、初めてイギリスと試合を行った。あの黒衣を着用したのもこのチームが最初だ。スコッド二十六人中二十一人がマオリ系の選手だったことが、マオリとラグビーとの古いつながりをよく表している。一八八〇年代に入る前から、マオリ族だけのクラブチームはすでにいくつも存在していたのだ。

彼らの辞書に「中途半端」という言葉はなかった。ツアーでは百七戦もの試合を戦い抜き、七十八勝を挙げた。ブリテン諸島だけで七十四試合を敢行し、四十九勝二十敗五引き分けという結果を残した。オーストラリアでも十六戦、国内でも十七のチームと戦った。当時においては前代未聞の挑戦であったことは間違いないだろう。

一九〇五年にはアイルランド出身のデイブ・ギャラハー率いるオリジナルズが活躍した。ギャラハーについて、ロンドンの『イブニング・スタンダード』記者E・H・D・シュウェルは「植民地からやってきた、百戦錬磨で革のようにタフな選手だ」と述べている。ニュージーランドの未開の地を重たい革のブーツで駆け抜け、大鋸《おおのこ》を引いて木材を切る仕事をしながら、ラグビー選手として鍛えていたのがギャラハーなのだ。

ニュージーランドのジャーナリストであるクリストファー・トビンは、二〇〇五年に発表した著書『The Original All Blacks：1905–06（ジ・オリジナル・オール・ブラックス：1905–06）』の中で彼についてこう書いている。

「ギャラハーは、過酷な寒冷地で現場監督として働いていた。現代の基準に照らせば、原始的で、いつ命を落としてもおかしくないような職場環境だった。強靭な神経を持っていたギャラハーは、フィールド上では冷酷な振る舞いを見せた。一九〇五年に共にプレーしたアーニー・ブースも、ギャラハーの敵に対する態度はとても無慈悲だったと振り返る。フィールド上の彼は、どこまでも残忍だった」

それから数十年後、ウェールズのナショナルチームでスタンドオフを務めたクリフ・モーガンが、仲間について同様の発言を残している。ウェールズ代表だけでなく、一九五五年にはブリティッシュ・ライオンズ代表としても共に戦ったクレム・トマスについて「彼ほど、プレーで自分の職業的性質を発揮する男はいなかった」と滑らかなウェールズのアクセントで語ったのだ。ちなみに、トマスは食肉処理者として働いていた。

一九〇五年、オリジナルズはブリテン諸島、フランス、アメリカを回った。とても辛い長旅だったと伝えられているが、今なおこの遠征が語り種《ぐさ》となっている理由はそれだけではない。ニュージーランドはスコットランドを一二対七で、アイルランドを一五対〇で、イングランドを一五対〇で破った末に、ウェールズに〇対三で破れた。その試合では、オールブラックスのボブ・ディーンズがトライを決めたと思われた。これで同点だ。ディーンズもトライだと主張する。だがその場面をよく見ていなかった主審は、ディーンズの主張を退けてノートライ判定を下し、ウェールズの勝利が決まったのだ。ちなみにこの主審は、普段着にスタッドが付けられていない靴という、およそプロとは思えない格好で試合に参加していたと言われている。それから一世紀以上経ち、今日に至るまで、このトライは論争の的になってきた。

そのようなオールブラックスの活躍は、世間の関心を大いに集めた。選手たちの姿をひと目見ようと試合には人々が詰めかけ、設立間もないニュージーランドラグビー協会には多額の資金が集まった。選手たちは船の三等室でイギリス国内をまわり、滞在先も簡素なホテルばかりだった。しかし帰国する頃には、協会は当時では考えられないような大金八千ポンド（現在の価値で九十一万五千ポンド）もの資金を得た。

そして一九二四年にはインヴィンシブルズが、ブリテン諸島、フランス、カナダに遠征し、三十二戦全勝というスポーツ史に残る偉業を達成。世界のラグビー界を牽引する一流選手を何人も輩出した。マオリ系フルバックのジョージ・ネピアとモーリス・ブラウンリーは、ツアー中にテストマッチデビューを果たしている。ネピアにいたっては全試合に出場した。

試合がないときには、キャプテンを務めたクリフ・ポーターはチームメイト数名とともに、パッシェンデールのデイブ・ギャラハーの墓を訪ねた。過去と現在がつながる瞬間であり、伝説の名選手が後世の人々の中で生き続けていることがよく分かる場面だ。

インヴィンシブルズの活躍により、オールブラックスへの関心はさらに高まった。トゥールーズでのフランスとの最終戦には、百十五名もの報道記者（ブリテン諸島から十五名、パリから二十名、その他フランス各地から八十名）が集まったと言われている。オールブラックスが、いかに熱狂的な人気を博していったかがよく分かる。ニュージーランドはこの試合を三十対六の圧勝で制した後、カナダに立ち寄ってから帰国した。

その二年後の一九二六年七月には、「ニュージーランド・マオリ」が初の公式ツアーを敢行。オーストラリア、フランス、グレートブリテン島、カナダを回り、四十戦三十一勝七敗二分けという結果を残した。だが一九二七年元日に行われたウェールズのクラブ、ポンティプールとの試合では五対六で敗れている。

一九二四年のオールブラックスが異例な存在だったのは言うまでもない。それでも私たちは、無意識のうちに彼らにまつわる記憶を美化したり、当時の荒っぽい試合を華やかなショーだったと思い込んでいる可能性は否めない。

ニュージーランド全体がラグビーに強く惹かれたのは、当時のプレイヤーの活躍があってこそだ。父親が息子に異国でのオールブラックスの輝かしい功績を話して聞かせ、月日が過ぎると今度は孫を膝にのせて過去のオールブラックスの栄光を語る。そうやってラグビーはニュージーランドの心とも言える存在であり続けてきた。

オールブラックスが、完全に負け知らずだったわけではない。詳しく調べてみると、両大戦間にはそれほど輝かしい成果が挙げられていないことが分かる。インヴィンシブルズの活躍はあったものの、テストマッチ三十六戦では二十一勝十三敗二分けという成績だった。

それに対して、本書で取り上げる二〇〇四年から二〇一七年のオールブラックスは、テストマッチ百四十五戦において百二十三勝十九敗。圧倒的な勝率である。過去の偉人たちと、単純に比較することは不可能だ。それでも大昔のスター選手は今でもその功績が称えられ、ひそやかな敬意が込められてその名が口にされる。長い時を経たことで、不滅の存在になったのだ。では、突出した強さを誇る現代の「黒衣の集団」が、同様に長い時を経たとき、人々の中でどれほど大きな存在になっているだろうか。

ニュージーランド人にとって、ラグビーは常に心の拠り所であり続けてきた。現代のニュージーランドでは、目覚めた瞬間から夜寝るときまで、一日中テレビでラグビーを楽しむことができる。真夜中に眠れなくてテレビをつければ、過去の試合が延々と再生されている。馴染みの商品をいつだって提供してくれる、街角に立つ二十四時間営業のドラッグストアのようなものだ。身近で気軽。ラグビー中毒者にはたまらない環境だろう。

ニュージーランドの子供たちは、ラグビーの繭に包まれて誕生し、そのまま成長していく。母親とのへその緒は切り離されても、ラグビーとのへその緒はそのままだ。成長するにつれて絆が強まる。弱まることはまずない。

親は、大枚をはたいて息子たちをラグビー強豪校に入れる。我が子がオールブラックスのジャージを着る日が来るかもしれない。そんな思いに取りつかれては、莫大な時間を費やしていく。

だが苦労して稼いだ金は、もっと有効に使った方がいいかもしれない。ウェイン・スミスは、熱中しすぎる親子にそう助言する。彼は、誰もが人間らしい生活を送るべきであり、ラグビーは二の次だと主張しているのだ。

スミスは、ハミルトンにあるセント・ポールズ・カレッジエイト・スクールのキャンプで、このことについて講演を行った。国を代表するラグビー名門校十校のうち八校が参加し、多くの親も彼の話を聞きに駆けつけた。スミスは、ラグビーのことだけでなく敬意と責任についても時間を割いて語った。プロのラグビー選手になりたいという目標だけでラグビーをプレーしているなら、それは間違った動機だと彼は強調した。ラグビーとは、生きるための技術や精神力、チームワーク能力を培うものであり、自己中心的な理由でのみプレーしてはいけないと説明した。

その場には、百五十名ほどの生徒が出席していた。スミスは、親たちに「この中で何人の子供たちがプロの選手になれると思いますか?」と問いかけた。一人という声もあれば、五人という声も上がった。スミスの答えは三パーセントだった。いい数字に思えるかもしれない。だがプロのラグビー選手の平均現役期間はたったの三年。怪我や能力の低下で第一線にいられなくなるからだ。

「プロの選手として活躍できる期間は短いものです。だからこそ、選手としても、人間としても成長していくことが大切なんです」

それでもニュージーランドには、次世代のボーデン・バレットやソニー・ビル・ウィリアムズ、あるいはリッチー・マコウを夢見る少年が大勢存在する。親たちも愛国心に酔いしれては、子供たちを焚《た》きつける。そのような状況に飲み込まれないためにも、バランス感覚がなにより大切だ。子供だけでなく、大人も、その感覚を失ってはならない。

実は、ラグビーについて全く知らない親を持つ子供の方が、ラグビー選手として大きな成功を収める確率が高い。腹立たしいかもしれないが、それが現実だ。ルーベン・ソーンの例を見てみたい。二〇〇二年にクルセイダーズを率いてスーパー12（現在のスーパーラグビー）で優勝し、二〇〇三年にはオールブラックス主将としてワールドカップに出場した彼も、そんな環境で生まれ育った。オムツが外れた瞬間にラグビーボールを看護師にパスしようとしたわけでも、五歳でラグビー強豪校に入学して英才教育を施されたわけでもないのだ。

「うちは全くラグビーに興味がない家族でした。両親が、それほどスポーツを好きじゃなかったんです。そんな状況でも、子供の頃の私は、努力することの大切さを学べました」

当時、北島タラナキ地方に住んでいたソーン家のテレビの受信状況は、ひどいものだったという。テレビのアンテナは、畑のフェンスの支柱から飛び出たワイヤーに取り付けられていた。ワイヤーは、家の裏手にある丘の上まで伸びていて、電波状況は天候に大きく左右された。ソーンとラグビーの関係は、その電波と同じほど弱いものだったようだ。テストマッチが見られるかどうかも、とにかく天気の良し悪しにかかっていた。天気が良くても、画面はいつだって白黒だ。ルーベン少年が、生まれて初めて見たいと思ったテストマッチは、一九九一年ワールドカップ決勝戦だった。あいにく天気は悪かった。

「映像はほとんど見られず、時折、画面がぼんやりと映るだけでした。音声も何度も途切れていました。最悪の受信状況でしたね。

家は山の谷間にありました。背後には急な丘が広がっていて、羊たちが放牧されていました。タラナキ山の天候が悪ければ、テレビを見ることは絶対にできません。運がよければ音声が聞こえる場合もあるといった感じでした」

今とは違う時代だ。だがニュージーランド社会全体が大きく変化し、とりわけ学校での変化が最も顕著だっただろう。

想像してほしい。南オークランドの簡素な地域で育った少年が、オークランド屈指の名門セント・ケンティガン・カレッジのグラウンドに初めて足を踏み入れる。少年は明らかに尻込みしている。名前はジェローム・カイノ。まだ十六歳だ。彼は、これほどまで立派な施設を見たことがなかった。幼い頃までいたアメリカ領サモアにもこんな建物はなかった。あれから十八年。三十四歳になったカイノは、若き自分の純朴さを思い出しては笑みを浮かべる。

「学生時代の最後の二年間をそこで過ごしました。在籍していたときは、今ほどすごいジムはありませんでしたね」

現在のセント・ケンティガン・カレッジは世界的に名の知られた存在であり、他の学校とは比べものにならないほど立派な設備を誇っている。ある日、私は車を走らせて、オークランド郊外のパクランガに向かった。カレッジを実際に訪ねてみることにしたのだ。学校に到着さえすれば、軽く見学できるだろうと踏んでいた。しかし思った以上のものだった。車を飛ばしていると、右手に巨大な建物が現れた。まだ建設中のようで、足場やスクリーンで覆われていた。学校の施設というよりも、飛行機の格納庫のような大きさだった。これこそ学校専用のラグビージムが建てられているところだったのだ。数多のラグビー国が垂涎《すいぜん》するような、なんとも立派な建物だった。

当時のスティーブ・コール校長が施設を案内してくれた。コール校長は、ラグビーが大好きだった。屋内トレーニングフィールドに、食事栄養を管理する区域。理学療法のためのセクションに、マシンが揃ったジムも二箇所ほどあった。それとは別にコーチ専用のエリアも用意され、シャワーや更衣室なんかも完備されている。

「全部でどれくらいかかっているんですか？」その豪華さに圧倒されながら私は尋ねた。

「千二百五十万ドルくらいですね」コール校長はこともなげに答えた。

生徒一人あたりの学費は年間二万ドル以下。それだけでは、千二百五十万もの大金をかけて巨大なスポーツ施設を作り上げることはできそうにない。どうやっているのか。その答えは、遠く離れたスコットランドとイングランドの境に位置するホーイックにあった。一八〇六年、ウィリアム・グッドフェローはここで生まれた。父ヒュー、母エルスペスに育てられ、八人兄弟の六番目だった。一八三九年には家業を継いでパン職人になったウィリアムだったが、新天地での生活を夢見て、スコットランドのグリーノックからパルミラ号という船に乗り込んでオーストラリアを目指した。

けれども船が故障したため、船はスコットランドのクライド港に停泊。そこで偶然にもニュージーランド会社の案内を目にしたグッドフェローは、気が向くままに、行き先をニュージーランドに変更する。まずはシドニーへ渡った後、捕鯨船に乗ってタスマン海を越え、ポート・ニコルソン（現在のウェリントン港）に降り立った。

ブリタニア（現在のパトーニ）でパン職人として働き始めたウィリアムは、母国から妻と子を呼び寄せることにした。しかしすぐに、住んでいる土地が津波の被害にあいやすいことに気づき、オークランドへの移住を決意。ポート・ニコルソンからオークランドまでの六百五十キロもの道のりを踏破した。もちろん、当時の道は今とは比べられないほど未開であり、想像以上に困難な旅であったに違いない。ウィリアムはマオリ人ガイドとともに、美しい景色を眺めながら海岸沿いを進んだ。浅瀬を歩き、湖を泳ぎ、川や入り江はカヌーを使った。ガイドは彼のことを気に入り「ア・テ・コレフェロ」（マオリ語で「いい奴」を指す）と呼んだ。

ようやくオークランドに到着したグッドフェローは、そこでパン屋を始めると、家を建て、土地を購入してパン用の小麦を育てた。敬虔な長老派教会の信者だった彼は、妻との間に十人の子供をもうけ、うち四人が農家になった。一八九〇年にウィリアムが他界した際には、次のような告別の言葉が述べられた。「なにをするにも正しい決断を下しては地域に多大なる影響を与えた人物だった。誠実かつその商才でもって土地をおさえ、莫大な富を築いた」

そんなウィリアムの気質は、グッドフェロー家に継承されていった。一家の事業は順調に拡大し、一九〇九年にはワイカト・デイリー・カンパニーとして組織化される。その後に優れた経営手腕を発揮したのが一族のダグラスだった。

ダグラスは乳製品、冷蔵・冷凍保管、漁業、衣類分野で次々と成功を収め、その資産は膨れ上がっていく。一九五九年には、ダグラスの息子ブルースとピーターがカレッジに入学する。これが、一九五三年に設立されたばかりのセント・ケンティガン・カレッジだった。ダグラス自身も学校に深くかかわり、一九五九年から一九九六年にかけて学校の委員会に参加。一九六五年から二〇〇〇年には、学校理事会の会長を務めた。

息子ブルースは、かつて父親について「即決し、すぐに行動を起こし、物事を思い通りにする力を持っていた」と話している。

一九九四年、経済紙『ナショナル・ビジネス・レビュー』が、ダグラスを長者番付国内トップとして紹介。二〇一四年には、同紙はグッドフェロー家の資産を五億ドル以上だと報じている。同年にダグラスが九十七歳で他界すると、ある事実が発覚した。彼は息子ブルースとピーターに百万ドルずつ遺産を残した。だがセント・ケンティガン・カレッジには、桁違いの二億五千万ドルを寄贈すると言い残していたのだ。

これぞグッドフェロー家と学校の確固たるつながりの証である。おかげで学校は評判を高めることができた。最先端のスポーツ施設を建設し、ラグビーが盛んなポリネシアの島々から優れた選手をより多く発掘していく。関係者が現地へ飛んでは、傑出した才能を持つ若きラグビー選手たちを奨学生として迎え入れていった。

フィジー生まれのジョー・ロコココや、アメリカ領サモア出身のジェローム・カイノ。ジョン・アフォアやスティーブ・サリッジは島生まれではないが、卒業後にオールブラックス入りした。他にも二〇一七年のスーパーラグビー勝者であり、国代表にも選ばれているセタ・タマニヴァルなどもいる。

カイノも、セント・ケンティガンにやってきたときには、カルチャーショックを受けたという。それまで彼が通っていた地元のパパクラ高校はのんびりした校風だったが、セント・ケンティガンは厳格な雰囲気を誇っていた。遅刻厳禁。始業時には机の上に教科書が用意されていなければならない。文武両道で、スポーツだろうが、音楽だろうが、美術だろうが、どのような分野でも教師はとにかく生徒たちに全力を尽くすよう求めた。カイノは、そんな校風に馴染むまでに少し時間がかかったと話す。

「同じ時期に、ジョー・ロコココとジョン・アフォアもセント・ケンティガンに在籍していました。南オークランドからやってきた仲間と一緒にいられて、とても嬉しかったですね。僕は奨学生としてスカウトされました。地元での活躍が認められたのでしょう。ファーストフィフティーンのコーチを務めていた友人の父親から転校しないかと声がかかったんです。とても嬉しかった。スカウトされなかったら、今頃どうなっていたか想像もつきません。学校での生活も素晴らしく、とてもいい思い出です」

学校側は、他の島からラグビーに秀でた学生を集めてくることを後ろめたく感じていたりするのだろうか。コール校長は、そのことについて考え始めて眠れなくなる夜もあると認める。メリットがあると分かっていても、プロとして利益を追い求めすぎている面もあるのではないかと思うそうだ。

「しかし、コーラスでも、ネットボールでも、同様のことは行われています。そうやって若者たちにキャリアにつながる道を授けているんです。プロのラグビー選手だろうが、プロのネットボール選手だろうが、舞台の世界だろうが違いはありません。我が校の理念にもかなっていますし、多くの生徒がこの方法で各分野で出世していっています。ラグビー選手として成功を収め、オールブラックスに選ばれた生徒もいます。ジェローム・カイノも二年在籍していましたし、ブルーズで活躍する選手も六、七名輩出しました。みんなまだまだ若い。二〇一七年のシーズンには、十五名の生徒がプロとして活躍するようになりました。

学校には、実力、経歴ともに優れたスタッフが何人もそろっています。うち二人はフルタイムのポジションで、ラグビー専門のスタッフとしてだけでなく、教員としても九年生と十年生を教えています。コーチも何名かいます。一名は専任ですが、他は全て教師としても働いています。

南オークランドの数校から、有望な選手をスカウトしています。一年に三名ほどでしょうか。プロップなどのポジションで不足があれば、新たな生徒を探します。フィジーからも二名の生徒に来てもらいました。ポリネシアに頻繁に足を運んでは、視察も行っています。他の学校も同様の活動をやっていますけどね」

だが他の学校には、セント・ケンティガンのような潤沢な資金はない。

「生徒はいつだって選択する自由があります。島に残り、フィジーやサモア、トンガでラグビーを続けることだってできる。そこのトップ選手になれる可能性だってあります。でもここは全く違った世界です」

そもそもなぜ、若者たちが新たな環境で自分の力を試してはならないのか？　コールは問いかける。彼自身も、学校の校長になるためにイギリスへ留学した経験がある。ビジネスチャンスを求めて、海外に拠点を移す人も大勢いる。ならラグビーの才能のある若者にだって、同じことが許されるべきなのではないかと彼は主張する。クリケットが上手い生徒がオーストラリアの強豪校に誘われれば、そのチャンスを逃すことはないだろう。

しかし、ポリネシアや南オークランドの貧しい地域からやってきた十五、六歳の若者が、セント・ケンティガンなどの名門校の雰囲気に馴染めるものなのだろうか？　そう尋ねると、コールは「難しいこともあります」と認めた。「でも友人はできるものです。我が校にも最初の一年で退学してしまった生徒が一名だけいましたが、彼は個人的な事情で島に帰って行ったんです。他の生徒は、二、三年をここで過ごし、素晴らしい経歴を積み上げていきます。ほとんどの生徒が輝かしい功績を築くんです。

ニュージーランドが周辺の島々から人材を引き抜くことについて疑問視する声は、一九八五年ごろから上がってきました。でも、この方法に問題があるとは思えない。だいいち、今のオールブラックスで活躍している選手は、移民の二世、三世ばかりですよ」

とはいえ、そう簡単に優れた選手が見つかるものではないようだ。なによりラグビーのプレー人口が減少しているともコールは話す。セント・ケンティガンでも、ラグビーは十ほどのチーム数であるのに対し、サッカーは三十ものチームが存在する。それでもサッカーチームの選手も、ラグビーの試合を観戦しに行く。「ラグビーはＤＮＡレベルで刷り込まれていますからね」とコールは言う。

「ニュージーランドは植民地から出発した国で、そのときに培われた素質が私たちにも受け継がれています。そんな国民性にラグビーはとても合っているんです。階級制度は存在しますが、みんな平等だという考え方が一般的です。ラグビーが、私たちを一つにしてくれたんです。私たちはラグビーがとても得意です。生徒はファーストフィフティーンでプレイすることを目標にし、どんな試合にも真剣に取り組みます。ここではそのように選手たちは試合での姿勢を身につけては、上達していきます。ラグビーに精通している一流コーチも揃っています」

一握りの生徒だけが機会や特権に恵まれているという現実は、ニュージーランドの教育制度から生じたものだが、ラグビー界全体が真剣に向き合わなければならない問題でもある。この国では、十や十五ほどのラグビー強豪校に若き才能が集められ、そこで育成された選手が次々とプロの世界に送り込まれていく。そんなふうにエリート選手を作り上げるのは、野心に燃えた親だけではない。「オールブラックス」というブランドを支える人々も、この流れに加担している。

ラグビー界の重鎮サー・グラハム・ヘンリーは、この背景について次のように熱弁を振るった。「ニュージーランドが優れたラグビー選手を輩出し続ける背景には、国中で試合に重点が置かれることと、コーチのレベルの高さが挙げられます。子供たちが試合に熱心に取り組んでいるため、学校のファーストフィフティーン自体のレベルが高いんです。自分たちのチームに誇りを持っており、それぞれ独自のハカまで存在するほどです。毎週行われる学校の試合に三千人もの観客がやってくる。一万人押し寄せることだってあります。緊張感のある環境と、優れたコーチがいるおかげで、若くて質の高い選手が誕生していくんです。

多くの子供が五、六歳からラグビーを始め、七人制、九人制で試合をします。選手数が少ないため、ボールに触れられるチャンスが高いんです。全ての子供が、試合中に何度もボールに触れていきます。また彼らはオールブラックスの試合を見ては、選手の真似をしようとする。オールブラックスがボールを何度もキックすれば、同じことをする。ボールを持って走れば、これはオールブラックスがよくやるのですが、子供たちも同様のプレーをする。そうやって幼い頃から、有効なスキルを学んでいくんです」

一方のジェローム・カイノは、さらに鋭い指摘を行った。「オールブラックスの強さの秘訣は、ニュージーランドの学校のシステムにあります。多くの学校で、優れた若き選手が育成されている。草の根レベルでラグビーの最も大切な部分が培われているんです。それも、とても早い段階で。オールブラックスの成功は学校のファーストフィフティーンよりもずっと前、もしかしたらU12よりも前から始まっている気がするんです」

現在の制度がうまく機能しているからこそ、ニュージーランドはラグビー界で頂点に立てている。とはいえ、そのほかの要素も忘れてはならない。どんなに美しいダイヤモンドだって、地中から掘り出した後に磨かなければ輝かないものだ。

オールブラックスの強さは、若い才能だけのおかげではない。一握りの「原石」たちが「オールブラックス」のドアをくぐると、たちまち天才に変身するわけではないのだ。

実際は、ニュージーランドに点在する一握りの学校が原石を発掘し、ダイヤモンドになるように磨きをかけているのだ。チーフスとオールブラックスでバックローを務めたリアム・メッサムは、ラグビー強豪校のトレーニングについて話してくれた。シーズン前には毎朝、授業前に走り込みが行われ、トレーニングも週に三、四回課される。一方メッサムが学生だった頃は、火曜と木曜の放課後にトレーニングがあり、土曜には試合が行われていたという。現在と比べれば「補足といったレベルでした」とメッサムは話す。

選ばれた生徒だけ、ポリネシアの奨学生だけが特別なトレーニングを受けられる状況は、フェアだと言えるのだろうか。社会的にも金銭的にも恵まれた環境でラグビーに没頭できるのは限られた生徒だけで、他の大多数の生徒はその享受にあずかれない。明らかにラグビーの精神に反しているのではないか。だが、このような事態に過敏に反応しすぎない方がいいのかもしれない。若い世代が担っているこれからのラグビー界は、かつてのそれとは異なるものなのだ。古い世代は、昔のラグビー像を引きずっていてはいけない。とはいえ若い世代も、この混沌とした新たなラグビー界に危険が潜在していることも忘れてはならない。

本質、信念、感性、しきたり……。プロ化以前のラグビー界に存在していたそういった要素は、今後どうなっていくのだろう。ほとんどの国では、時の流れとともにそれらの価値が失われつつある。一九五五年と一九五九年にブリティッシュ＆アイリッシュ・ライオンズでプレーした元実業家、サー・トニー・オライリーはこう話す。「世界全体が、ますます粗野な場所になりつつあります。ラグビーだけがその流れに逆行することは不可能です」

この新たなラグビー界では、才能ある選手が次々と誕生していく一方で、少しでも弱いとみなされた選手は、肉片のように容赦なくシステムから打ち捨てられるのだ。

＊

紀元前四〇四年ごろに生まれた古代ギリシアの哲学者ディオゲネスは、才能豊かな人物で、数々の名言を残している。そのうちの一つに、ニュージーランドのラグビー界をとてもよく言い表しているものがある。「いかなる国家も土台となるのは若者の教育だ」。強風を抜きにしてウェリントンを語れないように、ニュージーランドのラグビー界も教育抜きには語れない。学校システムに目をやれば、若き選手への教育がなければ、現在のオールブラックスが誕生しなかったことは明らかだ。幼い頃から成長期に至るまで、教育システムに組み込まれた全ての歯車一つ一つが、オールブラックスの勝利、そして世界のラグビー界に君臨し続けるために調整されている。若きラグビー選手を育てていく上で、誰の頭にもオールブラックスの存在があるのだ。

一九七〇年代にオールブラックスでウイングとして活躍したサー・ブライアン・ウィリアムズの母校マウント・アルバート・グラマー・スクールも、オークランド郊外にある。二〇一七年、学校はファーストフィフティーン用の練習用フィールドに、彼の名を冠した。命名式典には要人が招待され、昼食も用意された。あいにくのにわか雨で、式典は何度も中断された。気温も低く、式典には向かない惨めな日だった。それでも家族とともに颯爽と姿を現したウィリアムズは、そんな状況を気にするそぶりも見せなかった。軽い足取りで歩き、にこやかに人々の挨拶を受けていく。はにかんだような柔らかな笑みをたたえながら出席者らと握手を交わしていく。「ビー・ジー」とのあだ名を持つウィリアムズは伝説的な存在だが、同時にとても腰の低い人物でもある。彼の働きぶりを少しでも目の当たりにすれば、誰だって「謙遜」の本当の意味を理解するはずだ。

ウィリアムズは、マウント・アルバートのラグビーチームを引き連れてフィールドに足を踏み入れた。選手たちも鮮やかな水色と黄色のラグビーキャップを被り、堂々とした様子だ。本日の主役たちである。しかし、そんな彼らを圧倒する存在がいた。

対戦相手オークランド・グラマー・スクールのタイトヘッドプロップを担うトゥア・ハーマンである。身長一メートル九二センチ。巨人と見まごうほどの足の大きさで、体重は一三〇キロ。十七歳とは思えない体格だ。

同チームのインサイドセンターのマット・ティモコも、ずば抜けた存在感を放っては、その巨体で対戦相手を圧倒した。目の前に敵がいても正面から突っ込むのが彼の流儀のようだった。

当時のティモコはすでに、ナショナルラグビーリーグのニュージーランド・ウォーリアーズから声がかかっていた。学校のコーチ、デイヴ・アスキューは、ティモコにはまだまだ未熟な部分もあったと振り返る。それでもエージェントたちは、ティモコの優れた身体能力を見逃すことはなかった。だがティモコのような才能ある選手は、リーグチームに加入しても、早い段階でどこかのユニオンチームに移籍していく。

マウント・アルバートの手に負えるような相手ではなかった。収穫機に刈り取られていくトウモロコシの細い茎のように、選手たちは、ハーマンやティモコになぎ倒されていったのだった。これがラグビー強豪校の実力なのだ。

ニュージーランドの学校からは、彼らのような怪物だけが生み出されているわけではない。強豪校の選手たちは、ボールを取り扱う技術もずば抜けて高い。ラグビー少年たちは、小学校に上がる前から、ボールを正確に扱うことの重要性を叩き込まれていく。言うまでもなく、プレッシャーのかかった状況でも意のままにボールを扱う力が求められるのだ。何年もかけて練習を重ねては、徹底的に技術を磨いていく。その一途さは狂信的ですらある。そしてそれはオールブラックスに入ってからも続く。

また、子供たちはラグビーをプレーする楽しさも忘れてはいない。基本を大事にしながら楽しんでプレーすることが、ニュージーランドのラグビー教育の中心であり続けている。

オールブラックスのフッカー、デイン・コールズはこう話す。「学生時代は、学校生活もラグビーも両方楽しんでいました。子供にとって、楽しいという気持ちがなにより大切です。五歳から大学生になるまで、様々なコーチがラグビーの基礎を教えてくれました。でも無理やり教わっている感じは全くありませんでした。自分がやりたいからやるという、ニュージーランド人として自然な感じでした」

基本をおろそかにしない姿勢こそ、ラグビー界でニュージーランドがトップを守り続けている秘訣だろう。基本が身についていなければ、良いプレーができるわけがない。国中のラグビーコーチが、この信念を生徒たちにみっちり教え込んできた。いつだって基本に立ち返り、大切にすること。

クライストチャーチで次のような光景を目にしたことがある。ある秋の朝、美しいハグレイ公園を走っていたときのことだ。公園のフィールドでは、若きラグビー選手たちが練習をしている。コーチがホイッスルを鳴らし、集まった選手たちになにやら話し始めた。そのとき彼らが見せた行動が、ニュージーランドのラグビーに対する姿勢をとてもよく表していた。選手たちはコーチの話に耳を傾けながら、パス練習を行っていたのだ。ペアになった選手たちの間で、十五個のボールが飛び交う。左右の手を交互に使いながら、誰一人としてパスを止めようとしたりしない。

他の国では、このような光景に遭遇することはまずない。「ボールから手を離して、真剣に話を聞け！」とコーチから怒号が飛ぶに決まっている。ニュージーランドでは違うのだ。選手は、コーチの話を聞きながら、同時にボール練習も続ける。それほど、基本を身に付けることの大切さが、彼らの中に根付いているのだ。基本技術がパフォーマンスにいかに大きな影響を与えるか、彼らは充分に理解している。

ジェローム・カイノが、選手たちに求められる資質について話してくれた。「若い頃は、いかにトライを決めるかよりも、基本を習得することの方が重視されます。両手を上にあげた方が、ボールをより楽にキャッチできる。パスを出すときは、ターゲットをしっかりと定める。そんなことを最優先で求めていく。若い頃からそうやって徹底的に基本を練習すれば、自然と体がその通りに動くようになるんです。とにかく基礎練習を続けること。語学と同じですね。使わなければ忘れる。オールブラックスやプロの選手になっても、毎回の練習で徹底的に基本動作に集中します。基本がちゃんと身についていれば、プレッシャーのかかる場面でもその力を発揮することができるんです。

正確なボールスキルがなければ、試合中に正しい判断などできません。だからこそ、なにをおいても基礎を大切にするべきなんです。プレッシャーのかかる場面でどう対応するかは、人によって違ってきますが、プロがいかなるときも上手くプレーできるのは、基本あってこそなんですよ。

格下チームが相手だったり、緊迫していないときなら、簡単に見栄えのいいパフォーマンスができます。でも追い詰められた状況でどんなプレーができるかで、本当の力量が試されるんです。そこで、これまでやってきたことや日々の練習の成果なんかが、さらけ出されてしまう。なにがうまくいって、なにがうまくいかないか見極める機会にもなります」

オークランド・グラマーのすぐ近くに、セント・ピーターズ・カレッジがある。その副学長を務めるのがグラント・ハンセンだ。

同じハンセンでも、オールブラックスのスティーブ・ハンセンとは無関係だ。グラント・ハンセンは強豪校オークランド・グラマーにて、二〇一六年までの二十七年間を過ごしてきた。

うち十五年はファーストフィフティーンのコーチを務めた。また彼はいくつかのセカンダリースクールでも四年間コーチを務め、女子ラグビーのナショナルチーム「ブラックファーンズ」のコーチとして、一度のワールドカップを率いたこともある。オークランド・グラマーはニュージーランド屈指のラグビー選手養殖場のような場所だ。だが養殖場にはサメが寄ってくるものだ。ハンセンは、学校の敷地内をうろつくエージェントの存在に警戒感を示す。

「リコ・イオアネは、二〇一七年にオールブラックスの一員として、ブリティッシュ＆アイリッシュ・ライオンズ戦に出場し、最初の十三試合で十一トライを決めました。彼は今後のラグビー界において、より重要な存在になっていくはずです。イオアネは学校を卒業すると、十七歳の若さでオールブラックス・セブンズのスコッドに選出されました。彼のような若者たちは、豊富な人脈を持っているものです。でも良い出会いばかりではないので、用心を覚えなければいけません。オークランド・グラマーでは、エージェントが生徒たちに話しかけることを禁じていました。彼らはあらゆる場所に出没しては生徒と接触しようとする。そんな事態を止めたかったんです」

　にもかかわらず、二〇一六年には二人の十七歳の生徒がエージェントから声をかけられたとの報告がハンセンのもとへ寄せられた。「今はＳＮＳの時代です。規制することがとても難しい。オークランド・グラマーは、うまく対処できていたと思います。でも子供がエージェントの言うことを鵜呑《うの》みにし、まだその段階に達していないのにチームと契約してしまうこともある。とても危険な事態です。『生徒たちに手を出すな。まだ学生だぞ』と言ってやりたい気分ですよ」

学生にとってなにより大切なのは教育と進路だ。ウェイン・スミスの主張と同じである。ラグビーに専念し、有名選手になりたいという夢は二の次だ。プロになれるのは一部の人間であり、その中で頭角を現すのはさらに一握りの存在だけ。そんな現実を、スミスは生徒たちに突きつける。過酷なプロの世界では、自分で自分の面倒を見なければならないのだ。

元オールブラックスのキャプテンであり、オークランド・ラグビー協会の代表アンディ・ダルトンは、若い選手に対して、ラグビー界を取り巻く現実について何度も話してきた。強引すぎる親の存在も、現実の一部だ。親たちの行きすぎた行動に何度も唖然とさせられてきたダルトンは、そんな親を「子供にとって害悪な存在」と断じる。もちろん、手に負えない子供は存在する。だが視野が狭すぎる親は、二一世紀に入ってから浮上した新たな問題だという。彼らはラグビー場だけでなく、あらゆるところに出没する。

「協会では、観戦時のマナーについて人々に教えるキャンペーンを行ったりもしています。目に余る行為が多すぎるんです」

デイン・コールズも「親が過激な行動を取る家庭の子供は、まずトップには立てません」と話す。「親からプレッシャーをかけられたり、怒鳴られたりすることを、子供たちは全く望んでいないからです。ボールを取り落とすたびに、親から大声で叱られれば、子供たちは恥ずかしい思いをする。それは子供を励ましたり、正しい道を示すような行為などではありません」

そんな親の弊害は如実に顕在化している。「ポリネシアからラグビー強豪校にやってきた生徒の中には、あのマイケル・ジョーンズすら知らない者もいます。プロ化したラグビー界ではラグビーを出世するための道具にしか思っていない選手も増えているんです」とダルトンは話す。

「今の時代、ラグビー選手はより怪我を負いやすくなっています。プロの世界で成功できれば安定した人生が送れるといった考え方は、幻想でしかありません。ポリネシア系の家族には、生活のために子供にラグビーをやらせる親もいます。過度な期待を寄せるケースもあります。プロ時代ならではの特徴ですね」

南オークランドでの生活は厳しいものだった。ジェローム・カイノ一家がアメリカ領サモアから移住してきた地域である。もしかしたら、現在はより荒れた雰囲気になっているかもしれない。金はなく、犯罪はなくならない。ドラッグの罠がいたるところに仕掛けられており、引っかかれば最後。精神は崩壊し、希望も目標も奪われる。落ちこぼれたら、あとは南島クイーンズランドのスキー場の斜面のように滑りやすい道を下がっていくだけだ。

「ラグビーと出会っていなければ、自分がどうなっていたか全く想像できません」。そう話すカイノの端正な顔に、一瞬だけ絶望の色が浮かんだのを私は見逃さなかった。「自分の人生を振り返るたびに、チャンスを与えてくれた母校に対して感謝の念が湧いてきます。人生を大きく変えてくれた場所です」

カイノの言いたいことは、よく分かるはずだ。

彼の気持ちに異を唱えられる者など、どこにいるだろう。カイノのように才能豊かな若者を、まだ一〇代の段階で選び出し、のちの人生に大きな影響を及ぼす機会を与えてしまうのはやりすぎだなどと誰に言えるだろう。もちろん、同じ経験をした選手は他にも大勢いる。それにニュージーランドだけが、南太平洋に浮かぶ島々の若き才能の恩恵を受けてきたわけではない。彼らを求める国は、世界中で増えている。現在では、北半球が特に獲得に熱心だ。フランスのクレルモン・オーヴェルニュなどは、有望な選手を育成する目的でフィジーにナドローガ・アカデミーという施設まで整えている。

だがそんな北半球の国々は、これまで何年にもわたってニュージーランドを「ポリネシアのラグビーの才能を強姦し、略奪している」と激しく非難してきた。過剰な反応だった。何世紀も前から、多くのポリネシア人がニュージーランドに移り住んできたのだ。人々はより良い生活を求めて、生まれ育った島を離れて、ニュージーランドにやってくる。若きポリネシア人を学校の生徒として受け入れることは、アイルランドやスコットランドのラグビー関係者の目には、絞首刑に値するほど罪深い行為に映るかもしれないが、実際はこれまでの歴史的な流れが今も続いているだけなのだ。

時が経つにつれ、北半球からの非難の声も徐々に小さくなっていった。スコットランド渓谷に美しきヘザーが咲き誇るように、その代表チームで南アフリカ出身の選手が活躍するようになったこととなにか関係があるのだろうか。もしくはウェールズのシェーン・ハワースにまつわる一悶着も影響しているのかもしれない。オークランド出身のハワースは、セント・ピーターズ・カレッジを卒業すると、一九九四年にはオールブラックスで四キャップを獲得する。ラグビーリーグに短期間在籍した後、北半球に活動の場を移した。当時、ニュージーランド出身の選手は世界中で引く手あまただった。いくつかのラグビー国の間で激しい奪い合いが起こった後、ハワースはウェールズのナショナルチームに落ち着いた。彼の祖父がウェールズ出身だということで、代表資格が認められたのだ。一九九八年から二〇〇〇年にかけて、ウェールズ代表として十九試合に出場した。だがこれが「グラニーゲート」と呼ばれるスキャンダルにつながっていく。

ハワースの祖父はウェールズではなく、ニュージーランドの生まれであることが発覚したのだ。ハワースはニュージーランド特産のブラフオイスターと同じほど、ウェールズと縁もゆかりもない存在だったのだ。もちろん、彼のウェールズ代表としての資格は剝奪された。

これをきっかけに、北半球のニュージーランドに対する非難の声は静まっていった。恋と戦争に反則はない。プロ化したラグビー界も勝つために手段を選ばない。フランスの代表チームはポリネシア系のウイングを何人も抱えている。全員がフランス国歌を流暢に歌えるはずだ。イングランドも、フィジー出身のネイサン・ヒューズをチームに迎えている。イングランドでの三年の居住期間という代表要件を満たすために、ヒューズは二〇一五年ワールドカップ時の母国代表の誘いを蹴ったほどだ。

このような事態を受けて、元アルゼンチン代表主将アグスティン・ピチョットが動いた。二〇一五年にワールドラグビー（二〇一四年に国際ラグビーボードから名称が変更）の副会長に選出されたピチョットは「選手流出」を食い止めるために尽力。代表資格を獲得するために必要とされる居住年数を三年から五年へ延長し、二〇二〇年末からの適用を決定したのだ。ラグビー界に長年立ち込めていた霧を一気に吹き飛ばした。このような形で愛するラグビーに貢献したピチョットは偉大である。とはいえ、これもニュージーランドにはあまり関係のない話題かもしれない。今ではすでに、ポリネシア移民の二世、三世がこの国で生まれてはニュージーランド人として成長している。彼らの中から、未来のオールブラックスが誕生していくのだ。

ニュージーランド各地に存在するラグビー強豪校が、より高いレベルで活躍できるように若い才能を育んでは、世に送り出している。工場の流れ作業のようだが、本質は全くの別物だ。機械は壊れるが、この流れが破綻することは決してない。ここから誕生していくのは、真の才能を備えた一〇代ばかりだ。ジェローム・カイノは、セント・ケンティガン一年目から、ファーストフィフティーンのフォワードでプレーしていた。十七歳の選手ばかりだったが、フロントローの合計体重は当時のオールブラックスのそれよりも重かった。これも多くの若者がサッカーに流れるようになった一因であることは間違いない。ラグビーではとんでもない体格の相手と対峙しなければならないため、身体的な恐怖を感じてしまう生徒も多い。また頻繁に怪我をするようなスポーツをするなと、子供を止める母親も増えている。我が子には、十八歳になる前から顔面骨折など大怪我を負ってほしくないものなのだ。オールブラックスの選手にも、そういった気持ちは理解できる。

そう聞くと、白人選手が、マオリ系やパシフィック系の選手に圧倒されているイメージが浮かんでくるかもしれないが、逆のパターンだってある。スコット・バレットとアーロン・スミスの体格を比べてみてほしい。

「島出身の子供たちは、生まれつきの能力に恵まれています」そう話すのは、オールブラックスで一〇番を背負うボーデン・バレットだ。「彼らは、周囲よりも少しだけ早熟なんです。同級生と比べると、どうしても大きく見えてしまいます。そのような立場はとても心地良いでしょうが、彼らと対峙する側からすれば、なかなかキツイものがあります。僕も学生時代は身体がまだ成長しきっていなかったので、怖い思いをしました。あんな選手たちと対等に渡り合うことができるのかと、不安に駆られたことだって何度もあります。それでも、少しだけ成長が遅いだけだから大丈夫だと言い聞かされていました。自分なりに成長していけば良かったんです。

だから母は、僕たち兄弟を学校から家まで走って往復させていました。五キロの距離を裸足で走るんです。僕は当時十歳でした。おかげで足は丈夫になりましたよ。やりたくないことこそ、やった方がいいんです。本当にやりたくないと思ったことが、後から力になる。でも、島からやってきた選手と渡り合うには、他の部分も鍛えなくてはなりませんでした。身体を鍛えて、技術を磨いたことで、ここまでやってこれたと思っています。

ワークエシック（練習に取り組む姿勢）や、身体を健康的に鍛えることの大切さもしっかりと染み付きました。健康でないとスポーツを楽しめません。ラグビーは特にその傾向が強く、健康が第一条件である気がします。私はスタンドオフだったので、とにかく身体を鍛えなければならなかったんです」

今のラグビーは接触が激しいので、我が子にはやってほしくない。そんな理由から猛反対する母親が存在する。ニュージーランド社会ではそんな母親たちにまつわる議論が、やまない雷雨のように続いている。では、そのような理由でラグビーからサッカーに乗り換えた子供たちはどれほどいるのだろうか。詳細の数字は分かっていないが、将来オールブラックスの選手がいなくなるほど、ラグビー人口が激減するという事態はさすがに信じられない。元オーストラリアコーチ、アラン・ジョーンズは言う。

「ニュージーランドは、ラグビーを衰退させないよう、細心の注意を払って取り組んできました。ラグビーリーグも盤石ですし、学生ラグビーもとてもレベルが高い。それにひきかえオーストラリアは、オーストラリアン・フットボール・リーグを目標にしています。シドニーにあるキングス・スクールでは、ラグビーチームよりも、サッカーチームの方が多いくらいです」

ジョーンズが指摘するように、ニュージーランドの学校制度は変わらぬ強さ、世界一とも言える素晴らしさを誇っている。ニュージーランド人のオールブラックスのジャージへの憧れは大きく、若者たちがラグビーへの興味を失うことはまずない。その情熱こそ、学校で育まれるものなのだ。

グラント・ハンセンは言う。「オークランド・グラマーでは五十ものスポーツチームがありますが、花形はなんといってもラグビーです。特にファーストフィフティーンの人気は凄まじい。誰もが憧れています。伝統的、文化的な存在なんです。一九八二年のＦＩＦＡワールドカップで、ニュージーランドのナショナルサッカーチーム〝オールホワイト〟が初めて予選を突破したことで、不動だったラグビー人気にも陰りが出ました。それでもニュージーランドの優れたアスリートにとって、ラグビーは特別な存在なんです」

カンタベリー出身のハンセンはオタゴ大学で体育学を専攻し、ティーチャー・トレーニング・カレッジで一年間勉学に励んだ後、二十一歳でオークランドの学校で体育の補助教員として働き始める。ハンセンはカンタベリーとオークランドのラグビー環境に、大きな違いがあることを実感したという。

「カンタベリーでは、ポリネシアの選手たちの存在感を目の当たりにする機会はありませんでした。ここオークランドでは体重制限が設けられていることで、彼らのすごさが分かりました。体格的にも、技術的にも、本当に別格でした」。だが、それはあくまでもハンセンの主観だ。

現在、オークランドでは、体重別でチームを編成することが主流だ。ジュニアラグビーの十二歳には四九キロ以下と七四キロ以下のクラスが存在する。十三歳には五五キロ以下と一〇〇キロ以下チームが。九歳と十歳は、三五キロ以下、四〇キロ以下、五三キロ以下、六〇キロ以下と、あわせて四つの体重クラスに分けられている。

クラブでは八五キロ以下、もしくは無制限に分けられる。クラブでも最も栄誉があり、州代表レベルなのが後者のクラスだ。

このシステムは、より多くの選手がラグビーをプレーできるように考え出されたものだとハンセンは説明する。実際に効果を上げているようだ。「この段階では、いかに多くの人間がラグビーを続けられるかが課題です。ただサイズで分けているわけではないんです。オークランド・グラマーにも、二十ほどチームがずっと存在しています。素晴らしいことです」

グラント・ハンセンのような立場の人間も最近の生徒の体格の良さを認めている。一〇〇キロでようやく最小レベルだとすら、彼は話す。

「これからも、子供たちを体重別で分けるだけでいいかどうかは分かりません。ラグビーはますます大きな競技になっていますし、子供たちだって〝大柄なスポーツ選手〟で、その体格、体力、パワーは計り知れません。ジョナ・ロムーが出現したとき、なんという怪物が現れたんだと誰もが度肝を抜かれました。でも現在では、彼ほどの体格を持つ選手は珍しくありません。栄養状態が向上したことも関係しているのでしょう。私としては、子供たちがラグビーを楽しんでプレーできることが一番です。彼らがラグビーをやりたいと思えば、それ以上私がやることはありません。学生にとって、そのバランスを保つことがなにより大切でもありますが。

フィールドの内外を問わずに、幅広く才能を発揮する若者を育成することこそ、ラグビーの評価を高めることにつながると思っています。ラグビーを通して、素晴らしい人間が育つということが分かってもらえます」

今のラグビー界では、世界レベルから学校レベルまで、プレーする上で体格が良いことが必須条件となっている。またオークランドでも、ウェリントンでも、ずば抜けた体格を誇るアイランダー系の選手が大勢存在する。もちろん、体格だけが優れた資質ではない。俊敏さやスピードもラグビーをプレーする上で大きく物を言う。スピードのある選手は大変貴重な存在なのだ。

ダグ・ハウレットは、オークランド・グラマーの卒業生の中でも、特に優れた選手の一人だ。学生時代、彼は全てのことを懸命に取り組んでいたとグラント・ハンセンは振り返る。誰よりも俊足で、練習にも熱心に取り組んでいたため、十年生でファーストフィフティーンの選手に選出され、卒業するまでの四年間を一軍チームで活躍した。そのような生徒は開校以来、一人もいなかったという。

「試合中のハウレットは、異様なほど正確に自分がいるべき場所を把握していました。いつだって正しいタイミングで、正しい場所にいてくれるんです。彼があそこまで成功できたのは、二つの理由があるからだと思います。一つ目は、地に足がついた人物であったこと。二つ目は、家族がとても協力的だったことです」
ラグビー以外でも、ハウレットは大いに存在感を発揮した。夏には陸上競技で優勝し、成績を落とさないため勉強にも真面目に取り組んだ。ハウレット本人も、オールブラックスで成功を収めることができたのも、学校生活で身につけた考え方のおかげだったと認めている。

「生きる上で必要な価値観を学びました」

彼は、フィールド内外両方の世界について述べている。これこそ、ウェイン・スミスが若者に伝えようとしていることだ。バランスの取れた生活を築き、できるだけ多くの分野に興味を持ち、教育をしっかり受けて将来の土台を作る。ニュージーランドのラグビー界で、彼ほどの成功を収められるのはごく少数だ。何千人、ここ何年かには何十万人もの選手が、ラグビー界の頂点に達することができずに退場している。人々の記憶に残るのも、ほんの一握りの偉大な選手だけだ。なら学校のファーストフィフティーンにさえ選ばれない生徒は、さらに多いに決まっている。

ハンセンによると、ダグ・ハウレットは安定感のある人物だったようだ。在学中には、学校代表《ヘッド・オブ・スクール》に選出されただけでなく、オークランド州代表としてプレーをしていた。二〇一八年にはアイルランドのリムリックを拠点に、マンスター・ラグビーにてマーケティング部の責任者を務めていた。古くからの友人やハンセンに会いに、よくオークランドにも帰っていたという。ハウレットは、今でもハンセンのことを「ハンセンさん」と呼ぶそうだ。

「グラントって呼んでくれと言っているんですが、もうそれも諦めました。『分かりました、ハンセンさん』って言われるだけですからね」

学生時代のハウレットは、いろいろと背負いすぎることもあったようだ。周囲の人間は、まずは勉学を優先すべきだと忠告したり、時間を無駄にしないようにスケジュール管理の大切さを説いたりした。だが彼は自分のやり方を貫き、やがてはバランス感覚を身につけていったという。

またそれ以外の多くのことも刺激になったとハウレットは語る。具体的にはどのようなことが刺激になったのか。「校内には、オールブラックスで活躍した五十名ほどの選手の名前が飾られていました。誰に言われるともなく、毎日その前を通り過ぎながら、いつか僕もこの中に入るぞと強く思っていました。学校が築き上げてきた歴史や成功は、とても魅力的なものでした。その優れた歴史は学校にとって重要な存在であり、だからこそ僕も『チャンスがあれば自分だってオールブラックスになってやる』と思っていたんです」

ハウレットが本格的にラグビーに専念し始めたのは、十六、十七歳のときだった。だがそれよりも八年以上も前から、彼はすでにラグビーに必要な技術を磨いていたという。

「U16レベルから、学校でも真剣なラグビー練習が始まります。このときからオールブラックスでプレーするにはどうすればいいか、真剣に考え始めるんです。それまでの僕は、スポーツなら一通り経験していました。特にトラック競技とフィールド競技に力を入れていましたが。

学校のラグビーでは、誰もが真剣に競技に取り組んでいます。そんな姿勢に敬意を抱きます。生徒はまだ若いですし、感情面で折り合いをつけなければならない場面もあります。緊張しては、『失敗してはいけない』と自分に言い聞かせたりもします」

ハンセンは、オークランド・グラマーの文化は、誠実さに深く根ざしていると話す。ここで身につけた価値観が、卒業生たちの力になっているはずだと彼は信じている。だがこれはオークランド・グラマーだけでなく、ニュージーランドの他のラグビー強豪校にも共通していることだ。ヘイスティングス・ボーイズ高校、オタゴ・ボーイズ高校、ニュープリマス・ボーイズ高校、ハミルトン・ボーイズ高校。そしてクライストチャーチでも有名なクライスツ・カレッジとクライストチャーチ・ボーイズ高校。

そんな学校が、未来のオールブラックスとなるべき才能を次々と発掘していくのも納得だ。とはいえ、エリート校ばかりが力を持ちすぎる現在のシステムに一抹の不安を感じるのも確かである。クライスツ・カレッジでラグビーコーチを務めるルーベン・ソーンもその一人だ。彼は自身の仕事に満足しながらも、一握りのエリートとその他大勢との格差が広がっている状況に批判の声が上がっていることも認識している。

「強い学校がより強くなっているのが現状です。トップ校と下位校の差は、これまでにないほど広がっています。昔から、クライストチャーチ・ボーイズ高校のような伝統的な強豪校は存在しています。ですがプロ志向が強い今のラグビー界では、学校のスカウトはより幼い子供に目をつけ始めています。

練習、コーチからの指導、機器・設備なんかが整っている環境で、子供たちがラグビーを楽しんでくれているなら、このような状況も心から愛せるでしょう。でも将来どうなるかは、誰にも分かりませんよね?

今では、一握りの強豪校だけが存在しているような状況です。それでも、どのような場所からだってラグビー界の頂点にたどり着けると信じたいですね。リッチー・マコウやダン・カーターがそうです。リッチーは小さな田舎町に生まれ、私と同じように農場で育ちました。彼らは二人とも、働くことに対する素晴らしい倫理観を備えています。そしてともに、強豪校へと進んだ。その一方で、強豪校に通わず、同じ機会を持たなかった人たちだって存在します」

落ち着いた口調が印象的なソーンは、この件について独自の考えを持っているようだ。「近代的な施設とは、素晴らしい大学制度付きのアメリカンフットボールのようなものです。私がニュープリマス・ボーイズ高校でプレーしていたとき、タラナキのラグビーチームが生徒に接触することはありませんでした。シニアラグビーに活躍の場を移すまで、彼らは生徒たちの成長の邪魔になるようなことはしなかったんです。でも今では、どこのプロヴィンシャル・ユニオンやアカデミーも、高校生選手に注目しています。

良い状況だとは思えません。スポンサーシップ・プログラムを行っているクライスツ・カレッジは、今年二人の生徒を迎えました。各年、最大二人と決まっていて、十四から十五歳にあたる十年生、十一年生が入学してきます。最終学年に生徒を迎え入れる学校もありますが、ちょっと信じられませんね。うちは島まで出向いて、選手をスカウトすることもありません。現在、フィジー出身の特待生が一人在籍していますが。十七歳の最終学年の生徒です」

クライスツ・カレッジにその特待生がいることが、ひいてはフィジーのラグビーチームの未来を壊すことにつながるのか？　ソーンの見解はこうだ。

「難しい問題です。フィジーからの特待生の全費用を学校がもっています。年五万ドルほどの負担です。彼はニュージーランド屈指の学校で教育を受けられているのです。彼にとって良いことであるはずです。ニュージーランドにやって来ることで、島からの留学生たちはなんらかのメリットを必ず受けているはずです。学校を卒業した後は、ここにとどまる義務もありません。

フィジーからの特待生は、才能に恵まれた選手です。彼が望めば、スーパーラグビーでプレーすることも夢ではありません。素晴らしいアスリートなんです。でも我が校はマンモス校ではありませんし、全ての費用を支援する特待生だけに注力するのは不可能です。様々な生徒たちの力をここで伸ばしてやる方がよいと考えています」

ジェローム・カイノが育った南オークランドの貧しい郊外では、どの学校も厳しい状態にある。設備の整った体育館もなければ、食に関するアドバイスをくれる栄養士がいるわけでもない。強豪校では当たり前のことが、ここでは望めない。非行、補導、教育上での失敗にまつわる話ばかりがあふれている。この世界から抜け出すのは、簡単なことではないのだ。

その一方、恵まれた白人家庭の子供たちは、ママが運転するファミリーカーで名門私立校に送り迎えしてもらいながら、一流コーチのいる最高の環境でスポーツに没頭する。こちらについても憂慮しなければならない。ニュージーランドをはじめ多くの国で、金持ちと貧乏人の格差が広がっている。このまま放置しておいていいはずがない。完全に解決するのは無理でも、ラグビー界含め社会全体で取り組んでいくべき問題だ。

第4章 幸福な生き方

スティーブ・ハンセン、リチャード・キンレイ、ギルバート・エノカ、
リッチー・マコウ、ダン・カーター、リアム・メッサム、
ダミアン・マッケンジー、ボーデン・バレット、アンディ・ヘイデン、
グラント・ハンセン　その他多数の協力を得て

「高校も早い段階で、生徒にどれか一つのスポーツを選ばせようとしています。見過ごせない流れですね。生徒たちには、できるだけ多くのスポーツを体験してもらいたい。それが彼らの力になる。一つの競技に専念したいなら、自分が正しいと思えるタイミングで絞るべきです」

スティーブ・ハンセン（オールブラックス ヘッドコーチ）

一枚の写真からその国の姿がありありと見えてくることがある。例えばこの一枚はどうだろう。ラグビーブーツ、泥が跳ねたジャージ、古い革製のボール。写っているのはそれだけだが、ニュージーランドがどんな国かをよく表している。

もちろん、全てのラグビー選手が一流というわけではない。ナショナルチームのセレクターの目に留まるのはほんの一握り。あのジャージに袖を通せるのは極一部で、ほとんどの人間にとって、オールブラックスに入ることなど夢のまた夢だ。それでも多くの人がそれぞれ違った方法で、冒頭の写真のイメージを維持し続けている。情熱、献身的な姿勢が世代を超えて連綿と受け継がれては、国全体のラグビー愛を強めていく。

ある小さな地域に、ラグビークラブがある。マウント・サマーズ。住民以外は名前も聞いたことがないような小さなクラブだが、一生をかけて応援する人々が存在する……。

土ぼこりが舞い上がり、真冬の午後の強い陽の光を遮った。

マイク・カーターは、マウント・ポゼッション農場にて、一万頭もの羊を捕まえては羊毛刈り小屋の囲いの中に入れる作業を手伝っていた。小屋の後ろには、キャンバス画に描かれるような美しい景色が広がっている。青空は澄み渡り、雪をいただいた山々がそびえ立つ。

日に焼けて、背が高く引き締まって筋骨たくましいカーターは、映画『オーストラリア』から抜け出してきたばかりのような雰囲気を漂わせる。まあ、主演のニコール・キッドマンは、撮影中に羊毛刈り小屋にずっといたわけではなかっただろうが。

十人の職人が毛刈りを行っていた。深く頭を下げ、身をくねらせる羊の尻の余分な毛を刈っていく。長い年月をかけて、何百万頭もの羊の毛がこうやって処理されてきた。

ニュージーランドの田舎暮らしを象徴する風景である。

だが最近では、このような生活様式は徐々に見られなくなっている。だいぶ前から、田舎から都会に移り住む人間が増えているのだ。農家の生活は容易ではない。特にこの辺りの険しい山間での暮らしは過酷だ。夏は美しい風景が広がっても、真冬は極寒の世界だ。

クラブでコーチを務めるカーターと違って、チームキャプテンのデール・スタンリーはマウント・ポゼッションでは働いていない。別の農場の羊飼いで、彼にとっても羊は慣れ親しんだ存在だ。中央カンタベリーの美しき農業地帯。クライストチャーチから一時間半ほど行ったところにあるアシュバートン渓谷のすぐ近くに建つマウント・サマーズには、地元の人間が大勢所属している。一九五三年に設立されて以来、地域の中心的な役割を果たしてきた。選手の九割が地元の男たちで、運営に携わる全ての男女がそこで暮らし、働いている。

スタンリーと同様に、ほとんどの選手が地元の羊農家だ。誰もがニュージーランドのラグビーの歴史書に登場するような、タイムスリップでもしたかのような生活を送っている。

コリン・ミーズと弟スタンリーが両脇に羊を抱えている写真が残されている。北島ワイララパでは、元オールブラックスのブライアン・ロホアが羊と暮らしていた。土地をならし、穴を掘ってフェンスポストを立てる。肉体的にもきつく、誰もやりたがらないような仕事だった。だがこのような労働こそ、ニュージーランドのラグビーの礎なのだ。農場で体を動かすことで、男たちはラグビーをプレーするための身体を作っていったのだ。

マウント・サマーズのような小さな地域の鼓動を直に感じたければ、ラグビークラブを訪ねてみればいい。土曜の午後には、ファーストフィフティーンの試合が行われる。選手たちは勝利を目指して取っ組み合って戦う。夜になればクラブハウスに八十人もの男女が集まり、笑い声を響かせる。

このクラブにはシニアB、U6、U7のチームが存在している。彼らこそクラブの未来を担っていく存在だ。かつてはシニアだけだったが、二〇一六年には十六年ぶりにジュニアチームが復活した。それまでクラブには一つしかチームがなかったのだ。

人々はU6の再設立に加えて、U7ができたことを喜んだ。地元の学校には百人以上の生徒が通っており、周辺の農場地帯からやってくる子供もいる。この地域には、それだけラグビー選手候補が多いということでもあるのだ。

子供たちは、一シーズンに十試合以上に出場しながらトレーニングを行う。シニアチームの場合は、一シーズン十四試合以上となる。二〇一六年、クラブは地元の新聞の一面に載り、地域のラジオでも大きく取り上げられた。シニアチームがトーナメントの決勝に残ったのだ。地域は興奮に包まれた。劣勢だと言われていた自分たちが、優勝できるかもしれない。ドラマのような展開だ。決勝戦はクラブから一番近い大きな町アシュバートンのショーグラウンズで行われた。「バスをチャーターして、四十名のサポーターとともに試合会場へ向かいました。私たちのような小さなクラブにとっては、大きな晴れ舞台です。結局負けてしまいましたが、思い出に残る一日になりました」とスタンリーは振り返る。

マウント・サマーズのシニアチームは三十人ほどで、その中から試合メンバーが選ばれる。プレイヤー数は多いが、プロップ、フッカーのフロントロー陣が少ない。チームに入れば、農場での仕事を紹介してもらえる。デール・スタンリーは笑いながらこう話す。「でも、ここは本当になにもないところなんですよ。一番近い町に行くのにも半時間ほどかかります」

クラブは大勢の力で支えられている。スポンサーのほとんどが地元企業だ。試合後には女性たちが食事などを作ってもてなしてくれる。フィールドの草を刈ってラインを引き、なおかつ試合に出場するのはクラブの職員だ。スタンリーは二十七歳。もう若者と呼べる年齢ではない。彼にとって、このクラブは大切な存在だ。子供の頃からここでプレーしてきた。

この地域の農場で働こうと思ったら、ラグビーについて詳しくなければならない。面接時には、農場主から厳しいチェックを受けるはずだ。というのは冗談だが、それほどクラブは新たなメンバーを求めている。農場での労働は過酷で、働き手のほとんどが痩せた若い男ばかりだ。そのため屈強なフィジカルを誇り、パワーのあるフォワードが少なく、チームはランニングスタイルの試合を展開しようとすることが多い。トーナメント参加チームの中でも、マウント・サマーズは特に小柄な選手が集まっている。とにかく動き、相手チームを疲れさせるのが彼らの作戦だ。

問題や不安要素もあるが、チームはジュニアチームの若き選手に希望を託しては前を向く。「若者たちには、彼らの親の農場を継いでほしいものです。だからこそ彼らがラグビーとこの土地への興味を失わないようにしなければならないんです」とスタンリーは言う。

このような小さなクラブが、ニュージーランドのプロラグビー界となんの関係があるのかと首をひねる人もいるかもしれない。確かに、古くからの暮らしを続ける人々と、現在のラグビー界とはなんのつながりもなさそうに見える。プロのラグビー界やオールブラックスとは、別世界の話のようだ。だがスティーブ・ハンセンは、どんなに小さなクラブも無視はしない。彼には持論がある。マウント・サマーズのような場所にこそ、次世代のダン・カーターやリッチー・マコウとなる六、七歳の少年が隠れている可能性があるというのだ。田舎出身のオールブラックスの選手は確かに多い。リッチー・マコウは、南島ワイタキ地方の人口たった三百五十人の小さな町クロウ出身だ。農家で育ち、オタゴ・ボーイズ高校を卒業した後にクライストチャーチに拠点を移し、クルセイダーズでデビューした。ダン・カーターも、クライストチャーチ南東の人口七百二十人ほどの小さな町サウスブリッジの地元クラブでラグビーを始め、その後クルセイダーズで活躍した。ダミアン、マーティー・マッケンジー兄弟もインバーカーギルの東にあるシーワード・ダウンズという小さな町の出身だ。この他にも多くの選手が、田舎の町や村で生まれ育っている。小さな場所で芽吹き、大木に成長していったのだ。

コリン・ミーズも農場育ちだ。地元のキングカントリーでの活躍が認められ、オールブラックスのメンバーに抜擢された。現在のオールブラックスは、オークランドやハミルトン、ウェリントン、クライストチャーチ、ダニーデンといった都市部のスーパーラグビーチームから選出されるが、当時はまだサウスカンタベリーやノースオタゴといった地方のチームの選手が選ばれることもあった。ハンセンは、オールブラックスは長いこと、田舎や小さな町から選手を迎え入れてきた事実を忘れていないのだ。

オールブラックスには兄弟揃って活躍してきた選手も多く、そのほとんどが地方出身だ。彼らは幼い頃から兄弟と競争しながら育ってきた。庭で遊び、喧嘩をしては七、八歳の頃から自分よりも強い兄や姉たちと対等に渡り合っていく術を身につける。そうやって、自分よりも身体が大きな相手に立ち向かう力を育んできたのだ。

一九二〇年代のオールブラックスでは、シリル、モーリス、ローリーのブラウンリー三兄弟が活躍した。シリルはテストマッチで退場を言い渡された最初の選手だった。同時代には、ハロルド、マーク、ジンジャー・ニコルズ兄弟も在籍していた。一方のコリン、スタンリー・

ミーズ兄弟は、二人あわせて五〇～七〇年代の三十年にもわたってオールブラックスに貢献した。五〇～六〇年代にはエイドリアン、フィル・クラーク兄弟も代表に選出されている。他にもオールブラックスのメンバーだったドン、イアン・クラーク兄弟は、ワイカト代表としてプレーした三人の兄弟を持つ。

シド、ケン・ゴーイング兄弟や、ジンザン、ロビン・ブルック兄弟も忘れてはならないが、他に親子で活躍した選手もいる。フランク・オリバーとその息子アントンは揃ってキャプテンを任せられ、レイ・ダルトンと息子アンディも共にキャップを獲得。最近ではオーウェン、ベン・フランクス兄弟がフロントローとして活躍した。

タラナキの農場で育ったボーデン、スコット、ジョーディ・バレット兄弟も有名だ。ジョージ、サム、ルーク・ホワイトロック兄弟も子供時代を田舎で過ごし、ナショナルチームに選ばれた。

こうやって見ていくと、ラグビーと田舎の関係の強さが感じられる。スティーブ・ハンセンはこれを「重要なつながりだ」と話す。

「田舎出身の子供の方が、都会の子供よりも、幅広いスキルを持つことはよく知られています。ニュージーランドの子供たちは、サッカーやラグビー、バスケットボール、ホッケーなど、なんらかのスポーツチームに所属している場合が多い。様々な競技をプレーすることで異なるスキルを身につけ、ある程度の段階でどれか一つの競技に絞るんです。

都会では状況が異なります。大勢の子供が暮らしているため、自分が参加しなくてもサッカーやラグビーの試合が成り立ってしまうんです。だから子供たちは他のスポーツを体験することなく、最初から特定の競技に専念し、偏った技術を身につけるだけになってしまうことが多い。並外れた才能にでも恵まれない限り、他のスキルを習得せずに終わってしまうんです。

高校も早い段階で、生徒にどれか一つのスポーツを選ばせようとしています。これは見過ごせない流れですね。生徒たちには、できるだけ多くのスポーツを体験してもらいたい。それが彼らの力になる。一つの競技に専念したいなら、自分が正しいと思えるタイミングで絞るべきです。オールブラックスの中には、クリケットの代表に選ばれた選手もいます。ジェフ・ウィルソンなんかがそうですね。彼はバスケもプレーしていた。

一九七〇年代にはアンディ・レスリーもいました。彼はソフトボール、バスケットボール、水球などをプレーした後に、ラグビー界で活躍しました。レスリーが出現したとき、その技量の高さに誰もが驚きました。他の選手とは明らかに違っていたんです。そうやってこの国の人々はやってきたんです。みんなでプレーしないと試合にならないからと、いろいろなスポーツを体験しながら、スキルを磨いてきたんです。

私も田舎の出身です。小学校ではどんなスポーツもやりましたよ。とても楽しかった。このような田舎とのつながりが失われてしまえば、ニュージーランドのラグビー界は大きな打撃を受けるでしょう。多くの偉大な選手の背後に田舎が存在している。彼らは数多くのスポーツを通して、プレーをする上で大切な姿勢を身につけてきました。その姿勢と才能の両方を持つ選手は無敵です。才能だけではダメなんですよ」

ハンセンは、サッカー選手がいかに空いているスペースを見つけることに長けているかについても話した。「サッカー選手は、頭と目を常に動かし続けています。ボールを蹴りながら、スピードを落とさずに、素晴らしいバランス感覚で空いているスペースを認知していきます」

ラグビーとサッカーのスキルは別物だとの意見もあるが、ハンセンはそれを一蹴する。

「ある男性にラグビーボールを持たせたとします。男性はサッカー選手だけど、ここではラグビーをプレーしなければならない。彼は、サッカーで身につけたバランス感覚を生かすはずです。実際に、巧みなステップで絶妙なバランス感覚を披露するラグビー選手だって存在します。生まれつきの才能かもしれないし、他のスポーツで身につけたのかもしれません」

オタゴ・ラグビー協会のリチャード・キンレイも、同じ意見だ。キンレイの十六歳の息子は、五つの競技をプレーしているという。ラグビー、バスケットボール、バレーボール、クリケット。最近始めたのがバドミントンで、他のスポーツで遊ぶこともある。

「ニュージーランドの子供たちはラグビーばかりしている？　そんなわけありません」とキンレイは言う。「一流アスリートの子供は、幅広いスポーツを体験すると言われています。親から、いろいろなスポーツをやるように促されて育つからです」

多様なスポーツを経験することで、若者は運動神経を満遍なく高めていくことができる。偏った体力で技術を損なうこともなければ、他の国の若者と違って、ジムに入り浸ったりすることもない。リッチー・マコウも、この点について指摘する。「オールブラックスの選手は、テストマッチ前にジムで長時間を過ごすことなどありません。この先も、変わってほしくありませんね。〝ジム中毒〟が存在しないことこそ、私たちの強さでもあるんです。今の時代、優れたラグビー選手にはバランス感覚が不可欠です。その感覚がつかめずに失敗する選手もいます。少し前のイングランドの選手たちがそうでした。優れたアスリートになろうと躍起になりすぎて、優れたラグビー選手ではいられなくなったんです。

優れたラグビー選手になりたいから、優れたアスリートを目指す。でも優れたアスリートが必ずしも、ラグビーが上手いわけではありませんよね。これはニュージーランドラグビーの長所の一つなんですが、ここの子供たちは常にボールを投げ合っているため、キャッチやパスがとてもスムーズなんです。素晴らしいアスリートじゃなくても、いざというときにその能力を発揮できる選手が強いんですよ。型通りのプレーができても、ここぞという場面でとっさの判断ができない選手は、あまり重宝されません。優れたアスリートでありつつ、優れたラグビー選手でいるとはそういうことなんです」

オタゴ・ラグビー協会には三十三のクラブが所属している。そのうち十二が都市部にあり、残りが田舎にある。オタゴには、ここまで多数のクラブが存在するスポーツが他にないため、ラグビークラブが地域の中心的役割を担っている。「それ以上の存在です」とリチャード・キンレイは言う。子供たちは、この場所で他のスポーツの土台を育むこともできるようだ。

「ここで子供たちは、能力を伸ばす上で欠かせない土台を築いていきます。うちのトップレベルの選手たちはラグビーだけが上手いわけではなく、たいていのスポーツならそこそこプレーできます。ニュージーランドでは、どのスポーツでも同じような状況です。子供たちが技術を身につけられるかどうかは、スポーツがその道を作れるかどうかにかかっています。ラグビーは最高の道を作ってあげられるんです」

キンレイによると、数年前、サッカー界は別の方法を試みたという。オランダからコーチを招き、オタゴでヨーロッパモデルのプログラムを開始したのだ。そこでは子供たちは夏も冬も、サッカーだけをプレーしていた。だがプログラムはうまくいかなかった。子供たちが他のスポーツもやりたがったからだ。

オールブラックスでメンタルコーチを務めるギルバート・エノカも「オールブラックスの選手の多くが小さな町の出身です。その背景には、なんらかの理由があるはずです」と話す。「ラグビークラブが地域の中心だからかもしれません。もしくは田舎の生活は、現代社会に蔓延する〝すぐに、なんでも手に入る文化〟と一定の距離をとっていたからかもしれません。

理由はいくつもあるでしょう。でも物理的環境が人を作り上げ、社会的環境がそれを調整するものです。ニュージーランドは、この点でとても優れているんです」

だがハンセンには引っかかっていることがある。国中で、田舎の小さな学校が閉鎖されては、大きな学校に吸収されているというからだ。学校がなくなれば、その地域は衰退する。南島のジェラルディンの近くにあるオラリにも、三人の教師がいた小学校があった。しかし現在では閉校している。

オールブラックスの選手を生み出す上で、そういった学校が大きな役割を果たしているなら、この流れはニュージーランドのラグビー界に悪影響を与えるだろう。また親たちは我が子に少しでもラグビーの才能があると感じると、スーパーラグビーのチームが近くにある都会の学校に子供を転入させるケースも増加している。それでもハンセンが信じているように、田舎の子供たちは様々なスポーツを通じて、ボールを扱う技術を高め続けている。

田舎の子供が優れた回復力・適応力を備えていることも多い。彼らは、野生動物のように厳しい自然に慣れており、生活での基本的な動作も体に染み付いている。そこでの生活は簡素で、地に足のついたものだ。都会では直面することのない困難が、彼らの人格を形作っていく。農場の子供たちは、仕事に対する姿勢を早い段階から身につけていく。やらなければならない仕事は常に山積みで、その日のうちに全ての仕事が片付くことなどほぼない。

そういった環境で過ごす子供たちは、自分の頭を使って考えることができる。自分たちで楽しみを作り出す。一方、都会の子供の周りには、手軽に楽しめるものが満ちあふれている。わざわざ自分で楽しみを作り出したりなどしなくてもよい。都会暮らしは楽だが、そこで暮らす人間の視野は狭くなりがちだ。

自分で楽しみを作り出すことで、人はより強くなり、回復力を高めていく。他者と協力しながら事態を改善し、発展させていくことで、人間性、リーダーシップ、周囲への影響力を持った人間ができ上がっていくのだろう。田舎で助け合って生活することで、団体競技に欠かせない力が身につくのだ。子供の頃にこれらの能力を身につければ、成長しても潜在的な能力として残る。そしてプロのスポーツ選手としてやっていく上で、貴重な資質となるのだ。

二〇一一年ワールドカップの決勝戦。オークランドで行われたその試合で、キャプテンのリッチー・マコウはこの資質を遺憾なく発揮していた。パフォーマンスが不安定なフランスが対戦相手だったため、試合前にはニュージーランドの楽勝だと考えられていた。だが現実は、ニュージーランドは二つの理由で苦戦を強いられてしまう。まずベストなフォームが定まらなかったこと。そして、過去二十四年間ワールドカップで優勝できなかった事実に、選手たちが神経質になっていたことだ。だがマコウの大活躍により、八対七の僅差でチームは勝利する。マコウは果敢に攻めた。チームの要でもある彼の手は力強く、緊張で震えることもなかった。

まさしく頼れるキャプテンの姿に他ならなかった。

*

二〇一七年の夏の終わり、ニュージーランドでは戦場のような光景が広がっていた。他国と戦ったわけではない。相手は人類最古の敵、自然だった。クライストチャーチでは、二〇一一年に地震が起こったのだ。街は崩壊し、死者は百八十五名にも上った。あれから六年も経っていたにもかかわらず、街には半壊状態の建物が残されたままだった。修復箇所だらけのアスファルト道路はでこぼこで、車で走ると暴れ牛に乗っているような気分になった。

南島の東岸にたどり着くと、二〇一六年の北カンタベリ地震で生じた被害が修復されている最中だった。この地震では、二名の死者が出た。地層が十メートルも動き、多くの住民が恐怖し、動物も死んだ。

旅行者らは、クライストチャーチを脱出し、北部ピクトンへ向かった。ここから北島へのフェリーが出ているのだ。しかし地震で道が崩れていたため、ルイス・パスに続く迂回路を通らなければならなかった。まっすぐに進めば四時間で着くところを、曲がりくねった山間の細道を七時間もかけて進まなければならなかった。

悪天候のために何度も中断されながらも、ニュージーランド運輸局の職員は復興に取り組んだ。壊れた道路を修復し、地滑りをせき止め、これからやってくる冬に備えて状態を整えた。そう、冬になれば、人間はまた自然との戦いに挑まなければならないのだ……。

厳しい戦いになるに決まっている。だがその戦いを通して、ニュージーランド人は精神をさらに鍛えていく。ラグビー場の中だろうが外だろうが、彼らは一致団結して逆境をはねのける。その姿勢は、ニュージーランド人特有のものだ。

二〇一七年二月。夏のクライストチャーチで大規模な火災が発生した。かつて「南半球のオックスフォード」として知られた、市の東部に位置するポートヒルズ地区だ。私がそこを訪れたのは秋の終わりだったが、事故現場は痛々しい状態のままだった。消火活動にあたったヘリコプター操縦士スティーブ・アスキンが亡くなった場所だ。

アスキンの葬式には、同僚パイロットであるリッチー・マコウも沈痛な面持ちで参列した。自然が猛威を振るうニュージーランドに暮らす人々は、思いがけない悲劇に見舞われることに慣れている。悲しみにじっと耐える人々の姿は、初期入植者たちの体験談を、そしてニュージーランド人の気質を作り上げてきた逆境の数々を思い起こさせる。

「二〇一一年にクライストチャーチで地震が起こったとき、テレビに映る人々に不信感を抱いたりもしました」とマコウは話す。「誰もが黙々と地震を乗り越えようとしていた。そんなに簡単に痛みを忘れてしまっていいのかという気もしましたが、でも、それは人間の強さでもあるんです。助け合って前を向き続ける人々の姿に、また人間を信じてみたくなったものです。

二〇一六年のカンタベリー地震でも、クライストチャーチへリコプターズ会社の同僚とともに、多くの人を助けました。そこでも肩をすくめては『これが人生だ。なんとかやっていくしかない』と言い聞かせる市民の姿を目の当たりにしました。

二〇一七年にはベイ・オブ・プレンティ地方のエッジカムで洪水が起こり、多くの家が水没しました。そんな大災害にあっても、人々は『さて、どこから片付け始めようか？』と言うだけです。ニュージーランド人というのは、現実を受け入れては、なんとか前を向こうとする人たちなんです」

首都ウェリントンはニュージーランドでも、最も自然災害に遭いやすい都市だと言われている。オーストラリアと太平洋の二つのプレートに挟まれており、とても危険な場所に位置しているからだ。専門家らは、最悪の場合にはウェリントンが七つの島に分かれてしまうこともあるとして、対策を急いでいる。カンタベリー地震（ウェリントンでは数軒の建物が崩壊した）よりも小規模な地震でも、周辺地域への道が遮断され、上下水道などの公共サービスも使い物にならなくなると予想されている。

二〇一七年の六月から七月にかけて、ブリティッシュ＆アイリッシュ・ライオンズがニュージーランドに遠征した。その際にニュージーランドラグビー協会は、十試合が行われる都市全ての地震対策を立てた。

地震が起こった際の予備会場の選定から、何千人ものサポーターを素早く安全に移動させる方法、宿泊場所の考慮など、時間をかけて慎重に行われた。他のラグビー国もあらゆる問題に頭を悩ませているだろうが、自然災害が絶えないニュージーランドほどの苦労は経験していないはずだ。

ニュージーランドを訪れる度に、今なお続く地理的な困難が、ラグビー選手たちの我慢強さの秘訣になっていることを痛感する。逆境に立ち向かい、抗い、制圧する能力。はるか昔から、この能力を培ってきたのがニュージーランド人なのだ。入植者らがこの地へ流れ着き、最も過酷な環境を生き抜いてきた頃から、長い年月をかけてこれらの能力が物理的にも、精神的にも深められてきた。百五十年以上にもわたって、遺伝子レベルで受け継がれていると言ってもいいだろう。忍耐強く、理想のために邁進する人々の中で響き続けている、不屈の精神こそ、この国の歴史、そしてナショナルラグビーチームに一貫して流れているものだ。初期入植者らの大きな助けになったように、今でもここで暮らす人々の底力となり、その行動を支えている。

ニュージーランド人は、その短い歴史で得た教訓を理解しては忘れずにいる。価値あることは常に苦労の先にあり、努力なしではたどり着けない。子供の頃には分からなくても、ラグビーコーチが選手たちにそのことを教えていく。ニュージーランドのラグビーコーチの多くが、元は学校の教師だ。彼らは生徒たちに自制心、熱心に物事に取り組む姿勢、チームワークの大切さを教えることに慣れているのだ。

*

二〇一七年の年明け早々、私はパリ郊外にいた。凍てつく寒さの中、目の前で電動ゲートが音を立てて開いた。フランスリーグ・トップ14のラシン92が誇る最先端のトレーニング施設だ。二〇一六年シーズンの王者である。サモア、フィジー、トンガ、ジョージア、アルゼンチンなど様々な国籍の選手に囲まれて、その人物はいた。ラグビー界最高の選手との呼び声も高いダン・カーター。オールブラックスの伝説の一〇番だ。私は、ある一つのことを彼に聞くためだけにここにやってきた。「人口たった四百八十万人の国が、どうやって世界のラグビー界の頂点に君臨し続けているのか?」。シンプルだが、この本にとって最も重要な質問をカーターにぶつけてみた。

質問を聞いたカーターは顔をほころばせて笑った。

「おかしいですよね。多くの人が、ニュージーランドの成功の秘密を見つけようと、世界中を飛び回っては、あらゆる角度から検証しているんですよ」

虹のふもとには宝が眠っているはずだ。そんなおとぎ話を信じるように、ニュージーランドの強さを探る者も多い。でもカーターは、そんなものはないと主張する。虹のふもとにたどり着いても、宝なんて隠されていないことが分かるだけだというのだ。たった一つの理由だけで、オールブラックスが長いことラグビー界のトップに君臨し続けているわけではない。そこには多くの理由が存在する。だがオールブラックスが秘密を抱えているのは本当だ。最強軍団として、他のラグビー国の目標であり続ける上で、重要となる要素は確かに存在する。

これまでにも、オールブラックスの強さについて、幾度も説明がなされてきた。宿敵オーストラリアのナショナルコーチを務めたボブ・ドワイヤーは、その圧倒的な強さをこう語った。「とても閉鎖的で、秘密主義なチームです。同時に、信じられないほど素晴らしくもある。スポーツ史上、最も成功を収めているチームと言えるでしょう」

ドワイヤーのようなコーチは現実的だ。なにかを適当に褒めそやすようなことはまずない。カーターはチームの成功の秘密を「様々な要素が組み合わさった結果」だと言う。その中には、ラグビーに対する愛と情熱が含まれているとも話している。

「ニュージーランド人のDNAには、ラグビー愛が組み込まれていると言う人もいます。その愛があるからこそ、私たちはラグビーをプレーするんです。生まれたときに愛を持っていなくても、すぐに身につきますよ。周りの友達はみんなラグビー漬けなんですからね。学校の昼休みも放課後もラグビーで遊ぶ。自分たちでプレーし、テレビやスタジアムで試合を観戦し、ボールを片時も離さない。そんな生活なんです。

私が育った田舎では、今でもそういった光景を目にします。子供たちは外を走り回って、ラグビーに夢中です。私が子供だったときやその前は、もっと大勢の子供たちが遊んでいたのでしょうが。多くの人がラグビーとのつながりを失わず、子供たちにもラグビーに親しませようとしています。外でラグビーで遊ばせて、ボールに触れさせる機会を作るんです。

そんな流れも、テクノロジーの波にのまれて絶えてしまうかもしれない。でも、オールブラックスが作り上げた歴史は独自のものであり、長い年月を超えて受け継がれてきました。一朝一夕に失われたりはしないはずです。そこにはとても力強いなにかが存在しています。これからも世代を超えて続いていってほしいものです」

ニュージーランドを建国した人々が有していた気質は、現代の若きラグビー選手の中にも息づいている。スティーブ・ハンセンもそう信じている。

「この国が私たちを形作ったと言えるでしょう。私たちは、この真面目な国民性を誇っているんです。

遺伝子レベルで受け継いでいる『自分で問題を解決できる。自分でなんとかする』という気持ちを失いたくはありません。この性質はラグビー選手が試合で見せる優れた判断力にもつながっているんです。

もちろん、『他者の力を借りる』という姿勢が、悪い遺伝子と言うわけではありません。助けを求めることは弱さではなく、強さの証です。『自分でもできるけど、少し手に余る状況だから、周囲の助けを借りよう』と言えるようになれた方がいいんです」

ニュージーランドのラグビー選手たちは、スポーツをやっていく上で圧倒的に有利となる資質に恵まれている。そして若き選手たちが、ラグビー界に新たな風を送り込み続ける。他国の選手には考えられないような環境で、彼らは生きている。指導者も選手たちに鋭い目を注ぐ。背の高いポピーほど切られやすいように、高級腕時計やブランド品を身につけて練習に現れた選手は、すぐにその高い鼻を折られる。ニュージーランドでは、そのように富や成功を見せびらかすべきではない。過度な浪費を嫌う国民性なのだ。

この国ならではの特徴は他にもある。最もシンプルなものだ。人間が吸ったり吐いたりする、空気である。健康で、才能あふれる若きスポーツ選手たちを作り出すこの国の空気こそ、ニュージーランドが誇るべきものだとハンセンは断言する。

「世界の片隅にあるこの国で生きてこられた私たちは、とても恵まれています。多くの若者が屋外の生活を楽しみながら、あらゆるスポーツに熱心に取り組んでいる。彼らは、きれいで、新鮮な空気を吸いながら育ってきました。このような国は他にあまりないでしょう。

健康で生命力にあふれる若者が多いのもそのおかげです。この素晴らしい空気の中で、長い時間を過ごしているだけでも、大きな強みになっているはずです。そんなの関係ないと否定する人もいるかもしれませんが、軽んじてはいけません」

エイブラハム・リンカーンも「結局のところ、どれだけ生きたかではなく、いかにして生きたかが重要だ」という言葉を残している。

ダミアン・マッケンジーは、一見すると頼りなさげなラグビー選手だ。モジャモジャ頭がトレードマークの茶目っ気たっぷりの好青年。身長一七三センチ、体重八一キロ。泥にまみれてもまだ痩せっぽちに見えるその体格は、『オリバー・ツイスト』のジャック・ドーキンズ役にうってつけだ。だがフィールド上で、彼が相手チームの巨大な選手に埋もれてしまうことはない。サメの大群に紛れ込んだサバのように光り輝いているため、遠目からもよく分かる。二〇一七年のスーパーラグビーでは、チーフスのフルバックとして特に強力な存在感を放った。大輪の花火のような華々しい活躍を見せ、あっちに走ったかと思うと、急旋回して別の方向へ走っては観客を沸かせた。南半球随一のラグビー選手の一人との呼び声も高い。そんな大それた表現すら許されてしまうほど、マッケンジーの才能は際立っているのだ。彼の電光石火のようなスピードは、スーパーラグビー界にうってつけだ。

チーフスのチームメイトであるリアム・メッサムは、マッケンジーについてこう述べる。

「彼は驚異的な選手ですよ。ゴムボールのように跳ね回る。勇気もあって、恐れを知らない。攻撃に対する姿勢も素晴らしくて、どこからだって攻撃を仕掛けるんです。とにかくラグビーが好きだという気持ちがよく伝わってきます。ラグビーではこの姿勢が大切なんです。多くの選手がミスを恐れます。でも、彼はとりあえず全力を尽くしてやってみる。そしてほとんどの場面で、他を圧倒するような活躍を見せます」

マッケンジーは、このような姿勢をどこで身につけたのだろう？

「子供の頃、父はいつでもラグビーをしていました。ニュージーランド・エマージング・プレイヤーズのフルバックで、インバーカーギルから北に20分ほどのところにある、サウスランド地方のウッドランズ・ラグビークラブでもプレーしていました。母はホッケー選手でした。父はスピード面で特に秀でた選手ではなかったけれど、それでも充分に速かった。私の速さに少しは関係しているかもしれませんね。

両親はシーワード・ダウンズという小さな集落で酪農場を営んでいて、私たちはそこで暮らしていました。子供時代を田舎で過ごせたのは、素晴らしいことでした。なにをやるにしても充分なスペースがあった。兄のマーティと私はラグビーが大好きでした。よく裏庭で、友人やいとこと一緒にプレーしていましたね。とても健康的な生活でした。田舎には、田舎なりにやることがたくさんあるんです。魚釣りや射撃とかね。とにかく自由でした。

巨大とは言えないけれど、なかなか広い放牧場もあった。父はそこに木製のラグビーポストを建ててくれました。放牧場でプレーするラグビーは、結構白熱するものなんです。三歳年上の兄とは、互いに全力を出し合ってプレーしていました。手加減は一切なしです。五歳のときに学校でもラグビーを始めましたが、もっと幼い頃から兄とラグビーで遊んでいました。

そうやって、チャンスをつかむタイミングを身につけていくんです。ニュージーランド人はリスクを恐れず、スキルのある選手はゼロからなにかを生み出します。誰だって、試合が終わった後に『ああすれば良かった、こうすれば良かった』なんて言いたくない。それは確かです」

だが父親にとって、息子たちがラグビーに熱中をするのは、良いことばかりではなかったようだ。「ある日、放牧地の草が伸びていたので、私と兄は一箇所だけ草を刈って、そこでラグビーをプレーしました。実はそのとき、多くの酪農場で家畜用の草が足りなくなっていたんです。父の悲しみようは今でも覚えています。家畜のための貴重な草が刈られてしまったんですから、無理もありません」

田舎だろうが、都会だろうが、この国の若者たちはどこに行くにもラグビーボールと一緒だ。風土病とすら言えるかもしれない。なかには、ラグビーに熱中しすぎてしまう者もいる。オールブラックスの元キャプテン、アンディ・ダルトンには、こんな思い出がある。七歳のときに家で上質の革のボールを見つけ、庭で蹴って遊んだ。

実はそのボールは、貴重なものだった。アンディの父親は、一九四九年のオールブラックスツアーで副キャプテンを務めたレイ・ダルトンだ。そのボールには、レイ宛にスプリングボクス（南アフリカ代表）数名の選手のサインが入っていたものだったのだ。

「大目玉を食らいましたよ。サインボールだなんて全然気づかずに、蹴っているうちに大事なサインがかすれてしまったんですからね」とアンディは振り返る。それでもラグビーに熱中するのは悪いことではない。

一九七二年から八五年の間に、オールブラックスとして百十七の試合に出場し四一キャップを刻んだアンディ・ヘイデンは、こういった環境から若き才能が飛び出してくると話す。「彼らは、良いプレーをして、勝利することの大切さを四六時中意識しながら育ちます。ただの雰囲気だけでなく、新聞に実際に書かれることもある。町中で知らない人から『土曜の試合では活躍して、勝利につなげろよ』なんてズバリと言われたりするんです。

社会全体にそんな空気が漂っているんです。世間の誰もがラグビーに精通していて、それぞれ選手たちに圧力をかけます。そんな環境で暮らすことで、子供たちはラグビーにより深く集中していきます。

他の国では考えられないような雰囲気が、ニュージーランドには満ちています。海外の選手は世の中のそんな圧力を体感したことはないでしょう。でもそれは質の良い圧力なんです。繊細で、誠実で、ラグビーに精通した者だけが出せるような類のものなんです」

オールブラックスの強さを説明する上でも、ヘイデンの指摘は大きな鍵となる。

時代は、一九九〇年代中盤から後半にかけて。タラナキ地方プンガレフの酪農場の裏で、五人の若者が一つのボールを巡って激しい争いを繰り広げていた。ケイン、ボーデン、スコット、ブレイク、ジョーディー・バレット兄弟だ。誰もが、ボールを抱え込めるほどに成長している。彼らにラグビーを指導していたのが、タラナキのロックとして百六十七試合に出場した父ケビン。国でも有名な存在で、あの最もタフな選手と呼ばれるコリン・ミーズにすら「彼ほど荒いプレーをする奴はそうはいない」と言わしめたほどタフな選手だった。

ニュージーランドのラグビー界を語る上で、バレット一家は欠かせない存在だ。ボーデンはその理由をこう説明する。

「ニュージーランドでは、ラグビー選手の前に素晴らしい道がいくつも広がっています。努力を惜しまず、自分をしっかりと信じ続ければ、誰にだって道は開かれています。地方のラグビーチームだろうが、プロのチームだろうが、オールブラックスだろうが全ての選手に等しく道が開かれているんです。

私たちは幼い頃から、基本的な技術を身につけていきます。五歳、もしくはそれよりも幼い頃に、父親からボールを手渡されて、子供たちはラグビーに触れていくんです。テレビではヒーロー選手のプレーを見て、彼らのやり方を学ぶ。そして裏庭に出て、友達と実際に真似てみるんです。

私も兄弟と激しくプレーしたものです。スクラムを押し込み、リードし、ボールをフィードする。全ての役をこなしました。自分が将来どのポジションにつくか、どんな体格に成長するか分からないので、あらゆる技術を身につけようとするんです。とにかくラグビーが大好きでした。ニュージーランドの少年たちは、誰もがそんなふうに成長していくのではないでしょうか。

ニュージーランドには、スポーツ以外に特にすることがありません。そのため何年間も続けていれば、ボールを扱う技術は飛躍的に上昇していきます」

オークランドのセント・ピーターズの副校長グラント・ハンセンも、バレットの意見に賛成する。ニュージーランドの若者たちが、数多くのスポーツを体験するのは良いことだ。そう強調していたのはスティーブ・ハンセンだったが、グラント・ハンセンはさらなる長所を挙げる。

「私がラグビーチームのコーチを務めるとき、生徒たちにはまずオールブラックスのジャージを着ることの文化、誇りについて話して聞かせます。セカンダリースクールで教えていたとき、ほとんどの生徒がジャージに強い憧れを抱いては、袖を通せる日を夢見て一生懸命に練習していました。

でも今は、代表になることだけを考える生徒が多すぎます。自分ができることに対して手をあげて応じるのではなく、なにかをくれと手を出す。それが現代の若者の姿です。『なにが自分の有利になるか？　なにが得られるのか？』と求めてばかり。成功するには、まず自分の身を捧げなくてはならないことを彼らは全く分かっていません。グラント・フォックスなどかつての選手は、一日中ボールを蹴って過ごしていたものです。最近の生徒の中には、練習せずに、土曜日の試合に現れるだけの者すらいるんです」

練習をしなくてもよいと考えている選手は、オールブラックスには決して入れない。そのような考え方を若いうちに身につけてしまえば、いつかは壁にぶつかるだろう。ニュージーランドのラグビー界では特にそうだ。ハンセンは言う。「成功する子供は、絶対に努力を怠りません。誰よりも早く練習に現れて、そして最後まで残っている。よく練習するので、体力テストだって当然のように合格します。私たちは、今の若者の手本となるような選手像を再び作り上げたいと考えています」

ウェイン・スミスは、プロとして活躍できるのはごく一部の選手だと説明した。ハンセンもこの点を強調する。

「学生たちには、最低限でもプロの世界がいかに狭き門か教えるべきです。オールラウンダーとしての能力が高く、他のスポーツもやっていないと、プロとしては成功しないでしょう。ニュージーランドのトップレベルのオリンピック選手たちも、競技以外のスポーツもプレーしています。サマースポーツも、ウィンタースポーツも、あらゆるスポーツをやって、彼らは成功しているのです」

言うまでもなく、ニュージーランドほど、ラグビーに情熱を注ぐ国は他にない。二〇一七年、霧雨が降る秋の夜、私はクライストチャーチ郊外のラグビー場に座って、若い母親と話し込んでいた。彼女には二人の幼い子供がいた。どちらも好奇心がとても強く、母親はそんな我が子を優しく見守っていた。

そのうちの一人は、アレシアという名の女の子だった。一歳になったばかりで、よちよちと歩き始めたところだという。母親は娘の姿を優しく見つめながら「すぐにでもこの子を女子ジュニアのクラブに入れたいと思っているんです。もう、小さなラグビーボールをつかむのが大好きなんですよ」と言った。

幼きアレシアには、ラグビーの素晴らしさを実感するための時間がたっぷり用意されている。将来その道に進むかどうかは、誰にも分からない。それでも彼女を見ていると、ニュージーランドについて実感できることがある。誰もが子供たちに幼い頃からラグビーを始めさせるのだ。

第5章 ハカとニュージーランド人

アーロン・スミス、キーラン・リード、キース・ミューズ、
サー・コリン・ミーズ、ジョン・イールズ、クレイグ・ダウド、
ギルバート・エノカ、サー・ジョン・キー、ニック・ファージョーンズ、
ウェイン・スミス　その他多数の協力を得て

「今のハカからは、マナが失われてしまっています。ただの出し物にすぎません。全てのテストマッチでやるのではなく、厳選した試合でだけ披露すべきです。数年前まではどうするか選ぶことができました。でも今では、年十四回のテストマッチ全てでハカをやっています。これは多すぎます。自国のみ、あるいは遠征先のみ。どちらかに絞るべきです」

キース・ミューズ（元オールブラックス プロップ）

ニュージーランドには、誰もが幼い頃から親しんでいるものがラグビー以外にも存在する。ハカだ。

ハカはこの国のアイデンティティだ。国家としての姿を示しては、過去と今を生きる人々を

結びつける。一八八八年に「ニュージーランド・ネイティブズ」が、国外の試合で初めてハカを披露したと伝えられている。国内の試合では、それよりも前からマオリチームがハカを行っていたようだ。

霧深いマオリの歴史から、ハカは生まれた。古代の舞踊であり、民族同士が互いに威嚇をするために行っていた。最初は舞いだけだったが、後からスピーチと、鼻と鼻を突き合わせる動作が加えられていった。

『カ・マテ（Ka Mate）』は最も有名なハカで、女性性の力について歌ったものだ。かつてハカは戦士たちを鼓舞するためのものだった。ニュージーランドの家では、全てが静寂に包まれる瞬間がある。人々の呼吸が落ち着いていき、やがて止まる。静かな興奮が電流のように部屋中に走る。期待が最高潮に達する。オールブラックスがハカを披露する時間なのだ。

彼がハカを初めて目にしたのは、まだ三歳か四歳のときのことだった。記憶はおぼろげだが、ハカを見たのは確かに覚えているという。アーロン・スミスが、その瞬間を忘れることはない。彼は、パーマストンノース近郊の町フィールディングの自宅にいた。オールブラックスが自国でテストマッチを行うときには、彼の両親はいつもパーティーを開いていた。みんなで集まって観戦するのだ。

「ラグビー好きの一家にとって、それは特別なことでした。試合開始の時間になると、みんながテレビの前に集まります。誰もが会話をやめ、テレビ画面に集中するんです。ラグビーの試合よりも、ハカを見る人の方が多いんですよ。男は試合を見るけれど、女は見ない。でもハカは男女関係なく全員が見る」

しびれるような光景だった。目を見開いて、両腕を力強く叩く。舌を素早く出し、唇を突き出し、顔を歪める。首から肩にかけての筋肉が隆起し、細かく震える。太ももは膨れ上がり、両足で芝生を踏みしめる。自分たちの領地へは一歩も入らせないと主張しているのだ。両手を震わせ、指を相手に向ける。あるいは、喉をかき切るような真似をする。ニュージーランドという国を体全体で伝える。

六歳になったときには、スミスはハカの一部になっていた。ハカも彼の一部だった。一九九五年ワールドカップ南アフリカ大会。スミスは、すでにハカのやり方をマスターしていた。テレビの前に立ち、大声で雄叫びを上げる。表情も真剣そのものだ。

「あの有名な準決勝（イングランド戦）のときです。夜中だったけれど、両親は試合を見ることを許してくれました。とても重要な一戦でしたからね。二人の友達も一緒でした。正しいやり方かどうか分からなかったけれど、とにかくハカを踊ったんです！　かなりすごい体験でしたよ。子供ながら想像力を駆使して、とにかく踊った。超現実的と言っていいほどの気分を味わいました」

それは、ジョナ・ロムーが、イングランド勢を攪乱《かくらん》した試合でもあった。

数年後、ホークス・ベイ地方に滞在していたスミスは、タンギ（マオリ語で「葬式」を指す）でハカを目撃した。「あなたのようなバックグラウンドを持つ人にとって、ハカとはどんな存在なのか？」そう尋ねるとスミスは慎重に言葉を選びながら、こう話した。

「ハカは、私たちのアイデンティティの一部です。太平洋諸島以外のラグビー国で、このようなアイデンティティを持つのはニュージーランドだけです。私たちがどれほど、ハカに情熱を傾けているか明白ですよね。ハカは戦いのための踊りです。相手に、自分たちの強さを見せつける。『勝利するのは私たちだ』『これが私たちにとって大切なものなんだ』と相手に伝えていく。もう百年以上も続けてきました。この文化の一員になりたいという気持ちがあるからこそ、いまだにハカに参加させてもらえてとても幸運です。

ハカはマオリ族のものだけではありません。この国に暮らす全ての人のものであり、私たちの一部です。マオリ先祖から始まり、パケハとパシフィカ（パシフィック系の人々）が加わってきました。今では、みんながここで暮らしていて、みんながその一部なのです。私たちはラグビーを通して、自分自身を表しています。ハカもとても表現豊かなものです。子供の頃からラグビーをプレーする姿で、ラグビーがどんなに好きかを表してきました。そういった全ての異なる文化が、それぞれに違った要素を加えているんです」

白人の父とマオリ人の母を持つスミスは、二つの異なる文化をラグビーに持ち込んだ。彼は別々の文化を継承していることに誇りを持ち、その事実に満足している。

『カ・マテ』は一八二〇年ごろに、ナティ・トゥア・ランガティア族のテ・ラウパラハによって作られた。より古いハカも存在するが、そのことについて特に詳しく議論されたことはないようだ。国際試合にて、ニュージーランド人がハカを披露するのはフェアな行為なのだろうか。ハカが終わった後に、相手チームも独自のダンスなどを披露するべきではないのか。この問題については、ニュージーランドだけでなく、世界のラグビー界で長いこと議論されてきた。オールブラックスでスタンドオフを務めたアンドリュー・マーティンズは、ハカを「商業的になりすぎている」と批判した。元イングランド代表のスクラムハーフ、マット・ドーソンも、「ハカからは神秘的な雰囲気が消えている」と述べている。

オールブラックスでプロップとして活躍したキース・ミューズも批判的だ。「今のハカからは、マナ（マオリの重要な価値観）が失われてしまっています。ただの出し物にすぎません。全てのテストマッチでやるのではなく、厳選した試合でだけ披露すべきです。数年前まではどうするか選ぶことができました。でも今では、年十四回のテストマッチ全てでハカをやっています。これは多すぎます。自国のみ、あるいは遠征先のみ。どちらかに絞るべきです」

なかなか奇妙な状況が、このハカ問題を取り巻いている。あらゆる人間が、それぞれ違った見解を示す。激怒する人もいれば、支持する人もいる。好奇の目で成り行きを見守る人も、相反する感情を持つ人もいる。オーストラリアのデイヴィッド・キャンピージは、オールブラックスがハカを披露している間、競技場の隅で一人でチップキックを繰り返していた。同チームの元主将ジョン・イールズも、一度だけハカに背を向けたことがある。彼は今でもそのことを後悔している。南アフリカ元代表のアシュウィン・ヴィレムスは、ハカを舞う相手から目を逸らさなければ飲み込まれることはないと感じていた。「試合ができることにとても興奮していました。あのオールブラックスが相手なんです。自分にとって初めての〝正式な〟テストマッチのようでした。オールブラックス相手に戦ったことがないうちは、まだ本物のスプリングボクスのメンバーになりきれていないと感じていたんです。ハカに立ち向かい、彼らとテストマッチを戦うことこそ、最高の目標だったんです。

彼らがハカを舞っている最中、私は同じウイングのダグ・ハウレットの姿をじっと見ていました。すると〝ああ、彼も怖いんだな〟ということが伝わってきたんです。ハカが終わる間際にハウレットは頭を下げて、顔を背けるようにした。勝てる。私は思いました。彼も恐れを抱いていて、待ち受ける困難に向き合う準備ができていないと分かったからです。彼のそんな姿から、私は自分の力を引き出しました」

結果、ハウレットも力を引き出していたことが判明する。彼は二トライを決め、ニュージーランドは五二対一六で勝利を収めたのだった。

「単なる私の思い込みでしたね」元スプリングボクスはニヤリと笑った。

形や場所はどうであれ、ハカが相手を怒らせることは間違いないようだ。例えば、北アイルランドの伝説的な選手ウィリー・アンダーソン。世界にその名を轟かせ、骨をも砕く力強い握手が特徴で、歴史に残る名プレーをいくつも残してきた。一九八九年、ダブリンのランズダウン・ロードでのニュージーランド戦。キャプテンだったアンダーソンは、選手たちをハーフウェイ・ラインの上に整列させてハカと対面した。アイルランド勢は互いに腕を組み、踊り続けるオールブラックスの方へにじり寄っていった。最後には顔と顔がくっつきそうな距離にまで接近した。それでも彼らは、オールブラックスに揺さぶりをかけることはできなかった。ニュージーランドが二三対六で勝利を収めた。

二〇〇八年には、ウェールズがハカが終わっても数分間にわたって微動だにしなかった。どうやら時間を稼ぐことで、ニュージーランドの選手たちのアドレナリンの働きを抑制させる作戦に出たようだ。ある程度の効果はあったかもしれない。その前に行われた二回のオールブラックス戦では、ウェールズは三対四一、一〇対四五で敗れてきた。そしてこの試合では九対二九で敗北している。効果があった……とも言えそうだ。

元オーストラリア代表のコーチ、ジョン・コノリーによると、かつてはハカを気にする者は誰もいなかったという。「ちょこっと腕を回すようなレベルで、特別なものではありませんでした。今ではそれが嘘のように、大きな意味を持つ存在になった。よく鍛錬された、強い意思を持つチームの象徴となっている。ニュージーランドはハカに価値を与え、それをラグビーにつなげることに成功しました。とても賢い戦略です」

ハカによって、内に眠る力を効果的に引き出せているのか？　コノリーは懐疑的だ。「ただのパフォーマンスにすぎません。何年か前には、気合を入れすぎて試合開始でミスをした選手もいました。テストマッチでは、己を律することが大切です。過去のオーストラリアの選手たちは、ハカを立ち向かうべき挑戦だと思っていませんでした。真っ正面から受け止めなかったのは、間違いだったのです」

ニック・ファージョーンズは、ハカに勇敢に立ち向かった選手の一人だ。一九九一年ワールドカップでオーストラリアを優勝に導いた彼にとって、ニュージーランドはいつだって倒すべき相手だった。だが当時のワラビーズは、ハカと向き合わずにいたとファージョーンズは述べている。六十メートルほど離れた位置に立っていただけだったという。だが好戦的なデイヴィッド・コーディーがキャプテンに選出されたときは違った。チームは、キャプテンの意向に従い、ハカを真っ正面から睨みつけた。

ファージョーンズは言う。「個人的に、ハカに立ち向かいたかったんです。なぜか？　だってニュージーランドは人口四百八十万の偉大な国です。敬意を払いたい。六十メートル離れて背を向けるのではなく、真っ正面からじっと見つめて、表敬した方がいいですよね。

相手に、こちらの気持ちが伝わっていればいい。あなたたちのことを尊敬している。でも私たちを倒すのは大変だよ。簡単には屈しない、なんてね」

私とファージョーンズは、シドニーにいた。サーキュラー・キーとシドニー・ハーバーを見下ろす高層ビルの四十二階にある彼のオフィスで、この会話は始まった。だがオーストラリア人との会合の常で、私たちもすぐに他の場所へ移動することになった。同じ通りに面したバーへ行き、そこで再び話し始めた。

ファージョーンズは続けた。「二〇一一年ワールドカップで、フランスは矢のような形になって、ハカに立ち向かいました。とても素晴らしかった。でも国際ラグビーボードは、愚かなことにフランス側に罰金を科しました。それでもフランスは、ニュージーランドから逃げなかった。スポーツマン精神にのっとった素晴らしい姿勢だと、誰もが思ったはずです。私は、相手の顔をじっと見るのが好きなんです。表情だけで彼らの覚悟が分かる。『やるか？』と挑戦を受けて立とうとしているか、『ああ、早く終わってくれ』と思っているかが伝わってくるんです」

ハカが、力強さと活気に満ちた国のシンボルであることは間違いない。唯一無二の存在だ。だがそのあり方に疑問を投げかける声は、ニュージーランド国内からも聞こえてくる。

サー・コリン・ミーズは、二〇一七年に他界する数ヶ月前にこう話していた。

「昔は海外での試合だけでハカを披露していて、国内の試合ではやっていませんでした。今ではハカを重要視しすぎている。二つか三つの異なったバージョンがあり、練習すらする。私たちがやるハカは乱暴なものでした。今では動きを合わせられない選手は、ミーティングで責められたりもする。大きくなりすぎたんです。

どこでもハカをやっている。要人や有名スポーツ選手、芸能人なんかを空港で迎えるためにも披露したりしている。馬鹿げています。ただのパフォーマンスに成り下がってしまった。どこの学校でも、ハカを練習します。マオリ族に敬意を払い、試合の前にのみ行われるべきなんです。やりすぎてしまって、もう特別な存在ではなくなっています」

オーストラリアのジョン・イールズは引退後も、現役選手に劣らぬ尊敬を集めている。しかしニュージーランドでは、ハカを侮辱したとして、イールズに対して激しい批判が巻き起こったことがある。イールズは、自分の非を認めている。「キャプテンとして出場した初めてのテストマッチで、チームはハカと向き合いませんでした。今なら、恥ずべき行為だと思えるでしょう。でも当時は違った。ハカのパワーに引きずられたくなかったんです。それでも、私たちは負けた。ウェリントンで行われたあの試合で、六対四三で敗れました。歴史的な大敗です。今でもあの試合前に自分がしたことを、申し訳なく思っています」

では、ハカはオールブラックスの強みになっているのだろうか。イールズは、チームに一体感を与えているのではないかと話す。「一つにまとまったチームを敵に回すのは厄介です。でも物理的に有利な点などないのではないでしょうか」

イールズの後悔の念は、年とともに深まっていく。そして二〇一七年、彼はその体験についてテレビ番組を製作することになった。ニュージーランドを訪れ、ハカを知り、その意味を探っていく内容だ。カタルシスを味わうような体験である。ハカについて深く知りたかったから、番組に出演したとイールズは振り返る。ハカについて人々から話を聞いていると、彼はあることに気が付いた。ハカの本当の力はあの舞いではなく、個々をつなげてチームとしてまとめ上げることにあるのだと思い至った。チームだけでなく、ニュージーランドでラグビーに携わる全ての人をつなげているのではないか。そう、イールズは感じたという。

「とても深い部分でのつながりを感じました。有名な『カ・マテ』は敵から身を隠す戦士について表現されています。『私は死ぬ、私は生きる』。そこに力強さが感じられるのは、その戦士が生きることについて、自分自身と戦っているからではないでしょうか。戦士は内なる葛藤を乗り越えようとしながら、身を隠している。

『一歩上へ、一歩上へと進んでいく』と戦士は語っています。不利な状況をなんとか生き延びようとする男の話なんです。だから彼らがこのハカを舞うとき、仲間とつながることができる。これから戦いが起こる。でもそれは自分との戦いなんです」

イールズは、ニュージーランドが他国よりもラグビーに情熱をかけているとは思っていないという。だがあることだけは認めている。「オールブラックスの選手は、敗北がより重大な意味を持っていることを分かっています」。他の国に比べて、敗北がより重く受け止められているのだ。

アーロン・スミスは、ハカに対する批判の声に耳を傾けては、こう説明する。ニュージーランドに住んでいなければ、一つのハカしか見たことがないかもしれない。でも、国中の町にそれぞれのハカが存在するのだ。

「全ての民族、全ての町が、ハカを持っています。でもオールブラックスが舞う二つのハカは特に純粋な存在です。それぞれの動作、言葉に込められた正しい意味を理解しようとしていますからね。ハカの全ての言葉に、意味と目的があります。ミーズの批判も理解できますが、どのハカも全く違うんです。多くの人がハカを愛していて、私も大好きです。でもハカをやりすぎることには反対ですね」

スミスによると、学校のファーストフィフティーンのハカの中には、五分も六分もかかるものもあるという。誰も止める人がおらず、そこまで長くなってしまったようだ。オールブラックスとしてプレーをしていたスミスは、ハカのリードを務めないかとチームから声をかけられた。だが彼はそれを断った。

「最初は二〇一三年のことでした。負傷した選手が何人かいて、メアラムやメッサムが欠場していたんです。でも断りました。まだ充分な数の試合に出場していなかったので、周囲の尊敬を勝ち得ていないと思ったんです。そんな状態では、リード役にはなりたくない。断ったことは後悔しませんでした。まあ、試合中には『リードしても良かったな』なんて思ったりしましたが。

でもその後、試合に何度も出場してマナを得た末に、リード役になったときは嬉しかったですよ。ハカを先導し、掛け声をかけていった。明らかに以前よりもマナがありました。私が声を上げると、みんなよく動き、従ってくれました。それがハカでは大切なことなんです。『この若造、全然分かってないな』と思われているような雰囲気は微塵もありませんでした」

ハカにとって最も大切なのがマナだ。スミスはそう説明する。リードに就くのは、族長や首長であることが多い。リッチー・マコウも何度かハカを率いたが、全ての試合ではやっていない。マオリ文化にとってマナは大切な感覚であり、苦労して得ていくものなのである。

ハカのリードをやらないかと再び言われたときには、スミスは二つ返事で引き受けた。本番まで、徹底的に練習を重ねたそうだ。「シャワー中でも、どこでも練習しました。本番では完璧に決めなくてはいけません。タナ・ウマガなど、尊敬する先人たちのハカの映像を見て研究しました。リアム・メッサムのハカも素晴らしかった」

ブリティッシュ&アイリッシュ・ライオンズのコーチを務めたウォーレン・ガットランドから「世界最高のラグビープレイヤー」と称えられたこともあるスミスは、ハカでアドレナリンが大量に放出されることを認めている。もちろん、試合前にはいつだって神経は尖りきっているものだ。「でもハカをやるときは、とても緊張します。特別な感覚です。直前には、手が震え、全身が総毛立つ。お前はこれからすごいことをやるんだぞと、体が教えてくれる感じなんです」

ハカのリード役には責任が伴う。マナが全てだ。二〇一六年にスミスはクライストチャーチ空港で若い女性とトラブルを起こした。コーチと仲間、そして彼自身を失望させるような行為だった。

問題が起こった後、スミスはリード役を外された。「私から申し出たんです。もうこの役に就いていてはいけないと主張したんです。これもマナの一部です。あんなことをすれば、人はマナを失うものです。TJ・ペレナラが後釜に決まりました。彼がやってくれて嬉しかった。私は、自分がやったことでマナを失ったのですから」

トップに立つ者でも、その座から転落することがある。スミスは、自身の存在を傷つけたことを認めている。ではオールブラックスのコーチ、スティーブ・ハンセンは、このことについてどんな感想を抱いているのだろう。選手に対して、謙虚であること、文化やしきたりを重んじることを指導し続けてきた彼はこう話した。

「品性を持たなくてはなりません。完璧でなくてもいいんです。選手たちは、周囲から常に見られることを意識し、オールブラックスの一員であるというプレッシャーに耐えられる性質を身につけなければなりません。それができない選手もいるでしょうが、チーム全体の名誉を傷つけることになるんです。

選手たちはまだ若い。失敗をおかすことだってあるでしょう。それ自体は問題じゃないんです。一番大切なのは、どれだけ早くその失敗から学べるか。その後にどんな行動が取れるかです。私の責任は、彼らが人間として、そして選手として成長できる環境を整えることです」

オールブラックスでリーダーシップ・マネージャーを務めるギルバート・エノカは、責任はチームにあると話す。選手やスタッフが問題を起こせば、チーム全体がその責任を引き受けなければならないという。

「アーロンがやったことは、彼自身を大きく損なう行為でした。でも選手は人間です。より大きなダメージを受けないように、チームは、選手自身とその家族を守らなければいけません。

ハンセンは『なぜ学ぶために、負けなければならないのか？』とよく言います。多くの成功を積み上げてきたオールブラックスは、これまでとは違った形で己の行為を振り返ることが必要だからです。アーロンのような選手も、自分がなぜ過ちをおかしたか考えなければなりません。潮の満ち引きのように、ゆっくりと考えを巡らせていくんです。自分は丈夫で、なにがあっても平気だと思ってしまいがちです。でも、そうではない。誰だって思いがけないことが起こって、足元をすくわれるものなんです」

二〇一七年一〇月、ケープタウンでの南アフリカ戦で、スミスはハカのリードに返り咲いた。彼は自身の過ち、そしてそれに対して払った犠牲について充分すぎるほど理解していた。

「ハカは、全てが合わさったものです。私たちの存在のように、ニュージーランド文化の小さくて素晴らしいシンボルです。そんなハカに目くじらを立てる人もいますが、やはりそれは、ハカが出陣の舞だからでしょう。『今から、そっちに行くからな。首を洗って待ってろよ。これが最後だ』と、相手を威嚇するためのものですからね。もちろん、かつては、その争いは死を意味していましたが」

オールブラックスでプロップとして活躍したクレイグ・ダウドは、ジョン・イールズが製作した映画作品にウェイン・シェルフォードとフランク・バンスとともに出演している。ダウドは、作品内でオークランドのイーデン・パークでの試合について語っている。相手チームがハカに対して時間稼ぎをしたと考えられている試合だ。ハカを終えたオールブラックスの神経は高ぶり、戦う準備も整っていたとダウドは言う。だが、相手チームは全く違った。彼らはウィンドブレーカーを羽織ったままだったのだ。そして緩慢な動作で脱ぎ捨てられたウィンドブレーカーをトレーナーが拾い集めると、ようやく円陣を組んで試合前の最終確認を始めた。しかし、話し合いはいつまで経っても終わらない。長い時間が経過した後で、選手たちは持ち場へゆっくりと散っていった。

「その頃には、オールブラックスの勢いはすでに削がれていましたよ。試合が始まってもノックオンをおかしたり、ボールを取り損ねたりと、しばらくは散々な状態でした」

ハカ対策だろうか？　そうかもしれない。アイルランドのトニー・ワードも、ハカは精神に影響を与える、強力な武器だと述べている。

「ハカが、ニュージーランドの選手にとって有利に働くことは、まず間違いありません。百万パーセントの確信を持って言えますよ。国歌斉唱だけでも力が高まるのに、ハカでさらに興奮し、気合が入る。でもそれは、相手チームの犠牲があってこそなんです。ハカを舞うことは、身体的にもニュージーランドの有利になります。ワームアップになっているんですからね」

公平を期すために、ハカが終わった後に、相手チームにも二、三分ほどのワームアップが許されるべきではないか。ワードはそう提案する。「キックオフ前に八分から十分ほどの時間を両チームに与えて、平等にワームアップできるようにするんです。ハカが見られなくなるような状況を望んでいるわけではありません。ハカにはドラマがあります。でも公平であるべきです」

現代のラグビーにおいて、ハカはどのような役割を果たしているのだろうか。ラグビー界は、プロ化に踏み切られて以来、大きく変わった。過去のスタイルは海の底へと静かに消えていった。例えばイングランドのレスター・タイガースのユニフォームには、背番号の代わりにアルファベット文字が書かれていた。プロ化に伴い、そんなユニフォームも廃止されてしまった。でもハカはまだ残っている。

ここで二つの疑問が浮かんでくる。昔からの習慣だからと、ワールドラグビーはハカを大目に見続けるべきなのだろうか。ハカはオールブラックスに有利に働いており、相手チームにとって不公平だと指摘する声も大きい。全てのチームの意見が平等に考慮されるべきだろう。

そして、あらゆる試合でハカが行われる必要があるのだろうか。ハカとは、ニュージーランド独自の文化だ。ならもっと敬意を払って、各国首脳や王族を迎えるときや、ワールドカップ決勝戦といった特別な試合などに限定した方がいいのではないだろうか。全ての試合で行われる必要が果たしてあるのだろうか。このような状況は、ハカの価値を下げ、孤高さを失わせる恐れもある。

二〇一一年ワールドカップ決勝にて、フランスはハカと真正面から対決した。オールブラックスがハカを舞う中、キャプテンのティエリー・デュソトワールが率いるようにしてオールブラックスに向かって前進を続けた。「立ち入り禁止地区」にも足を踏み入れた。しかしそれはフェアで、緊迫感のある、挑戦的な行為だった。残念ながら、国際ラグビーボードは予想通り大げさな処分を下した。「文化的儀式・習慣への冒とく」としてフランス側に五千ドルの罰金を科したのだ。

オールブラックスのチームマネージャー、ダレン・シャンドでさえも、あの行為は不問に付すべきだったと話している。

「フランスは立派でしたよ。まさに文化的な挑戦で、試合前に素晴らしいドラマを見せてくれました。他の国が同様のことを行っても、大げさな処分は下してもらいたくありません」

そもそもニュージーランドは、これまでと同様にハカを披露する必要があるのだろうか。現在のハカはニュージーランドにとってのアイデンティティでありながら、ある種のブランドにもなっているのではないか。

二〇一八年の今でも、ニュージーランドはアイデンティティを世界に示す必要があるのだろうか。小さな国が、世界の大国と渡り合っていくためには、感情的・文化的な支えが必要だ。かつてはそんな声も聞かれたかもしれない。しかし、現在のニュージーランドには当てはまらない。ニュージーランド元首相サー・ジョン・キーは、政治家はこの件に積極的に関与しないだろうと話す。ハカを制限すれば、国民から不満の声が上がる可能性があるからだ。「私ならハカの時間を減らそうとはしませんね」キーは言う。

「こういった問題はいつだって起こりますが、マオリ文化が、ニュージーランド独自の文化である事実は変わりません。私たちの一部であり、その価値は今も増し続けています。多くの人が、試合前のハカを見逃さないようにテレビに張り付いています。みんなハカが大好きなんです。イベントの一部であり、ショーであり、エンターテイメントなんです」

ショー。安っぽいエンターテイメント。現代のハカの価値はそこまで落ちぶれたのだろうか。そんな事態を、マオリ族の首長たちが喜んで受け入れるとは思えない。二〇〇九年、ニュージーランド政府は、北島の民族ナティ・トアに『カ・マテ』の知的財産権を譲渡した。形式的な取り決めではあったけれど、マオリ族の首長たちは非常に重要なものだと受け止めた。合意書には「カ・マテの不正流用、文化的に不適切な使用」を防止する旨が記載されている。

ギルバート・エノカは、ハカに対する選手たちの考え方が大きく変わったと話す。「ハカにはうんざりだと言う選手が大勢いました。『これまでハカばかりやってきた。踊っている最中にカメラに張り付かれるのも嫌だ』なんて不満の声が聞かれたんです。『さっさと終わらせよう。そんな気持ちが強かった』『ハカは僕たちのものではない。マオリ族のものじゃないか』

なんて意見も上がっていました。私たちは、アイデンティティの真の危機に直面していたんです。だから腰を据えて『ニュージーランド人である自分たちとは何者なのか』とじっくり考えなければいけなかった。オールブラックスである自分たちとは何者なのか。そんな中で生まれたのが『カパ・オ・パンゴ（Kapa O Pango）』でした」

『カパ・オ・パンゴ』とは、ナティ・ポロウ族のデレク・ラーデリによって、一年ほどかけて作られた新しいハカだ。一九二四年にオールブラックスが舞ったハカ『コ・ニウ・ティリニ（Ko Niu Tirini）』のワンフレーズ目をもとにしたもので、様々なマオリ文化の専門家の意見も参考にされている。『カ・マテ』を補足する存在であり、特別なイベントなどで踊られる。二〇〇五年トライネーションズ（現ザ・ラグビーチャンピオンシップ）の南アフリカ戦にて初めて披露された。シルバー・ファーンと黒装束の戦士が登場し、『カ・マテ』よりもラグビー選手と関係が深い内容だ。選手たちも、新たなハカの方が自分たちに適していると感じていた。

「同じことを続けても、事態は改善しません。大きく舵を切るタイミングだったんです。このハカを作ったのは大成功で、良い流れにつながったと考えられています。国としてカタルシスを体験したんです」

ハカはラグビー界に息づく素晴らしい伝統だ。同時に、ニュージーランドの選手の士気を高める働きもある。どれだけ高めるかに関係なく、ニュージーランドにとって都合の良い状況を生んでいるのは間違いないだろう。ミーズが指摘したように、ハカを安売りしすぎている傾向も否めない。ワールドカップの決勝戦でなら、披露しても問題はない。では、遠征先で行われるテストマッチ三連戦ではどうか。一戦目だけで充分だろう。そこで闘志は示せる。

ブリティッシュ&アイリッシュ・ライオンズのコーチであり、ワイカト地方出身のウォーレン・ガットランドは、二〇一七年ニュージーランド遠征前にこの「ハカ問題」について考えていた。マオリ・オールブラックスやスーパーラグビーチームを含め、遠征では十試合が予定されていた。オールブラックスと対面する頃には、その他のチームのハカを見すぎて、選手たちもハカに「慣れるだろう」と踏んでいた。十試合全てで、十回もハカ行うのか？　明らかにやりすぎだと、ガットランドは感じた。そんなに頻繁にやれば、ハカの持つ神聖な雰囲気が損なわれてしまう。結果として、ハリケーンズとハイランダーズはハカを行わなかった。チーフス、ブルーズ、マオリ・オールブラックスは、それぞれチーム独自のハカを披露した。

ガットランドは言う。「やはり経験ですよ。何度もハカに対面すれば、慣れてしまうものです。士気を高めるものであって、恐れるべきものではない。耐性がついて、試合前のいつもの準備体操のような感覚になるんです」。ラグビーの商業化との微妙な兼ね合いで、ハカがその神秘性を失えば、伝統も土台であるハカ本来の目的も失われていくだろう。「慣れてしまう」「恐れるべきものではない」「ただの試合前の準備運動」。そう、ガットランドは言った。マオリ族は警告として受け止めるべきだ。

今ではハカはそのような存在になってしまったのだろうか。ハカとは相手チームへの挑戦を表明し、自分たちの決意を見せつける行為だったはずだ。それが相手に伝わらなければ、ハカの力が弱まることは間違いない。もしくは、真実はもっとグロテスクな姿をしているかもしれない。現在のラグビー界は、テレビ放映から得る金がなくては成り立たない。つまり、ハカの本当の権利を握っているのはテレビなのではないだろうか。

プロ化以降、ハカはオールブラックスのブランドの一部となってきた。ビジネスの世界では、顧客の要望がなによりも優先される。全てがブランド化される。サー・ジョン・キーは、ハカはショーであり、エンターテイメントとなったと言った。テレビ業界の重役たちも同じ見方をしているなら、彼らはラグビー協会とオールブラックスにハカを行う回数を減らさせたりするだろうか。いつだって、金が物を言うのだ……。

アーロン・スミスは「女性は試合を見ないかもしれないけれど、ハカは見る」と言った。テレビ業界のお偉いさんも、そのことをより重要視していくだろう。男も女もテレビで試合を見れば、広告の幅も急激に拡大する。彼らは舌なめずりして、そんな状況を待っているはずだ。

オールブラックスがハカを披露する回数を減らす決定を下しても、テレビ業界は受け入れないだろう。現代のラグビー界は、テレビの影響をあまりに受けすぎている。それが現実なのだ。もしそうでないなら、ホームで行われるテストマッチが真冬の夜七時三五分にキックオフされるわけがない。ラグビーファンの多くの子供たちがベッドに入る時間であり、スタジアムに行くには遅すぎる。

このことを危惧すべきなのは、ラグビーの保守派だけではないはずだ。商業化が推し進められるラグビー界では、ハカはより重要な存在になっていく。ニュージーランド文化は、そんなことを望むだろうか。マオリ族の年長者たちは、このような事態を招いた者たちに優しく微笑みかけたりするだろうか。ハカは守られ、育まれ、その特別性と独自性を保たれるべき存在だ。いつでも、どこでも、どんな試合の前でもハカが披露されれば、その神秘性は消えてしまう。最悪の場合、ただの安っぽいショーに成り下がってしまう恐れもある。
そんな事態を、一体誰が望むのだろうか。

第6章

パシフィック系選手の影響

ワイサケ・ナホロ、ジェローム・カイノ、マラカイ・フェキトア、
アラン・ジョーンズ、サー・ブライアン・ロホア、アラン・サザランド、
サー・ブライアン・ウィリアムズ、コンラッド・スミス、ウェイン・スミス、
スティーブ・ハンセン、ボーデン・バレット、ダン・カーター、
ジョン・イールズ、フランク・バンス、ウェイン・シェルフォード、
ギルバート・エノカ、サー・コリン・ミーズ　他多数の協力を得て

「ニュージーランドの子供たちを見ていると、なんて言うのかな……。みんななんでも簡単に手に入れているんです。意地悪を言いたいわけじゃありません。ただ彼らは、私が経験してきたこととは全く無縁なんです。自分たちの境遇にちっとも感謝していないというか。携帯、車、次から次へとなんでも欲しがる」

ワイサケ・ナホロ（元オールブラックス ウイング）

彼は、あの素晴らしい時間を覚えていた。子供たちが楽しげに砂浜を駆けていく。美しく爽

やかな海が広がる。空と海の青が溶けて混ざり合い、遠くの岩礁には白い泡が立つ。そして風、彼があの風を忘れたことはない。

あの頃はみんなで楽しく暮らしていた。大家族で、いとこも含めれば家の中にはいつでもたくさんの人間がいた。学校の近くに家があったので、遠くの地域の他人の子供まで預かったりしていた。十五人が、二つの寝室で一緒に眠るような環境だった。家族全員を食べさせていかなければならない。そんなことができるのは魔術師か、あるいは聖人だけだ。彼の家は貧乏で、いつもお金がなかった。お下がりの質素な服は家宝のように丁重に扱われた。彼、三人の弟妹、祖父母。それに加えて、よその家の子供十人が暮らす時期もあった。

彼も成長した。身長一メートル八六センチ、体重九六キロ。無力な子供も、今では立派な大人の男だ。彼が訪ねて来た日は、あいにくの雨模様だった。世界の最南端に位置するダニーデンは、天気が悪いことで有名だ。

ワイサケ・ナホロは、ニュージーランド郊外の裕福な家庭に生まれたわけではない。親の車に乗せられてトレーニングに行ったこともない。そんなこととは無縁のただのフィジーの少年だった。でも彼は、普通の子供ではなかった。彼の語ってくれたフィジーでの生活は、私の知らない世界だった。ワイサケ少年は、都市ナンディから四十五分ほどの、コーラル・コーストのシガトカという町でおじと一緒に暮らすようになった。家族は近所に住んでいた。彼は首都スバは好きではなかった。雨が多すぎたのだ。彼はまだ十五歳だった。広いおじの家に住めるのは良かったけれど、父親とは滅多に顔を合わせられない。いつも朝早くから夜遅くまで仕事で家を空けていたからだ。なぜ父親がそんなにも忙しいのか、ワイサケ少年には分からなかった。父親は二つの仕事を掛け持っていて、一つの仕事に専念することなどなかった。ある日、一通の手紙が届いた。この手紙が彼の家族にどれほど大きな影響を与えたか分からない。家中が大興奮に包まれた。ワイサケのラグビー選手としての評判を聞きつけたニュージーランドの学校が、彼を特待生として迎えたいというのだ。すでに学校関係者はフィジーまでやってきて彼のプレーを確認したとのことだ。

残念ながら、完璧な申し出というわけではなかった。学校は奨学金を半分しか出さないと条件をつけてきたのだ。ワイサケは肩をすくめるしかなかった。これでは学校に行けるわけがない。貧しい家族に、どうやって残り半分の学費を工面できるだろう。叶わぬ夢だ。鉄条網を通り抜けて、あちら側の世界に歩いていくような空想上の出来事だ。彼や友人らが住む慎ましい家と五つ星ホテルとの間を、この鉄条網が隔てているのだ。富裕層が、彼ら貧困層を嘲笑《あざわら》う。ワイサケは今でもよく覚えている。

「この国ではクソみたいな給料しかもらえません。父は働いていましたが、それでも充分な稼ぎは得られませんでした。生活は大変でしたよ。あの国には、二つの異なる生活があります。一つの国に、二つの全く違った国が存在するような状態なんです。片方の国には、食べ物を買うお金にさえ困る市民が暮らしている。もう片方の国には、金持ちの観光客がやって来ては、豪華なホテルに泊まっている。生きていくのがいかに大変だったか。両親は、私たちを食べさせるために、必死になって働いていました」

だがワイサケ少年は、すぐそばで密かに行われていたことに気づかなかった。父親は昼の仕事を済ませると、その足で別の職場に向かっていた。フィジーの伝統木造建築ブレを建設する仕事に就いていたのだ。おじも、いとこも、その仕事を夜遅くまで手伝っていたという。ワイサケだけが気づかずにいた。

そのときには、彼は体の大きな少年に成長していた。メラネシアやポリネシアの子供は成長が早い。それでも父から、家族が残り半分の学費を払うという話を聞かされたとき、彼は泣きそうになった。これでニュージーランドの学校に行けるのだ。なんとも美しい家族の姿だ。

彼は、人生を変えるほどのチャンスを無駄にすることなく、充実した学生生活を送った。卒業すると、グラハム・モーリーも輩出したタラナキ州の代表選手となり、その後はブルーズと契約。ハイランダーズとオールブラックスでも活躍している。生まれ持った力強さと攻撃力、そして芸術的なほどに繊細なタッチダウンが彼の持ち味だ。二〇一七年一一月にトゥイッケナム・スタジアムで行われたバーバリアンズ戦では、彼の鮮やかなオフロードパスが決まってトライへとつながった。そんなワイサケにとってなによりも重要なのは、プロとして活躍して、金を稼ぐことだ。両親が想像もしたことがないほどの大金を。

勝者の話だ。にもかかわらず、ワイサケの表情は悲しげだ。

「ニュージーランドの子供たちを見ていると、なんて言うのかな……。みんななんでも簡単に手に入れているんです。意地悪を言いたいわけじゃありません。ただ彼らは、私が経験してきたこととは全く無縁なんです。自分たちの境遇にちっとも感謝していないというか。携帯、車、次から次へとなんでも欲しがる」

そう話す声は、だんだん小さくなっていった。彼はフィジーの友人たちに思いを馳せる。地元の学校の友人たち。自分よりも賢く、才能のある者も何人もいた。だが彼らは、どこかへと続く「乗車券」を手にすることは決してない。親たちは、そのための金を用意してやれない。毎日の昼食代すら出せない家だってある。若者たちは学校を退学し、肉体労働に就く。それでも充分な稼ぎにはならないとワイサケは話す。何年かすると、今度は彼らが家族を養っていく。ワイサケも、毎月少なくない額の金をフィジーの実家へ仕送りしている。その金がなにに使われているかは分からない。ただ家族を信じるのみだ。

「間違っているとは思いません」そう話す彼の声は柔らかく、思慮深げだ。「家族がその金をどう使おうと、口を挟むつもりはありません。家族は金を必要としている。それだけです。今後も喜んで、同じことを続けていきますよ。育ててくれた家族のためなんですからね」

彼はいとこたちも援助しているが、ラグビー界を引退し、選手としての収入が断たれた後はどうするつもりなのだろう。

「他にも投資を行っています。すでに家を一軒所有していて、もう二軒ほど購入しようかと考えています。投資で得た金で、兄弟をニュージーランドの学校に通わせています」

イングランドやフランスといった北半球の国の選手たちは、ワイサケに比べれば、繭の中で暮らしているようなものだろう。彼らが、その重い責任感を理解することはない。

ワイサケの姿を見ていると、辛い経験でこそ、人間は成長していくことが分かる。教訓が魂に焼きつき、その人のあり方を決定付ける。誰にだって覚えがあるだろう。

「家族に背を向けることはできません。家族と仲違いをして、縁を切ってしまう人もいるけれど、私には無理です。島で生まれ育った人には、家族が大勢いるものです。つまり、それだけ助けなければならない人間がいるということです。私にとっては、家族が全てなんです」

元オールブラックス選手マラカイ・フェキトアには、そんな彼の気持ちがよく分かる。トンガで生まれ育った彼は、パエラタにあるウェズリー・カレッジに特待生としてやってきた。彼もとても有望なラグビー選手で、普通の家で生まれ育った。十五人兄弟の八番目だった。

二〇一七年半ば、フェキトアはハイランダーズを離れ、フランスのトゥーロンと二年契約を結んだことを発表した。トンガからトゥーロンへ。ギャラは三倍ほどに跳ね上がったはずだ。同様の道を進んだ選手は他にもいる。チャールズ・ピウタウやスティーブン・ルアトゥアも、海外クラブと高額契約を交わしている。ルアトゥアは、ブルーズからイングランド二部ブリストル・ベアーズへの移籍だった。スーパーラグビーから、とても平凡なクラブへ。一体なぜか。彼の知り合いは、その背景についてこう説明してくれた。「ものすごい額の契約金だったんですよ。ルアトゥアは二つ返事で承諾していました」

ブリストル・ベアーズはその後、ピウタウとも一シーズン百万ポンドの報酬で契約を交わした。ルアトゥアの契約額も想像がつくだろう。そしてフェキトアは家族のために海外クラブへの移籍に踏み切ったようだ。

「ラグビー界には、家族のためにプレーしている選手が大勢います」とフェキトアは話す。「全く違った人生で、全く違った環境で育ってみたかったと思うこともあります。でも現実は現実です。家族の面倒を見ていかなければなりません。島出身の少年なら誰もが通る道です。私も、結婚して子供がいる妹の援助を続けています。それが私たちがラグビーをプレーする理由です。家族優先なんです」

彼らの話を聞いていると、ポリネシアなどからニュージーランドに渡る若きラグビー選手たちの熱意と絶望感が伝わってくる。彼らは、プロのラグビー界でキャリアを積み上げるために奮闘する。自分の力で、家族全員が貧困から抜け出せるかもしれないのだ。家族のために大金を稼ぐトップ選手たちをバカにすることは簡単だ。実際に、多くの人が彼らを嘲笑ってきた。だがワイサケはこう話す。「自分がなにを求めているか、よく考えなければいけません。スティーブンには子供がいて、島では家族が暮らしています。養わなければならない存在がいるんです。私も同じです。そんな人を批判するつもりはありません。ラグビー界では、自分自身がどうしたいかよく考えなければいけないんですから」

金のためにプレーする彼らを身勝手だと思うだろうか。試合では若者たちは、己の肉体を激しくぶつけ合う。あまりに激しすぎるため、次に出場する試合が最後になる可能性だってある。キャリアは途絶える。脳しんとうを起こす危険だってある。そんな世界で生きる若者たちを、生半可な気持ちで批判することなど誰にもできない。

トップラグビー選手としてプレーし、その地位を守り、スキルや能力を磨きながら、島に残してきた家族の身を案じ続ける。容易なことではない。だが現実には、若きラグビー選手の多くが、そのような計り知れないプレッシャーに耐えながら、プレーをし続けている。こんな話もある。二〇一三年から二〇一五年の間、あるポリネシア系の選手が、ジョン・カーワン率いるブルーズと契約を結んでいた。見る者を興奮させる力強いプレースタイルを持つ選手だった。だが彼は問題を抱えるようになった。ある朝、トレーニングに遅刻してきたのだ。カーワンはそのことを注意し、彼も反省した様子だった。その二日後、彼はまた時間に遅れてきた。カーワンは、この選手をチームのメンバーリストから削除した。コーチなら誰だって同じ対応を取るだろう。それから一時間ほどして、自分の車に戻ったカーワンは悲しい光景を目にすることになる。メンバーから外した選手が、車のタイヤにもたれかかるように座って、号泣していたのだ。

「あなたには分からないですよ、コーチ」。そう、選手は話し始めた。「今朝、口座から二万ドル引き出されていたんです」

誰が引き出したか、選手には分かっていた。両親だ。なぜか。ポリネシアには、社会的成功を収めた者は、故郷の家族を助けなくてはならないという考え方がある。成功者は、家族のために金を生み出し続けなければならないのだ。計り知れないほどの重責だ。彼らの社会では、暗黙のうちにそのような役割が決まっていると、サー・グラハム・ヘンリーも話す。ワールドラグビーや、その前身である国際ラグビーボードといった管理組織からは、ニュージーランドがサモアやトンガ、フィジーから優れた若い選手を受け入れることで、それらの国がラグビー強国に成長する機会を奪っているという批判の声も聞かれる。だがヘンリーは、そのような批判は、問題の一部しか見ていないと指摘する。オーストラリアの元コーチであるアラン・ジョーンズも「人の野心を押さえ込むことは不可能です。ラグビー王国ニュージーランドで己の才能を磨きたいという選手をなぜ止めなければいけないのか」と主張する。

そして彼は、責められるべきはラグビーの管理組織だとも指摘する。一九九五年にプロフェッショナル化したラグビー界では、管理する側こそ、ポリネシアなどから若い才能が流出することに対して埋め合わせをするべきなのだ。プロの世界では、全てが金の問題に直結する。現在、あるいは未来のスター選手を失った各国のラグビー協会を支援するシステムを構築することは可能であったはずだ。その支援金は、各国のラグビー振興に役立てればよい。だが管理組織は、このアンバランスな状況を打開するための取り組みに着手しようとしない。同様の指摘は、ジョーンズ以外からも寄せられている。ジョーンズは続ける。

「ニュージーランドは、ポリネシア系の選手をチームで多用すべきではありません。それではラグビー界にて、ポリネシア諸島が成長していけないからです。

才能のある選手は、オールブラックスに誘われます。でも選ばれた選手も、選んだニュージーランド側も責めることはできません。しかしその過程で、ポリネシア諸島に対してなんの補償もなされないことは問題でしょう。チームがよその島から選手を受け入れ、選手の方もニュージーランドで活躍したいと望むことはいいんです。今や数多くのパフィシック系の選手がニュージーランドやオーストラリアで活躍しています。国がそんな状況を望み、かつ選手たちもこちらの国にやってきたいのであれば、問題はありません。でも他の島のラグビー振興のためにも補償金を支払うことは必須でしょう。

実際には、そんなことはなされていません。ただパシフィック系の選手をむやみに誘い入れ『オールブラックスやワラビーズでプレーした経験がありますね。だからサモアやトンガ、フィジーではもうプレーができませんね』と言ったりするんです」

彼は一方的に批判しているわけではない。母国オーストラリアのラグビーについても問題視している。

「オーストラリアもニュージーランドも、自国の選手をうまく育てられていません。だから、それぞれのラグビー界は弱体化している。巨体で、力強く、技術を持ったパシフィック系の選手に依存しているんです。この点では、オーストラリアの方がさらに状況が悪いでしょうね。二〇一七年のクイーンズランド・レッズの選手のうち十二名がパシフィック系でした。恐ろしい話です。明らかに間違っている」

だがこれまで何世紀にもわたって、仕事を得るため、またより良い生活を求めて、太平洋諸島からは多くの人がニュージーランドに移り住んできた。ラグビー界を取り巻くこの問題は、一握りの強欲なラグビーコーチによって引き起こされたわけではない。スポーツ選手となり、お金に困らない生活を夢見る人々を止めることも不可能だ。それでも状況を管理するために、なんらかの手段を講じることはできたはずだ。プロ化後ならなおさらだ。だが明確なビジョンを持つリーダーの不在が、ニュージーランドのラグビー界を蝕《むしば》んでいる。

皮肉なことに、リーダーシップに欠けるために対策を取らずにいたニュージーランドは、今まさに問題に直面している。オーストラリアや南アフリカといった強豪の失墜に対して、ニュージーランドラグビー界の重鎮らから、太平洋諸国にはオールブラックスの敵になるような存在がいないという嘆きの声が上がっている。しかしそれは、自分たち管理側が有効な対策を講じなかったせいなのだ。何年も前になんらかの手を打っていれば、フィジーやサモア、トンガなどがラグビー強国に成長したり、その合同チームすら誕生していたかもしれない。だが支援なしには実現しえないだろう。

全てのパシフィック系の選手が、すぐに成功を手にするわけではない。ジェローム・カイノがまさにそうだった。最初のうち、カイノは、自分がプロの選手になれるとは全く思えなかったそうだ。カイノが五歳だった頃、彼の家族はアメリカ領サモアから南オークランドに移り住んだ。ワイサケ・ナホロ同様に成長の早かったカイノは、自然とラグビーに馴染んでいったという。だが体格には恵まれても、選手としての自覚に欠けていた。アルコールとパーティー抜きの生活など考えられなかったカイノは、オールブラックスの選手としての活躍よりも、不名誉な行為を繰り返していった。

そこで二人の男が立ち上がった。グラハム・ヘンリーとスティーブ・ハンセンだ。カイノは言う。「彼らはそんな状態の私でもメンバーに選び続け、その上、命綱まで投げてくれたんです。有用なアドバイスも山ほどくれました。頭ごなしに叱りつけずに、ただこう言われました。『それが人間本来の姿だ。でも今の状態は、君自身と家族を辱めていることになるんだ』とね。

二人は、自分次第で、良くもなるし、悪くもなるということを分からせてくれたんです。ボールはこちらのコートにある。『私たちは、君の力になることはできる。でも君自身が厳しい決断を下さなければならないんだ』と言ってくれました。そんな彼らの姿勢にとても救われました」

パシフィック系の選手は、ニュージーランド式の練習に真剣に取り組まない、取り組むことができないとみなす向きもある。規律は多く、責任も重い。オールブラックスのジャージを手に入れた者は、さらなる重責を担うことになる。

太平洋諸島から選手が大勢やってくれば、ニュージーランドの負担も増すといった意見すら聞かれる。一九六八年から一九七六年の間に、オールブラックスとして六十四試合に出場したアラン・サザランドもよく覚えているという。

「当時は、パシフィック系の選手によって、この国は大きな打撃を受けると考える人も存在しました。ニュージーランドのラグビーが弱くなっていくと思われていたんです。パシフィック系の選手を増やしすぎないように、当時はブライアン・ウィリアムズやシド・ゴーイングなどを時々受け入れる程度でした。私自身も、彼らにはちょっとメンタル的に脆い部分があると思っていました。ニュージーランドのラグビー選手は、我慢強いものですが、彼らは誰よりも先に挫《くじ》けてしまうような気がしていたんです」

ニュージーランド人たちは、パシフィック系の選手には忍耐力、もしくは集中力が足りないと思っていた。彼らは、多くの要望に応え続けることは不可能だ。爆発的なパワーを一気に放出することができても、八十分以上も保つことができるのか。いや、無理だ。彼らがいると、この国のラグビー界は弱体化してしまう。ここは力強く、現実的な農家たちのDNAが脈々と受け継がれている国なのだ。その上、研究し尽くされた技術や繊細さも兼ね備えている――長い間、人々はそのような考え方を抱えていた。サー・ブライアン・ロホアですら「彼らは強力なインパクトを持っています。でもそれは、すぐ近くに愛する人、あるいは信用できる人がいる場合だけなんです。そんな環境にいさえすれば、彼らは良い選手なんです」などと発言していた。

だがコリン・ミーズはそうは思っていなかったようだ。「かつては、太平洋諸島からやってきた選手の存在が、オールブラックスを弱くするとよく言われていました。『彼らに厳しくすると、すぐにやめてしまうだろう』なんて意見もあった。私は、そんなことはないと思っています。彼らは素晴らしい選手ですし、この国で教育を受けてきました。学もあり、自制心だって備えている。そもそも自制心がなければ、オールブラックスになんて入れていないはずです」

実際はどうだったか？　現実では、敵からタックルを食らったように、全ての疑いも恐れも一気に吹き飛んでしまった。異なる者同士が混ざりあうことで、チームに勝利をもたらしてきたのだ。今でもそれは変わらない。サー・ブライアン・ウィリアムズが言うように、世間の想像とは全く逆のことが起こったのだ。島からやってきた選手たちがゆっくりとラグビー組織に溶け込んでいき、国全体のラグビーの形を変えていった。爆発的な力。恵まれた体躯。抜群のスピード。勇敢さ。ラグビーへの深い献身。進んでリスクを背負い、激しいぶつかり合いにひるむことなく肉体を投じていく姿勢。彼らは、自分たちが持つ全てを差し出して、ニュージーランドラグビー界をさらなる高みへと引き上げてきた。そんな選手に敵うチームがあるはずないのだ。

「島の選手だって、ニュージーランドの影響を受けて変化しているんです」とサザランドは言う。そうかもしれない。彼らが、ニュージーランドのラグビーを良い方向に変えてきたのも確かだろう。しかしコリン・ミーズは、良い変化ばかりではないと主張する。今のラグビーでビッグヒットが主流であることを彼は問題視しているようだ。

「島の選手は大柄です。誰だってジェローム・カイノみたいな男から激しくタックルされたくないはずです。でも彼のような選手たちが、ビッグヒットを生み出している。トレーニングの一環にすらなっているんです。私はこの流れには反対です。ラグビーはタックル抜きには語れませんが、ビッグヒットほどの激しいタックルは、これまで存在しなかったものです。まるで剣闘士の試合のようだ。隙間を狙うのではなく、肉体のぶつかり合いを求めるようになってしまったんです」。そしてラックやモールから相手選手を弾き出すのか？「私たちの時代は、ボールを持たない選手にタックルするのは恥ずべきことでした。とても危険な行為であり、相手を負傷させるからです」

それでもボーデン・バレットは、パシフィック系の選手はフィジカル面以外でもニュージーランドに貢献していると話す。「彼らは圧倒的な身体能力を持っていますが、それだけではありません。ボールの扱い方をよく心得ているんです。彼らほど本能的にボールを扱える選手はいませんよ」

パシフィック系の選手たちの影響力について、カイノは簡潔に説明してくれた。「とても大きいです。ますます大きくなって、今では計り知れないほどです。私たちは、ニュージーランドのラグビー史に大きく貢献してきました。自制心を持ち、自己管理をしながら、この国のラグビー選手になりました。ここのラグビー界のシステムが、私たちを助けてくれたと言ってもいいでしょう。自制心が備わっていないポリネシア系選手がいても、システムが選手に重要なことを教えてくれるんです」

サモア人というのは、大人に成長してもニュージーランドでは子供のようだ。そう、カイノは感じることも多いという。それでも彼は、自分がサモア人であることを誇りに思っている。「ニュージーランド人としての誇りもありますよ。私は二つの誇りを抱いています。サモアの文化を生かしながら、ニュージーランドで暮らしているんです」

このような関係は、両者のプラスになってきたとダン・カーターは話す。

「パシフィック系の選手はとても影響力のある存在です。体格、技術、パワー。どれを取っても素晴らしい。オールブラックスでも優れた選手の多くが、太平洋諸島の血筋を引いています。彼らがこの国に暮らし、オールブラックスとして活躍してくれるのは、私たちにとって幸運なことです。類い稀な人々で、独特な信仰や文化も誇っています。

でも同時に、ニュージーランドのラグビーが、彼らを成長させてもいる。恩恵を受けながら、こちらも彼らのプラスになる要素を提供している。互いに高め合っている関係だと思うんです」

ジョン・イールズも同様の点について指摘する。「まず教育を受けられることが、彼らにとって最大の利点でしょう。ラグビー選手を育成するにあたり、ニュージーランドほど優れたシステムはありません。パシフィック系の選手を迎え入れたからといって、ニュージーランドがより強くなることが保証されているわけではありません。でも彼らはラグビーに向いている人たちなんです。素晴らしい体格と生まれつきの強さを備えています」

パシフィック系選手は、快適だと感じられる環境、そして信じられる人に囲まれていると、本来の力を存分に発揮できる。そう、ロホアは言っていた。確かに思い当たる節はある。だがそれは他の選手にも言えることではないだろうか。オールブラックスという理想的な環境の恩恵を受けているのは、彼らだけではない。オールブラックスでは、選手とコーチが深い信頼関係を築いていることはかねてより知られている。

ハリケーンズとオールブラックスのセンターとして活躍したコンラッド・スミスは、マア・ノヌーとの黄金コンビでも知られている。スミスは、ノヌーは特にオールブラックス内で素晴らしい関係を築いていたと話す。

「彼は、グラハム・ヘンリーなどコーチ陣とも特別な関係を育んでいました。彼は、二〇〇八年から優れたパフォーマンスを見せるようになりました。コーチ側は、オールブラックスとしての環境を保ち続ければ、マアの力を最大限に引き出せることが分かっていたんです。そういった選手は何人もいました。オールブラックスが特別なチームだったからでしょう。最高のコーチ、選手、トレーナーが揃っていて、チーム内の標準値も期待値もとても高い。そんな環境でこそ、うまく力を発揮できる選手もいるんです。良いパフォーマンスを行えば行うほど、コーチからの信頼も高まっていきますしね。

残念ながら、その環境を離れると、それまでのレベルを保てなくなってしまう選手もいます。でもオールブラックスの一員でいられれば、優れたプレーができ、スタッフの信頼も獲得し続けられる。マアだけでなく、どの選手だって、多かれ少なかれ環境から力をもらっているはずです。素晴らしいコーチ、一流の選手と共にプレーをし、心身ともに素晴らしいサポートを受けられる。そんな環境にいれば、誰だって最大限の力が出せるはずです」

ラグビーをプレーする上では、白人選手よりもパシフィック系の選手の方が、本能的に優れている。そうブライアン・ウィリアムズは主張する。彼らは「爆発的な力」を生まれつき備えているからだという。スタートラインに立つ時点で、すでに体格や能力面で抜きん出ている。そこに自制心、ワークエシック、計画性が加わることで、彼らはさらに優れた選手となる。いや、それ以上だ。ウィリアムズは続ける。

「この国のラグビーを語る上で、パシフィック系の選手の存在は抜きにできません。一九六〇年代、七〇年代には、太平洋諸島の選手はそう多くなく、オールブラックスは冒険心を欠いた保守的なチームでした。でも時は流れて情勢は変化し、今のような革新的で、高い技術を備えたチームへと進化していきます。かつては自制心を備えた、大きくて力強いアスリート集団でした。でもそれ以上のチームに成長しなければ、トップには立てなかった。より速く走り、より高い技術を誇り、リスクを恐れないプレーをすることが、選手たちには求められていたんです」

チームが大きく変わったのは、一九八〇年代から九〇年代にかけてだとウィリアムズは説明する。ニュージーランドに、パシフィック系の選手が入ってくるようになったのだ。最初は少しずつ、のちに大量に流入してきたという。ウィリアムズが所属していたクラブ、ポンソンビーも同じ変化を経験した。ウィリアムズは、この流れがニュージーランドにとって大きなアドバンテージになったと話す。当時は特に恩恵が大きかったというが、それでも島からやってきた選手たちをこの国のスタイルに馴染ませる上で、最初は難しい部分もあったという。真面目に練習させ、自制心を持たせ、戦略を理解させるために試行錯誤があった。

バックグラウンドが異なる人間がまとまるには、様々な要素が求められる。まずは忍耐と根気。状況を理解する力も必要だろう。うまくいかないことだってある。フランク・バンスとエリック・ラッシュにも覚えがある。一九九二年にラッシュが、オールブラックスとしてデビューを飾った試合でのことだ。彼は更衣室に入るとボストンバッグを適当に放り投げ、そのままフィールドに出ていった。彼が戻ってきたときには、バッグは消えていた。誰かが「シャワー室を見ろよ」と言った。見に行くと、水が出しっ放しのシャワーの下にバッグが置かれていた。バッグはびしょ濡れだ。他の選手の場所にバッグを置いてしまったため、嫌がらせを受けたのだ。

サモア代表にも選出されたことのあったバンスも、一九九二年のオールブラックスでのデビュー後に同様の体験をした。「当時は、チームメイトに対するそんな態度は普通でしたよ」そうバンスは話す。「横柄な選手ばかりでした。みんな、成功者である自分はラグビーよりも大きな存在だと思っていたんです」。そういった傾向は、オークランドやオールブラックスのスター選手によく見られたそうだ。

一九七〇年、サモア出身の父を持つブライアン・ウィリアムズが、オールブラックスとしてデビューした。当時の状況も同じようなものだったという。ウィリアムズはオールブラックス初のポリネシア系選手として、歴史に残る人物だ。「ビー・ジー」というあだ名で親しまれ、オールブラックスでも頭角を現していく。そんなウィリアムズでも、最初はメンバーからあまり歓迎されていなかったという。バスの後部座席で先輩選手に取り囲まれては、ネチネチと嫌味を言われることもあった。「お前はなんのためにここにいるんだ？」と聞かれたりもした。

当時の選手は、誰もがそんな質問をぶつけられていた。

「とても居心地が悪かったですよ」ウィリアムズは振り返る。「でも私は、ポリネシア系選手として新たな境地を切り開く存在でした。最初のツアーで訪れたのは、アパルトヘイト時代の南アフリカでした。恐ろしかったですよ。自分がどんな目にあうか想像もつきませんでした。仲間と打ち解けられなかったのは、私がシャイだったというのもあります。南アフリカで同室になったクリス・レイドローは、私と話そうとしませんでした。私も話しかけることができなかった」

だがウィリアムズは運に恵まれていた。ブライアン・ロホアがキャプテンだったからだ。素晴らしいリーダーだったロホアは、ツアーメンバー全員と仲を深めることの大切さをよく理解していた。一九六三年から六四年にかけて行われたブリテン諸島、アイルランド、フランスへの遠征で、ロホアはオールブラックスでテストマッチデビューを果たした。当時の彼もまた、若くて、希望にあふれる新人で、ウィリアムズが感じた孤独を味わっていたのだ。優れた選手だったロホアは、新人ながら、遠征中に二回のテストマッチに選出された。それでも苦労はつきまとった。当時のオールブラックスには土曜チームと水曜チームが存在し、両チームの間には大きな隔たりがあった。土曜チームは、水曜チームを見下していた。そんな状況にいたロホアは、自分よりも若い選手が苦労していることをよく理解していたのだ。

その遠征で主将を務めたウィルソン・ワイナリーは、若い選手と交流を持とうとしなかった。古株の選手たちで徒党を組み、仲間内だけで楽しくやれればそれでいい。その他の選手は気にかけない。そんなタイプのキャプテンだった。排他的で、非生産的な態度だった。

今でもロホアは、当時のワイナリーに立ち向かわなかったことを後悔している。若きロホアには、ワイナリーの態度が、チームに悪い影響を与えていることは分かっていた。それでも口出しはしなかった。現在のロホアは「ワイナリーとじっくりと話し合うべきだった」と語る。

「当時の私には、そんな勇気がなかったんです。他の選手とさえ話すのをためらうことも多かった。かつての私は恥ずかしがり屋な、田舎の少年だったんです」

スティーブ・ハンセンも「ニュージーランドのラグビーの歴史において、ポリネシア系選手は重要な役割を果たしてきました。それを無視することは絶対にできません」と力強く話す。

ニュージーランドにやってきたポリネシア系選手だけが成功したわけではない。広い視野で見れば、彼らを迎えたことでニュージーランドのラグビー界も恩恵を受けているのだ。より詳しい実像に迫るために、私はオーストラリアに飛んだ。

＊

休日のブリスベンの中心部は閑散としていた。その人物に会うため、私はブリスベン川のほとりにある高級ホテルへと向かった。目の前を豪華なヨットが通り過ぎ、何人ものランナーが公園沿いの道を走っていく。

この二百三十年間、オーストラリアは目覚ましい発展を遂げてきた。しかしその影には、変化に取り残される人々もいた。先住民アボリジニだ。オーストラリアの暗い過去を象徴し、タスマン海を挟んで向き合う二つの国を比較する上で欠かせない存在だ。

そのことについて考えたアンドリュー・スラックは、頭《かぶり》を振った。顔には悲しみが広がっている。だがオーストラリアラグビー界にとっての長年のライバル、ニュージーランドの話になると一転して、微かな笑みが浮かんだ。一九八四年欧州遠征にてグランドスラムを達成したワラビーズを率いたのがスラックだ。彼は、現在のオールブラックスを、ある理由で高く評価している。選手の多様性だ。異なるバックグラウンドを持つ選手たちが一つのチームに集まり、共に戦っている。他のチームにはない調和性が感じられる。経営陣、コーチ陣、選手、そして大勢のファンのたゆまぬ努力のおかげで、オールブラックスでは三つの人種――マオリ、パケハ、パシフィカが、一つの国家、一つのチームとして美しく混ざり合っている。「素晴しい混ざり合いです」そうスラックは賞賛する。「私たちオーストラリアも同様の状態を目指していますが、まだうまくいっていません。それでも努力はしているんです。かつてオーストラリアのチームにも、多くのマオリ選手が在籍していました（一九八〇年代中盤から終盤にかけて）。私はこれまで、ニュージーランドの姿を、一つの国、一人の人間として見てきました。オールブラックスの選手たちは、お互いを仲間として受け入れ合っていますよね。バックグラウンドの違いを特に意識していないことが、功を奏しているのかもしれません。秘訣がどうあれ、そんな状態が、ラグビー国として、ニュージーランド国民全体に力を与えているのは間違いありません。マオリとパシフィック系の選手は、その卓越した技術でラグビー界全体のレベルを底上げしました。偉大なアスリートたちです」

　スラックは惜しみない賛辞を述べる。これほどまでに多様な選手を一つにまとめているチームが存在する。その事実だけでも、偉大な達成であることは間違いない。

　ニュージーランドのラグビー界は、バックグラウンドが異なる人々を一つに束ね、選手たちに調和することの大切さ、その力強さを教えてきた。そして同時に社会に対しても、多様性の素晴らしさを見せつけることもできた。まさに勝利である。もちろん、国中が平和と調和一色と言えば嘘になる。理想の姿ではあるけれど、完全に実現させることは不可能に近いだろう。それでも多様性の成功例を見たいなら、ニュージーランドのラグビー界に目を向ければいい。学校から地元のクラブ、マイター10カップからスーパーラグビーまで、あらゆる場所で多様性が花開いている。

スティーブ・ハンセンも、この話題について熱心に語ってくれた。

「多くの要素が組み合わさって、私たちは成功を手に入れています。その一つが、まさに選手の多様性でしょう。この国に暮らす様々な人が一つになっているからこそ、チームは成功できている。紛れもなくニュージーランドの勝利です。私たちは、ニュージーランド人でいることを、なによりも誇りに思っています。自分たちがどこから来たか、どんな過去を持っているかについては、そこまで思い悩んだりしません。過去のことを受け入れながら、今では一つの国としてまとまっているんです。

選手たちは互いを受け入れ合い、共にプレーをしていく。ラグビー界はそんな姿を世間に示してきました。ニュージーランドに暮らす人たちの仲を深めてきました。ケヴェン・メアラムとアンドリュー・ホアを見てください。二人とも生まれも育ちもニュージーランドですが、育ってきた環境や文化は全く違います。でも彼らは親友同士だ。全く違う人間が集まり、同じ目標に向かって力を合わせていく。その姿はとても美しいものです」

ニュージーランドはもはや、一つの集団だけの魂の拠り所ではない。マオリ、パケハ、パシフィカ。この三つの集団にとっての魂の拠り所だ。この国は進化してきた。そしてオールブラックスも、共に進化を遂げてきた。一九六七年から二〇一七年の五十年間で、あらゆる物事が一変した。過去と現在のオールブラックスを比べればよく分かる。より躍動的で、より力強く、より速いプレーで、変化に富み、刺激的な展開を見せてくれるようになった。

元スプリングボクスのディフェンスコーチ、ブレンダン・フェンターは、オールブラックスの成功にはニュージーランドに暮らすマオリ系、パシフィック系の選手の存在が欠かせないと指摘する。

「パシフィック系の人々は、ラグビーをプレーするにあたり、とても有利な身体的特徴を有しています。その影響はとても大きい。戦術と技術のレベルも向上し、今では身体的な有利さを上回るほどの力をつけています。

新しいコーチ陣のおかげでしょう。スティーブ・ハンセンだけでなく、グラハム・ヘンリーの時代から、選手たちの力は飛躍的に伸びてきました。チームは選手に対して『オールブラックスの一員でいるためには、誰よりも自己鍛錬と努力を怠らず、他者への敬意を持ち続けなければならない』と言い聞かせました。チームは、選手全員を鍛え抜きます。彼らは素晴らしい技術を持ち、メンバー同士も完全に一体となっている。特にボールを持っていない状態での努力は目を見張るものがあります。またニュージーランドのチームには、ラグビー界においても飛び抜けて良い人間が集まっていると感じます。まあ、往々にして勝者は良い人であることが多いものです。だって三、四回も立て続けに敗北したら、人間はどうなるでしょう。困難なときほど、その人の本性が分かると言いますよね。そんなときでも、ニュージーランドの選手たちは、誰もが礼儀正しく、謙虚な人間ばかりです。彼らは傲慢に振る舞ったりもしないんです」

なぜニュージーランドのような小国が、世界のラグビー界の頂点に立っているか。ウェイン・スミスは、論理的に説明することは不可能だと主張する。限られた財源しか持たず、ライバル国のようにリソースに恵まれているわけでもない。それでもこの国には、パシフィック系の若者が存在しているのだ。彼らあってこその成功だと、スミスも認める。

スミスによると、今の社会を見てみると、パシフィカの若者と、パケハの若者の行動に違いが見られるようだ。ニュージーランドを車で回ってみれば、外に出てラグビーボールで遊んでいる子供たちの大半がパシフィック系であることにすぐに気づくはずだというのだ。しかし三十年から四十年前までは、それが白人の子供たちであった。寄せては返す社会の波が、今のような状況を運んできたのだ。

「パケハの子供たちは、今では室内にいます。きっとパソコンでゲームでもして遊んでいるんでしょう」スミスは言う。「何年も前にパケハの子供たちがやっていたことを、今ではトンガ、サモア、フィジーの血を引く子供たちがやっているんです。彼らはラグビーに熱心で、しょっちゅう裏庭で遊んでいます。この国にとって幸運なことです。彼らの存在があるから、ニュージーランドは世界のラグビーのトップでいられる。人口規模と地理的な位置を考えれば、彼らがいなければ、今ではラグビー大国などと名乗れていなかったはずです。

私たちは、頂点に立ち続けるために常に努力をしています。優れた存在でいられるよう、自分たちが満足できる存在でいられるように、もがき続けています。新たな選手、新たなコーチが加入するたびに、チームがまた成長していけるという期待を感じます。優れたチームになれるように、全員が人生をかけているんです」

マオリ、パシフィカ、パケハ。誰であろうとオールブラックスは期待を持って受け入れる。

サー・トニー・オライリーも同意見だ。

「ニュージーランド人だからラグビーが強いというわけではありません。この国の気候風土が影響して、選手が強くなってきたわけではない。卓越したスキルを誇る選手が定期的に加入してくるわけでもない。第一、ニュージーランドがそこまで優れた技術を誇っているようには感じられません。ただ、全員が素晴らしい選手なんです。一流の選手が揃っている。放っておいても、素晴らしいプレーを見せるような選手ばかりなんです。

ニュージーランドは変わった国です。全員で同じ目標を共有する国なんて、他にはありません。人口四百八十万人で、畜産業が盛んで、肥沃な土地を持つ。そこに革新的な力で、ラグビー王国を立ててしまったんですからね」

オールブラックスのマオリ、パシフィカ、パケハの選手ほど、革新的な姿勢を持つ人間はいない。昔も今も変わらないと、ウェイン・スミスは言う。「一九〇五年、イングランドに向かう船の上で、デイブ・ギャラハーはルールブックを読みながら、新たな手を考えていました。そして彼は、選手がフォワードとバックを同時に務めても違反にならないことに気づきます。ウイングフォワードの起源です。当時から、オールブラックスは革新的なチームだったんです。誰も思いつかないようなことを発見する集団でした。今でもその流れは続いています。他者と違った視点で物事を眺め、解決方法を思いついていくんです」

スミス、そして彼の一族は、革新性と忍耐力、目標に対するひたむきさがどういったものか身を以て知っている。一九二〇年代にスミスの祖父は、スコットランドのピーターヘッドを離れ、ニュージーランドへと渡った。南アルプス山脈のアーサーズ・パスで、カンタベリー地方とウェスト・コースト地方をつなげるトンネル開通の工事に携わるためだ。彼はそこに二年間滞在した。そのずっと後に、ウェイン・スミスは家族とともに、グレーマスの小さな博物館を訪れ、キュレーターに当時のニュージーランドについて質問をしたことがある。するとこんな答えが返ってきた。「二週間滞在できれば、その人間はタフだと認められていました。二年間ともなると、タフどころではなかったでしょうね」

スミスの祖父はその次には、大工としてアラプニで水力発電所とダムの建設に従事した。そして世界恐慌が起きた。彼の妻と二人の子供は、ニュージーランドへ渡ることができずに、スコットランドにとどまっていた。一方のスミスの祖父は、食料配給権を得るためだけに、南ワイカトとタウポ周辺の植林計画に携わらなければならなかった。ようやく家族がニュージーランドにやってきたときには、二人の子供は七歳と八歳になっていた。

スティーブ・ハンセンは、ニュージーランドにはニュージーランドなりの問題が存在することを認めている。どの国だって同じだろう。だがハンセンに言わせれば、そこには大きな違いがあるようだ。「私たちは、他の国々から遠く離れています。だから問題があれば、みんなで力を合わせて、乗り越えるしかありません。他の国なら別の存在に頼れるかもしれませんが、私たちにはそれができないんです。とにかく、自分たちでなんとかする。孤立がそのような姿勢を作り上げました。この姿勢は若者にも引き継がれては、ラグビーなどのスポーツに大きな影響を与えています」

ここでもマオリ族は重大な役割を果たしている。空のように果てなく広がるワイカト。田園風景がどこまでも続くこの地で、リアム・メッサムはチーフスの中心的な存在として活躍を続けてきた。自分のルーツのある場所から離れながら、メッサムは誇り高きマオリ人として尊敬を集めている。周囲の人間やラグビーに対して力を尽くす彼の姿は、まさに無私無欲といった様子で後進の選手たちの良き手本となっている。そんなメッサムは、ニュージーランドの社会が多様化したことの方が、ラグビーそれ自体よりも尊いと考えているようだ。

なぜそのような調和が育まれてきたのか。メッサムはこう答える。

「ラグビーのおかげでしょうね。でも、それがニュージーランド人の元々の姿なんですよ。ラグビーはちょっと力を貸しているだけです。ニュージーランド人はお互いを気遣い、助け合う人々です。広い心を持っているんです。どんなスポーツチームだって応援しています。誰とでも仲良くしたいという思いが、DNAレベルで刻み込まれているんですよ。

この国の先住民はマオリ族です。でも他の国みたいに『私たち』『彼ら』と区切ったりはしません。マオリ族が全ての人を招き入れ、それから一つにまとまった。マオリ族は、どんな人でも温かく受け入れます。でもここにいる一人ひとりが、まとまって、混ざり合おうとしているように見えます。これぞニュージーランド人の姿です。道端で困っている人がいたら、必ず誰かが手を差し伸べます」

そう言って、メッサムは微笑みを浮かべた。それは温かく、奥深さすら感じられる、嘘偽りのない微笑みだった。彼にぴったりの表情だ。「まあ、フィールド上では話は別ですけどね。馴れ合いは一切抜きです」

この国のラグビー界では、マオリ族が重大な役割を果たしてきたとメッサムは続ける。

「マオリは独特なプレースタイルを持っています。自分たちのやり方をうまい具合に表しています。直感力がものを言い、なにが起こるか予想もつかないのが、マオリのラグビーです。民族にとどまらず、国を代表するような素晴らしい選手が何人も誕生してきました。マオリのチームの特徴は、全員があるものでつながっていることです。血です。みなが同じ血を持っているのが、オールブラックスとは少しだけ違っている点です。オールブラックスはDNAではつながっていない。マオリの人々の家系図をたどっていけば、誰もが遠縁にあたることが分かるんです」

私はメッサムという男が好きだ。くだらないことを言ったり、口先だけの発言をすることもない。現実についてありのままを語る。バーバリアンズのキャプテンに何度も選出されただけはある、ラグビーの男だ。物事の真髄を把握しながらも、楽しむことを忘れない。自分にとってなにが大切かも分かっている。マオリ族にとって、ラグビーは二番目に大切なものだという。メッサムは、そんなマオリ族の姿勢を最も愛していると話す。彼らにとって、文化こそがかけがえのない存在なのだ。

「私たちは何者で、どこからやってきたのか。それこそ私たちのアイデンティティだからです。これまで在籍してきたチームと比べても、この点が最も大きな違いの一つであるように思います」

マオリとラグビーの結びつきは強い。ラグビーというゲームが、彼らの気質に合っているのだ。身体的にとてもタフで、創造性を遺憾なく発揮することもできる。この二つの要素は、彼らの信念に深く刻み込まれている。マオリは強敵に立ち向かうことを好む。同時に、くつろぎのひと時も愛している。ボールを投げ合うことを純粋に楽しんでいる。だからこそ、マオリのチームからなにが飛び出してくるか、誰にも予想できないのだ。

では、異なる民族が混ざり合っていく中で、誰が最も変化したのだろうか。社会と民族が共存できるようになった現状を、最も受け入れたのはどの人々なのか。ウェイン・シェルフォードには、その答えがはっきりと分かっている。

「ニュージーランドのパケハは、ポリネシア人とマオリ人に対する態度や見方を大きく変化させてきました。現在でも、彼らの文化について学ぶことをやめようとしません。教育内容も向上し、いつだって新しいことを学び続けています。ハカのおかげもあるはずです」

ギルバート・エノカも彼と同意見だ。

「最も大きく変化したのは白人でしょう。私たちが彼らに、ニュージーランド人とは何者であるかを教えました。それを受け入れるために、白人たちは大きく変わったんです。ここがオールブラックスのメンバーのすごさです。彼らは、ハカとはマオリ族だけのものだと思っていました。でもワイタンギ条約が存在するこの国が二文化併存国家であることを理解し、私たちは一つに結びついたんです。

ポリネシア系の人々と生きることは、この国にとって最大の挑戦でもありました。彼らは諸刃の剣なんです。二つのことで、ニュージーランド文化に影響を与えています。一つはとても良いことですが、もう一つはとても悪いことです。まず良いことは、彼らの持つ〝ファノ(Fano)〟という感覚です。家族とのつながりを指す言葉ですが、彼らは白人とは比べ物にならないほど強くこの感覚を有しています。ポリネシアの人々は、周囲の人々に全てを惜しみなく与え、全てを温かく受け入れます。だから家族に大金を差し出していくんです」

一方の悪いことについて、エノカはこう説明する。「とても従順な人たちで、目上の人や、権威者から言われたことは、疑いもせずにそのまま受け入れてしまうんです」

この問題をどう解決していくか、エノカの手腕が問われる。「でも誰かが、その古い型を打ち壊さなければなりません。私にとっても大きな挑戦です。チームをより良くするために、目上の人間や立場が上の人間に意見するのは、不作法でもなんでもない。そのことを彼らに分かってもらいたいんです。でも古くから続く考え方なので、変化させることは容易ではありません」

第3章に登場したように、ダグ・ハウレットも、かつての恩師グラント・ハンセンから「苗字じゃなくて名前で呼んでくれ」と何度言われても、頑なに「ハンセンさん」と呼び続けていた。

「私たちは何年もかけて、マオリ、パシフィカ、ヨーロピアン、それぞれ最も優れた部分を結びつけることに成功してきました」そう話すのは、ブライアン・ウィリアムズだ。「偉大なる達成と言ってもいいでしょう。全く違ったバックグラウンドを持つ人間が集まり、同じ目標に達していく。良き先例として、世界中に示すことができています。世界から遠く離れた島にいる私たちは、互いに助け合ってきました。仲違いをするよりも、そっちの方がずっと自然なことです。ここでは、他の場所で見られるような偏見がないんです」

かつてスティーブ・ハンセンと戦ったこともある、誇り高きマオリ人マーヴ・アオアケもウィリアムズに賛同する。「オールブラックスがあそこまで強いのも、異文化が混ざり合っているからでしょう。立派な勝利であり、素晴らしい物語です。オールブラックスが成功する上で、欠かせなかったことです。各選手たちが、それぞれ違ったスタイル、特質を持ち寄ってチームを作り上げているんです」

抱いている期待も全く異なる。それでも、それらの全く違ったものが一つの鍋に放り込まれては混ざり合い、同じ目的意識を持つチームになっていく。この姿勢こそ、世界のラグビー界に求められているものだ。

それでもパシフィック系の選手には、大きな弱点があるという。誰がそう言ったのか？　スティーブ・ハンセンだ。

私は、あるシンプルな質問をハンセンに投げかけてみた。オールブラックスの中で、真の才能を持つ選手はどれくらいいるのか？　私の予想は六割ほどだったが、ハンセンの答えは違っていた。

「そうですね。どの選手も才能はあるでしょう。才能がなければ、オールブラックスの一員にはなれません。でも突出した才能となると、正直言って、とても低い。三割に届かないかもしれません。この突出した才能を持っているのが、パシフィック系の選手なのですが……。ここで私たちは失敗してしまっている。彼らにワークエシックを伝えきれていないからです。彼らは世界的な選手に求められる基準に達する力を持っています。でもワークエシックを身につけられていないので、その厳しい基準に耐えることができないんです。彼らには、成功するためにはそれに見合った努力が必要だと、理解させなければいけません。自分が持つ力が全てなのではなく、その力でなにをやったかが重要なんです。

けれども、生まれつきの才能を持つ人間に、ワークエシックを教えるのはとても難しいことです。そんなものがなくても、彼らは若くして成功してしまいます。努力しなくても、得意なことをするだけで結果が出てしまう。自然にやってのけてしまうんです」

ハンセンは、オークランドでこのような失敗をよく目の当たりにすると話す。「ニュージーランドのラグビー界にとって最大の中心地オークランドでは、才能ある選手が次々と犠牲になっています。こちら側が、選手たちに、ワークエシックを持つ大切さを教えられていないからです。ラグビーだけでなく、他のスポーツでも同様の状況です」

それでも彼らは進んでいく。この国のラグビー界は、そうやって終わりなき自己改革に身を投じていくのだ。

第7章 勝利への渇望

サー・コリン・ミーズ、リッチー・マコウ、クリス・レイドロー、スティーブ・チュー、キーラン・リード、ジョエル・ストランスキー、ピエール・ベルビシェ、ブラッド・バーク、スコット・ロバートソン、トニー・ブラウン　その他多数の協力を得て

「勝利するためには、敗北のための備えをしておかなければならない。それが私の信念です」

トニー・ブラウン（元ハイランダーズコーチ・日本代表アシスタントコーチ）

オールブラックスが「終わりなき自己改革」に取り組む理由は、一言で説明できる。勝利のためだ。

勝利することこそ、ニュージーランドラグビーの存在意義《レーゾンデートル》だ。ラグビー界の人間は、勝利を求めて昼も夜もなく邁進する。国を挙げて、たった一つの目標に突き進む。勝利が全てだ。誰が敵であろうと関係ない。時間にも、大会にもとらわれない。その勝つことへの凄まじい集中

力は、まず他の国には見られない。勝利に対する強い気持ちがこの国を一つにしている。

ニュージーランドと勝利の間には、何者も入ることは許されない。あまりに勝利ばかりを見つめるものだから、彼らは周囲の人間や意見にも全く気を払おうとしない。何年にもわたって育まれてきた「相手には負けない」という文化が、その過程でどんどん強化されていった。地理的に孤立していることも、そんな感覚を後押ししている。勝利への執念が、現在のニュージーランドラグビーの姿勢、考え方の大部分を支えているのだ。

昔から、彼らの世界には「勝利を求める」精神が隅々まで浸透していた。言葉にまでされていなかったかもしれないが、勝利を求める空気が充満していた。だが時が経つにつれ、その気持ちはエスカレートしていき、次のレベルへと達した。誰もが「勝ちたい」ではなく「勝たなければならない」と考えるようになったのだ。首相でさえそうだった。

「勝利」という言葉は、高級ワインのように口触りがいいものだ。その魅力に惹きつけられるスポーツ界の寵児《ちょうじ》も多い。トゥーロンのムラド・ブジェラル会長は、勝利をつかむために選手をかき集めてきた。アメリカのランス・アームストロングやジャスティン・ガトリンなど、禁断の薬に手を出す選手もいる。遠い昔より、勝利ほど人間を酔わせるものはなかった。

モハメド・アリはこのような言葉を残している。「敗北を知っている者だけが、魂の底まで下りていってほんのわずかな力を見つけ出して戻ってくる。そして五分五分の試合で勝利を収めることができるんだ」

リッチー・マコウはこう話す。「スーパーラグビーでも、そんな選手を何人も見てきました。学生の頃から、スター選手として活躍しているようなタイプです。いつだって勝利を収めてきた。でも誰にも勝ち続けることなんてできません。どんどん勝つのが難しくなっていく。しかし彼らには、どうやってそんな状態に耐えればいいのか、どうすれば態勢を立て直すことができるか全く分からないんです。彼らは『こんなはずじゃなかった。もっと簡単なはずなのに』と思う。そうじゃない。勝つことは決して簡単ではないんです。

浮き沈みを何度も経験した選手なら、そんな状況を生き抜く方法を知っています。ではどうやったら、失敗に叩きのめされることはなく、何度でも立ち上がる力、回復力を身につけることができるのか。それが問題です」

マコウやダン・カーターなど傑出したオールブラックスの選手は、必ずこの回復力を持っている。両選手とも、勝ったときよりも、負けたときのことをより鮮明に覚えていると迷いなく答える。かつてない大勝利を収めても、敗北の方が心に残るという。敗北を通して直面する精神的な苦悩と、次こそはうまくやらなければという気持ちがつきまとって離れないのだ。勝利にこだわる気持ちを克服することはできない。すでに心身に埋め込まれてしまっているなら、その気持ちと一生付き合っていくしかないのだ。

スティーブ・ハンセンも、二〇〇七年ワールドカップでの敗北について話すときには、いまだに顔をしかめる。その表情を見れば、敗北がどれほど苦しいものか理解できる。「ニュージーランドにとっては、ただ勝てばいいわけではないのです。相手に大きな差をつけて勝利を収め、観客が望むような試合をやってのけなければならないんです。そんなことを毎度できるわけがない。でも、そうしようといつだって努力する。それが、オールブラックスと他のチームとの違いだと思います。同じように国歌斉唱で並んでいても違うんです。同じ目的でフィールドに立っていても、目指すものは違っている……」

ニュージーランドの場合、全国民の期待を背負っているという気持ちが、選手たちにとって特に大きな力となっている。その気持ちが彼らを駆り立て、命じ、なだめすかして勝利へと導く。他の国とは話が違う。ワラビーズが勝とうが負けようが、半分以上のオーストラリア国民にとってはどうでもいいことだろう。誰が選手か知らない人間もいるはずだ。

土曜日にイングランドのラグビー代表チームが、トゥイッケナム・スタジアムで国際試合を行ったとしても、サッカーのマンチェスター・シティやリヴァプール、トッテナム、マンチェスター・ユナイテッドなどのファンは、その試合結果に全く気を払うことはないだろう。反対にニュージーランドでは、国民全体がオールブラックスに深い忠誠心を抱いている。他国では考えられないことだ。インドとそのクリケットチームは、この関係に似ているかもしれない。インド人も、クリケットのナショナルチームに同様の強い気持ちを寄せている。ニュージーランドでは、誰もが「オールブラックスは勝つのだろうか?」と試合のたびに考えているものなのだ。

このように国中が勝利を求め、激しく執着しているからこそ、オールブラックスは抜きん出た強さを誇っているのだろう。ある元オールブラックス選手も、チームは勝利への期待だけではなく、勝たなければならないという義務感を背負っていると語っていた。「期待」と「義務」は全く違うものだ。彼らの価値観において勝利は絶対だ。選手たちは、最後の笛の音がなる一瞬まで、勝ちをひたすら求め続けなければいけない。二〇一三年一一月のアイルランド戦でも、大接戦を演じた末に最後の最後で勝利を挙げた。彼らはいつだって差し迫った敗北を勝利に変えようと、手足が痛もうが、肺がオイル切れの車のように空気を求めて悲鳴を上げようが、ギリギリまで全力で戦う。彼らのたゆまぬ努力と、最後まで自分を信じきる姿勢はまさに本物だ。身体的な疲れは言い訳にならない。オールブラックスの選手は、最後の一秒まで戦い抜けるように、鍛えられているのだ。

その一方で、オールブラックスが背負う、世間からの重すぎる要求や義務、批判は真っ当ではないという声も聞かれることもある。ライアン・クロッティは「そこまで気負っているわけではないですよ。ただ仕事に行くだけ、といった感じです。成長しすぎたポピーは真っ先に切られてしまいますからね」と話す。

だがボーデン・バレットは、彼ほど割り切れていないようだ。

「伸びすぎたポピーは真っ先に切られる（出る杭は打たれる）。ニュージーランドでよく言われる言葉ですが、あまり健全な考え方ではないですよね。なにかを成し遂げたときには、励まされ、褒められればいいんですよ。本当に素晴らしい行為をなすことと、思い上がって傲慢になることの間には、微妙な違いがあります。私たちは、たいていこのバランスをうまく取れていま す。だからこそ、すごいことを達成して、賞賛されるべき場面なのに、落ち着かせようとしてくる世間の雰囲気が嫌なんです。オールブラックスは、ニュージーランドでもっと尊敬されてもいいはずです。でも、そこでニュージーランド人の気質が出てしまう。どんなに素晴らしい結果を出しても、周囲から『まだ評価するのは早い。次の結果次第だ』と言われるんです。だからこそオールブラックスがあれほどまでの強さを保てているのかもしれませんが、素晴らしい結果を素直に受け入れるべきときだってあるんです。でもこういった厳しい声は、ニュージーランドの世間やファンたちから聞かれるだけですね。海外では私たちが成し遂げたことは、そのまま賞賛されます」

一心に勝利を目指すことで、オールブラックスはこれまでいくつもの熱戦を制してきた。この姿勢は、ニュージーランドの選手特有のものだ。彼らには、なんとかして、誰かが試合の勝利を決める魔法のような一瞬を生み出さなければならないという思いが深く染み付いている。そして自分は残りの十四人だからと、なにもせずに「誰か」を待ったりはしない。十五人の選手全員がその一瞬を追い求めるのだ。

プロ意識と、試合を有利に進めるための鋭く深い知識。全員がその両方を持って、試合に臨まなければならない。ピンチに見舞われても、どうすれば生き残れるか本能的に分かっている。逆にチャンスに恵まれれば、その機会の生かし方を心得ている。彼らは目的に合わせて、試合の流れを緩めたり激しくさせることができる。この臨機応変に対応できる才能こそ、彼らが誇る強力な武器だ。これで極めて重要な勝利をつかむことも、危険な状態を回避することもできる。またオールブラックスだけでなく、スーパーラグビーで活躍する選手たちも同様の力を備えている。過去何年にもわたって、ニュージーランドのチームが南半球の強豪国のチームを抑え続けてきたのも、そのような性質と、攻守にかかわらず容赦のないプレースタイルを持っているからこそだ（二〇一八年五月半ば、ニュージーランドのスーパーラグビーチームがオーストラリア相手に勝利したことで、国全体のチームで合わせた連勝記録は三十九に伸びた）。

ではこれら全ては、長期的に見てどのような影響を及ぼすのだろうか。ブリストル・ベアーズの現コーチであり、二〇〇四年から二〇〇八年にオークランドを、二〇〇九年から二〇一二年にはブルーズを率いてきたパット・ラムがこの問いに答えてくれた。他のラグビー国にとってはあまりに酷な内容だった。

「王者ニュージーランドの立場を脅かすものはなにもありません。でも正しい展望を持ち、ラグビー文化を築いていけば、彼らに勝つのも夢ではない。長い時間がかかるでしょうが。オールブラックスにとって最大の目標は、試合に勝ち続けることであり、ほとんどの場合でその目標を達成できている。ニュージーランドのラグビー界で下される判断は、いつだってオールブラックスの勝利を目指しています。ラグビー協会は、それがオールブラックスの強さを支えていることを知っています。ラグビー協会の収益の八割はオールブラックスによるものであり、それがラグビー界を大きくしているんです。

スーパーラグビーも人気ですが、南島の人はブルーズ（北島オークランドが本拠地）が勝利しようが気にしませんし、同じく北島の人はクルセイダーズ（南島クライストチャーチが本拠地）の勝利をなんとも思いません。でもオールブラックスが勝つかどうかは、両島の人間ともとても気にします。全国民の心をとらえているんです」

なかには、若き選手たちへのプレッシャーが重すぎると懸念する声も聞かれる。まず常に勝ち続けることなど不可能だ。一九六〇年代にオールブラックスでハーフバックとして活躍したクリス・レイドローもこう主張する。「選手への要求が大きすぎます。何年にもわたって、彼らは品行方正であるべきかどうかが議論されてきました。多くの人が、選手に社会の手本であってほしいと望んでいるんです。私の答えですか？　そんなの馬鹿げています。ラグビーで手本となれば充分じゃないですか。模範的な若者であれと、選手に求めるのはフェアじゃないし、間違ったことです。そんなことは不可能だ。彼らはプロのラグビー選手なんですよ。全く現実的ではありません。世間は、選手は全てにおいて理想的な人間だと信じ込もうとします。スターになった人間は、細かく詮索され、見張られ、追いかけ回される。一挙手一投足に注目が集まる。そんな状態で生活できるわけがありません。だから選手たちは、なにかしら失敗してしまう。でも失敗した選手を見ると、私は、それでいいんだよと思うんです。彼らだって世間の一部なんです。彼らの問題は、社会の問題でもある。誰かの理想像を演じ続けられなかったことに対して非難をしたり、そのことに心を痛めるべきではありません。フェアなことじゃないんですから」

世間から押し付けられた理想像に背を向け、自分を貫くラグビー選手の話を聞くと、興味を掻き立てられるものだ。彼らは、珍しい存在だからだ。キース・マードック、アリ・ウィリアムズ、アーロン・スミス、ザック・ギルフォード。「不名誉の殿堂」に名前が載るような、品行方正でない選手だって少数ながら存在する。

オタゴ大学とオックスフォード大学で学んだレイドローは、冷やかし気味にこう言った。

「アリ・ウィリアムズはちょっと間抜けな奴なんです。とにかくガキっぽくて……絶対に、お手本になんてしてはいけないようなタイプですね。どの選手だってお手本にしようとしてはいけないんです。そんなの誰にとっても悪い結果にしかなりません。ウィリアムズは大のパーティー好きでしたが、一流の選手でもある。プレー中には、その対照的な二つの要素がうまく混ざり合っていました」

ラグビー協会ＣＥＯスティーブ・チューは、ウィリアムズについてこう話した。「彼がニュージーランドでプレーしているうちは、私たちでコントロールすることができました。でもフランス、パリのクラブに行ってしまった後はどうすることもできません」

ニュージーランドの若き一流のラグビー選手たちは、二つのことを上手くこなすよう求められる。勝利にこだわって、勝ち続けること。そして求められた通りの社交術を披露し、社会的模範となること。多くの選手が、なんとかうまくやっているようだ。キーラン・リードは言う。「そうですね。確かに、強迫観念はあります。この国では、誰もがラグビーに深い情熱を抱いています。私たちも大変名誉な地位に立てている。オールブラックスに憧れる選手も大勢います。人々が抱える国民性と愛国心が、自分に対する、あるいは私たちに対する感情に影響を与えている。この国で暮らしていると、誰だって困難にぶつかることがあります。私たちが勝利を収めることで、個人個人、そして国全体を元気づけることができるなら、それはもうスポーツ競技を超えた存在でしょう。

今のような成功をキープし続けることは、難しいかもしれません。試合に負けることだってあります。決して避けることはできない。それがスポーツであり、人生です。でもこの環境は、強固に作り込まれた基盤に支えられています。これまで同様の心構えを持ち、地に足をつけて謙虚でいれば、ラグビー界のトップに立ち続けるだけの力はあるはずです」。さらにリードは言う。

「全体的な調和を保つことで、私たちは、際立った存在でいられました。勝利を重ねて、その機運を維持していかなければなりません。さらに、先人たちをしのぐほどの結果も出さなければばならない。オールブラックスに入ることはゴールではなく、スタートなんです。このことははっきりしていて、早い段階で選手たちも自覚するようになります。私たちは、オールブラックスをより良いチームにしていかなければならないんです」

一九九五年ワールドカップ決勝戦にて、オールブラックス相手にドロップゴールで勝利を決めた南アフリカのジョエル・ストランスキーは、ニュージーランドにとってのラグビーは「まさに宗教的な存在だ」と述べる。「そんな考え方が、素晴らしい文化と、成功に対する欲望を生み出しているんです。ラグビーは、ニュージーランド人の生き方に本質的に合っています。確かな才能を持ち、自分たちの力を深く信じている。信じようと努めているのではなく、奥深い部分に自信が根付いているんです。彼らは、ラグビーに対して素晴らしい態度を持っています。それこそが大切なことなんです。チームや、その環境を向上させる要素はいくつもありますが、最も重要なのは心の中にあるものなんです」

キーラン・リードも、オールブラックスの主将としてリッチー・マコウが打ち立てた超人的な記録に挑戦しなければならなかった。そんなリードの苦悩と懸念はより深まる可能性もあると、レイドローは考えている。二〇一七年、ブリティッシュ＆アイリッシュ・ライオンズのニュージーランド遠征では、オールブラックス対ライオンズは一勝一敗一分けという結果となったが、レイドローはそれよりも前からこう警告していた。「ニュージーランドの強さが絶対に破られないという保証はどこにもありません。チームは、すでに最高水位線に達してしまっているようにも感じられます。一方、他の国は準備により時間をかけ、オールブラックス同様の優れたフィジカルも誇っています。機敏さと運動能力は、我々よりも劣るかもしれないけれど、その差は縮まり続けています。追いつかれるのも時間の問題です。特にイングランドの存在は脅威です。素晴らしい選手もたくさんいる。では、こちらとイングランドとの違いはなにか。多分、勝利への思いでしょう。我々は勝つことしか考えておらず、それが小さな差を生んでいる。選手たちに勝利を考えさせるために、心理的な技術がいくつも用いられています。運動能力がわずかに優っている以外、それしか違いは考えられません」

全てがうまくいかない場合だってある。一九九四年には、遠征してきたフランスが、オールブラックス相手に二度も勝利を収めている。なぜそんなことが起こったのか誰にも分からなかった。フランスがニュージーランド相手のテストマッチシリーズで一勝以上を挙げたのはこのときが初めてだった。クライストチャーチの試合では二二対八で、オークランドの試合では二三対二〇で、フランスは勝利をつかんだ。その陰には、コーチのピエール・ベルビジェの存在があった。フランス代表の元スクラムハーフであるベルビジェは、ニュージーランドラグビー協会を「素晴らしい」と評し、敬意を表してこう語った。

「ニュージーランドには、完全にプロとしてプレーしている選手が百五十人から二百人ほどしかいません。他国は、それ以上の数の選手を抱えています。でもニュージーランドは、統一されたプレースタイルを持っていて、努力を怠らず、歩みを止めません。フランスから見ると、マコウの後任が務まる選手を見つけることなど不可能に思えます。しかし、ニュージーランドはそれをやってのけた。それも彼らのたゆまぬ努力のおかげでしょう。ニュージーランドは、各選手ではなく、オールブラックスとしての全体像を常に意識しています。オールブラックスにどのような印象を抱くかと聞かれれば、私はこう答えます。『生命力と想像力にあふれるチーム』。オールブラックスの一員になりたければ、彼らと同じような考え方を獲得しなければならない。フランスとは全く違います。ニュージーランドでは、その生命力と想像力が重要で、彼らの特質ですらある。そこが違うんです。オールブラックスの選手がニュージーランドのためにプレーすることには、フランスの選手がフランスのためにプレーすることとは全く違った、重大な意義があるのです」

オールブラックスの選手ともなると、とんでもない期待を背負わなければならない。その勝利への期待は、義務へと変化し、何年にもわたってそれが当たり前のものとして受け入れられてきた。リードは過去のオールブラックスの成功の歴史を、次のように紐解いた。

ニュージーランドが、オーストラリアと初の国際試合を行ったのは一九〇三年のことだが、オーストラリアがニュージーランド相手に連勝できたのは一九四九年が初めてだ。オールブラックスの主要選手が、南アフリカに遠征に行っている最中のことだった。

オールブラックスは着実に勝ちを重ねてきた。一八八四年から一九一四年の間に、ニュージーランドは百十四の試合を行った。結果は百七勝五敗二分け。勝率九三・八五パーセントという驚異的な数字を誇った。

一九二〇年代から四〇年代にかけては勝率五四パーセントへと急落するが、その後再び上昇していく。五〇年代と六〇年代はテストマッチ七十一戦にて五十七勝を挙げ、勝率を八〇パーセントまで引き上げた。ニュージーランドラグビー界が、悪い状態を放置することはまずない。昔から、国全体がオールブラックスの勝利を望んでいるのだ。

プロ化された一九九五年から二〇一七年までは、二百七十四テストマッチ中、二百二十九勝四十敗五分け。勝率は八三・五八パーセントだ。スティーブ・ハンセンがヘッドコーチを務めた二〇一二年から二〇一八年の勝率は八九パーセントにまで達している。

シドニーのランドウィック・クラブの元キャプテンであり、ワラビーズでスクラムハーフを務めたブラッド・バークは、一九八八年にオールブラックスと三度対戦している。どの試合でも、彼らの揺るがぬ執念に驚かされたという。そう、勝利への執念だ。

バークが、オールブラックスと初めて試合を行ったのは、シドニーのクッジー・オーバルでのことだった。ランドウィック側にはロイド・ウォーカー、デイヴィッド・キャンピージー・ノックス、サイモン・ポイデビン、エディー・ジョーンズ、イーウェン・マッケンジー、ゲイリー・エラといった優れた選手が揃っていた。オールブラックスも一九八七年ワールドカップ優勝時とほぼ同じメンバーで臨み、九対三と相手にリードされる場面があったものの、最後には二五対九で勝利した。

四日後、バークはブリスベンのバリモアスタジアムにてオーストラリアＡチームのキャプテンとして、そしてその三日後にはゴスフォードにてニューサウスウェールズＢチームの一員として、オールブラックスと対戦した。それら全ての試合を終えたバークは、どんな気持ちだったのか。痛かった、と彼は言った。

「ランドウィックのメンバーとして試合に出場したときが、最も興奮しました。クラブチームと世界チャンピオンの戦いです。身震いするほどでした。同時に恐ろしくもありました。相手はとても強くて、雲の上の存在です。エディー・ジョーンズとショーン・フィッツパトリックの二人のフッカーは、始終叫びっぱなしでした。休まず攻防を繰り返していました。

ウェイン・シェルフォードは、サイモン・ポイデビンの頭を狙ったような危険なタックルを仕掛けていました。とにかく激しいバトルでした。でも、とても楽しい試合でした。純粋なアマチュア試合というような雰囲気が漂っていました。本当に素晴らしい体験で、なにが彼らの原動力となっているかよく分かりました。彼らは人間的には控えめでも、フィールド上では率直に己を表現していた。自分の実力を試すことができました。ラグビー選手としての己の力量を試したいなら、オールブラックスと戦ってみるべきです。彼らと対戦できるのは名誉なことなんです」

その素晴らしい試合が行われたのは、水曜日の午後だった。クッジー・オーバルは、六千人もの観客の熱気が充満していた。競技場が見える建物のバルコニーというバルコニーに、人々が鈴なりになっていた。競技場にも人が押し寄せ、全てが立ち見席となった。

「オールブラックスは、スコットランドのルター派教会の影響を受けていたので、信心深い選手が多かった」とバークは言う。「そこにマオリ文化も混ざって、ラグビー大国にぴったりの気質が形成されていました。誰もが、オールブラックスの精神をそのまま受け入れている。そうやって、あの偉大なチームは発展してきたんです」

敵が誰であれ、どんな試合であれ、とにかく勝利だけを見据える。その飽くなき欲求が、オールブラックスがラグビー界の頂点に立ち続ける上での重要な核となっている。それを支えるのが、ニュージーランドの特異な環境だ。この国では、文字通り全ての物事が、オールブラックスの成功を目指している。しかし、そんな熱狂的な姿勢にも悪い面がある。そう話すのは、一九九一年ワールドカップでオーストラリアを勝利に率いた元主将ニック・ファージョーンズだ。「ニュージーランドでは、子供たちがラグビーの基礎をよく学びながら成長できる環境が整っています。でも選手たちはルールに精通しすぎているんです。ときに度を越す場面も出てくる、と言うか……」

そんな感想を抱いているのは、ニックだけだろうか。ラグビー界では「リッチー・マコウは反則ばかりする！」なんて声がいたるところから聞こえてきたりする。一九九一年ワールドカップでオーストラリアのコーチを務めたボブ・ドワイヤーもその一人だ。

「レフリーが笛を鳴らさなければ、反則じゃない。それが彼らのラグビー哲学に則った態度です。そんな態度を取るオールブラックスのトップ選手は大勢います。キーラン・リード、オーウェン・フランクス、コンラッド・スミスは、好き勝手にプレーしていました。でもリッチー・マコウのためにより公平に言うなら、彼はオフサイドよりも、ディフェンスを妨害するオブストラクションの方が問題でした」

手厳しい意見？　そうは思わないとドワイヤーは主張する。彼の意見は、確かな証拠で裏打ちされているからだ。

二〇一七年一一月、スコットランド戦でのことだ。ニュージーランドのゴールライン前で、スコットランドのジョニー・グレイの手からキーラン・リードがボールをはたき落とした。トライを妨害した可能性が高い、イエローカードが出されるべき反則行為だ。だがレフリーと二人のアシスタントレフリー、さらにはビデオ判定のＴＭＯもその反則を見落とした。結果、オールブラックスが二二対一七で勝利。スコットランド側は激怒した。

スコットランドのアシスタントコーチ、ダン・マクファーランドはこう話す。「皮肉ですよね。イエローカードが出され、トライに持ちこめたはずなんです。ペナルティトライが獲得できた可能性も高かった。議論すべきことでしょうが、今更遅いですよね」。同試合の残り二十分の間には、レフリーはオールブラックスのフランカーであるサム・ケインとプロップのワイアット・クロケットの反則行為を見逃さず、続けざまにイエローカードを出した。マクファーランドが「イエローカードが出て当然」と主張するそれらの行為には、オールブラックスの精神が、とてもよく表れているという。「ニュージーランドは大変強い競争心を持っています。ボールが自陣二十二メートル区域に入れば、彼らは全力を挙げてトライを阻止しにかかる。それが彼らのプレースタイルなんです。判断力に優れ、とても賢い」

リードの行為は、オールブラックスのキャプテンとして正しいものだったのか？　ニュージーランド側からすると、そんなことはどうでもいい。試合に勝つためになすべきことをなす。それだけが重要なのだ。

ファージョーンズは、そんなニュージーランドの姿勢を楽観的に受け止めている。「問題はありません。キャプテンとして賢くなければいけないし、レフリーとも絶えずコミュニケーションを取っていくものです。やりとりを通して、どうやって試合を有利に運べるか見えてきます。良いチームに恵まれて、存在感のある選手たちを擁しているだけで、すでに優位に立てています。それをうまく使わない手はないですよね？　そんなチームのキャプテンは世の中からだけでなく、インターナショナルレフリーからも尊敬を集める存在です。キャプテンがラグビーについて熟知していることは、レフリーたちにも分かっています。特に優れた選手であれば、ルールにも精通している。そんな選手相手にホイッスルを吹いたり、ペナルティを科すことは、より難しいものです。抗議してくるキャプテンが相手だとなおさらだ。だから自分たちの判断にも疑いを抱くんです」

ニュージーランドほど、優れた選手が自ずと頭角を現してくるシステムができ上がっている国は他にない。小学生のU10、U12から、州代表、マイター10、スーパーラグビーまで、あらゆる選手たちが、究極の目標を意識しながらプレーをする。オールブラックスが勝利し続けること、という目標だ。

国を挙げてある目標に専念する。人々の献身的な姿勢を一言で説明することは難しいが、その情熱がオールブラックスの成功に欠かせないことは確かだ。スーパーラグビーチームのコーチ陣のように、その功績がすでに世間に認められている存在もあるが、オールブラックスを支える人間の大半は表には出てこない無名の存在だ。それでも彼らは、働きアリのように大事な役割を担っているのだ。

イングランドやフランスなどの国で、このようなシステムはまず考えられない。これらの国のトップクラブのオーナーたちは、代表チームとは全く違った課題を抱えているため、同様のシステムを築くことは不可能なのだ。しかし、システムの違いは明らかな結果となって現れている。世界のラグビー国を見ていると、勝率と敗率が同程度であることが分かる。二〇一三年にニュージーランド人ジョー・シュミットがアイルランド代表のコーチに就任。まず母国同様のシステムをチームに適用したところ、目に見えた結果が出た。アイルランドは、二〇一八年シックス・ネーションズでグランドスラムを達成したのだ。

ニュージーランドのシステムとは、どのようなものなのだろうか。二〇一七年にクルセイダーズの指揮官に就任し、初シーズンでチームを優勝へと導いたスコット・ロバートソンならよく分かっているはずだ。ロバートソンは無意味な社交辞令を嫌い、率直に意見を述べる人物として知られている。一九九八年から二〇〇二年の間にオールブラックスとしてテストマッチ二十三戦に出場したロバートソンは、代表チームのコーチ陣からの要求にどう対応しているのか。「スーパーラグビーのチームも、オールブラックスと同様のことをすべきだ」などと指示があったりするのだろうか。もしあったなら、ロバートソンはそれを不快に思ったりするのだろうか。ニュージーランドでは、スーパーラグビーの各コーチは、就任初日からオールブラックス至上主義という哲学を受け入れるよう求められる。一流選手たちに期待がかかるように、トップコーチにもプレッシャーがかかる。

例えば、オールブラックスとクルセイダーズの両方でプレーする選手がいつ休養すべきかどうか、誰が最終判断を下すのだろう。また上からの指示に賛同できない場合はどうするのだろう。それらの疑問に対して、ロバートソンは率直にこう述べた。「オールブラックスのコーチたちは、なにかを提案することがとても上手いんです。提案はするけれど、望んだりはしないんです。この姿勢が、スティーブ・ハンセンの強みの一つですね。イアン・フォスターとウェイン・スミスが各チームに細かいところまで指示を出します。なかなか難しい課題もあります。私はプレッシャーは感じませんでしたが、選手たちは感じていたでしょうね。義務として押しつけなくても、そうすることで物事が自ずと動いていくんです」

スーパーラグビーの全チームに対して、上から画一的なプレースタイルが押し付けられている。世間ではそんな思い込みも強いが、ロバートソンはそれを否定する。しかし一つだけ交渉不可能なことがある。スキルだ。「どのチームでも、細かなスキルが全て試されます。だから選手がオールブラックスに戻る頃には、世界クラスのスキルが身についているんです。選手たちはスキルを常に向上させています。またここには、オールブラックスに自動的に選出されるような方法はありません。選手のプレーが良ければ、選ばれるだけです。キャリアも年齢も関係なく、プレー次第で選手たちに成功する機会が与えられなければなりません」

スーパーラグビーにはある規定が存在する。各チームのスコッドには、二人以上の海外選手・在留ポリネシア人を置いてはいけないというものだ。実際に試合に出場できるのも、その二選手だけとなっている。フランスとは大きく異なる姿勢だが、それは偶然ではない。ロバートソンは、現役時代の後半に、フランスのペルピニャンに移籍した。彼はそこで、若い選手の扱い方の〝悪い見本〟を目の当たりにしたという。

「ペルピニャンでは、平日の夜には〝エスポワール（フランス語で「希望、期待する」を指す）〟と呼ばれる若手チームが試合を行うことがありました。若手の中にも、素晴らしい選手がいました。トップチームよりも良いプレーをする選手も何人もいた。でもそんな選手が、トップチームに選ばれることはありませんでした。世界中で、そういった保守的な姿勢が見られます。〝エスポワール〟からは、四、五人の選手がフランス代表に選ばれていました。でも彼らは、ペルピニャンにはとどまらなかった。クラブ経営陣の、そのような考え方は間違っていますよ」

ニュージーランドと比べてみたい。若い選手が成功するように、彼らに目標を達成できるだけの力をつけさせる国と、若い選手が早熟な才能を持つことを避けようとする国。これがニュージーランドとフランスのラグビー国としての決定的な違いだ。充分にサポートし、自分には才能があると信じさせなければ、若い選手たちは最高の舞台で堂々としたプレーができるようにはならない。これほどまでに分かりやすい方程式もないだろう。期待＝信用＝勝利。どれが欠けても成り立たない。この三つの要素は分かち難く結びついているのだ。

ロバートソンは続ける。「フランスでは、別のことにも気づきました。コーチは、毎週の試合に勝たなければいけなかったんです。だから長期的な計画も立てられず、チームをゆっくりと育てる余裕もなかった。毎週勝ち続けることなど、誰にもできません。けれども若い選手を育て、チャンスを与えることは、ニュージーランド人である私たちはとても良くできている。年齢に関係なく、全ての選手にチャンスを与えます。ここでは、年齢は障壁にはなりません。今の子供たちは戦術的にも技術的にも、以前と比べてもっと多くのことに気づくようになりました。より早い段階から選手としての準備が整っているため、オールブラックスは成功し続けることができているんです。学校からクラブ、アカデミー、プロの世界まで、どの段階でも私たちは世界最高の指導方法で選手たちの力を伸ばしています。それに見合うだけのスキルレベルも誇っています」

ロバートソンは、クルセイダーズで指揮をする前は、ニュージーランドU20のコーチを務めていた。彼はその規則正しい環境と、選手たちがステップアップしていく早さに驚いたという。オールブラックスのコーチは、ラグビー界のあらゆるレベルについて把握していた。「確かにオールブラックスのコーチ陣から見られてはいますが、こちらがうまくやっているか確認するためだけという感じです。そのプロセスで脅されたり、強要されたことはありません。恐怖なども感じない。私は、六年間スティーブ・ハンセンに指導されていましたが、今でも良い関係を保っていますよ」

では、ニュージーランドの勝利に対する姿勢については、どう考えているのか。「多文化国家であるニュージーランドは、自分たちについて、そして、自分たちがどんなプレースタイルを好むかきちんと把握しています。ありのままを受け入れて、自分たちらしさを表現してはアイデンティティを示したいと考えています。観客から、トライを決めることを求められているのも分かっています。それが競争心を支えてくれている。でも私にとってなにより重要なのが、ラグビーを見に来た子供たちが楽しんでくれることです。プロの選手になりたいと夢見たり、友達とラグビーをプレーしてくれればいいんです。若い人たちには、そんな試合とシステムを与え続けなければいけないんです」

あらゆるレベルで同様のプレースタイルを共有し、代表セレクターがかかわり、選手に積極的にアドバイスを行っていく。そうすれば間違いなく、その国のラグビーはより強くなっていくはずだ。もしナショナルコーチが、様々なクラブや州代表チームの異なるスタイルを組み合わせ、それを代表選手たちに習得させなければならないなら、今の二倍、三倍の時間がかかってしまう。なにより、一つのプレースタイルに集約すること自体が不可能だ。異なる考えに基づいて経験を積んできた選手たちに、一、二シーズンだけこれまでと全く違う考え方を身につけてもらうことなどできるわけがない。

これぞ、ニュージーランドのラグビー界のカギとなる要素であり、ラグビー王国として君臨する理由の一つだ。選手たちは、プレッシャーがかけられた環境で、特定のスタイルでプレーをしていく。そんな状況を何年も続ければ、実戦でも、より良い、より優れた判断を下せるようになる。手と足を素早く動かし、脳もフル回転させる。他国の選手とは比べ物にならないほど、ニュージーランドの選手がプレッシャーのかかった状況で優れた判断力を見せるのは、偶然ではない。マツダとマセラティほど違う。年齢制限を設けないシステムに身を置き、そこで機会を得ていけば、選手たちは早い時期からハイレベルの試合に触れることができる。ラグビーについて学んでいく過程で、この要素こそが重要なのだ。

トニー・ブラウンは、一九九九年から二〇〇一年の間にオールブラックスに在籍していた。だがここでは彼の現役時代よりも、コーチ時代に焦点を当てたい。ブラウンは、ハイランダーズにてジェイミー・ジョセフのもとでアシスタントコーチとして経験を積んだ後、二〇一七年にヘッドコーチに就任した。現在はジョセフとともに、日本代表の指導を行い二〇一九年ワールドカップを目指している。またヘッドコーチとして、日本のサンウルブズを率いてもいる。

二〇一七年、スーパーラグビーのシーズン開幕前、彼は、他チームのコーチと共に、オールブラックスとのミーティングに呼ばれた。校長室に呼び出された感じだろうか？　ブラウンはそうは感じなかったと話す。

「代表セレクターから、あの選手は一二番か一三番が向いているなどと言われたりします。私たちもその意見を参考にします。でも、押し付けられているわけではないので、プレッシャーは感じません。いずれにせよ、私はオールブラックスのセレクターとやりとりを続けたいですね。彼らとだって、オールブラックスを勝利させる、という大きなゴールを共有しているんですから。クラブとして勝利することも重要ですが、オールブラックスはいつだって最優先すべ

き存在なんです。だからオールブラックスのコーチたちとの交流は、今でも活発に続いていま
す。自分が、彼らの力となっていることが分かります。その過程でチームの選手を育て、オールブラックスへと送り込んでいくんです。

オールブラックスのセレクターの目に留まるような選手を、チームから二、三人選ぶことができるかもしれません。この国の全てが、オールブラックスの勝利を目指している。どのようなレベルの選手だってオールブラックスに入りたいですし、どんなクラブのコーチも自分の選手をオールブラックスに入れたいと思っている。その気持ちを失ってしまえば、同時にラグビーをプレーする上で大切なことも失うんです」

トゥーロンやバースといった、フランスやイングランドのクラブとは違う。そこの選手は「イングランドのラグビーを高めるために、自分にはなにができるだろう」などと毎日考えたりはしない。彼らにとっては、クラブの勝利だけが重要なことなのだ。ナショナルチームは二の次だ。ニュージーランドは真逆の状態にある。この国は、オールブラックスによって定義されている。そのため代表選手たちは、人々から崇められ、深く敬愛される。フランスやイングランドでは、そのような姿勢はまず見られない。

ニュージーランドでは、どのラグビーチームでも、次の二つの哲学が重視されている。基本を着実に行うこと。そして攻撃すること。そうすれば、勝利はついてくる。ペースは速く、ボールスキルは高い。相手がいかに優れたディフェンスに徹していても、攻撃的な直感を保ったままプレーをして勝利する。優れた力を持っているからこそ、そんなプレーも可能になる。

ニュージーランドは、本質的な部分でこれまでとほぼ変わらずにラグビーを続けている。だ

からこそ、人口五百万人以下の小国がラグビー界に君臨し続けるようになったのか解明すること の大切さを見くびってはならないのだ。

サルバドール・ダリはかつてこう言った。

「大志のない知性は、羽のない鳥のようなものだ」

第8章 命懸けのプレー

グラハム・モーリー、ウィリー・ジョン・マクブライド、アラン・サザランド、イアン・スミス、トニー・ワード、パスカル・オンダーツ、リッチー・マコウ、サー・コリン・ミーズ、クリス・レイドロー、アンドリュー・スラック、ジョン・コナリー、アンディ・ヘイデン、ジョン・ハート、ルーベン・ソーン、ジェローム・カイノ、ヴィクター・マットフィールド、ギルバート・エノカ、トニー・ジョンソン、ワイアット・クロケット、ブロディ・レタリック　その他多数の協力を得て

「今振り返ってみると、一度や二度は、後悔していることがあります。やりすぎた、と思う。でも人は、判断を誤るものなんですよ」

故サー・コリン・ミーズ（元オールブラックス ロック）

必ず勝利しなければいけない。そんなニュージーランドを支配する強迫観念が、悪い結果を招くこともある。

一流選手の中には、勝利を求めるあまり、行きすぎた行動に出てしまう者もいる。〝熱心なプレー〟と呼べる範疇を超え、残忍な暴力行為に発展してしまうのだ。そんな問題が起これば、選手とナショナルチームの評判は大きく傷つく。ラグビー界の孤高の存在であり、常に上を目指すニュージーランドなら、その最高の水準を落としたり、ラグビーを汚すようなプレーをすることはないはずだ。そう思いたいところだが、残念ながら現実は違う。ときとして彼らも、暴力的な行動に出たり、安っぽい手を使っては、チームやラグビーの品位を大きく傷つけることもあるのだ。

勝利への欲望、そして、敗北への恐怖についてどう説明すればいいだろう。「私は勝つことが好きだが、それ以上に負けることが嫌いだ」。そう言ったのは、アメリカ人テニス選手ジミー・コナーズだ。アメリカ人フットボール選手ヴィンス・ロンバルディも「勝つことが全てではない。勝ちたいと思うことが全てなのだ」と言ったとされている。

リッチー・マコウはこう言う。「調子が悪かった日のことを忘れないからこそ、前進できるんです。最初は、悪いことは忘れようと努めていました。でもそのうち、悪いことこそ覚えていたいと思うようになったんです。いつだって、調子が悪い日は嫌なものです。でも調子の良い日に、悪い日のことを覚えているからこそ、ニュージーランド人とオールブラックスはやるべきことをやるんです。最悪の事態が起こった日については、より鮮明に記憶に残ります。だから地に足をつけ、前進し続けられるんです」

人々が勝利を目指す気持ちはよく分かる。精神科医の解説がなくても、表彰台に上るためにあらゆる手をつくすスポーツ選手の心情は充分理解できる。彼らは野心を満たすために、勝利という名の薬を求める。でも摂取する際には気をつけなければならない。その薬は、毒にもなりうるのだから……。

一九六八年六月一五日。オーストラリアの有名なシドニー・クリケット・グラウンドで試合が行われた。ニュージーランド側には、伝説的な名プレイヤーが何人も顔を揃えていた。ケル・トレメイン、ケン・グレイ、ロホア、クリス・レイドロー、アール・カートン。オーストラリアを率いたのは、世界最高のハーフバックとも名高かったケン・キャッチポールだ。

そしてニュージーランドには、堂々とした体躯を誇り、厳しい表情を崩さずに敵を静かに威圧する選手がいた。コリン・ミーズである。オールブラックス部隊でも特に乱暴な選手として知られる、工具箱の中のハンマーのような存在だった。後半八分過ぎ。一九対三で、流れはニュージーランドにあった。キャッチポールがモールの下敷きになった。ボールを奪おうとする選手が折り重なり、キャッチポールは動けなくなってしまった。小柄なキャッチポールの両脚が、モールから飛び出していた。

有名なラグビー本『Men in Black：75Years of New Zealand International Rugby（黒衣の男たち：ニュージーランドラグビー75年の歴史／R. H. チェスター、N・A・C・マクミラン著）』には、この直後に起こったことがこう書かれている。「キャッチポールは両脚をミーズにつかまれると、ラックから乱暴に引っ張り出された。その結果キャッチポールは脚の付け根に大怪我を負い、担架に乗せられて退場することになった。この怪我がもとで、彼の代表選手としての輝かしいキャリアは幕を閉じた」

ショッキングな記述だが、ここには明らかに二つの気持ちが欠落している。思いやりと批判精神である。死後なお、オールブラックス史上最高の選手として国中の尊敬を集める人物が引き起こしたこの事態は、ニュージーランドのラグビー選手による暴行の中でも、最も残虐なものだ。当時のミーズは、このことについて「これは試合だ。やるべきことを、やらなければならない」と話していた。

キャッチポールは、ミーズとは異なる哲学を持っていた。楽しむためにラグビーを行っていると、彼はいつも周囲に語っていた。コリン・ミーズの哲学は「勝つためにプレーする」だった。キャッチポールの傷は、その後、整形外科の専門家であり、元オーストラリア代表のディック・トゥースによって診察された。その結果、ハムストリング筋が、寛骨《かんこつ》から完全に断裂していることが判明する。脚の付け根の筋肉はいくつも裂けたり伸びたりし坐骨《ざこつ》神経も傷ついていた。トゥースはこれまで診察した中でも、最悪レベルの怪我だったと語っている。事故から三ヶ月経過しても、キャッチポールは、つま先に触れられないほどの状態だった。ひどく痛むと友人にも話していたようだ。回復には苦痛が伴い、その後も、力が入らない腿《もも》に悩まされ続けた。かつて彼が誇った瞬発力は二度と戻ってこなかった。

キャッチポールは、自身のキャリアを奪ったこの怪我についてどう思っていたのだろう。残念ながら、もう本人に聞くことはできない。私が、七十八歳のキャッチポールを訪ねたのは、ある朝のことだった。彼はまだ眠っていた。シドニー郊外の緑豊かなノースショアにある家に到着すると、キャッチポールのチャーミングな妻ジューンが出迎えてくれた。彼女は私にコーヒーを出すと、家族のアルバムやラグビーにまつわる記念の品などを見せながら、キャッチポールを起こそうかと申し出てくれた。しかし彼が目を覚ましたところで、話が聞けないことは分かっていた。彼は、重度の認知症を患っていたからだ。ジューンによれば、今の彼はまるで子供だという。二人が言い争いをすると、親子ゲンカのようになるそうだ。自身のラグビー選手としての華麗な経歴については、これっぽっちも覚えていない。ジューンは自身の抱える悲しみを一編の詩にしたためた。キャッチポールについてだ。

なんと非凡な人か
彼はそこにいるのに、私は見つけられない
私がかつて知っていたその人は、すでに消えてしまった
もう死んでしまったかのようだ
心の迷宮に迷い込んだまま
出られずにいる
どうすればいいか分からず
途方に暮れている
物のありかも
なにが起こっているかも分からぬままだ
私はその死を嘆き悲しむ
それでも彼はお構いなしだ
今日も明日も
現実を見ずに、魅力的で得体の知れない笑みを浮かべ続ける

その訪問から半年後、キャッチポールはこの世を去った。「夫は誰のことも悪く言いませんでした」そうジューンは話してくれた。「当時のことは『馬鹿げた事故だった。愚かな出来事だった。どうすれば、あんなに凶暴なことができたのだろう』と話していました。彼は二十八歳でした。引退してからも、ラグビークラブではプレーしていましたが、テストマッチに出場することはありませんでした」。だが他のオーストラリア人は、ミーズの行為について、彼ほど穏やかには受け止めていなかった。「野蛮人による凶悪な行為だ」といった声も聞かれた。

キャッチポールは、その怪我について詳しく語ったことがある。「とてもひどい怪我でした。ハムストリング筋も内転筋も裂け、そのうちの一つは根元から裂けていたんです。怪我のせいでスピードも落ちました。コリン・ミーズは頭に血が上っていただけだと思いたいですね。私からボールを奪い取るために、なんとかしようと考えたんでしょう。足をつかんだのは乱暴な行為とは言えないけれど、馬鹿げた行動だった。なんの役にも立たない、とても愚かな行為だったんです」

この事故の半年ほど前の一九六七年一二月。エディンバラに遠征していたミーズは、スコットランドとの試合中に退場処分を受けている。前半で、コラプシングの反則をおかしたとして、アイルランド人審判ケビン・ケラハーから警告を受ける。そして後半でも、スコットランド側のスタンドオフ、デイヴィッド・チズムが追いかけていたルーズボールではなく、チズムを蹴ってしまったことで退場を言い渡されたのだった。これでミーズは、ラグビーの国際試合で退場を命じられた史上二人目の選手となった。ちなみに一人目は、これまたニュージーランドの選手でシリル・ブラウンリーだ。一九二四年の試合でのことだ。

ニュージーランドのラグビーの歴史を紐解くと、ミーズだけがこのような暴力的なプレーを起こしたわけではないことが分かる。長い年月の間に、様々な選手によって、数えきれないほどの危険な行為がなされてきた。しかし、その全てが偶発的に生じたものだ。なんとしてでも勝利をつかむという断固とした姿勢が、そんな事態を生んできたのだ。

一九六九年ニュージーランド遠征時に、ウェールズ代表のジェフ・ヤングはアゴを骨折した。オールブラックスの選手に殴られたのだ。ミーズがやった、との批判の声も一部で上がったが、彼を責めるのは的外れだった。プロップのケン・グレイの仕業だったからだ。二〇一四年に発行された日刊紙『ニュージーランド・ヘラルド』には、このときのことがこう書かれている。「ミーズは、それまでの数多くの暴力行為で、自身の評判を落としてしまっていた」

一九七〇年から七三年にかけてオールブラックスでロックとしてプレーし、一九七一年にはブリティッシュ&アイリッシュ・ライオンズとも戦ったアラン・サザランドはこう述べている。「ミーズは厳しい態度で、いつも敵を震え上がらせていました。でも汚い手ばかり使っていたわけではありません。アリスター・ホプキンソンの方が、ずっとひどかったですよ。とはいえミーズが恐れ知らずだったのは、間違いありませんが」

イアン・スミスも、ミーズについて同様のことを言っていた。スミスは一九六〇年代にウイングとして活躍し、一九六三年から一九六六年の間にはオールブラックスとして二十四試合に出場した。ミーズはどれほどタフな選手だったのか？　南島ネルソンの海をのぞむ丘の上に立つスミスの美しい自宅で、私は尋ねた。彼が亡くなる数ヶ月前のことだった。

「毎試合二人くらいの選手に、攻撃を仕掛けていましたね。でも周りにいる選手を押しのける程度で、際立って汚い手を使っていたわけではないと思いますよ。オールブラックスには、少数ながら彼よりもラフなプレーをする選手はいました。ミーズは目立つ選手だったんです。巨体で、とにかく大きな手を持っていた。走りも速くて、責任から逃げることも絶対にない。幅広いプレーをこなす、とても優れた選手だったんです。タフな男でしたよ。味方にいると心強いけれど、敵に回すと厄介なタイプでしたね」

しかしニュージーランドの選手たちによる暴力行為は、山ほど記録されている。一九九二年のオーストラリア戦では、敵方ウイングのポール・カロッツァがトライを決めた直後、オールブラックスのプロップであるリチャード・ローがカロッツァの顔面をひじで強打。オーストラリア側は抗議したが、驚いたことにローは不問に付された。

ラグビーが盛んで、タフな雰囲気が漂う北カンタベリーで育ったローは、このような暴力行為を度々起こしては物議を醸していた。一九九二年州対抗戦の決勝では、オタゴのフルバックでありオールブラックスでも共に戦うグレッグ・クーパーの頭をつかみ、眼窩《がんか》に指を入れた。この行為は試合中には見逃されていたが、翌日、録画を見直していたテレビ局スタッフによって発見された。委員会は九時間の協議の末、ローに九ヶ月間の出場停止を言い渡した。復帰後のローは、オールブラックスのメンバーとして再選出されたが、これには多くの批判が集まった。コーチのローリー・メインズは、ローの起用を取り下げず、一九九五年ワールドカップ決勝戦でローをベンチに据えた。しかし翌年、メインズの後任ジョン・ハートは、ローを選出しないと断言した。

一九七八年の北半球遠征時には、別のオールブラックスの選手が問題を起こしている。カンタベリー出身のプロップ、ジョン・アシュワースが、ラックの下敷きになったウェールズのフルバックJ・P・Rウィリアムズの顔を踏みつけたのだ。フィールドを後にするウィリアムズの顔からは血が噴き出していたという。三十針も縫う怪我だった。その数年後、ウィリアムズはこう発言している。

「あのとき、私はボールから離れた位置にいたんです。なのに顔を二度も踏みつけられた。以前に頬骨を骨折していたのが幸いしました。骨は、再生するたびに頑丈になりますからね。もしそれがなければ、私の頬骨は粉々になっていたでしょう。父が傷口を縫合してくれて、私はその試合に復帰し、最後までプレーしました。現在では、そんなことは許されませんけどね。試合が終了しても、誰からの謝罪もありませんでした。それ以来、アシュワースとは一切口をきいていません」

一九九三年のトゥイッケナムで行われた試合でも、無意味な暴力行為が起こっている。オールブラックスのフランカーであるジェイミー・ジョセフが、イングランドのスクラムハーフ、キーラン・ブラッケンのかかとを踏みつけたのだ。これがテストマッチデビューだったブラッケンは、出場からたった二分で靭帯を損傷することになる。負傷退場まではいかなかったが、ブラッケンは試合後もその傷に苦しめられた。その後三ヶ月間ラグビーをプレーすることができなかった上に、損傷箇所が完全に回復することもなかった。

『ニュージーランド・ヘラルド』のラグビー・ライターであるグレゴール・ポールは、二〇一七年七月に次のような記事を発表している。「コリン・ミーズが、エディンバラのマレーフィールドで退場になってから、五十年が経過した。その間のオールブラックスの勝利のストーリーの中では、いくつもの反則行為が繰り返されてきた。ひどい行為ばかりだったが、レッドカードはほとんど出されていない」。ポールは、一九八七年ワールドカップの準決勝でウェイン・シェルフォードが、ウェールズのヒュー・リチャーズを殴って失神させたエピソードを取り上げている。先に手を出したリチャーズは、意識が回復すると退場を言い渡された。二〇一二年にはオールブラックスのアンドリュー・ホアが、ウェールズのブラッドリー・デービスを殴り倒している。その場では問題にならなかったが、後日、懲罰委員会はホアに五週間の試合出場停止を宣告した。ポールはこうも書いている。「この三十年間、ただ運が良くて、レッドカードを免れた行為がいくつもあるはずだ。オールブラックスだって本心では分かっているだろう」

二〇〇五年の騒動は特に悪質だった。ニュージーランド遠征中のブリティッシュ&アイリッシュ・ライオンズとの、最初のテストマッチでのことだ。試合開始からたった九十秒で、ライオンズを率いるブライアン・オドリスコルが、ラグビーで最も危険だとされる反則行為スピアータックルを、オールブラックスのキャプテンであるタナ・ウマガとフッカーのケヴェン・メアラムから受けたのだ。オドリスコルは肩を脱臼し、その後五ヶ月にわたってラグビーをプレーすることができなかった。もちろん、ツアーの残りの試合にも出場できなかった。しかも国際ラグビーボードがこの暴力行為――どうしても「タックル」という言葉は使いたくない――を非難したのは、問題の試合の四ヶ月も経ってからのことだった。当時のラグビー界にリーダーシップが欠けていたことがよく分かる。

頭から地面に思い切り叩きつけられれば、オドリスコルの首の骨が折れていた危険すらある。そうなれば、不随の身で残りの人生を過ごさなければならない。あれは明らかに意図的に行われた、非常に危険な行為だった。にもかかわらず、両選手とも注意もされなければ、カードも出されていない。ましてや有罪判決だって受けていないのだ。メアラムは十二年かけてようやく、一応は謝罪らしきものを口にしている。一方のウマガは沈黙したままだ。だが元アイルランドコーチのエディー・オサリヴァンは、この非常に不快な出来事から良いことも行ったと話す。「あの出来事がきっかけとなって、スピアータックルのような反則行為が、以前とは比べ物にならないほど危険だと認識されるようになりました。あの〝突き刺しタックル〟への考え方が大きく変わったんです」

二〇一七年、ライオンズが再びニュージーランドに遠征したとき、問題の二〇〇五年のテストマッチでレフリーを務めたフランス人のジョエル・ジュッジュは、こう認めている。「レッドカードを出すべきだったんです。メアラムだけか、ウマガだけか。両者に出すことだってできた。でも私たちはその行為を目撃していなかったため、措置を取ることができなかったんです。自分にすごく腹が立ちましたよ」。ライオンズは、この出来事に対してもっと強気で臨むべきだった。自分たちには譲れない一線があることを、きちんと示すべきだったのだ。残念ながら、彼らはそれをやらなかった。抵抗する姿勢を見せていれば、物事は大きく変わっていただろう。ライオンズ側はニュージーランドラグビー協会に対して「この両選手（ウマガとメアラム）とは、遠征中に二度と試合を行わない。同意しなければ、我々はこのまま帰国する」と言い渡すべきだったのだ。

もしそれができていれば、ラグビー史に残るような、暴力に対する尊い抵抗行為となっていただろう。オドリスコルはスピアータックルを受けたときに、ボールを持っていなかったのだ。だがライオンズは、自ら墓穴を掘った。当時のイギリスのトニー・ブレア首相の広報官アラステア・キャンベルが、ライオンズ遠征におけるコミュニケーション責任者を務めていたのだが、彼は適任ではなかった。キャンベルには、あの暴力行為に対して強い姿勢を取ること、そしてシンプルなメッセージを発することができなかった。「このような行為は二度と許されない。ツアー全体よりも、一回の試合で高い評価を得ることの方がはるかに重要なのだ」と伝えられなかったのだ。

オドリスコルのような被害者は、他にも大勢いる。だがそれも、ニュージーランドの選手がいかに強く勝利を求めているかの証なのだ。勝つためにはどんなことでもする。何人たりとも、彼らと勝利の間に入り込むことを許さない。オールブラックスの歴史を見れば、その流れは明らかだ。そして攻撃の対象となるのは、彼らにとって強敵ばかりだ。キャッチポール、オドリスコル、J・P・R・ウィリアムズ。単なる偶然だろうか。ニュージーランドでは、オドリスコルへのスピアータックルは問題ない行為であり、不正などではないという意見も根強い。一九八〇年にライオンズでスタンドオフを担ったトニー・ワードは、あれは不正行為であったと確信している。現在はメディアアナリストであるワードはこう語る。「ニュージーランド人は冷酷な面を持っています。どんな競技でも強ければ、その冷酷さが垣間見られます。プロの世界ならより冷酷になる。彼らは、試合を有利に進めるためなら、なんだってするんです」。ではブライアン・オドリスコルの件についてはどう考えるのか。「オドリスコルは遠征開始後すぐに負傷しました。ライオンズは強く出るべきだったかもしれません。でもどんなチームだって、攻撃的になりすぎてしまうこともあります。彼らは反則にならないギリギリのところで戦おうとしているのか？　その通りです。一九七〇年代、八〇年代のアイルランドやスコットランドも同様のことをしていました。レフリーの目をどう欺くかも試合のうちなんです。でも問題なのは、過度に馴れ馴れしいレフリーばかりで、彼らが選手に誤ったメッセージを送ってしまっていることです。ナイジェル・オーウェンスは世界最高峰のレフリーですが、彼ですらときに馴れ馴れしい態度を出しすぎることがあるんです」

ニュージーランドの選手が起こした暴力行為は、まだまだ存在する。一九七一年、ライオンズのニュージーランド遠征。ファーストテストマッチ前のカンタベリー戦で、スコットランド人選手サンディ・カーマイケルが、スクラム中に相手選手に殴られて、両頬骨を砕かれた。三十四年後のオドリスコルと同じく、カーマイケルもツアーの残りの試合に参加することができなかった。

一九八九年、フランスのニュージーランド遠征でのことだ。ウェリントン戦にて、フランスのペヨ・ホンタスは、相手に頭を蹴られ、片方の耳たぶがちぎれる怪我を負った。ラグビー界屈指のタフガイとして知られた、フランスのパスカル・オンダーツでさえ、この出来事に慄《おのの》いた。オンダーツは、フランス南西部バイヨンヌの自身が所有するホテルにて、このことについて話してくれた。

「あれはとても厳しい試合でした。簡単な試合なんかではなかった。平日には州代表と戦うものです。他の国でもそうですが、特にニュージーランドの州代表は、勝利しようと躍起になっていました。その瞬間を見ていなかったので、ペヨの身になにが起こったかは実際には分かりません。気づいたときには、彼は地面に寝転がっていて、顔から血を流していました。チームメイトと一緒に近づくと、ペヨの片方の耳たぶがちぎれていることが分かりました。みんな恐怖にすくみ上がりました。ちぎれた耳たぶは、グラウンドに落ちていました。ペヨは、フランカーに顔を蹴られたと言っていました。

当時はビデオも、スローモーションもありません。テレビで中継されていたかも定かではない。もちろん、ニュージーランド人のレフリーもその瞬間を見ていませんでした。イエローカードもなければ、なんのお咎めもなし。その選手は、なにも罰せられなかった。罰せられた人がいたとしたら、それはペヨ自身でしょうね。怪我しただけでなく、オールブラックス相手の初キャップを逃し、彼らと対戦する機会に二度と恵まれなかったのですから。ただ、運ばれた先の病院の形成外科医が、彼の耳たぶを元通りにくっつけてくれたことは幸いでした。今では傷口も分からないほど、完璧に治っています。

最もショックだったのは、その試合を観戦していたニュージーランドのジャーナリストが、誰もあの意図的な行為について触れなかったことですね。どれもひどい記事ばかりだった……。あの選手の行為を目にしていたはずです。なのに、そのことには一言も触れられていなかった。そういうことも試合には含まれていたんです」

ニュージーランドの試合では、こういった暴力行為が頻繁に起こってきた。家名につけられた傷であり、人々にニュージーランドラグビーに失望を抱かせる原因でもあった。二〇一七年、ライオンズとオールブラックスのセカンドテストマッチでは、ソニー・ビル・ウィリアムズが、アンソニー・ワトソンに危険なタックルをしたとして退場処分となった。オドリスコルの怪我から十二年、ようやくラグビー界は加害者を罰する重要性を把握し、その勇気を得た。注目に値する出来事だ。二〇〇五年だったら、ウィリアムズが退場になることはなかっただろう。

とはいえ、ニュージーランドのラグビー界からは、過去の暴力行為を擁護する声が聞こえてくる。リッチー・マコウでさえも、ウマガとメアラムを非難すべきでないと主張する。二人の人となりを知っていれば、あのタックルが意図的ではないことが分かるはずだというのだ。「彼らに対する非難の声は、すぐにやむと思っていました」とマコウは語る。「彼らは、そんなことをする人間ではありません。私にはよく分かっています。絶対に、意図的にやったわけではないんです」

それでも、責任はある。ラグビー界も、ようやくこのことを受け入れ始めている。法に問われた場合、「あんなことを起こすつもりはなかった」という言葉がそのまま受け入れられるわけがない。それに無責任な行為と危険な行為は、同じ結果につながっている。怪我を負った人間がいるのだ。その出来事にかかわった人間は、責任を取らなければならないはずだ。そんなに簡単に、自身の責任から逃げ出していいものだろうか。

キャッチポール、カーマイケル、オドリスコル、カロッツァ、ヤング、リチャーズ、ブラッケン、J・P・Rウィリアムズ、デービス、ホンタス。犠牲者リストは今後どれほど伸びていくのだろうか。そしてどれだけ多くの人が「わざとやったわけではない」と選手たちをかばうのだろう。

暴力行為について、自分の責任だと認めた人物がいる。サー・コリン・ミーズだ。二〇一七年、ある夏の午後。私はミーズを訪ねるべく、暖かな陽気の中をオークランドからテ・クイティに向かって車を走らせていた。私は「最悪の事態」を想定していた。「パインツリー」なるあだ名を持つミーズは、半年ほど前に膵臓《すいぞう》癌との診断を受けていたからだ。古くからの友人たちが、すぐに彼の力になった。クリス・レイドローとアール・カートンは、この病の世界的権威でもあるアメリカの知人に連絡した。その知人は、ミーズを担当する医師と連絡を取り合っては、治療内容を把握していた。膵臓癌は死の病だ。診断後の平均余命は四ヶ月から八ヶ月ほど。だがミーズは診断を受けた後も一年ほど生き、二〇一七年八月にテ・クイティの病院で息を引き取った。スティーブ・ハンセンは悲しげにこう言った。「カウリマツの巨木が倒れるたびに悲しみを覚える」

ニュージーランドにとって、ミーズは大きな存在だった。『ニュージーランド・ヘラルド』は、ミーズの訃報に際して特集を組んだ。八月二一日の月曜版では、ミーズにまつわるエピソードや賛辞に九ページを割き、表と裏の計四ページに彼の写真を大きく載せた。一九九二年五月にニュージーランドの偉大なるフランカーであるケル・トレメインが亡くなったときと同じような騒ぎだった。街の交差点には警察官が立ち並び、ミーズの遺体を納めた棺《ひつぎ》が通過するときには敬礼をしたと言われている。ニュージーランドの「王の死」だった。

その夏の日、私はテ・クイティの町の裏にある丘を駆け上り、ミーズの家を目指した。ミーズとその弟スタンが最初に試合を行った古いラグビー場が、眼下に見えた。きちんと整えられた庭を、そよ風が柔らかく吹き抜けていく。「どなたが手入れをされているんですか?」私はミーズに尋ねた。

「私ですよ。庭いじりが好きなんです」と彼は答えた。私は驚いてしまった。八十一歳の身で癌と闘いながらも、その体からは充分なエネルギーが感じられた。力強い首に、フェンスの支柱ほどもありそうな太い腕。ニュージーランドが誇るナイト。彼の妻であるヴェルナが、紅茶と焼きたてのスコーンを出してくれた。私たちはテレビでラグビーの試合を見ていた。ニュージーランドが六点、イングランドが二点。それで癌は？「やっつけてやるよ」彼はぶっきらぼうに言ってのけた。私は、彼と言い争いを始めたくはなかった。

けれども、実際にそのことについて話しはじめると、ミーズは柔らかな態度を見せた。試合中につい凶暴になって、行きすぎた行為をしてしまったことがあるか？ そう私は尋ねた。「今振り返ってみると、一度や二度は、後悔していることがあります。やりすぎた、と思う。でも人は、判断を誤るものなんですよ」

ミーズは、一九六七年一一月のフランス戦についての話を聞かせてくれた。ラインアウト時にフランス人選手に捕まり、ブーツで頭を蹴られて地面に倒れたという。ミーズは、誰が犯人かすぐに分かった。「フランスの巨体選手ブノワ・ドガでした。とりたてて強かったり、身体的に優れた選手だったわけでもありません。でも大きな体をした、醜い男でした。コーチのフレッド・アレンからは『あいつをどうにかできるか？』とよく言われたものです。そのときの私は、ドガを疎ましく思っていた。だから蹴られて、頭を切ったときには『あいつに、なんとか仕返しをしなくては』と思ったものです」

その後、ミーズは十八針縫われたが、ラグビー選手にとってはかすり傷程度のものだ。試合中には、ミーズは傷口に絆創膏を貼られただけの状態で、再びフィールドに送り返された。すぐにパリ郊外にある荒涼としたコロンブのスタジアムに、復讐のときを告げる風が吹き抜けた。「私は怒りに任せて、ドガを力いっぱい殴りつけました。叩きのめすことはしませんでしたが、彼の目の周りは真っ黒になって、歯も一本なくなっていた。マウスピースなんてつけていない時代でしたからね」

当時、試合後には両チーム揃って食事を取るのが習慣だった。ミーズの頭の傷からは、まだ血がにじんでいた。彼は、フランス側のテーブルにつくドガの姿が見えたが気づかないふりをした。食事が終わった頃、ドガがやってきた。そして、自分の膨れ上がった顔を指差して「どうしてこんなことをした?」と話しかけてきた。

「だから私は、『自分がなにをやったかよく見てみな、この卑怯者め』と言い返しました。私の手も頭も傷ついていた。でもドガはこう言いました。『違う、それは私がやったんじゃない。アラン・プランテフォルがやったんだ』とね。私は後で、フレッド・アレンに『あなたのせいでこうなった』と言っておいた。彼が私を焚きつけたから、ああなったんですから」

その日、ミーズは別の行為についても告白をしてくれた。「もう一つ愚かなことをやってしまったと、後悔している出来事があります。私が所属していたクラブ『テ・クイティ』のセンターが、別のクラブに移籍したんです。そして次に敵同士として対戦したとき、私はラックの最中に彼を吹っ飛ばしてしまった。もちろん、蹴りつけたりはしていません。私は、誰も蹴ったことなどないんです」

ミーズは、一九六七年のマレーフィールドで退場処分を受けたことについては、潔白を主張した。「誤った判断が下されました。あのレフリーは、私がスコットランド人選手(チズム)

を蹴ったと今でも思っているでしょう。でも、私は蹴っていない。私はルーズボールを蹴ろうとしたんです。そして退場を言い渡されてしまった。あのスコットランドのフッカー（フランク・レイドロー）が仕組んだんです。レフリーが実際に見ていたとは思えない。あのフッカーがそう思わせたんです。『あいつは汚い手を使った』と何度も言い続けて、あの処分を下させるようにしたのではないかと、考えています。退場になったとき、私はショックで呆然となっていました。これでオールブラックスとしてのキャリアも終わりだと感じました。とても恥ずかしかった。自分自身に腹が立ってしょうがなかった」

ニュージーランドの選手だけが、暴力的な行為を起こしてきたわけではない。そう決めつけてしまえば、一方的で、全く内容のない議論になってしまうだろう。かつてのラグビー界は、どこの国のチームにも、暴力が伴うものだった。例えば、フランスのペルピニャンに所属していたサモア人選手ヘンリー・ツイランギは、ラ・ロシェルとの対戦中に、相手選手に対してひどい攻撃を仕掛けた。全く意味のない暴力行為だった。レフリーは見逃すことなく、ツイランギはその場でレッドカードを受けている。

一九九〇年のフランスチャンピオンシップ決勝戦。ラシン・クラブ・ド・フランスとアジャンの試合でも、観客たちをすくみ上がらせるほどの暴力沙汰が起こっている。また一九九〇年代初頭に行われた南アフリカのウェススタン・プロヴィンス対フランスの試合では、南アフリカのゲイリー・ペーゲルが、フランスのジェフ・トルドの頭を踏みつけた。一九六六年に北半球へ遠征したオーストラリアのロス・カレンが、オックスフォード大学との試合中に噛みつき行為を起こした。一九九四年のスプリングボクス対オールブラックスの試合にて、南アフリカのヨハン・ルルーがニュージーランドのショーン・フィッツパトリックに噛みついている。一九九八年のバースでは、イングランド人選手ケビン・イエーツが、ロンドン生まれのスコットランド人選手サイモン・フェンの耳に噛みつき、半年の出場停止を言い渡された。肉食動物も顔負けだ。

イングランドのダニー・グルーコックとサイモン・ショウは、それぞれ一九九八年と二〇〇四年に退場を言い渡されている。グルーコックは、オールブラックスのアントン・オリバーを蹴り、ショウはオールブラックスのキース・ロビンソンに膝蹴りを見舞ったからだ。だが両者とも「攻撃するつもりはなかった」などと言い訳は口にしていない。そのまま黙って、自分が行ったことの責任を取った。

一九七七年から八二年にかけてオールブラックスのキャプテンを務めたグラハム・モーリーは、当時最もフィジカルなプレーを誇る選手だった。タラナキでもプレーをしていたモーリーは、ブーツがどうなろうが、怪我をしようが傷ができようが気にも留めず、とにかくルーズボールを追っていた。肉屋の指が切り傷だらけのように、モーリーの身体も満身創痍であった。では、そのようなモーリーは、ニュージーランド人選手たちの攻撃性をどう考えているのだろう。

「現実的に見てみましょう。一九七四年、ライオンズは南アフリカ遠征にて〝99コール〟を考えつきました（一人の選手が攻撃されたら主将が「99」とコールする。それを合図にライオンズの全選手が近くにいる南アフリカの選手に攻撃を仕掛ける）。フランスだってとても好戦的でした。私は、パリ大学のクラブで二年間プレーしていたので、そのことを身を以て知っています。

ニュージーランドだけが特別に攻撃的だとは思いません。ただ勝利へのこだわりが強いんです。十六歳のとき、私は学校のシニアチームに所属していました。父はよく『怪我を恐れるな。結果が全てなんだ』と言っていました」

それでもモーリーは、ミーズには敬意を抱けないようだ。早い段階で失ってしまったという。「ミーズが、ある選手を蹴った場面を目撃したことがあります。全く意味のない攻撃でした。相手はタラナキでプレーするマレー・キッドという学生選手で、ミーズはキング・カントリーの選手でした。私はプレーしていませんでしたが、ミーズが相手の頭を蹴った瞬間を目にしました。ラグビーとは、そんな行為が含まれるスポーツではないはずです。

一九七八年のブリジェンドでのニュージーランド戦で、ジョン・アシュワースがJ・P・Rウィリアムズに怪我をさせましたね。あれは、とても恥ずかしい行為でした（モーリーが当時のオールブラックスのキャプテンを務めていた）。私たちが現役だった時代では、殴る行為は試合の一環だとみなされていました。でもブーツで攻撃することはあり得ませんでした。暗黙のルールとして誰もが守っていることでした。試合はスポーツであって、争いではない。それでも勝利を目指して戦うので、どうやって勝つかということばかりに専念してしまうんです。そんな考え方は、子供の頃から培われてきました。ニュージーランドのラグビー界のシステムが、対抗意識を高めるようにできているんです」

一九八六年の「ナントの戦い」と呼ばれるフランス対ニュージーランドの試合は、これまで見てきた中でも、特に激しく攻撃的なテストマッチだった。フランスは、その一週間前にトゥールーズで行われたファーストテストマッチで敗北を喫している。コーチのジャック・フールーは、この結果を軽く受け流すような男ではなかった。彼の試合に対する、そして母国に対する情熱は燃え上がっていた。キックオフの時間を迎え、トンネルから姿を現したフランスの選手たちは、一人残らずフールーに刺激されていた。あれほど闘志をみなぎらせた選手たちを見たことがない。その結果、オールブラックスのウェイン・シェルフォードは、診察台の上で裂けた陰嚢《いんのう》を縫われながら、その試合を終えることになったのだった。

クリス・レイドローはミーズのことを「どの分野においても、完全無欠な選手だった」と評している。「彼はオールラウンダーでした。桁外れに力強くて、タイミングを読むセンスも抜群でした。なんだって完璧にこなし、相手を威嚇することにも長けていた。当時、彼ほど優れた選手は世界のどこにもいませんでした」

ミーズが、相手を威嚇しすぎることはなかったのだろうか。

「もちろん、そういうこともありました。ミーズの邪魔をしたり、つまらないことを仕掛ければ、恐ろしい報復が待っていることを誰もが知っていました。そうやって相手を怖がらせることは、有利に試合を運ぶ方法の一つでもあります。だから相手を威嚇していたのは、ミーズだけではなかった。ブルース・マクラウド（当時のオールブラックスのフッカー）やケン・グレイ、ケル・トレメインもそうです。状況に応じて、敵を怖がらせる力を発揮する選手は大勢いました」

それは汚い手だったのか？　また、主要選手だけに的を絞ったこともあったのか？

レイドローはモーリーと同意見のようだった。「誰かをターゲットにするような意図は、決してありませんでした。どの選手が脅威になるかは把握していましたし、悪いことが重なったときもありました。でも、わざとやったわけではないと思います」

ではオドリスコルは標的にされたわけではなかったのか。「そうではないと思いますが、真相は分かりません。でもニュージーランドやフランスに比べて、南アフリカはずっとひどいことを繰り返しています。皮肉なことに、退場処分を受けたとき、ミーズには全く非がありませんでした。あのとき私は、彼のすぐ側にいました。確かにミーズはボールを蹴っていた。あのときに心に負った傷は、ミーズの中に今でも残っています。これまでに何度も、彼はあの処分について腹を立てていました。でもまあ、それまでのツケが回ってきたのかもしれません」

そんなオールブラックスと最も近く、最も多くのプレーを重ねてきたのがオーストラリアだ。一九八四年から八七年にかけてワラビーズのキャプテンを担っていたアンドリュー・スラックは紳士的なことで知られている。彼を恨んだり、悪く言う声はちっとも聞かれない。

スラックは、この話題について率直な意見を述べてくれた。

「ニュージーランドの選手は無慈悲か？　そうですね。勝利に対する確固たる意志を持つことと、残忍さは似ているでしょう。彼らは明らかに残忍です。どの選手も乱暴なことを仕掛けてきた。蹴ってきたり、目に指を入れてきたり……。でも、かつてはそれが普通のことだったんです。フランスだってそうでした。

ニュージーランドの選手は、いつだって容赦ありませんでした。無慈悲とも言えたかもしれない。マーク・ショウもそうでしたね。態度を豹変《ひょうへん》させることも何度かありました。リチャード・ローも間違いなく、無慈悲でした。もちろん、乱暴なことだって起こる場合もありました。でも私は、個々の出来事だけを見て、その選手やチームにレッテルを貼ることはしません。残忍な選手だっていますが、だからといってチーム全体がそうだとは限りませんよね」

一九七八年のシドニー・クリケットグラウンドでのウェールズ戦にて、スラックはラックの下敷きになり、ウェールズのフォワードに踏みつけられたことがあるという。「その選手は、レフリーが近くにいないか辺りを見回しました。いないことが分かると、こちらを見ながら、強く踏みつけてきた。ニュージーランドの選手にも、そういった行為に出る傾向は確かにありました」

そこでスラックの自虐的なジョークが飛び出した。「ニュージーランドと戦うということは、一つのチームではなく、一つの国と戦うことなんです。それが、人口たった四百八十万人の国の良いところですよね。ニュージーランドと、そこに暮らす人々と長い時間を過ごしてきました。もしオーストラリアに生まれていなかったら、ニュージーランド人として生まれたかったくらいです。でもそうなったら、私なんかはフォースグレード止まりだったんでしょうけどね」三九キャップを誇る元ワラビーズはそう言うのだった。

ある特定の場所が、一つの国や国民を定義するとしたら、ラックの向こう側がニュージーランドを定義することになるだろう。ニュージーランドと戦う上で、その場所にだけはいたくないものだ。一九六三年、アイルランドの伝説の選手ウィリー・ジョン・マクブライドは、ダブリンでニュージーランドとの国際試合に臨んだ。まだ未熟な若者だったマクブライドは、ミーズと嬉々として競り合った。試合中にミーズは、ラインアウト時にボールに飛びつこうとしたマクブライドを二度妨害した。マクブライドは、なにも言わなかった。さらにもう一度、ミーズが妨害する動きを見せると、マクブライドは彼の腹にパンチを食らわせた。ミーズは木が倒れるように、地面に崩れ落ちた。アイルランドの選手は「やばいぜ、お前。ミーズを殴ったのかよ」と言った。すぐに復讐の剣が降りかかってくる、と誰もが思った。誰の首がはねられるかも、当然分かっていた。偉大なるマクブライドはこう言ってのけた。「そんなことどうでもいい。これ以上、あんな行為を許すつもりはない」

しばらくして、マクブライドも地面に倒れた。スナイパーに狙撃された兵士のように、なんの前触れもなくフィールド上に崩れ落ちたのだ。ニュージーランド側のキャプテン、ウィルソン・ワイナリーが、ミーズの仇を討とうと攻撃を仕掛けてきたのだ。「その後しばらくは調子が悪かったけれど、試合は続けました」マクブライドは朗らかな口調で言った。

若きマクブライドにとって、ラグビーについて学ぶことは他にもたくさんあった。一九六六年、ライオンズとしてニュージーランドに遠征したマクブライドの身に、様々なことが起こった。ニュージーランドでの初戦では、ライオンズは八対一四でサウスランドに敗北した。「私にとって、あれがニュージーランドのチームとの初試合でした」。そう、マクブライドは振り返る。

「インバーカーギルの泥にまみれて戦いました。ひどい天候で、身体的にもとても辛い試合でした。ボールをキャッチすると、敵のフォワードが六人がかりで突っ込んでくるんです。五十メートルほど進む間にも、私の持ったボールを奪おうと蹴りやパンチを浴びせてきました。でも、私は決して手を離さなかった。ようやく止まって、ホイッスルが鳴らされたときには、私は立ち上がりながらも、我を忘れていました。三、四人の仲間から『ボールを渡してしまえば良かったのに』と言われて、とにかく腹が立ちました。だって仲間が、相手のフィジカルな迫力にひるんでいたんですからね。ツアー中、ラックに加わらなかったり、試合自体に出場したくないという選手もいました。彼らは身体的に、相手と戦えないほどだった。私たちが戦っていたのは、ニュージーランドの牧場で生まれ育った鉄の釘みたいに身体的にも、精神的にもタフな選手たちだったんです」

ニュージーランドの牧場で育った選手の一人でもあるコリン・ミーズも、一九六六年のライオンズとの試合を覚えていた。当時のライオンズをキャプテンとして率いていたのは、軍人上がりのマイケル・キャンベル＝ラマートンだった。スコットランドでプレーしていた彼は、ライオンズのセレクターの目に留まった。当時のチームはキャンベル＝ラマートンのような選手を探していた。体格も良く、元軍人である彼は、ニュージーランドでも存分に力を発揮できると思われていた。だが実際は、彼はニュージーランド遠征で求められる心構えが全くできていなかった。完全に想定外だった。

ミーズは言う。「一日中、キャンベル＝ラマートンのことを押しのけていましたよ。いつの間にか、ラインアウトでは六番になっていた。私の勝ちです。でもマクブライドは全く違った。彼に殴られて倒れたとき、キャプテンのワイナリーから『さっさと立て。あんな奴にやられたなんて思わせるな』と怒鳴られました。『簡単に言ってくれるな』と言い返したけれど、息も絶え絶えでした。マクブライドと私は、お互いを認め合い、切磋琢磨する仲でした。彼ほどタフな選手はいなかった。南アフリカのヨハン・クラーセンもタフな相手でした。マクブライドとは良い友人になりましたよ」

マクブライドは、オールブラックスを尊敬するのは、彼らがフィジカル面で優れているからだけではないと話す。

「チャンスを逃さず、ミスは罰する。長年にわたって、オールブラックスは、そんな持ち前の姿勢を保ち続けていました。それこそ、彼らが成功し続けてきた理由です。最後の十五分で、勝利に持ち込むことも多い。昔からそうでした。決して諦めないというその不屈の姿勢こそが、誰もが恐れるチームを作り上げているのです」

オーストラリアを率いたジョン・コノリーも、ニュージーランドは独特な冷酷さを持つと話している。「競技を問わず、偉大なチームは冷酷な面を持っています。勝つためには冷酷にならざるを得ないからです。あらゆる一流チームの姿を見れば、明らかですよね。勝ち続けるためには強迫観念が求められますし、ニュージーランドはそれを持っているんです」

とにかく勝利を求める選手といえば、アンディ・ヘイデンをおいて他にいないだろう。一九七〇年代から八〇年代にかけてオールブラックスとして百十七試合（うち四十一戦はテストマッチ）に出場したヘイデンは、勝つためにはなんだってした。特に有名なのが、一九七八年のウェールズとの一戦だ。一二対一〇とウェールズが優勢で、残り時間は数分だった。そこでヘイデンはラインアウトでのプレーで大げさに倒れ、相手のオブストラクションを誘うことに成功する。ペナルティゴールを決めた。オールブラックスは、一三対一二で逆転勝利。彼の〝ダイブ〟が明らかに演技だったことから、ウェールズ側は怒りをあらわにした。のちに英日刊紙『デイリー・テレグラフ』は、ヘイデンのダイブを「スポーツマンシップに反するプレー十選」という記事で取り上げた。試合のレフリーを務めたロジャー・クイッテントンは、ヘイデンが倒れたからではなく、ウェールズのジェフ・ホイールがフランク・オリバーに突っ込んだために、笛を鳴らしたと後に話している。

ヘイデンの考えはシンプルなものだった。彼はチームが勝つために、自分ができることをやったまでだった。暴力行為があったわけではない。そこには、なんとなく滑稽なコメディ的要素すら感じられた。グラハム・モーリーは、ニュージーランド側はそのことについて前の晩にあらかじめ計画していたと認めている。

それから数年後、ヘイデンの運営する会社にて、マクブライドは「あの出来事を後悔したことはありますか？」と質問したことがある。「全くないね」というのがヘイデンの答えだった。「ニュージーランドでは、勝つためならなんだってしろと教わるんだ」

ニュージーランドの圧倒的な強さを説明する上で、欠かせないピースがここにもある。勝利に徹底的にこだわる無慈悲さ。なにがなんでも勝とうとする執念。そんな彼らの姿勢を疑うなら、オールブラックスの元コーチであるジョン・ハートに話を聞いてみればいい。あの一九九九年ワールドカップ準決勝でフランスに三一対四三で敗れたとき、彼がチームを率いていた。その敗北によりハートが背負った苦悩は、プロアマ問わずいかなる競技においても、誰も経験したことがないほど重いものだった。今から考えると、あの敗北がきっかけとなり、ニュージーランドラグビー界、いや、ニュージーランド社会全体が変化していったように感じられる。

ハートはラグビーという競技をよく理解し、愛していた。彼が初めてラグビーの試合に出たのは、四歳のときだった。場所はマウント・ロスキル。てっぺんにポンポンがついた帽子をかぶって、試合に向かった。「当時は、自分がやっていることがよく分かっていませんでした。それでもトライを決めることができたんです」半世紀以上も昔の話なのに、彼の表情は誇らしげだ。十一歳になったハート少年は、ある晩、兄と一緒にオークランドのイーデン・パークの前で野宿をした。南アフリカとのテストマッチのチケットを取るために、夜通し列に並んだのだ。一九五六年のことだった。

そんなハートは、幼い頃からニュージーランドが試合で勝つことの大切さを知っていた。オールブラックスのコーチに就任した直後、テストマッチを控えた彼のもとに一本の電話がかかってきた。

「どちら様ですか？」ハートは電話をとった。

「ジムです。首相のね」そんな声が返ってきた。

ジム・ボルジャー。ニュージーランド国民党党首であり、一九九〇年から九七年にかけて首相を務めたその男性は、簡単な質問から会話を始めた。「ジョン、土曜日のテストマッチで、オールブラックスは勝てると思いますか？」

ハートは困惑しながらも「そうですね。全力を尽くしますよ」と明るい声で答えた。だが首相の返答は、彼ほどのんきで軽いものではなかった。

「それだけではダメなんですよ。選挙は翌週です。試合に勝てば、結果は大きく変わってくるでしょう」。二〇一一年ワールドカップ決勝では、当時の首相ジョン・キーも同じ恐怖を抱いていたことだろう。もしオールブラックスが、負けていたら、彼の運命はどうなっていたか分からない。ハートもこのボルジャーとの会話の後、一回のテストマッチの重さを痛感したはずだ。

一九九八年、オールブラックスは、多くの主要選手を負傷や引退で失った。ジンザン・ブルック、ショーン・フィッツパトリック、フランク・バンス、マイケル・ジョーンズ、そしてオロ・ブラウン。オールブラックスは一年間で、五回のテストマッチで敗北した。「そんなことが信じられますか？」大げさな口調でハートは言った。「とても辛い時期でした」と声を落としては深いため息をついた。

だが一年後のワールドカップは、それとは比べ物にならないほど最悪なものとなった。「あれこそ本物のプレッシャーでした」とハートは話す。

「オールブラックスは勝つと期待されていました。とても恐ろしかった。一部の人から激しい批判を受けたからでしょう。ある種の人々にとても失望して、状況をうまく制御することができなくなりました。家に引きこもって、外には一歩も出たくありませんでした。そんな状態が一年半は続いたかと思います。人生がガラリと変わってしまったような感じでした。健康にも深刻な影響が出るほどのストレスでした。家族もワールドカップを見に来ていて、私よりも一日前に帰国していた。息子が空港に迎えに来てくれていました。その後にハワイに家族で旅行する予定だったのですが、どう考えても不適切な行動でした。家に帰って、結果を重く受け止めなくてはと思いました」

ワールドカップでの敗退直後に、ハートは引退を宣言した。だが世間はそれだけでは許してくれなかった。ハートは息子から、翌日行われるニュージーランド・トロッティングカップで家族の馬が走るから見に行かないかと誘われた。あれは、人生で最悪の選択だったとハートは振り返る。

「会場ではブーイングを受け、唾を吐きかけられました。とても恐ろしかった。パドックに入る前、私たちの馬にビールがかけられました。人生でも最悪の日々でした。ニュージーランドにとっても、最悪の日々でした」

世間に悩まされていたのはコーチだけではなかった。チームのキャプテンもそうだった。それから数年後、ルーベン・ソーンも自身の体験を語ってくれた。

「一九九九年ワールドカップの後は最悪の日々を過ごしました。なんであそこまで悪かったのか、今考えてもよく分かりません。二〇〇三年に負けたときは、あんなにひどくはなかった。たった数年でなにが変わったか定かではありませんが、一九九九年は特にひどいものでした。クライストチャーチのバーに友人と出かけたら、男がやってきて、酒をおごれと言ってきました。ワールドカップで、とてもがっかりさせられたからその埋め合わせをしろ、と言うんです。私は男のことを知らなかったですし、『あっちに行ってくれ』と返しました。メディアが報じた内容もひどかった。選手たちからは、新聞は読まない方がいいと言われましたが、やはり読んでしまうんです。とても不快な内容でしたね」

ソーンは自分の面倒は自分で見られる立派な成人男性だった。人見知りというわけではないが、控えめで寡黙な人物ではあった。屋上から自分のすごさを大声で叫んで、周りに知らせたりする人間でもない。当時の彼は、その出来事を受け入れることがなかなかできなかった。

「プレッシャーがすごくて、受け入れることが難しかったんです。やることなすこと、全てが細かく詮索されるような生活なんです。こんな仕打ちを受けるためにラグビー選手になったわけでもないし、もうたくさんだと思う瞬間も何度もありました」

ハートは、全ての人からひどい扱いを受けたわけではないと話す。しかしたった数パーセントであっても、同じ国に暮らすニュージーランド人からひどい態度を取られたことに、動揺しないわけにはいかなかった。ビジネスマンとしても成功していた彼は、拒絶されたり、逆境に陥ったり、失望されても、自分なら耐え抜くことができると思っていた。だが違った。自分には、そのような出来事に耐えるだけの覚悟がなかったと彼は思い知った。のちに彼はこう言った。「信じられないような体験だった」と。

それでも、どんな出来事にも希望は隠れているものだ。彼は自身の体験を通じて重要なことを学んだと話す。「あの試合とチームが行ったことを通じて、社会もなにかを学びました。きっと多くの人が、そんな社会を見て『こんなのニュージーランドじゃない。こんな状況は嫌だ』と言っていたはずです」

寄せられた辛辣な批判の大半は、新たなプロフェッショナルの時代を迎え、オールブラックスの体制を変えようとしたことに対するものではないかとハートは見ている。「批判の声を上げた人たちは、私がオールブラックスの文化を変えようとしていると思ったんです。でも実際に、変えなければいけませんでしたからね。私たちはプロ意識を持たなければならなかった。それまで私は、オールブラックスの最悪な姿も目にしてきました。チームバスの後ろの席とか、飲酒の席とか、いろいろな場所であまり良くない姿を目撃してきました。でもプロ化のおかげで、そういう振る舞いもできなくなった。でも変化を快く思わない人もいたんです」

その五年後、オールブラックスのコーチに新たに就任したグラハム・ヘンリーも、オールブラックスの選手たちの良くない姿を目撃することになる。選手たちが、ヨハネスブルグで泥酔した夜のことだ。ハートが望んだほど、変化することは容易ではなかったのだ。

ハートは、ある意味で正しかったのかもしれない。ワールドカップで優勝したいという気持ちだけではなかった。人々のその気持ちは、獰猛《どうもう》さと隣り合わせていたため、社会への憎悪が噴出し、ラグビー選手へと牙をむいた。同じニュージーランド人同士であっても、そのような仕打ちをする。社会のとても不愉快な面が明るみに出た。この社会に属していない人なら、そんな面は存在しないとすら思っていただろう。

そういった行動のきっかけとなるのが、試合である。ケン・キャッチポールやブライアン・オドリスコルといった選手が激しく攻撃されたり、ひどい怪我を負ったりしたことと、理由は同じなのだ。悪霊を選手たちの中に呼び覚まし、誰かに対して人生を変えかねないほどの大怪我を負わせる。とてもショッキングなことだ。

ジョン・ハートの出来事に、ニュージーランド自体がショックを受けたのだろう。だからこそ、グラハム・ヘンリーがオールブラックスの文化を一新しようとしたときには、同様の厳しい批判は寄せられなかった。

では、当時と今とでは、選手たちの激しく乱暴なプレーはどう変化したのか。ミーズやマクブライドの証言から、当時のテストマッチがどのような雰囲気で行われていたか想像することはできる。では現代はどうなのか。

ジェローム・カイノは、オールブラックスの中でも最もタフな選手だという評価を得ている。相手を圧倒することの多いカイノだが、相手から圧倒されることはあるのだろうか。彼ほどの強さとフィジカルを誇る選手は、相手から吹き飛ばされたときにどう感じるものか。強さ、身体的に恵まれている選手は、圧倒された場合には精神的なダメージを感じるのだろうか。

カイノは、ラグビー特有の身体的接触に喜びを感じると話す。

「ラグビーでは、己の身体を使うところがとても好きなんです。プロのラグビーに徹すれば徹するほど、チームの中での役割が見えてきます。それが分かるほどに、身体面でできることが増えるんです。意識して前に出て『お前を怖がらせてやる』などと思ったりしないんですよ。『試合に没頭する。それが自分にできることだ』としか考えていないんです。試合に没頭するには、遠くまでボールを運んで、力強くタックルすることが必要です。とにかく体を動かすんです。

痛いことは嫌いか？　はい、嫌いですね。巨体な選手とぶつかって、痛みを感じたり。叩きつけられたり。でも自分が痛がっていることを、相手に知らせてはいけないんです。だからとにかく立ち上がって、次のブレイクダウンやスクラムのために足を引きずりながら進んでいくんです。表面は平気そうでも、内側はもう半分死んでるような状態なんです。

ラグビーには、虚勢を張り合うようなところがあるんです。自分の手の内を見せないポーカーのようなね。痛みを感じるだけならまだいいんです。でも強烈なビッグヒットを受けるときなんかは、マウスガードを噛み締めながら、痛みを感じていることを隠そうとする。自分がやるのだから、相手からやり返されても当然だという気持ちも大切です」

カイノは、これまで戦った中で最もタフな選手として今は亡きジェリー・コリンズを挙げている。感情を押し殺し、静かで、身体的にも集中していたコリンズは、フィールドでは怖いものなしだった。一つの試合の中で相手の身体だけでなく、自分の身体までを壊してしまうような激しいプレーを見せていた。

だが嫌らしいしぶとさならリッチー・マコウの方が優っていたと、カイノは言う。「どんなにショットを放っても、どれだけぶつかっても、変わらぬ力強さで戻ってくるんです。いつだって目の前にいて、いつだって悩まされる。本当に容赦ない選手です。最初の十五分だけ激しくぶつかってくるけれど、徐々に威力が弱まっていく選手はいます。でもリッチーは、常に激しく立ち向かってくるんです。フィジカルだけでなくて、試合の流れを読む知性も備えていました」

オールブラックスの戦いを精神面から支えるのがメンタルスキルコーチのギルバート・エノカだ。彼は、その知性あふれる瞳を、過去と未来の両方へと向けている。

「いくつかの乱暴な出来事に、ニュージーランド選手もかかわってきました。絶対に勝利するという意志によるものもありましたが、明らかに行きすぎてしまった場合もあります。

テレビ放映がなされていなかった時代は、それは恐ろしかったですよ。ラグビー場は無法地帯で、たいていのことは見逃されていました。正しい状態ではありませんでした。でもテレビが導入され、詳細に調べられるようになってから、ラグビーはより良い競技になっていったと感じます。

かつては、乱雑なラグビー場で優れた能力、勇気を示せてこそ一人前の男という風潮がありました。でも多くの場合、それはただの暴力にすぎませんでした。相手の耳に噛みついたり、目に指を突っ込んだり。そんな粗暴な行為がまかり通っていたんです。現在では、優れた技術を見せつけることで、かつてと同様の尊敬を勝ち得るようになっています。試合は格段に良くなりました」

誰にも追いつけないほどのペースと抜きん出たフィジカルがあれば、相手を圧倒することができるとエノカは言う。二〇一五年ワールドカップ決勝戦。ニュージーランド対オーストラリアの試合開始四十秒に起こったことを見れば分かるという。ジェローム・カイノがイズラエル・フォラウに対して攻撃を仕掛けたのだが、そのタイミングは完璧で、スタイルも正確だった。残虐性が、かつてとは違った形で現れている。正確なスタイルは剣のような役目を果たす。拳やブーツを使った攻撃はもう必要ない。ただし正確性がないとその剣を使いこなすことはできない。どの競技でも同じだ。

メンタルスキルの専門家であるエノカは、試合に没頭する若き選手の内側にはモチベーションがものすごい勢いで流れていることをよく理解している。「大量のテストステロンが分泌されると自分自身をコントロールできなくなることがあります。場合によっては、選手に大きな影響を与えることもあります」

この性質こそ、オールブラックスが特に誇ってきたものだ。南アフリカの偉大なる選手ヴィクター・マットフィールドはこう話す。「これから最も辛い戦いをくぐり抜けなければならない。ニュージーランドと対戦するたびに、いつだってそんな思いに直面しなければいけません。スプリングボクスの最もタフなメンバーにとってさえ、彼らとの試合は辛いものなんです」

残虐性？　確かにこれまでラグビーの試合ではいくつもの乱暴行為が起こってきた。だがそんなものはラグビーが誇るべき要素ではない。スカイテレビでコメンテーターを務めるトニー・ジョンソンは、南アフリカのヨハネス・ファンヘールデンがオールブラックスのピーター・ホワイティングの耳を蹴りつけた行為は最悪だったと言った。

「オールブラックスの残虐性が、ひどい行動になって現れたことはこれまでにも何度もあります。しかし、彼ら自身が被害者になる場合だってあるのです」

ジョンソンは、フィールド内で起こる暴力行為から逃げ出せないため、進んでその責任を負うようになった選手たちの姿勢を、ラグビー界の前進だと受け止めている。「もう暴力の責任から逃れることはできません。アンドリュー・ホアはブラッドリー・デービスを殴りつけましたが、あれがきっかけで、ホアにとってのオールブラックス時代が徐々に終わっていきました。かつての選手たちが見せた残虐性は、今ではどれだけ強くタックルしたかに現れるようになりました。だからといって、不正行為とされている危険なタックルをやっていいわけではありませんが」。オドリスコルの出来事から十年以上経過した今、ジョンソンは、なぜあんなことが起こったか理解できないという。「でもなにかが起こったのは確かです。あのとき、選手たちはオドリスコルを痛めつけようとしているように見えました」

この話題を考える上で、現代の選手たちの視点はとても有益だ。なぜなら現代の試合はすでに充分タフであり、これ以上暴力的にならなくてもいいからだ。この意見についてどう思うか、クルセイダーズとオールブラックスにて長年ルースヘッドプロップとして活躍したワイアット・クロケットにぶつけてみた。

スーパーラグビー界で最多記録となる二百以上の試合に出場し、代表七一キャップ。長年、第一線で活躍してきたクロケットは、長期にわたって肉体を酷使することの厳しさを身をもって知っている。

「スクラムヒットの後には、身体にとても大きな負担がかかっていることが分かります。今では多くのチームが、スクラムの中でより長くボールを保持するようになりました。相手を弱らせ、こちらの方が強いんだと優位性を見せつけようとする。スクワットラックで二百キロのバーベルを持ち上げるようなものです。でもバーベルを担いだまま中腰で止まって、そのまま耐えなくてはいけません。スクラムは変化してきましたが、それでも前よりもパワーが弱まったりはしていません。大きな試合を終えると、全身がとても痛みます。まるで交通事故に巻き込まれたみたいな感じです。日曜の朝になっても、ソファーから立ち上がれないことすらあります。シーズンが終わるたびに、古傷が少しずつ増えていきます」

ちなみに、クロケットは体重は一一六キロ。身長は一九三センチだ。

チーフスのロック、ブロディ・レタリックは体重一二三キロ、身長二〇四センチだ。体重一一六キロ、身長二〇二センチのサム・ホワイトロックとともに、世界最強のセカンドローコンビとしても知られていた。彼らに立ち向かわなければならないチームは気の毒だ。でも、悪いことばかりではない。レタリックは自分のことを「現代のコリン・ミーズ」ではないと言っているのだ。彼は、周囲を怒鳴りつけ、全てを破壊し尽くした乱暴なミーズとは違うのだ。

ある初秋の気持ちの良い朝、私はハミルトン郊外にあるチーフスのトレーニングキャンプにいた。当時コーチを務めていたデイブ・レニーが選手たちの能力を試しているところだった。

空気はひんやりとしていて、冬が近づいてきていることを知らせていた。

レニーはセッションを終えると、こちらにやってきた。霧の中、その堂々とした体躯が近づいてくる。彼は選手になにかを強制したりするのだろうか？　私がそう聞くと、彼の顔には怯えのような表情が走った。

「なにかを強制したくはありませんね。いろいろな技術や要素の混ざったオールラウンドな試合を心がけているんです。良いパスを繰り出し、目の前をクリアにして前進しようとする。これらは全て、ラグビーの試合には欠かせない要素です。一点に特化した試合ではなく、オールラウンドな試合を展開させていく必要があると思うんです」

体格の良いレタリックは、驚異的なボールスキルも誇る。しかし彼は、それだけに集中しすぎないように注意してきたようだ。

「ニュージーランドで育つと、多様なスポーツをプレーするチャンスに恵まれます。私も若いときは、クリケット、バレーボール、タッチラグビー、テニス、バスケットボールをやっていました。そのおかげで、反射神経もだいぶ鍛えられたはずです。

昔は、四六時中、なんらかのボールを手にしていました。そんな環境で成長できたのは、とてもありがたいことですね。二人の兄がいたのもとても良かった。今から振り返ると、そのときに培ったスキルが、ラグビー選手としてやっていく上で力となったのだと思います。子供の頃にやっていたことが、大人になって報われる感じでしょうか。自分の技術を駆使して、誰かを負かすのが大好きなんです。トライが決まったときは特に嬉しいものです」

かつてニュージーランドのラグビー界では「誰かを打ち負かす」というフレーズがなにより

重要視されていた。今となっては、ブロディ・レタリックのような屈強な男が、その言葉に全く違った意味合いを感じている。私たち全員にとって、それは喜ばしいことだろう。これこそ、ラグビーが進化し続けているなによりの証なのだ。

第9章

オールブラックスの復活

スティーブ・ハンセン、サー・グラハム・ヘンリー、サー・ジョン・キー、
キース・ミューズ、ギルバート・エノカ、ダグ・ハウレット、
リッチー・マコウ、グラハム・モーリー、アンディ・ヘイデン、
アラン・ジョーンズ、ディック・ベスト、ヴィクター・マットフィールド、
ブレンダン・フェンター、ウェイン・スミス、
サー・ブライアン・ロホア　その他多数の協力を得て

「そのときから、一人ひとりの個性を伸ばすことがなによりも大切であると、本当に理解できていった気がします。このチームの素晴らしさは、全て選手の個性から生じています。もちろん欠点を持った選手だっています。でも世界で誰にも真似できないスキルを持った選手でも、チームプレーができないなら、立派な選手にはなり得ないことが分かってきたんです」

ギルバート・エノカ（オールブラックス メンタルスキルコーチ）

料金受取人払郵便

本郷局
承認

3601

差出有効期間
2022年２月
28日まで

郵便はがき

1 1 3 8 7 9 0

東京都文京区本駒込5丁目
16番7号

東洋館出版社
営業部 読者カード係 行

ご芳名	
メールアドレス	@ ※弊社よりお得な新刊情報をお送りします。案内不要、既にメールアドレス登録済の方は右記にチェックして下さい。□
年　齢	①10代　②20代　③30代　④40代　⑤50代　⑥60代　⑦70代～
性　別	男　・　女
ご職業	1. 会社員　2. 公務員　3. 教育職 4. 医療・福祉　5. 会社経営　6. 自営業 7. マスコミ関係　8. クリエイター　9. 主婦 10. 学生　11. フリーター　12. その他（　　　）
お買い求め書店	

■ご記入いただいた個人情報は、当社の出版・企画の参考及び新刊等のご案内のために活用させていただくものです。第三者には一切開示いたしません。

Q　ご購入いただいた書名をご記入ください

（書名）

Q　本書をご購入いただいた決め手は何ですか。

（　　　　　　　　　　　　　　　　　　　　）

●お買い求めの動機をお聞かせください。

1. 著者が好きだから　2. タイトルに惹かれて　3. 内容がおもしろそうだから
4. 装丁がよかったから　5. 友人、知人にすすめられて　6. 小社 HP
7. 新聞広告（朝、読、毎、日経、産経、他）　8. WEBで（サイト名　　　　　　）
9. 書評やTVで見て（　　　　　　　）　10. その他（　　　　　　）

Q　本書へのご意見・ご感想を具体的にご記入ください。

Q　定期的にご覧になっている新聞・雑誌・Webサイトをお聞かせください。

Q　最近読んでおもしろかった本は何ですか?

Q　こんな本が読みたい! というご意見をお聞かせください。

ご協力ありがとうございました。頂きましたご意見・ご感想などをSNS、広告、宣伝等に使用させて頂く事がありますが、その場合は必ず匿名とし、お名前等個人情報を公開いたしません。ご了承下さい。

社内使用欄　回覧　□社長　□編集部長　□営業部長　□担当者

ヨハネスブルグはいつだってオールブラックスの墓場だった。選手たちはそこを忌み嫌っていた。標高千七百メートルもある場所にいれば、息は切れ、疲労も溜まる。拷問のような苦しみだ。そんな薄い空気の中、遠くからラグビーボールが飛んでくる。街だって、とても恐ろしい場所だ。タフで貧しく、薄汚れて荒れ果てている。貧しい者は街角でうずくまって眠り、そのまま二度と目を覚まさないこともザラだ。歩道はヒビだらけで、あちこちに穴があいている。紛れもない血痕が、昨夜そこで暴力沙汰があったことを生々しく物語る。多くの住人がドラッグに手を出しては、死んでいく。命を落とさずにドラッグがキマれば、数時間は全てを忘れていられる。ドラッグだろうが、どんなに金がかかろうが、この悪夢のような生き地獄から逃げ出せるなら人々はなんにでもすがる。

この街にも掟は存在する。死人に口なし。生者は歩く。なにかを見ても、足早にそのまま歩き去る。私はなにも見ていないし、なにも知らない。

富裕層が住むサントンと、極貧層が暮らすアレクサンドラ・タウンシップはわずかな距離しか離れていない。アパルトヘイト時代の負の遺産だ。鋼のような精神を持つ選手たちですら、車内からその地域を眺めただけで肝を冷やす。夜には赤信号でも止まってはいけない。信号が何色だろうと、とにかく進め……。どこにいても攻撃にさらされているような気がする。だがそこでは、アフリカならではのコントラストを目にすることができる。

エリス・パーク・スタジアムには、巨大なスタンドがそびえ立つ。醜くて冷たい、時代遅れの打ちっ放しのコンクリートの座席。アパルトヘイト時代の醜さを今に伝える遺物だ。スタンドは、いつだってオールブラックスの選手たちがフィールドに走り込む姿を見下ろしていた。

一九四九年この地を訪れたオールブラックスは、南アフリカに四戦全敗する。テストマッチ二戦目では六対一二で敗北した。その屈辱を忘れられなかったニュージーランドは、七年後にリベンジを果たす機会を得た。一九六〇年、一九七〇年、一九七六年には、ニュージーランドは南アフリカに遠征したが、どれもパッとしない結果に終わっている。オールブラックスの中でエリス・パークで勝利したいという気持ちが高まっていった。この国で、南アフリカ相手にテストマッチシリーズで勝利を飾ることこそ、彼らの目標となった。しかし一九九五年、また別の夢がヨハネスブルグで打ち砕かれた。ワールドカップ決勝にて、ジョエル・ストランスキーがドロップゴールを決めて南アフリカが一五対一二で勝利。ニュージーランドの手から優勝トロフィーが逃げていった。

その一年後、オールブラックスはようやく、南アフリカをテストマッチシリーズで下すことができた。それでもヨハネスブルグでは勝つことはできなかった。一九二八年以降、一九九二年になるまで、ニュージーランドはヨハネスブルグで一度も勝てていないのだ。

*

二〇〇四年。予想外のことが起こり、ニュージーランドのヨハネスブルグに対する不安がさらに深まった。八月一五日の夜明け前、ニュージーランドラグビー界の姿を、決定的に変えてしまう出来事があったのだ。

当時、オールブラックスでプロップを務めていたのがキース・ミューズだった。六年間のうちに四二キャップを刻んだ彼は当時のことを「ニュージーランドのラグビー界全体のターニングポイントになる出来事だった」と振り返る。

一九九五年にオープンプロ化して以来、オールブラックスは混乱の時代を迎えていた。アマチュア時代から変わるために、試行錯誤がなされていた。コーチが変わり、プレースタイルも一新された。哲学も変わった。同年のワールドカップで敗北したことで、コーチだったローリー・メインズは、ジョン・ハートに代わった。だがこのハートも、一九九九年ワールドカップで負けたことでコーチの座から退いた。次のウェイン・スミスも二〇〇〇年から二〇〇一年と在任期間は短く、後任のジョン・ミッチェルは二〇〇三年のワールドカップ敗退とともに姿を消した。オールブラックスのコーチの顔ぶれは、回転木馬のごとくめまぐるしく変わっていった。一定の間隔で多くの人間が選ばれては、退けられていった。試合のための準備も、プレースタイルも、人選も、長いこと一貫性を保てずにいた。選手もコーチも、誰一人として、自分たちの立ち位置を把握できず、次の管理体制が整ったときに自分たちがどこにたどり着き、そこからどこへ向かうのかも想像できずにいた。二一世紀が幕を明けたときですら、ニュージーランドでは、オールブラックスの敗北は極刑ほど罪が重いことのように感じられていた。

＊

二〇〇四年には、グラハム・ヘンリー、スティーブ・ハンセン、ウェイン・スミスの新体制のもと、トライネーションズに挑んだ。だが三人はすぐに、オールブラックスが、古きアマチュア時代の恐ろしい名残を払拭しきれていないことに気づく。まず、シドニーでワラビーズに敗北した。この時点でチームは、自分たちがまだアマチュア時代を引きずったままでいることを受け入れるべきだったのだ。その一週間後にはヨハネスブルグで、最大のライバル南アフリカに二六対四〇で大敗した。新たなプロフェッショナル時代のラグビーの化身とも言える南アフリカのマリウス・ジュベールが、そのスピード、力、筋力を動員してハットトリックを決めたのだ。天賦の才能と素晴らしい身体性を見せつけられたニュージーランドは、誰もが激しくショックを受けた。すでに充分最悪な状況だったのに、試合に敗北したことで、ニュージーランドは二〇〇四年トライネーションズで最下位になることが決定してしまった。その翌週に行われた試合で、南アフリカが二三対一九でオーストラリアを破り、優勝を決めた。

最下位が決定した夜、オールブラックスのマネジメント陣は、さらなる災難に見舞われることになる。

大人だって、ばか騒ぎをするときが必要だ。そんなアマチュアラグビー特有の考え方が、選手たちの間に芽生えてしまったのだ。選手たちは酔いつぶれた。だが酒を飲んだからといって、状態が良くなるわけがない。プロとして自分たちの職業に誇りを持ち、普段なら分別のある男たちが、みな一様に泥酔して判断力を失い、我を忘れてしまっていた。

そうやってオールブラックスは、ヨハネスブルグでのトライネーションズを終えた。翌日は二十五時間のフライトでオークランドに戻るだけ。退屈だけど、シンプルなスケジュールだ。夜通しみんなで騒いで、敗北の悲しさを噛み締め、飛行機の中でとにかく眠って酔いを覚ましながら帰路に就けばいい……だが話はそう簡単にはいかなかった。

その頃には、グラハム・ヘンリーがチームをマネジメントできるようになっていた。いろいろなことが変わり始めていた、とミューズは言う。そして変化のスピードはとても速かった。

「新体制の下、やることが山ほどありました。でも、やってもやっても終わらなかった。朝七時から夜の九時まで、ぶっ通しで仕事をする日もありました。疲れすぎて、ベッドまでたどり着けないことだってあった。ラグビー界は岐路に立っていたんです。今までプレーしてきたチームが突然スマートかつ効率的な場所になったんです。ラグビー界のトップに立ち続けるためには、より懸命に仕事をしなければなりませんでした。

でも、あれだけ大量の仕事をこなしたにもかかわらず、ヨハネスブルグの試合で負けたんです……辛すぎましたよ。選手たちもみんな、弱音を吐いていました。そして悲しみに飲み込まれてしまったんです。試合後のミーティングでは、数人のベテラン選手が他の選手に意見を押し付けて、手に負えない状態になってしまいました。みんなそんな気持ちを吹き飛ばすためにも、騒がなければと思ったんです。長くて辛い一年でしたからね」

そして選手たちは騒ぎに騒いだ。ミーティングで酒を飲み、試合後の食事でも酒を飲み、そのまま夜に突入し、明け方まで飲み続けた。翌日の早朝には、チームが宿泊していたヨハネスブルグの五つ星ホテルの芝生の上で、何人もの選手が意識をなくした状態で寝ころがっていた。プロフェッショナル時代を迎えたニュージーランドラグビーを、世界にアピールするような光景だった。

これほど恥さらしな姿があるだろうか。オールブラックスのコーチたちの目には、さらに悪夢のような光景が飛び込んできた。泥酔した自国の選手たちを、南アフリカの選手たちが介抱し始めたのだ。シミひとつ付いていないネクタイに、スプリングボクスの鮮やかな緑に黄色の縁取りのブレザーを颯爽《さっそう》と着こなした選手たちが、寝転がったままのオールブラックスの選手たちが窒息しないように回復体位を取らせている。オールブラックスの選手たちは、実際に命を落としかねない状態ですらあったのだ。

野次馬の中にいた、ヘンリー、ハンセン、スミスはこの光景に愕然とした。たった十五年ほど前の一九九〇年、オーストラリアに遠征したフランスのドミニク・ブーエが、ポリネシアのニューカレドニアにあるホテルの一室で死亡していたからだ。彼は棺に納められた状態で帰国した。

ミューズは言う。「あの日、ホテルのロビーで大勢の選手が酔っ払っていました。水鉄砲などで遊んでは、泊まっていた部屋もめちゃくちゃだった。オールブラックスらしくない振る舞いでした。翌朝はとてつもない二日酔いが待っていました」

「オールブラックスらしくない振る舞い」。果たしてそうだろうか？　一九九一年、ブリテン諸島とフランスでラグビーワールドカップが開催された。私は準決勝のニュージーランド対オーストラリア戦を観戦するため、ダブリンに飛んだ。予約していたのが、偶然オールブラックスが宿泊しているホテルで、なんとフロアまで同じだった。しかし、あまりいいことは起こらなかった。

ホテルに向かって歩いていると、オールブラックスの選手たちが、部屋の窓から家具を落とそうとしているのが見えた。あまり心楽しい光景ではなかった。部屋にいても、廊下から彼らのどんちゃん騒ぎが聞こえてきて、とてもじゃないけど仕事なんてできなかった。私はフロントに電話して、別のフロアの部屋に変えてもらった。しかし、あれはまだアマチュア時代の話だ。プロフェッショナルの時代を迎えたなら、そんな行動は慎まれるべきだ。

またそのような行動からは、彼らの別の姿も見えてくる。自分たちは選ばれた立場にいる。他の人間とは違う。ニュージーランドのラグビー界に長年蔓延《はびこ》ってきた傲慢な考え方が、このような状況を作り出していたのだ。負け知らずで、新聞にはいつも勝利を祝う見出しばかりが躍るような環境が、選手たちのエゴに悪い影響を及ぼしていた。普通の人間とは別の惑星に生きていると思っているような選手すらいた。世間一般のルールを自分たちが守る必要はないといった誤った考えも生まれていた。周囲を敬う気持ちも持たない。傲慢さこそ、ニュージーランドラグビー界が別れを告げるべきものだった。一九九一年ワールドカップでは、その大騒ぎの数日後にオールブラックスは当然の報いを受けた。準決勝にて、デイヴィッド・キャンピージ率いるオーストラリアに六対一六で敗れたのだ。誰よりもオールブラックスの選手自身が、その結果に驚いているようだった。

二〇〇四年にもなれば、そのような悪ふざけは過去の記憶として葬り去られるべきものだった。だが現実は違った。二〇一七年のオークランドで、元校長のグラハム・ヘンリーは、生徒たちにはまず己を律することの大切さを教えると話していた。そんなヘンリーは「あのオールブラックスの振る舞いには心底驚きました」と述べた。チームのコーチに就任したヘンリーは、どれほどの混乱を引き継いでしまったのだろう？　「でもあれこそ、昔からのオールブラックスの姿なんです。彼ら自身も、ああした行為こそ自分たちらしさだと考えていた。でも変化すべきときを迎えていたんです。プロ化に移行してから八、九年は経とうとしていた。彼らはもう少しプロになるべきだったんです」

奇妙なことだ。なぜならニュージーランドは、どこよりも先んじてプロフェッショナルな姿勢をラグビーのプレースタイルに持ち込んだ国なのだ。特に北半球の国々とは比較できないほど先を行っていた。プロ化されるずっと前から、オールブラックスの選手たちはテレビのコマーシャルに出ては商品の宣伝などを行っていた。一九八七年、第一回ワールドカップのニュージーランド対オーストラリア戦を見た北半球の選手たちは、神聖なるアマチュアルールを無視したそのスタイルに度肝を抜かれた。

当時のニュージーランドの選手たちも、ラグビーが商業的に発展していく可能性があることを理解してはいた。しかし自分たちの行動にまで気をつけなければいけなくなるとは思ってもいなかった。

二〇〇〇年にオールブラックスの初キャップを刻み、二〇〇七年まで活躍したダグ・ハウレットはこう話していた。「オールブラックスの置かれた環境は、選手、コーチに関係なく、成功によって培われていました。私たちはラグビーという剣に生かされ、同時に殺されていました。結果次第で生きるか死ぬかが決まっていた。でもアマチュア時代の精神が、チーム全体に浸透していました。誰もが、自分たちの成功を楽しんでいました。仲間と一緒に成功をつかむ喜びこそ、私がラグビーを続けていた大きな理由でした。そんな熱狂を、少しは抑えなければいけないことは分かっていました。他のチームがよりフィジカルになっていくこともあり、プロ時代に突入すると、ラグビーを楽しむことは徐々に難しくなっていきました。オールブラックスは鋭さを欠き、他のチームにも追いつかれそうになった。オールブラックスは圧倒的な技術を誇っていましたが、他のチームも技術力をどんどん高めてきていました。己を見つめ直し、どう変わっていけるか考えるべきだ。変わらなければいけない。そう、誰もが思っていました」

二〇〇四年のヨハネスブルグでは、ヘンリーの考えが正しかったことが明らかになった。翌日の帰りの飛行機の中でも、選手たちはほとんどの時間を飲酒にあてていた。当時のアシスタントコーチ、ウェイン・スミスは、最悪だったと振り返っている。「あれこそオールブラックス的な環境なのだったら、私はそんなチームに参加したくはありません」

スミスは、ニュージーランドラグビー界の至宝だ。彼ほど、オールブラックスの信念を体現した人物は、選手にもコーチにもいない。ジョン・ハートはスミスを「世界最高のテクニカルコーチであり、際立って優れたラグビーの分析家だ」と評価している。彼ほどの人物が真剣に頭を悩ませるのだから、当時のニュージーランドラグビー界がとても深刻な問題を抱えていたことがよく分かる。だがあの夜こそ、オールブラックスの復活が始まった瞬間だったのだ。ヨハネスブルグで騒動を起こしたメンバーは、二度とオールブラックスとしてはプレーすることはなかった。

ヘンリーらコーチ陣は、将来の大きな成功のための基礎固めを行うことにした。選手数名をクビにしながら、若手選手らになにが足りていないか分析を進めた。その結果、共同体としての責任感と、リーダーシップの共有が足りていないことが分かった。そしてヘンリーは、チーム内にリーダーシップを有する選手を六人配置する方が、一人のリーダーだけが責任を担うよりも、チーム全体により良い影響を与えると考えた。

オールブラックスでは、これまでキャプテンばかりに注目や期待が集まっていた。五十年ほど前からウィルソン・ワイナリー、ブライアン・ロホア、グラハム・モーリー、アンディ・ダルトン、ショーン・フィッツパトリックといった「チームの守護神」と呼ばれるような選手が、キャプテンという立場を担ってきた。二〇〇四年一一月、ヘンリーは、まだ二十三歳だったマコウをスキッパーに任命した。その後十一年間、驚くべき結果が待っていた。マコウはキャプテンとして、百十のテストマッチに出場しては、九十七勝十一敗二分けという成績を叩き出したのだ。勝率八八パーセント超えだ。ヘンリーが引退するときには、彼のコーチとしての勝率は八五・四パーセントと驚異的な回復を遂げていた。通算成績はテストマッチ百三戦八十八勝十五敗だった。

ヘンリーは、新たなキャプテンを選ぶにあたり、システムを大きく変更した。彼は、マコウのように卓越した選手一人だけにリーダーを任せたくなかった。そこで他数名の選手に、クリケットの「バイスキャプテン（副将）」のような役割を担わせることにしたのだ。かつてはクリケット選手でもあったヘンリーは、バイスキャプテンの重要性をよく分かっていた。そして、ベテラン選手たちがチームをより良くしてくれるはずだと期待した。

ヘンリーは、ヨハネスブルグで騒動が起こる前から、コーチ陣の頭の中にはこの「チーム主導の環境」への構想ができ上がっていたと話している。そしてあの夜の騒動がきっかけとなって、実現への流れが加速したのだ。まさにターニングポイントだったとヘンリーは振り返る。

「これまで築いてきた文化を誇りに思います。これからも発展していくでしょう。今のチームは、より向上していくためになにが必要であるか、よく分かっています。最初から順風満帆だったわけではありません。この構想を、次の日からでもすぐに実現させたいと私は思っていたのですが、ギルバート・エノカから『そんなふうにはいかない』と諭されたんです。彼は完全に正しかった。彼は優れたコーチで、今の体制を作るために尽力してくれました。私たちは数人の選手を選びましたが、なかには責任を負うのを嫌がる者もいました。気乗りしないままリーダーをやっていた選手も何人かいました。最終的に二人のリーダーに絞り、それが徐々に七人にまで増えた。今では九人ほどになっています。より強力な集団へと発展しました。常に進化し続けているんです」

二〇〇四年にチームに存在した文化を、正常にしなければいけなかったとエノカは話す。

「今のチームは〝私〟ではなく〝私たち〟の上に築かれています。でも当時は逆だったんです。誰もが〝私〟に集中していた。個人のエゴばかりだったんです。現在の核となる方針の中に、〝個人よりもチームを優先する〟という考え方があります。言うは易く行うは難しです。プロ化によって、チームは決まった考え方をするようになりました。でも個人のレベルでは『これをやったことで、自分になんの得があるのか？』といった考えを抱いていた。そこからチームに亀裂が入り、破綻し、最悪の敗北につながっていきます。あのときは、南アフリカに完敗しました。帰国して、みんなで集まって『よし。まずは態勢を立て直すぞ』と話し合ったんです」

そうやって「ノー・ディックヘッズ・ポリシー（嫌な奴を追放するポリシー）」がスタートした。失敗したって失うものはない。ただニュージーランドのラグビー界がめちゃくちゃになるだけだ。オールブラックスが直面したそのターニングポイントを、過小評価してはならない。足を滑らせていれば、そのまま後退して、他のラグビー国の群れに入ってしまう危険だって充分あったのだ。他の国よりは優れていても、突出しているわけではない。二、三の国と抜きつ抜かれつするような関係になってしまっていただろう。当時のオーストラリアは二回のワールドカップで優勝していたのに対して、ニュージーランドは一回だけだった。イングランドも、二〇〇三年にウェリントンでの試合でオールブラックスに勝利し、その流れに乗って同年のワールドカップで主将マーティン・ジョンソンのもと優勝を果たしている。イングランドが優勝トロフィーを掲げたあの晩、イングランドの黄金時代がやってくることを予想した人も多かった。あらゆるものを持っているイングランドなのだ。金は潤沢にあり、選手層は厚く、質も優れている。熱心に応援するサポーターやファンも大勢いる。トゥイッケナムには、ニュージーランドラグビー界には想像もつかないほどの金が唸っている。

当時のニュージーランドは危ないところにいた。だからこそ彼らがワールドカップで再び優勝するまでに、その後八年もの月日を要したのだ。優勝できたのは、グラハム・ヘンリーを中心としたスタッフ陣の存在があってこそだった。

エノカはさらに続ける。「中心のグループからは『すごいチームになるぞ』という声も聞かれました。私たちが求めていたのは、リーダーという立場をシェアする体制です。そして『他の選手をもっと成長させなくては』とも話し合いました。まだ充分に成長できていない選手が大勢いたからです。そんな選手に時間とエネルギーを費やし、一人の人間として育んでいきました。そのときから私たちは、一人ひとりの個性を伸ばすことがなによりも大切であると、本当に理解できていった気がします。このチームの素晴らしさは、全て選手の個性から生じています。もちろん欠点を持った選手だっています。でも世界で誰にも真似できないスキルを持った選手でも、チームプレーができないなら、立派な選手にはなり得ないことが分かってきたんです」

メンバーとリーダーを探すために、チームは大勢の選手を掘り起こしてきた。もともとはタナ・ウマガが正式なキャプテンだったが、他の選手も同じ立場を共有していった。リッチー・マコウ、ダン・カーター、ケヴェン・メアラム、アーロン・メイジャー。その後にも何人もの選手が続いていく。ほとんどが、前線で共にいると心強いタイプの男ばかりだ。

ダグ・ハウレットは、自分たちが大きな、人生が一変するほどの変化を迎えていると感じていた。チームはあらゆることを調査した。準備、回復、試合のプランニング、チームの作り方、コーチによる指導法、ラグビーのプレー方法、メディアの対処法まで丹念に調べられたのだ。

現在のオールブラックスにまつわること、フィールド内外に関係なくチームにまつわる全てのことが、あのヨハネスブルグの試合後からつながってきている。ハウレットは話す。「私たちが気にも留めなかったことにも、チームは注意を向けています。以前はただ試合でプレーをして、他のことは特に考えもしませんでした」

ヘンリーは寡黙な人物だった。ユーモアのセンスもあるが、人からは「じわじわときいてくるユーモアだ」などと言われたりもする。馬鹿げた行為を好まず、辛辣ながらウィットにとんだ発言を披露したりもする。彼を傲慢な人物だと思う人もいるようだが、そんなことは決してない。偉大な人物で、いつだって思いやりを持って他者に接している。また人を見る確かな目も持っている。

スティーブ・ハンセンを、オールブラックスのアシスタントコーチとして招き入れたのは誰か？　最初のオファーを断ったウェイン・スミスを説得し、新しいコーチ体制に迎えたのは誰か？　スミスは、二〇〇〇年から二年間オールブラックスでコーチをしていた。しかし管理側からその控えめな性質を「情熱が足りない」と判断され、クビになっている。

ウマガ引退後、オールブラックスのキャプテンを選んだのは誰か？　マコウをキャプテン、つまり自身の右腕に選んだのは誰か？　もちろん、全てグラハム・ヘンリーだ。彼がやってきたのは、それだけではない。選手の個性を見極めた上で、マコウのサポート役も選んだ。そのうちの一人がコンラッド・スミスだ。二〇一五年まで最も安定して、頼れる補佐として活躍した。彼を選出したことは、これまたヘンリーらの功績である。他にもチームの責任を担いたいと名乗りをあげ、自ら引き受けていく選手も何人もいた。マコウは看板役をこなしながらも、他の選手たちから精神的な支えを得ることができた。

ハウレットは、オールブラックスの成功には、そういったコーチ陣の働きが欠かせなかったと確信している。二〇〇三年一二月から二〇一一年にかけて、同じコーチ陣がオールブラックスを管理し続けてきたという。「私たちが今いる場所は彼らが築いてくれたものです。誰か一人の力では、達成できなかったことです。特にリーダーグループを確立したことが素晴らしかった。コーチ陣は自分たちが持つ力を、選手側に与えてくれた。だからこそ、うまくいったんです」

全ての選手がチームに対する責任を引き受けるのは、当然のことだった。嫌だと思っても拒否することはできない。責任を取りたくないなら、どんちゃん騒ぎをしていた過去のチームが恋しいなら、他の選手にその立場を明け渡すことになるだけだ。ヘンリー、ハンセン、スミスの時代のオールブラックスは、以前よりずっとシリアスなチームになっていた。

ジョン・ハートはこう言う。「プロ化されたのは自然な流れでした。来るべくして来たんです。そして最も素晴らしい出来事でもあった。ラグビー界全体にとってはそうではないかもしれませんが、オールブラックスにとっては、間違いなく最高の流れでした」

そんなチームの文化の代表とも言えるのが、マコウだ。まさにヘンリーたちの理想を体現するような存在だ。彼の信念は、神聖化されたチームで活躍していく上で求められる、とても重要な基本要素となっている。ハンセンはマコウを「オールブラックス史上最高の選手」と呼ぶ。では、マコウは最も才能のある選手だったのか？　私はマコウ本人に聞いてみた。

「違いますよ。もちろん、ある程度の才能は必要です。これは他の人にも話すのですが、学校を卒業したとき、私は、学生レベルでは特に優れた選手ではありませんでした。それでも、自分が本当に上手くなりたいかどうか選ぶことはできます。自分と同程度の、プロになるための才能を持った学生は国中にいます。そこから先どうなるかは、自分が向上していくための道を選べるかどうかにかかっていると思うんです。

忍耐や挫折と折り合いをつけながら、自分の道を切り開いていくことも必要です。タイミングや、チーム選びも重要です。でもなにより大切なものは、最高の選手になりたいという気持ちを持つことです。なかには才能だけで、ある程度までいけることもあるでしょう。でもそういった人たちは、途中で飽きてしまったり、次のレベルに到達しようという熱意を失ってしまうんです。どんなことでも、目標を達成したと思えば、あとはモチベーションを失ってそのまま低下していくか、他の道を探すようになります。その場所から抜け出すことを考え始めるんです。

とてもきつい時期もありました。自分にとって最大の課題に直面し、精神的にも、身体的にも大変な努力が求められた。でも私は諦めずに『どうやったら前進し続けられるか？　できるだけ長く続けるためにはどうしたらいいか？』と考え続けました。大きな課題を前にしたときでも『ここで自分はどれだけ上達できるか？』と考え、乗り越えることができたんです」

マコウのこの言葉には、あらゆる仕事に通じる大切な哲学が隠されている。オールブラックスやスポーツだけにとどまらない、普遍的な哲学だ。デザイナー、作家、アーティスト、教師……どのような立場の人間でも、自分の目標についてじっくり考えることがあるはずだ。そこで「どうやったら上達できるか？」と自問することで己を鼓舞し再び前を向いては、自分の力を強化していくことができるのではないだろうか。

グラハム・ヘンリーは、そのような大志を抱いた若者を探し求めていた。オールブラックスのブレザーを誇りとともに身につけ、自分たちこそ国の代表であると自負するような選手。水曜の午後三時だろうが、試合が終わった後の日曜の午前二時だろうが、いつでも自分たちに課された責任と義務を意識する。チームの一員として身だしなみや言動にも気をつける。チームの連帯感を高めることを優先する。プロのスポーツ界で、何事にも真剣に取り組む選手をヘンリーは求めていた。彼は笑顔を見せたり、ジョークを言ったりもする。けれども、すぐにプロの顔に戻る。ヘンリーは自分を含めたコーチ陣の振る舞いは、選手の手本となるべきだと考えていた。

彼は、フィールド以外の場所でも、選手に高い意識を持つことを求める。チーム内での責任を引き受け、周囲の人間を勇気づけ、励ます。こういったところから土台を築いていかなければ、未来の成功はない。もちろん、リッチー・マコウ、ダン・カーター、コンラッド・スミス、マア・ノヌーといった優れた選手の存在だって欠かせない。だがこのような考え方は深い部分につながっているため、社会のあらゆる面で適用することができるのだ。同じ目的を持った人々が集まり、周囲のために働き、互いを助け合い、成熟した態度で目標を目指す。そういった資質が、世界中の小さなクラブからナショナルチーム、あらゆる団体の働きを強化していく。

グラハム・モーリーも、そのような過程をよく理解していた。テストマッチ十九戦でオールブラックスを率いてきたモーリーは、現役時代にはラグビーについて最も深い考えを持つ選手として広く尊敬を集めていた。いや、その評判は今も色褪せていない。彼もまたグラハム・ヘンリーと同じ考えを、一九七七年から一九八二年のキャプテン時代に抱いていたという。「キャプテンだった頃、自分がチームを引っ張っているのではないと肝に命じていました。自分ではなくベテラン選手が引っ張っているんだと、考えていたんです。彼らにオンサイドを任せれば、自分は結果に集中できる。とても重要なことです。チーム全体のパフォーマンスをたった一人でコントロールできるコーチやキャプテンなんていません。チームは、何層ものパフォーマンスが重なっているものなんです……全てのパフォーマンスを調整するのはとても大変なことです。でも、自分がなすべきことをきちんと把握している選手が増えれば、全体のパフォーマンスの管理が可能になっていきます。責任の連鎖反応です」

キャプテンとして成長していく中で、モーリーは選手たちを座らせては、「君の仕事はなんだ?」と問いかけていたという。彼はキャプテンの役割は、いくつもの全く違った力をまとめることだと考えていた。フォワード、バック、スクラム、ラインアウト。彼は無意識のうちに、それらの価値を理解していたのだ。

「文化を整えることはとても重要です。チームの一員としてなにを求められているか、行動の規範がなにを求めているのか理解することになります。一九七二年から七三年、あと一九七〇年にオールブラックスの一員だったことを個人的にはとても恥ずかしく思っています。チームの態度、飲酒態度が、あまりにもひどかったからです」

モーリーは、オールブラックスのキャプテンに初就任した夜のことを話してくれた。一九七七年のことだ。当時在籍していたタラナキチームには、イアン・エリアソンがいた。彼は一九七二年から七三年の間にオールブラックスの一員として十九戦に出場していた。そんな彼がモーリーに対してはっきりと「私がいたときとは、全く変わっていると思った方がいい」と述べたという。モーリーには、彼が言わんとすることは察しがついた。「かつてのオールブラックスの雰囲気が、かなり荒れていたことは知っていました。それでもエリアソンに『どういう意味ですか?』と聞き返してみました。すると彼はこう言ったんです。『オールブラックスの一員としてブリテン諸島に遠征できたのは、素晴らしい経験だった。でも同時に、心底嫌になる瞬間もたくさんあった』と」。エリアソンが食堂に入るたびに、アレックス・ワイリーが彼に向かってナイフを投げつけてきたというのだ。

モーリーは続ける。「当時、ベテラン選手のグループは傲慢で、周囲に敬意を払っていませんでした。だから私がオールブラックスのキャプテンに就任したとき、自分の使命は、チームの文化と評価の立て直しだと思いました」。それから三十年ほど経った頃、今度はグラハム・ヘンリーが同様の任務を課せられた。彼がどれほどの成功を収めたかは、二一世紀に入って最初の十年のトライネーションズの結果を見れば明らかだろう。ヘンリーに変わる前までは、二〇〇〇年と二〇〇一年にオーストラリアが、二〇〇四年には南アフリカが優勝している。ニュージーランドも二〇〇二年、二〇〇三年に勝利しているが、南半球ラグビー界に君臨し続けているとはとても言えない状態だった。

北半球では話は少し違ってくる。当時、スコットランドとアイルランドはオールブラックスに勝ったことはなく、ウェールズも最後に勝ったのは一九五三年のことだった。イングランドはもう少し戦績が良くて、一九三六年、一九七三年、一九八三年、一九九三年、二〇〇二年、二〇〇三年には勝利を収めている。とはいえ、一九〇五年から二〇〇八年に行われた二国間の試合数は三十二戦に上り、うちニュージーランドが二十五勝、イングランドはたったの六勝一分けとなっている。フランスも同じような状況だ。

トライネーションズの結果の推移を見ることで、ヘンリーがどれほど大きな影響を与えたかがよく分かる。ヨハネスブルグでの失敗について検討された後、ニュージーランドは二〇〇五年の大会で勝利。それぞれと三試合ずつ行う拡大バージョンとなった二〇〇六年にも再び勝利。その後、二〇〇七年、二〇〇八年と四年連続で優勝トロフィーを手にしている。同時期のテストマッチでは、二十戦十五勝五敗という好成績を残している。さらに南半球を飛び回って試合を行う、過酷なスケジュールも忘れてはならない。二〇〇九年には南アフリカの手に優勝トロフィーが渡るものの、二〇一〇年には六戦全勝して奪還。二〇一一年にはオーストラリアについで二位に甘んじることになるが、それでもヘンリー時代には七大会中五回優勝している。オールブラックスのコーチに就任した二〇〇三年一二月から二〇一一年一一月までの間に、ヘンリーは五回もＩＲＢ年間最優秀監督賞を受賞した（二〇〇五年、〇六年、〇八年、一〇年、一一年）。

それでも全てが順調だったわけではない。二〇〇五年から二〇〇七年の間、オールブラックスの選手たちの間に驕《おご》りが生まれていたとキース・ミューズは指摘する。このまま昔と同じ状態になってしまうのか？「ほぼ全戦全勝で、選手たちも慢心していました。でも二〇〇七年のワールドカップで敗北したことで目も覚め、謙虚な姿勢を見せるようになりました。受けてきた恩を、地域やニュージーランドの人たちに還元するようになっていったんです」「『フィールドの中でも外でも、常に笑顔で、最高の奴になれ』という考え方が芽生え始めました」。二〇〇八年ごろからそのような姿勢が顕著になっていったとミューズは言った。

ヘンリーのもとで変革を遂げている最中、またその後も、オールブラックスはラグビー界の頂点に立ち続けていた。二〇一七年ニュージーランド遠征時のライオンズのキャプテン、サム・ウォーバートンは、試合終了後に「オールブラックスはこれからも世界最高のチームでい続けられるだろう」と述べた。

その理由について、元オールブラックスのアンディ・ヘイデンはこう話している。「ニュージーランドではラグビーに関する深い知識を男性だけでなく、女性も持っています。そして誰でも自分なりの意見や考えがある」。そのような状況では、ニュージーランドが長いこと停滞したままでいるのは考えにくいという。「もちろん調子が悪いときもあります。でも人々の助言を受け入れていくことで、そんな時期もすぐに脱出できるんです」

元オーストラリアコーチ、アラン・ジョーンズもこの意見に同意する。ニュージーランドはなぜあそこまで強いのか？　ジョーンズは確信を持ってこう言った。「ニュージーランドには、独特なラグビー文化がありますよね？　男性に負けず劣らず女性もラグビーについて詳しい。素晴らしい環境ですよね」。このように老若男女、誰もがラグビーについて詳しいという背景が、ニュージーランドラグビー界全体の強さを引き出し、支えている。小さな町だろうが、大都会だろうが、どこかの農場だろうが、ラグビーの難問にぶつかっていても、必ず誰かが助けてくれる。解決への道筋をつけ、新たな知恵やアイディアを授けてくれる。オールブラックスもそんな人々の恩恵を受けてきたのだ。

グラハム・ヘンリーもこのことを理解しており、ピンチに陥ったときには周囲に助けを求めていた。

南アフリカのヴィクター・マットフィールドは、オールブラックスが復活を果たしたことについて別の理由を挙げている。「彼らの独自の考え方が、チームを別格の存在にしているのだと思います。試合には全て勝つ。負けるはずがない。そんな姿勢は、他の国とは大きく違います。勝つことに対する意気込みが全然違うんです。そして実際に勝利をつかんでいる。それが大きな自信につながっているんです。その進歩の様子が、この二十年間のパフォーマンスに現れているんです。選手たちはオールブラックスの一員である前に、一選手として試合に臨んでいます。彼らはオールブラックスになる前から、チームの構造や、自分たちがどういったことを望まれているかよく分かっている。そのようなシステムの中で、オールブラックスのコーチたちは選手たちを直接管理していかなければなりません」

このような構造を守り続ければ、オールブラックスはベストなチームでいられるだろうと、マットフィールドは考える。時々負けることはあっても、サム・ウォーバートンが言ったように、世界一のチームでいられるのだ。彼らが求めるものも決して変わらない。ニュージーランドは、敵に対してほとんど情報を漏らさない。その小さな窓を外の世界に向けて開いても、すぐに閉じてしまう。二〇〇九年、ヘンリー時代に入って五年ほど過ぎた頃、南アフリカがニュージーランドに対して一年で三勝を挙げた。

ブルームフォンテインで二八対一九。ダーバンで三一対一九。そしてトライネーションズの舞台ハミルトンでは三二対二九で、南アフリカが連勝したのだ。マットフィールドは普段は自画自賛をしたり、感情をむき出しにするような人物ではない。そんな彼が「私のキャリアの中でも最高の瞬間でした。素晴らしい気持ちだった」と話していた。

マットフィールドに話を聞いたのは二〇一七年のことだ。その十年前に、彼はスプリングボクスの一員としてワールドカップで優勝を果たしている。だがそれよりもニュージーランド相手に一年で三勝を挙げられたことの方が、より達成感は大きかったようだ。

「オールブラックスとの試合は、私のキャリアを通しても最大のチャレンジでした。最高の相手に挑戦することで自分自身を試したいと思うものですよね。そんな相手に挑むたびに、自分史上で最高の試合を展開しなければ勝てないことに気づくんです。オールブラックスはプロ中のプロです。自分たちの弱点になりうる部分は全て把握し、悪い部分を改善しながら前に進んでいく」

二〇〇九年は、珍しくオールブラックスの体制が不安定な年だった。だが翌年にはすぐにそれを立て直し、スプリングボクスへの復讐として、トライネーションズで三戦三勝を挙げた。「復讐は冷ましてから食べるのが一番美味しい」という格言通り、ニュージーランドは仕返しの方法を熟知していたのだ。二〇一〇年はまだ助走にすぎなかった。二〇一一年ワールドカップというメインディッシュに向けた前菜のような年だった。この年、ニュージーランドは一九八七年以降初となるワールドカップ優勝を果たした。実は、それよりもずっと前から、ある南アフリカの選手が、グラハム・ヘンリー時代のオールブラックスの精神に大きな変化が生じていることに気づいていた。鋭い観察眼で知られるブレンダン・フェンターだ。

「二〇〇四年のトライネーションズでは、南アフリカが優勝しました。一方のニュージーランドは、自分たちのスタイルを徹底的に洗い直しました。そして今では、圧倒的な強さを手にし、全てにおいてベストなチームとなっています。技術的にも戦術的にも、どの国よりも優れています。あれからなにが起こったのか？　グラハム・ヘンリーから最高の指導を受けたんです。ヘンリーは学校の校長を務めていましたよね。校長というのは、自分の価値観をもとに行動していく人たちなんですよ」

ニュージーランドとその他の国の最大の違いが、今になってはっきりと現れるようになったとフェンターは言う。また、なにか一つの要素がオールブラックスの圧倒的な強さを支えているわけではないとも話す。「昔と比べて、今のオールブラックスの文化は変わりました。二十年前とは全く違ったチームになりました。当時もしっかりとしたチームでしたが、今は本当に素晴らしい。世界一のワークエシックも兼ね備えているので、自分たちの心身をきっちりと調整できている。それに加えて、過去から積み上げてきた遺産もある。彼らは先人たちから受け継いできた遺産からワークエシックを得ているのだと思います。だからこそ、あそこまでの優れた集団でいられるんです。ラインアウトでも絶対に負けないし、ブレイクダウンだって最強だ……なにおいても一番なんです。そこでこんな疑問が湧いてきます。この素晴らしい流れのきっかけを作ったのは、誰なのか？」

このフェンターの質問は少々もったいぶったものだ。彼だって、答えがグラハム・ヘンリーであることは分かっているからだ。世間でも、ヘンリー率いるコーチ陣が偉大なチームを育て上げたと考えられている。だがヘンリー自身はこのような見方に否定的だ。「今のチームがスティーブ・ハンセンのチームではないように、当時のチームだってグラハム・ヘンリーのチームではありませんでした。選手のチームなんですよ。一流のスタッフの後押しを受けながら、選手たちが『これは自分のチームだ』と考える。そうやってチームは強くなっていくんです。選手だって、自分のチームだと思えば、より熱心に練習に打ち込みます。自分のチームだから、責任を負う。この十四年間、そうやってオールブラックスは進化し続けてきました」

一歩間違えば、オールブラックスの流れも全く違ったものになっていた可能性もある。今でも何百万人ものニュージーランド人が、あるイングランド人レフリーを呪い続けている。二〇〇七年ワールドカップ準々決勝を担当していたウェイン・バーンズだ。フランスのスローフォワードを見落とし、そのまま逆転トライにつながってしまったのだ。まだＴＭＯが導入されていなかった時代のことである。

結果は？　二〇対一八でフランスの勝利。ラグビー近代史の中でも特に有名な敗北劇だ。だがこの敗北に負けずとも劣らない驚くべき発言がある。「二〇〇七年の敗北は、ニュージーランドのラグビー界に起こったベストな出来事の一つだ」。どこかの国の意地悪なコーチが、高慢の鼻をへし折られたオールブラックスの姿を見て喜んでいたのか？　いや、違う。これは十年後の二〇一七年に、スティーブ・ハンセンが口にした言葉なのだ。ハンセンはこう言いながらも、そして長い月日を越えた後でも、「とんでもなく辛い出来事だった」とも認めている。

ウェイン・スミスは、その当時、成田空港での出来事をよく覚えている。ロンドンに向かう大勢のオールブラックスファンと対面したのだ。「なかにはワールドカップの準決勝と決勝で私たちが戦うところを見るために、ニュージーランドからやってきているツアー団体の姿もありました。一方の私たちは帰国する途中だった。とても辛かったです。ニュージーランドでも風当たりはどんどん冷たくなっていきました。あのときは厳しかった。素晴らしいチームで、ニュージーランドラグビー界も私たちを全力で支えてくれた。でも負けた。本当に苦しかったです」

ギルバート・エノカは、なぜオールブラックスがあの試合で負けたかはっきりと理解している。「傲慢になっていたからです。そして先走りすぎた。フランスのことを無視して、優勝だけを見ていたんです。一次リーグは楽勝でした。ポルトガルには一〇八対一三で、イタリアには七六対一四で、ルーマニアには八五対八で勝ちました。スコットランドも四〇対〇で下した。対戦相手は、その試合のために準備をしてくるものです。私たちは、いくらそれまで勢いよく勝ち進んできたからといって、次も勝てると思ってはいけないんです。相手選手だって、素晴らしい試合をしようと全力を出してパフォーマンスをしてくるんです」

エノカは、その結果に対して責任を感じているようだ。オールブラックスは偉大でいること、偉大でい続けること、自分たちの能力を高め続けることを教わってきた。だが同時に、人は自分の弱い部分にも目を向けなければいけないものだ。二〇〇七年ワールドカップのオールブラックスは「鏡を見て、自分の弱さを認める」ことができたとエノカは感じている。オールブラックスの文化の中では、誠実さと、残酷さの自己評価が密接に関係してきた。大事なレッスンだった。どの国も、チームも覚えておかなければならないことだ。エノカは言う。「私の立場から見れば、自分たちが求められていることを受け入れられなかったから、チームは精神的に負けたのだと思います。レフリーにとっても、難しい試合だったようです。今、同じことが起これば、もっと良い方法で対処できるはずです。あの出来事から、とても重要なことを学んだのですから」

ハンセンは口数の多い男ではない。この敗北も「歴史的な失敗」と簡潔に断じた。これまでの癖や評価などの洗い直しが必要だ。ヘンリー、ハンセン、スミスのコーチとしてのキャリアはここで断たれるはずだった。でもそうならなかった。なぜか？　一人の男の力が働いたからだ。オールブラックス界の長老として、人々の尊敬を集めてきたサー・ブライアン・ロホアの存在があったからだ。コーチ用の処刑台が建てられる前に、ニュージーランドラグビー界の重鎮たちは集まって反省会を行った。多くの国民は、とにかくヘンリーをやめさせるべきだと主張しており、彼自身もそれも当然の流れだと思っていた。それがニュージーランドのラグビー界なのだ。

「ラグビー協会に提出するために、ワールドカップについての報告書を書かなければいけませんでした。あの試合を振り返り、分析する。とても重要なものです。でもプレッシャーが重すぎて、体調を崩してしまいました。あの立場に身も心も捧げた者でないと、あの辛さは絶対に理解できませんよ」

ヘンリーは再びコーチの座につくため、協会と話し合いを行った。だが彼には自分が再任するとは思えなかった。「妻と一緒に夕食を食べに出かけて、『もうお終いだよ。職を解かれるだろう』と告げました。それくらい悪い結果だったと思っていましたし、もう一度コーチになれるとは思ってもいなかった」。だが彼は復帰できた。ヘンリーは、その背景でリッチー・マコウをはじめとするベテラン選手が彼の続投を望み、また他コーチが彼の留任を求めたからだと考えている。だが現実は、もう少し複雑だった。ラグビー協会は、ロホアに多大な敬意を抱いてきた。彼こそラグビー界だけでなく、ニュージーランド自体に大きな影響力を持つ人物だったのだ。

公正で、知性にあふれ、勤勉。ロホアは、逆境を乗り越え、自分たちなりの繁栄を築くことに成功した初期のニュージーランド開拓者の典型とも言える人物だ。地に足がついた性格で、エリザベス女王とも、ラグビークラブの酒場でグロッグ酒を飲む見知らぬ男とも、同じような態度で会話を楽しむことができる。さらに二〇〇四年から二〇〇七年まで、オールブラックスのセレクターも務めてきたため、コーチ陣の働きは間近で目にしていた。彼はコーチたちのチームにかける情熱とやる気を充分に理解していたのだ。

状況がどちらに転ぶか分からない中、ラグビー協会はロホアを招いて、ハンセンをはじめとする三人のコーチに対する処分について意見を仰いだ。このままコーチとして留任させるか、それとも解雇するか？　ロホアの答えははっきりとしていた。

「彼らを解雇する方がより簡単だ、と私は言いました。でも彼らを留任させる方がベストな選択だったんです。二〇〇七年の準決勝はうまくいきませんでしたが、プロの世界ではそんな日もあります。確かにかつては、オールブラックスのコーチを四年区切りで変更していた時期もあります。でも二〇〇七年のコーチ陣はいい働きを見せてくれた。お互いを信頼していました。準備不足などではなく、理解不足だったんです。彼らはあの試合を重く考えすぎていた。協会に対して、そんな意見を述べました。あの決断は正しかったと思っています。とても落ち着いて、安定したコーチ陣だった。良き指導者であり、全体的な管理もよくできていた。やめさせられるわけがない」

ロホアがコーチに求める基準は少々変わっている。「私にとって最良のコーチとは、人間の心について熟知している心理学者です。どうすれば仲間がうまく動けるか、気持ち良くプレーできるか気にかけることができる人物です。コーチにとってとても大切な姿勢です」

前述のマア・ノヌーのケースからもうかがえるように、ヘンリーは間違いなく、そんなコーチである。ではハンセンは？　「素晴らしいコーチですよ。見事な仕事を見せてくれている」。そう、ロホアは話す。「今は彼こそ、人間の心について把握している心理学者ですね。彼は選手たちをよく理解している」

ハンセンらの退陣が検討されていた頃、代わりのコーチとしてロビー・ディーンズに白羽の矢が立てられ、ウェリントンのラグビー協会で面接まで行われていた。だが彼はコーチにはならなかった。ヘンリー、ハンセン、スミスを筆頭にエノカ、スクラムコーチのマイク・クロン、コンディショニング・トレーナーのニック・ギル、マネージャーのダレン・シャンドといったスタッフが、そのままとどまることになった。

二〇〇七年ワールドカップ後、ニュージーランド全体に悲愴感が漂い、なかにはオールブラックスはもうワールドカップで優勝できないのではないかと思い詰める人までいた。ニュージーランド人作家グレゴール・ポールは、二〇〇九年に発表した『Black Obsession（ブラック・オブセッション）』にて次のように書いている。「オールブラックスはワールドカップでは勝てない運命なのだろうか？　長いことラグビー界を支配してきたために悪いカルマが溜まり、ラグビーの神々に妨害されているのだろうか？」。同じような主張を展開した人は、他にもいた。

記録には残っていないが、ラグビー協会は、ある考えがあったからこそ二〇〇七年の決断を下せたのかもしれない。一九九九年ワールドカップで、イングランドは南アフリカに大敗した。南アフリカのジャニー・デビアが超人的なドロップゴールを五回も決め、イングランドを準々決勝で追い出したのだ。誰もがイギリスのコーチ、クライブ・ウッドワードは退任させられると思っていた。だがイングランドラグビー協会は、ウッドワードの続投を発表。チームは同じコーチのもとで、次のワールドカップを目指すことになった。一回のワールドカップ大会で負けても、同じコーチに続けさせるという前例をイングランドは示していたのだ。

再任後、最初に顔を合わせたときにヘンリー、ハンセン、スミスがなにを考えていたかは想像に難くない。ハンセンはこう話す。「『私たちが悪かったわけじゃない』なんて言いながら、再スタートを切ったわけではありませんよ」。それは新しいコーチが言うような台詞であって、彼らが口にすべきことではない。

「自分たちの責任を認め、やって良かったこと、やるべきでなかったこと、やっても意味がなかったことなど、過去のやり方を洗い出していきました。そのときは、理由があってやったことばかりだったんですけどね。でも間違いだったものもあります」

間違いの中に、選手のリフレッシュ目的のために、トーナメントの中日に休息日を設けるという制度が含まれていた。「うまくいかなかったんですよ」そう、ハンセンは話す。「あと以前はチームメンバーを変えながら、練習を行っていました。優秀な選手だけを選べば、残りの選手が嫌な思いをするだろうと考えたんです。でもチームの方が、選手個人、そして選手の考えよりも重要です。人生は厳しい。私たちはチームとして一緒にやっていかなければならないんです。そんな環境が嫌で『こんなところやめてやる』という選手は、チームにとって好ましくない、正しいワークエシックを持っていない人物です。そういった選手がいない方が、チームにとってもいいんです」

そうやってハンセンたちは、新たなことを学んでいった。情報のほとんどが二〇一一年ワールドカップで勝利をつかむための助けとなった。決勝のホイッスルが鳴る頃には、ヘンリー率いるスタッフたちは神経を尖らせていたことだろう。だが「オールブラックスはワールドカップでは勝てない」という意地悪な言葉には悩まされてはいなかった。

継続性こそ、オールブラックスの成功を支えるカギだ。そう、ヘンリーは話す。彼が二〇〇四年にヘッドコーチに就任したとき、二〇〇三年までのスタッフは誰一人残っていなかったそうだ。だが二〇一一年の引退時には、スタッフ十五名中十二名がチームにとどまることになった。「人が継続して働くことこそ、重要なんです。今後のニュージーランドのラグビー界でも、この流れは引き継がれていくことでしょう」とヘンリーは述べた。

ニュージーランドほど人の継続性が保たれている国はない。「スタッフが継続していくのは、とても重要なことです。全員が一度にやめてしまうような事態は、できることなら避けるべきなんです」。そうヘンリーは続ける。「ラグビー協会のポリシーに組み込まれるほど、重要なことです。新しい人材を連れてくることはできます。しかし既存の人間の方が、それまでの現場でいろいろ吸収しては、大きく成長しているはずなんです。これも戦略と文化の一部なんです。他の国の人材は置かれた環境から学びますが、私たちは仲間内で多くを互いに学び、教え合っているんです。同僚だけでなく、多くの人から学び続けるんです」

このようなことから考えて、二〇一九年以降にスティーブ・ハンセンが退任を決意した場合、次期ヘッドコーチとしてイアン・フォスターが選ばれて当然だろう（二〇一八年末にスティーブ・ハンセンは退任を表明している）。二〇一一年からオールブラックス陣営に携わってきたフォスターの経験は大きな財産だ。もしラグビー協会がフォスターにチャンスを与えなければ、ロホアの言う「四年のサイクル」に戻ってしまう危険がある。そうすればチームに混乱が生じ、安定性を欠くことになるだろう。

ヘッドコーチをフォスターに切り替え、ハンセンが望んだ場合、彼を新たな相談役に据えるのはどうだろうか。ヘッドコーチとしての重圧から解かれ、そして、その莫大な知識をチーム全体に伝えていくのだ。主だった責任はフォスターが引き受け、その脇をアシスタントコーチのスコット・マクラウドと新たな担当者が固める。ハンセンの知識をどう利用するかはフォスター次第だ。

ハンセンが完全に引退する場合でも、他にも有用な人材は大勢いる。ジョー・シュミット、バーン・コッター、ウォーレン・ガットランド、デイブ・レニーあたりが、オールブラックス陣に組み込まれてもなんらおかしくはない。なかでもシュミットは、国内の高齢ラグビーファンから、コーチとしても、一人の人間としても尊敬を集めており、ヘッドコーチの有力候補でもある。アイルランドでの代表指揮官として素晴らしい手腕を発揮している（二〇一九年ワールドカップ後、家庭を優先するために退任することを発表）。

二〇〇四年の厳しい経験から、オールブラックスは多くのことを学んだ。そのうちの一つが、人材を育てることだ。一流のコーチ陣を揃え、絆を強め、その中から次期ヘッドコーチとして責任を持った人材を一人、二人育て上げる。何年かごとにスタッフを総取り替えしながらプロとしての高い力量を求め続けるよりは、はるかに効率的だ。

ニュージーランドラグビー協会は、二〇〇四年に大切なことを発見をし、二〇一一年にその思いをさらに強くした。この長く白い雲がたなびく国は、優秀なコーチに恵まれている。彼らはそのことを身を以て知ったのだ。では二〇一一年ワールドカップ優勝、そして復活はどれほど重要なことだったのか？　私は、オークランドの美しきパーネル・ビレッジにあるスタイリッシュなカフェを訪れ、その答えを知っているであろう男性に会った。男性は、自分はグラハム・ヘンリー並みにラグビーに詳しいのだと豪語したり、知識をひけらかすような真似はしなかった。だが彼こそ、当時のニュージーランドから聞こえてくる鼓動をしっかりと耳にした人物だ。「もし決勝でフランスに負けていたら、もし違った結果になっていたら、国全体が悲しみに飲み込まれていたことでしょう。一九八七年以来、ニュージーランドは優勝から遠ざかっていたのですからね」そう話すのはサー・ジョン・キー元首相だった。

「私もその影響を受けて、失脚していたかもしれませんね」

「嘘ですよね？」私はそう尋ねたが、彼は嘘をついてはいなかった。本心からそう思っていた。

「いわば、人々に感傷を与えるか、心地良くさせるか、ということですよ。考えてみてください。オールブラックスが優勝しても、その直後の選挙で私たちが痛手を被ることはありませんでした。逆に、政治的なムードを盛り上げてくれます。でもホームで開催されたワールドカップで敗北したら、そんなムードにはなりようもない。オールブラックスが勝ち続けるかぎり、首相として彼らと仲良くしておいてまず損はありません。あちらだって政治家とつながりを持っておいて悪いことはありませんよね。お互いにとっていい関係なんですよ」

「オールブラックスが勝ち続けるかぎり……」。この言葉に、オールブラックスのコーチたちにかけられてきたプレッシャーが、どれほどのものだったかがよく表れている。彼らは、とてつもなく重く、信じられないような重責を背負ってきたのだ。第一線で活躍しているコーチにかけられた厳しいプレッシャーについて、第三者が本当に理解できるものなのか？

少なくともスティーブ・ハンセンは、理解できるはずがないと言う。「これっぽっちも理解できないでしょうね。私がコーチ時代に感じていた真のプレッシャーについて、少しでも分かる人なんていませんよ」

スティーブ・ハンセンだろうが、グラハム・ヘンリーだろうが、全てのオールブラックスのコーチたちが同じ気持ちなのだろう。

第10章　ニュージーランドのスタイル

ライアン・クロッティ、ディグビー・イオアネ、アラン・ジョーンズ、
スティーブ・チュー、ボブ・ドワイヤー、ニック・マレット、
ウェイン・スミス、サー・トニー・オライリー、ニック・ファージョーンズ、
トニー・ワード　その他多数の協力を得て

「ラグビーは、この国の気候、土壌、そして、ニュージーランド人の気質にとても合っている。ラグビーは、私たちの気質の多くの部分を形作ってきた。チーム・スピリットが個々の気持ちを強め、利己心を沈め、自制心を持たせる。ラグビーは、その人の持つバックグラウンドに関係なく、みなを平等に扱う。ラグビーのタックルも、スクラムも、立場と特権には全く関係がない」

リチャード・ワイルド（一九六七年、ニュージーランドラグビー協会七十五周年式典）

オールブラックスのコーチのはしごは長く、登るのがやっとなほど困難の連続だ。そのはしごを登り続ける男たちには、ある一つのことが分かっている。自らの心についてだ。そこで

は、己と向き合うことは避けられない。彼らは、国民からなにを求められているかを把握している。この国では、ただ国際試合に勝つだけではダメだ。ある種の美学を持って勝利を収めなければならない。オールブラックスがペナルティゴールばかり決めて辛勝しても、ニュージーランドでは蔑まれるだけだ。

一九五九年、ブリティッシュ&アイリッシュ・ライオンズのニュージーランド遠征時のことだ。ファーストテストマッチにて、果敢に攻めたライオンズは四本のトライを奪った。しかしオールブラックスのドン・クラークがペナルティキックを六本決めて一八対一七で勝ちをさらった。

この勝利に、ニュージーランド人は激しく失望した。当時のキャプテン、ウィルソン・ワイナリーはこう振り返る。「試合終了のホイッスルを聞いたとき『最悪だ。これからしばらくはひどい目にあうぞ』と思いました。『メディアと世間から批判されまくるんだ』と」

日刊紙『ニュージーランド・ヘラルド』は、この試合を「ニュージーランドにとって最も悲しい勝利」と酷評した。コーチたちの玄関先にコンテナ一個分ほどの暗黙のプレッシャーを残していくようなものだ。現代のコーチはさらに厳しい時代を生きている。誰もが動画やSNS、テレビやラジオ、雑誌など様々な形で試合を見ることができる。国中の人間がスティーブ・ハンセンよろしく試合をじっくりと監視しているようなものなのだ。コーチにも選手にも、隠れる場所などどこにもない。

素晴らしいスキルや目を見張るようなプレーが見られず、トライが決まらないテストマッチには、激しい抗議が寄せられる。「オールブラックスは一体なにをやっているんだ?」と怒りの声が飛び交う。村の教師から主婦、警察官、ホテルの受付まで、誰もが即席の専門家に早変わりする。どこに行っても試合について議論が交わされる。ニュージーランドのラグビー大国たる所以はここにもある。これほどまでのプレッシャーは他の国ではまず感じられない。彼らほどラグビーに熱心な国民はいない。

そのような過剰なプレッシャーは逆効果にしかならない、という意見も聞かれる。南アフリカとイタリアの両ナショナルチームでディフェンス・コーチを務めたブレンダン・フェンターもそう主張する。「ニュージーランドの人たちはオールブラックスにとって障害でしかありません。チームへの要求が高すぎるんです。これまでそのプレッシャーの影響を受けて、選手たちがうまくプレーできなかったことだってあったはずです。今のチームは、ファンに足を引っ張られながらも成功しているような状況です。ファンが熱くなってしまうのも理解できます。南アフリカのファンだって同じですしね」

最も非難にさらされやすいのが、オールブラックスのヘッドコーチだろう。成功するほどにプレッシャーも高まっていく。オーストラリア元コーチ、アラン・ジョーンズにも覚えがあるという。一九八四年、彼はワラビーズを率いてブリテンおよびアイルランドに遠征した。それまでオーストラリアは、海外遠征にてグランドスラムを達成したことはなかった。

＊

アラン・ジョーンズは、典型的なオーストラリア人像とはかけ離れた人物だ。国で一番の演説者、聴衆の意欲を引き出す名スピーカー。七十六歳になっても、その舌鋒《ぜっぽう》の鋭さは健在だ。八〇年代にオーストラリア代表チームでコーチを務めた際は、その能力を遺憾なく発揮していた。

スランプに陥った選手に対して「かつては立派な雄鶏だったのに、今では羽毛のホコリ取りだ」なんて言ってのけたりした。簡潔にして的を射ている。その理知的なしゃべりは、今でもオーストラリア全国区のラジオ番組で毎日聞くことができる。彼の舌はステーキをサイコロ状に切り分けてしまえるほどにシャープだ。私は彼に会うべく、再びシドニーへ飛んだ。ジョーンズはいつも通り、高級そうなスーツを颯爽と着こなしていた。ネクタイの結び目は完璧で、シャツには皺ひとつない。靴だって、一見して上等なものだと分かる。

ジョーンズはかつて、ニュージーランドに負けた自国チームを非難したことがある。「なぜ彼らを前にすると、こちらのチームは正常に機能しなくなるのか理解できない」と。そんな彼は、現在のオールブラックスに対しては、どのような評価を下すのだろう? まず彼は、私の主張に全面的に同意した。現在の主要ラグビー国の中でも、ニュージーランドだけがラグビーの伝統を引き継いだスタイルを見せているという説だ。

「全体的に見て、彼らは一九五〇年代のスタイルに則ってプレーしています。ラグビーの正真正銘の技術を保持しています。ニュージーランドなしには、ラグビーのスタイルは保たれていなかったでしょうね。別物になっていたかもしれない。彼らが、ラグビーの正真正銘のスキルを継承し続けているんです。フットボールを抱えて走る。英ラグビー校でのフットボールの試合中に、選手がボールを抱えて走ったことからラグビーが生まれましたね。オールブラックスは今でもフットボールを抱えて走っているんですよ。

厳しい状況でも、攻勢をかければ苦境から脱することができる。それが彼らの考え方です。積極的に攻めればうまくいく。彼らは、これまでにも多くの試合で、危機的な状況をそうやってくぐり抜けてきました。オールブラックスだけでなく、強豪の州代表チームもそうです。彼らは攻撃を仕掛けては、ピンチを突破してきたんです」

さらにジョーンズは、フォワードとバックスのバランスの重要性も強調している。これまで何度も、オールブラックスは、攻撃の幅をあえて狭める展開を取ってきた。ピッチ中央、あるいは端を避けて集中して攻撃を仕掛けることで、相手フォワードを疲弊させ、周辺に散らばるディフェンダーを無防備にさらし、隙をついて一気に幅を広げて、力を解放する。彼らはそのタイミングを本質的に心得ている。素早く、判断力に優れたハーフバックスはどちらのタイプの試合にも対応できる。試合の読みが正確なのだ。彼らは、何十年にもわたって、そんなプレーを続けてきたのだ。

長い年月を通して、選手たちの身体的な能力は大きく変化してきた一方で、そのシンプルさはチームのモットーであり続けている。「複雑な要素など全くないんです」とジョーンズは語る。「でも、誰も彼らから学ぼうとしない。少しでも考えれば、真似してみるはずですよね。ニュージーランドでは誰もが過去の偉大な選手の真似をします。彼らみたいに上手になりたいと思うなら、お手本にしない手はありません。過去に存在しなかったものになろうとしない。だからこそ、どんどん深みを得ていったのです。ニュージーランドでは、どのチームもオールブラックスのようにプレーを行い、彼らを目標にする。ちょっとした違いはありますが、全体的に見て、自分たちの歴史、伝統的なラグビーに忠実なんです。オールブラックスの功績を考えれば、ラグビー界は彼らに感謝しては、より敬意を払うべきです。でも他の国のお偉いさん方は、自分たちはなんだって知っているんだから、オールブラックスから学ぶことなどないと思い込んだりしているんです」

ジョーンズは、そのシンプルさこそが、ニュージーランドのラグビー界の成功を支える秘訣であると確信している。彼らは心の底から、ラグビーとはシンプルなゲームであることを理解しているのだ。だからこそ、完璧さを求めて、分かりきっていることを一からやり直したりはしない。

まずは基本が第一なのだ。「ニュージーランドのスタイルは、いたってシンプルです。とにかく基本を徹底して、ボールの扱い方を体に覚え込ませていく。フットボールを持って走る。彼らは今でもこの姿勢を保っては、実践しています。他の国はそこまで徹底していません。北半球は少しずつその傾向も出てきました。でもオーストラリアは、完全に真逆に進んでいる。ほとんどの試合で、ボールを手にしたかと思うとすぐに蹴り飛ばしてしまう。ニュージーランドはボールを手にすると、持ったまま走る。仲間が次々とサポートしていく。みんな、自分がボールを手にしたいからです。このスタイルは、もっと評価されるべきだと思います」

プロフェッショナル化は、ラグビー界を一変させた。選手からコーチ、クラブから国まで全員の頭が、ある言葉でいっぱいになった。金だ。どうやって選手たちに給料を工面すればいいか？　チームや組織のためにスポンサーを集めるにはどうすればいいか？　外国人コーチの莫大な報酬をどう賄えばいいか？

イングランドと違って、ニュージーランドラグビー協会は、トップ選手たちと最初から契約を結んでいく。国際レベルでも、州レベルでも、国全体でラグビーを発展させていく上で、このような契約制度が最も重要だと協会ＣＥＯのスティーブ・チューも、オールブラックスのスティーブ・ハンセンも認識している。「中央集権的に選手やトップコーチと契約を結ぶことは、競争優位性を保つ上で欠かせません」とチューは言う。ニュージーランドのプレースタイルやシンプルさとは全く関係がなさそうなことだが、実は大きな影響を与えている。一流選手を一括してコントロールすることで、ニュージーランドのスーパーラグビーチームに、大まかに似通ったプレー構造を整備し、プレースタイルを融合させることができる。ニュージーランドのラグビーチーム、特にオールブラックスにとって、これは大変有利な制度だ。アプローチ方法を統一することには、大きな利点がある。

グラント・フォックスはこう話す。「当初は、オープンプロ化したことで、ニュージーランドの優位性を保てなくなるかもしれないと思っていました。でもそうではなかった。その背景の一つに、ニュージーランドが自分たちのゲームを守り続けたことがあります」。スティーブ・ハンセンの意見はこうだ。「何人ものオーナーがいれば、いくつものエゴを押し付けられるようになります。彼らにエゴがないなんて言わせません。誰だって持っています。ニュージーランドラグビー界での契約一本化は、喜ぶべきことです。上司は一人だけなので、選手は一つのやり方に専念すればいい。それが重要なんです。十四のクラブオーナーがいれば、十四の違った指示が出されるかもしれない。イングランドやフランスも、そんな状態を目指しているわけではないはずです」

チューは言う。「選手たちに、逐一指示を出す必要はありません。それよりも彼らの状態、雇用状況、適切なケアを受けているか、作業量に負担はないか、怪我の具合はどうかなど、様々な面で管理することができるんです。フランスとイングランドと比べても、これはニュージーランドの大きな強みになっています」

ニュージーランドは、フランスとイングランドのクラブを意識しているのだろうか。「彼らは世界のラグビー界にとって脅威となっています」とチューは認める。「フランスのクラブは特にそうですね。テストマッチなど、これまでのラグビーの慣例を全く無視しているように見受けられます」。ならモンペリエやトゥーロン、バースなどのオーナーは、こう反論することができそうだ。隙あらばテストマッチをスケジュールに詰め込もうとする各国のラグビー協会・連盟こそ、クラブラグビーにとって脅威だ、と。

ニュージーランドラグビーの特徴である統一されたプレースタイルに対して、赤道を越えて遠征してくる北半球の国々は太刀打ちできていない。理由は明白だ。これまで何年も、ニュージーランドは攻撃主体のチームだった。一方の北半球では、その逆のスタイルが主流だったからだ。

プロ化に伴い、北半球のクラブや国が、ラグビーリーグからコーチを採用したいと熱望する時期があった。けれども、どのコーチも「防御」一辺倒の戦略を採用していた。これが問題だった。

彼らが得意としたのは、素早く前に出て相手にプレシャーをかけるラッシュディフェンスだった。そのため、ラグビーユニオンが得意としたランニング、ボールハンドリングを主体としたゲームの流れが阻害されてしまったのだ。ある時期など、選手が必要以上にキックに頼ってしまうこともあった。

それでも北半球の国々が、短期間だが成功を収めた時期もある。ラグビーリーグでディフェンスコーチを務めていたフィル・ラーダーのおかげで、レスター・タイガースは四年連続でプレミアシップタイトルを獲得し、二〇〇一年、〇二年にはハイネケンカップ（現ヨーロピアンラグビー・チャンピオンズカップ）のトロフィーを手にしている。また同氏はイングランドの二〇〇三年ワールドカップ優勝にも大きく貢献した。ウェールズでは、元ラグビーリーグ選手ショーン・エドワーズが影響力を発揮していた。彼の手堅いディフェンスが功を奏し、ウェールズは二〇〇八年と二〇一二年にシックス・ネーションズにてグランドスラムを達成した（二〇一九年にも、ウェールズはエドワーズのもとでグランドスラムを達成）。

それでも、彼らの戦略は完璧ではなかった。北半球の国々は南半球、特にニュージーランドに遠征すると、ディフェンスに大きく頼ったスタイルが全く有効ではないことを思い知る羽目になった。攻撃し、トライを決めなければ、ニュージーランドを倒すことなどできないのだ。

二〇一六年六月、アイルランドのリムリック大学の学生ジェームズ・ネヴィルが、興味深い調査を行った。一九九五年のプロ化以降、ウェールズ、アイルランド、イングランド三国の南半球での戦績を調べてみたのだ。ここでもまた、南半球の圧倒的な強さが証明された。なかでもニュージーランドは、群を抜いて強かった。

北半球の三カ国の中では、イングランドが最も良い成績を収めていた。オーストラリア、ニュージーランド、南アフリカとのテストマッチは、二十七試合五勝二十一敗一分けという戦績だった。アイルランドとウェールズの結果はより荒涼としていた。ウェールズは十六戦全敗。アイルランドも十九戦全敗という悲惨さだった。

この三カ国の結果をまとめてみると六十二戦五勝五十六敗一分けで、勝率は八・一パーセント。住み慣れた北半球を離れたら、恐ろしい世界が待っていたのだった。

しかしこれらの国も負けてばかりではない。イングランドは、二〇一六年のオーストラリア遠征で三戦全勝を達成している。同年一一月にはアイルランドもシカゴでの試合で、ニュージーランド相手に史上初の勝利を収めた。だがそれだけだ。ニュージーランドと対戦すれば、高確率で敗れることになると北半球の国々は分かっているはずだ。

オールブラックスのようなチームを下すには、見る者を驚かせるような独創的なプレーでもって、トライを奪わなければならない。ニュージーランドは、現代のラグビー界においてディフェンスの重要性を熟知しており、対策も熱心に立てている。あらゆる面で完璧を目指しているのだ。ハリケーンズとクルセイダーズは、それぞれ二〇一六年と二〇一七年にスーパーラグビーで優勝している。クルセイダーズはスコット・ロバートソンの指揮のもと、鉄壁のディフェンス作戦で臨んだ。ハリケーンズは、ホームでのプレーオフマッチにて、三戦連続でトライを許さなかった。相手が何度もトライを奪おうとしても、両チームとも「プレス」と呼ばれる容赦のないディフェンスプレッシャーで弾いた。そして攻撃のチャンスをつかむや否や、ラグビーの神も微笑むような鮮やかなトライを決めた。

ニュージーランドのスピードと高いボールテクニックに支えられた攻めの姿勢が、このようなディフェンスを可能にした。彼らは北半球側のチームが見逃していた攻撃面についても徹底的に鍛えていた。より洗礼された現代のディフェンスに対抗するためには、より賢く、創造的なオフェンスで対処しなければいけないことが分かっていたのだ。ずば抜けたボールスキルが前提条件だった。

かつては、とにかく相手に勝つことだけを考えアウトブレイクを仕掛けていくというスタイルがよく見られたが、今の時代にはこれだけでは通用しない。多様な攻守が欠かせないのだ。鋭く洗礼されたスタイルでボールを手にすることが必須だ。各ポジションには、そこで求められる能力を備えた選手が配置される。深海に潜る上で酸素ボンベがなくてはならないように、オフロードパスのスキルも突破のためには欠かせない。このパスはソニー・ビル・ウィリアムズの代名詞ともなっている。

南アフリカとイタリアでコーチを務めた偉大なるニック・マレットもこの主張に同意する。

「ニュージーランドはディフェンスにおける弱点を洗い出してはコントロールできるように努めています。そしてスペースを見つけるとパスやキック、ダイレクトプレーで攻撃を仕掛けるんです」

スティーブ・ハンセンは、ラッシュディフェンスが通用しない状況について、いつものように冷静な意見を口にしている。そういうものだと、肩をすくめるだけだ。そしてこの問題に取り組むための二つのポイントを説く。一つ目は相手チームがオフサイドではないかしっかりと確かめること。二つ目は、当たり前かもしれないが、オフェンスレベルをなにがなんでも引き上げること。

「何年も前から、ラグビーにはこのようなサイクルが存在しました。オフェンスがよければ、ディフェンスもそれに見合うように上達しなければなりません。そうやって何年もかけてラグビーの質が向上してきたんです。現在は、ディフェンスの方に重点が置かれています。しばらく前から北半球で起こっていることです。南半球ではまだそこまで流れができていませんが、兆しは見られます。私たちも、ラインスピードを重視しています」

基本的には、ハンセンはこの問題について前向きだ。「選手のスキルレベルを試すことです。ランニングラグビーを展開したいなら、より高いレベルのスキルが要求されます。ボールをうまく運び、プレッシャーに負けずにつないでいくこと。悪いことだとは思いません」

ハンセンほど慎重なコーチはいない。これまで長いこと、最も高いラグビースキルを誇るのがニュージーランドの選手だとされてきた。彼らこそどのチームよりも、ラッシュディフェンスをさばく能力があり、この問題について解答を見つけられる可能性を持っている。洞察力も驚異的で、生まれたときから研ぎ澄ませてきたようなものだ。プレッシャーがかかった状況でも、その能力を遺憾なく発揮することができる。

ハンセンはもう一つの問題についても正しい見解を示していた。マッチオフィシャル（審判団）がオフサイドラインでの審判をしっかりと務めれば、選手が使えるスペースは自ずと増えることになる。どのチームのディフェンダーはいつだってオフサイドを越えてしまっている。つまりラックの内側にいない限り、攻撃側のレシーバーがボールをつかんだ瞬間に相手チームから体ごとぶつかられることになるのだ。それが原因で攻撃における哲学が大きく損なわれることになる。多くのチームがゲインラインの二十メートルも後ろでプレーするようになったのは、そのせいだ。そのような傾向は変わるべきだ。あからさまな反則行為である場合が多い。

にもかかわらず組織側は、ラグビーから活気やスキルを失わせるようなネガティブな戦略を見て見ぬ振りをしては、十五人制のラグビーリーグのような試合展開を許している。

フランスやイングランドといった北半球の国々は、長年にわたってコーチを頻繁に交代させることで、この苦境からなんとか脱しようとしてきた。二〇一七年にハイランダーズを率いたトニー・ブラウンは、次のように強調する。「現在のプロのラグビーチームやニュージーランドラグビー界全体にとって、同じ人物がコーチを続けることが重大な要素となっています。連続性が、大きなカギを握っていると言えるでしょう。なぜ私たちがオールブラックスと同じスタイルでプレーしているかの説明にもなりますし、そのように継続することでしか成長できないのです。

一方、フランスやオーストラリア、南アフリカなどでは、ラグビーにおいて、いろいろなことが頻繁に変更されています。それでは事態を改善していくことなどできません。大きな障害となっています。ニュージーランドとは逆の状態なんです」

フランスのラグビー界の現状がよく分かる資料がある。二〇一六－一七シーズンにヨーロピアン・チャンピオンズカップ、トゥーロンとクレルモン・オーヴェルニュの準々決勝にて、クレルモン・オーヴェルニュは二九対九でトゥーロンを下した。だがクレルモンは八十分間にラインブレイクを一回、オフロードパスを二回見せただけだった。野心の欠如、革新性の欠落、選手への信頼のなさがよく表れている。哀れな戦い方だ。チームもコーチも、熱意とリスクを伴った哲学を恐れていることが分かる。ニュージーランド人には到底受け入れられないスタイルだ。

そんなフランスの姿勢について、ブラウンは落ち着いた様子でこう言った。「そのような作戦には勇敢さがありません。安全なプレーで、うまくいくこともあります。でもそんなスタイルを身につけてしまえば、試合で勝っても実際は負けているようなものです。リスクを取らなければ、目標を達成することは困難です。勝利するためには、敗北のための備えをしておかなければならない。それが私の信念です。ニュージーランドではどのチームも、理想のスタイルについて同じような考え方を持っています。相手に気づかれないように素早く動き、攻撃のためのスペースを生みだしてトライを決める……観客もそんな試合を望んでいます。それとは逆のプレーを見せれば、サポーターたちは失望して、試合に観客が集まらなくなるでしょう。誰もそんな試合など見たくないのです。

人によって考えも違いますが、そのようなネガティブな作戦は選手たちから責任感を取り去ってしまいます。選手たちの好きにさせるべきなんです。コーチとしてそういった状況を受け入れる度量を持つ必要があります。ニュージーランドのスタイルでプレーをすれば、選手たちは自分自身に挑むようになる。リスクを伴った試合を見ているのは、コーチとしては辛いことでしょう。でもなにも生み出さない試合よりは、ずっといいはずです。チームによって創造性を奪われてしまうことは、ミスをおかすよりもずっと不満が溜まるものです」

リスクを取ったり、冒険に出ることを拒む鈍化したコーチは、ラグビー界が変化した事実から目を背けようとしている。もうプロの世界なのだ。世間に対して〝あるもの〟を提供しなければやっていけない。エンターテインメイト性だ。試合を観戦する楽しみが感じられなければ、つまらない映画や観劇と同じ目にあうだろう。人が集まらなくなり、採算が取れなくなる。実際にそれを証明するように、二〇一八年初期シーズンのスーパーラグビーの試合では空席が目立った試合がいくつもあった。オーストラリアと南アフリカでは特にひどい状況だった。それでも多くのコーチたちは、悲惨な現実を無視しては、自分たちの立場の心配ばかりしている。

だから、サー・コリン・ミーズは、次のようなことを私に話したのだ。「現在のラグビーに満足している人は誰もいないでしょう。試合自体が理解できない。今のルールを完璧に理解している人がいたら驚くくらい、なにが起こっているか分かりません。運に左右される要素も大きすぎる。ラグビー自体が大きく変わってしまったし、大金も絡むようになった。オールブラックスだけじゃなくて、全てのラグビークラブがエリート集団のようになっていることにも懸念を抱いています。アスリートとして秀でていないと、ラグビーをやってはいけないような状態です。ひと昔前までのテ・クイティのような地域では、他にやることがなかった。だから、どんな人間もラグビーに興じていました。太ってるのも、痩せてるのも、遅いのも、速いのも……。いろんなタイプがごっちゃになって一緒にプレーしていました。でも今ではスクール時代から、チームが求めるラグビー選手でいなければならない。そんな背景に加えて、他にもやることがあるため、ラグビー人口は激減してるんです」

少なくともニュージーランドでは、ディフェンスと同様にアタックにも多くの時間が割かれている。そしてそれが、彼らが受け継いできたラグビーのあらゆるスタイルの下支えとなっている。元オールブラックスのウイング、ダグ・ハウレットは、現役時代にはテストマッチ六十二戦に出場し四十九回のトライを決めた。同じくオールブラックスの元ウイング、スチュー・

ウィルソン（在籍一九七六－八三年）とバーニー・フライザー（在籍一九七九－八四年）も合わせて百もの得点を決めている。ウィルソンとフライザーは共にフィールドの端から端まで走り抜けてアタックを繰り出していた。一方の南アフリカのブライアン・ハバナは、二〇〇七年ワールドカップの決勝戦では一度しかボールに触れていない。

北半球でのラグビーの衰退は、ニュージーランドのような国にとっては都合の良いことだ。自分たちのディフェンスが有効である限り、相手チームはどうすることもできないからだ。どの国もそれぞれ伝統的に受け継がれてきた強みを生かしてプレーをすべきだ。それでも、その他の要素を排除してばかりでは良いチームにはなれない。北半球の国々は、ディフェンスにこだわりすぎてしまったのだ。北半球の選手の能力が低いわけではない。鋼のような心身を持ち、献身的にプレーし、ボールを持たない状態でもよくまとまっている。勇敢でフィジカルなプレーも見せてくれる。問題は、試合では車の前に飛び出したウサギのように身動きが取れなくなってしまうことだ。コーチから前もって出された指示で頭がいっぱいの状態で試合に出場するため、自分で判断する能力が失われてしまっているのだ。試合が有利に展開していても、目の前の状況に応じてプレーすることができない。アタックする場面での決断力が、木の枝にひっかかったまましぼんだような状態になってしまっているのだ。

多くの国で、このような状況が続いている。二〇一八年、シックス・ネーションズでの対フランス戦で、イングランドは次のような愚行に及んだ。ノーサイド間際、六点差に迫っていたイングランドは五対二のオーバーラップを作ったが、ボールを持っていたイングランドの選手は目の前の敵に向かって突っ込んでいき、倒され、そこでホイッスルが鳴った。かつては「スペースを見つけて、走り込む」というのが、ラグビー界での常識だった。しかしそれが逆になってしまっている。ライオンズでトライを量産したトニー・オライリーはこんなジョークを飛ばした。「かつてはトライをとったら、相手から遠ざかろうとしていた。体格のいい選手からは特にね。でも今の選手はボールをつかんだら、誰に向かって走ろうか探しているような感じがします」

このようなひどい戦略を取り入れようとする人間こそが、ラグビーの素晴らしい伝統と持ち味を大きく破壊している。フラットパスを繰り出し、スピードに乗って頭を使ったフットワークに、周囲を見回す力、知性、技術、ボールを意のままに扱う能力。ニュージーランドはそのような洗練されたプレーを誇っているが、他の国々ではほぼ見られない。

二〇一八年三月のハリケーンズ対クルセイダーズの試合は、実にレベルが高かった。インテンシティ、フィジカル、スピード、技術、パワー、全てにおいて完璧だった。インターナショナルレベル以下の二チームが、あそこまで激しい試合を展開できる場所は、ニュージーランドをおいて他にないだろう。テストマッチレベルの戦いだったが、ナショナルチームであってもここまでの試合を行えるところは皆無に等しい。ニュージーランドを除いては。

最近ではフィジカルに恵まれた選手が増加している。この要素を無視することはできない。第一、ニュージーランド人選手だって、ボールを持って相手にぶつかっていくこともある。アルディ・サヴェアとジェローム・カイノなど、そんなプレースタイルで頭角を現してきた。ニュージーランドの選手は常にボールを持って走り、蹴らないという思い込みも愚かだ。彼らはここ一番で、素晴らしいキックを見せることもある。ラグビー選手はボールを蹴るものだ。

ゴールに、タッチに、昔は「ドリブル」、現代ではハイパント、「ギャリーオウエン」戦略だって取るのだ。

一九六〇年代にオールブラックスのウイングとして名を馳せたイアン・スミスは現役時代についてこう話している。「今の試合と比べると、当時のラグビーはとても退屈なものでした。タッチライン沿いにボールを蹴るだけで、フォワードがボールをバックスに回すこともほぼなかった。ある試合でピンチに陥ったときには、フォワードがボールをくれたこともありますが、珍しいことでした」

現代のニュージーランドは、作戦の一環として敵陣深くに蹴り込んだり、自分たちに有利にプレーを進めていくためにキックを使う。サー・グラハム・ヘンリーとスティーブ・ハンセンに指導されたナショナルチームは、この作戦に秀でている。

ダン・カーターやボーデン・バレットほど、巧みな足技を誇った選手は他にいない。コントロール力とタイミングに優れ、仲間のウイングやフルバックが、無事にキャッチできるように計算した上でボールを繰り出す。精度と正確さがカギだ。「ただ蹴ればいい」というキックとは全くの別物だ。どのキックも、味方選手の前か背後に直接飛んでいく。仲間がどちらのボールの方がつかみやすいか、周囲に敵がいないかなども考慮される。ボールを落とす場所だけでなく、オフサイドラインまでの距離、味方のポジションを大まかにでも把握しておく必要がある。ボールを「宙に浮かせておく」技術も重要だ。これらのスキルを身につけるため、一流の選手は延々と練習に打ち込む。

ニュージーランドの選手たちは、誰にも負けない洞察力も持っており、攻撃を仕掛けるタイミングも抜群だ。自陣深くからのカウンターアタックもよく見られる。この作戦は、どのようなチームが行っても見事に決まる。二〇一七年にウェリントンで行われたセカンドテストマッチでは、ライオンズが圧倒的なカウンターを見せた。自陣深くからリアム・ウィリアムズが開始したアタックが、アイルランド人選手ショーン・オブライエンへとつながり、トライが決まった。北半球のチームでもこんな試合ができるのだと、世界に示した素晴らしいカウンターだった。

ニュージーランドでは、あらゆるレベルのチームがそのようなアタックを常に行っている。ダミアン・マッケンジーは、リスクを恐れないニュージーランドの選手の性質を特によく表している。同時に彼らは、徹底して現実的でもある。構造化されたキックゲームを見れば一目瞭然だ。彼らはサイコロを転がし、なにが出るか確かめ、選択肢を評価し、自分たちにどれだけチャンスがあるかを考える。ただしリスクは取っても、馬鹿げたことはしない。ニュージーランドのラグビー界にとって、「構造化」とはとても重要な言葉なのだ。

ニュージーランドの一流のコーチ陣は、見識と決定力を持つプレイヤーを生み出すことに成功しているようだ。目先のことだけでなく、試合の流れや風向きを読み、画期的でフィジカルなプレーの必要性を分かっている選手が生み出されている。

他国の攻撃の質の低下が止まらず、ニュージーランドとの差はさらに広がってしまった。オールブラックスはより速く、より頭を使い、幅広い展開の試合を仕掛けてきた。それだけでなく、有能で、賢く、常に進歩し続けてきた。一試合の中でこのような、基本的な資質を三、四度発揮するだけでも、北半球の国々を容易に負かしてしまう。相手にプレッシャーをかけ続け、ペナルティを引き出してゴールキックにつなげることを考える南アフリカやオーストラリアが相手でも同じことだ。

ウェイン・スミス、グラハム・ヘンリー、スティーブ・ハンセン、ジョー・シュミット、バーン・コッターといった、ニュージーランドのコーチングのパイオニアたちは、北半球に出向き、そこの選手たちにスピード感あふれるオールラウンドゲームを伝えようとしてきた。しかし北半球が変わろうとするには、そこから何年もかかった。

ニュージーランドが、他国との格の違いを最も残酷に見せつけたのは、二〇一六年のウェールズによるニュージーランド遠征時だろう。オールブラックスのテスト戦の影響で主要選手がいない状態のワイカト・チーフスが、ウェールズ相手に四〇対七で大勝したのだ。他の国々がいかにオールブラックスの足元にも及ばないかはっきりした出来事だった。

それでも、北半球は自己満足的なプレーをやめようとしなかった。カールスバーグのコマーシャルよろしく「自分たちこそ世界最高」だと信じ込んでいたのだ。この何年間も通して、北半球の批評家たちの大半が、ニュージーランドのラグビーの実像を見ようとせず、スーパーラグビーを「綿菓子のようなゴミ」と呼んできた。彼らは、そのスピードの速さ、秀でたボールスキルについては全く考慮しようとしない。そんな批判をよそに、ニュージーランドの選手たちは試合を通じて、毎週のようにスキルを磨き続けている。そしてテストマッチで使えるように仕上がるのだ……。

スコットランドが九対六で勝利し、アイルランドがカーディフで一五対一二で相手を下した。しかも全てのポイントがペナルティゴールで決まったもの……。そんな試合が、シックス・ネーションズではよしとされているという。本当にこれでよいのだろうか。

そんなわけがない。彼らのこのような姿勢が、なぜ金とリソースに恵まれたイングランドがこの三十年間ワールドカップで一度も優勝できていないのか、という疑問を解く鍵となっている。

アイルランドとイングランドが南半球との差を縮めようと努力しているのは確かだ。一定の成果も上げている。スコットランドにも希望がある。ウェールズは状態に波があるが、それでもこれらの国は変わろうとしている。だがフランスは全く違った方向に進んでしまっている。彼らは、過去の素晴らしかった攻撃的なメンタリティと、かつて世界を沸かしたスピードと駆動性を誇るフォワードと、あらゆるディフェンスに立ち向かえた俊足のバックスのコンビネーションを投げ捨ててしまったのだ。ずば抜けた体格の選手ばかりが試合で重宝されるようになった。アンドレ・ボニファスやジャン・ガシャサン、ジョ・マソ、デニス・シャルベ、ジャン・トリッロ、トマス・カスタイグネードといった過去のスター選手たちの革新性あふれた良質なプレーを顧みようとしない。ただ体が大きなばかりの選手がナショナルチームのジャージを身につけているだけだ。フランスはくだらないことに興奮するようになってしまった。

とはいえ、北半球は質もスキルも兼ね備えた選手を生みだしては、世に送り出し続けている。運営側に問題があるのだ。コーチたちには、リスクを取る覚悟も、攻撃を信条として受け入れるだけの考えも足りていない。計算した上でリスクを受け入れる姿勢は、スティーブ・ハンセン時代のオールブラックスではよく見られてきた。彼のようなコーチは信念に従って行動しては、雇い主の支援を受けながら試合を行っていく。ときに負けることがあっても、彼らは前進し続ける。

南アフリカの名将ブレンダン・フェンターはこう話す。

「オールブラックスのことは大変尊敬しています。卓越したチームです。プレーが見事なら、その一貫性も見事です。シンプルで、素晴らしいプランに沿ったプレーを、誰よりもうまく進めていく。コーチとしての長いキャリアが、ハンセンの強みです。ウェールズのコーチ時代には二九戦中一九敗という成績でしたが、オールブラックスでは、グラハム・ヘンリーのもとでアシスタントコーチとして経験を積み、あらゆることを吸収していった。この関係が築けるシステムこそ成功に欠かせないものだと、私は思います。

ベテランのコーチが大勢いるわけではありません。彼らはラグビーだけでなく、人生に対しても様々なことを教えてくれます。それが重要なんです。優れたワークエシックを有していて、どのような道をたどってきたかも明白です。ただオールブラックスのキャンプに参加しただけでは、スキルが身につくわけがありません。まず選手たちは、自分たちの方法で練習を行っているはずです。ニュージーランドはそういった文化を持っています。その文化の強みは、若い選手たちに自分勝手な行動を取らせないことにあるのでしょう。オールブラックスは、想像できる限り最も経験あるコーチ陣が揃っています。

このコーチたちこそ、オールブラックスから最良の部分を引き出しています。ニュージーランドの選手たちは、他の国に比べても、目立って優れた特徴を持っています。ボールキャリーでディフェンダーを打ち負かす場面がとても多い。パシフィック系の血を引く選手たちの爆発的な能力も素晴らしい。

彼らは常に正しい選択肢を選び取っています。ラインブレイクを六回奪えば、うち三回は得点につなげる。他国ならその数は一回、もしくは〇回です。アタックにおける決断力がとても高いからです。正確な判断を下し、パスの質も申し分ない。その決断力こそ、彼らが他国を圧倒している理由です。また体重を素早く移動させる能力も備えている。なにより、爆発的な力を完全に出し切るからこそラグビー界に君臨しているんです」

リスクを取らなければ、どんな攻撃でも妥協的なものになる。近年、北半球では実に多くの優れた選手たちが、怖気づいた凡庸な監督のもとで、その才能を無駄にしている。まずリスクを取って試合に負ける。次に自身の哲学を展開して何度も試合に負ける。そして職を失う。主な要素ではないが、この点もニュージーランドがラグビー大国であり続ける現状に関係している。

一九八〇年代を中心に、アイルランドとライオンズでスタンドオフを務めたトニー・ワードも、こう話す。「最近では見るに耐えない試合が増えています。アイルランドとフランスが戦う試合を見ると、いつだってどの選手もノロノロ走ってばかり。私は、偉大なフランスチームはスタイルを持っていると信じ込んで育ちました。彼らに向かってキックを放つことなどできなかった。攻守が入れ替わればなにが起こるか一目瞭然だったからです。だからこそシックス・ネーションズで、そんな試合が展開されているのを見るのは悲しいですね。オールブラックスでは決して起こらないことでしょうが」

北半球でのラグビーの衰退が激しい背景に、また別の理由が存在する。ルールが試合を変えたのだ。近年、とにかく試合がスピードアップするようにと、いろいろと変えられてきた。プロ化に伴い、ラグビーをよりエンターテイメント的な存在にしようという流れが管理側で広がっていったのだ。ブレイクダウンでルーズボールに執着する選手を対象にルールを変更することで、サイドから前に出ようとする選手にアタックの機会を与えないことにした。それによって、ブレイクダウンからのより速いセカンドフェーズ、より組織化されたディフェンスが見られるようになった。

皮肉なことに攻撃と、ボールを持って走る機会を増やしたとしても、選手たちはそれをうまく活かせないだろう。まず彼らにはディフェンスを解放するビジョンが必要だ。セカンドフェーズだろうが、サードフェーズだろうが関係ない。次にディフェンスを突破できるだけのボールスキルが必要だろう。習得するにはタイミング、ビジョン、ハンドリングの技術、そして正確なキックスキルが求められる。これらの力をプレッシャーのかかった状況で発揮させなければならない。より魅せるラグビーをプレーするよう、チームが選手たちに発破をかけることはできる。だがボールスキルなしには、相手と渡り合っていくことなどできないのだ。

他国がオールブラックスに追いつくために導入されたルールだったが、結果、その差を広げ、オールブラックスの強さを一層際立たせることになったのはなんとも皮肉である。世界中の選手たちが基本のスキルをしっかりと身につけ、精密にできるようになるまで、オールブラックスの一強時代は今後も続くだろう。

では基本とはなんなのか。パスの正確さだろう。サポート役の仲間にパスを出したとき、二十回中二十回ともその選手の手の中にボールが来なければならない。数回だろうと、背後や足元に落ちてしまうようではダメなのだ。タイミングを合わせ、まっすぐ走り、頭を使ったパスで敵を出し抜き、プレッシャーのかかった状況でも狭いスペースを見つけてプレーする。正確に、そして独創的なやり方で、アグレッシブなディフェンスの裏をかき、コーチの指示に盲目的に従わずに自分の頭で考える。アタックの姿勢も忘れてはならない。低く、コンパクトで、腰を落とす。すぐにアシストしてくれる仲間がいる。そんな手助けを受ければ、新人はやっていけるだろう。

選手たちに基本動作を身につけさせるために、ニュージーランドのコーチたちには時間やスペースが与えられている。そして未来のラグビーがどうなっていくか見据えては、彼らはすでに動き始めている。そのビジョンとラグビーの深い知識が、彼らを他のどのライバルよりもずっと先を歩ませている。ウェイン・スミスはこう言う。「確かに困難です。でも前向きで、良い意味での困難ですよ。ワールドカップが終わった後の二〇二〇年には、ラグビーはどうなっているのか。全く違った形をしているでしょう。ならどう進化するかアイディアが浮かんだら、他の人よりも一足先に取り掛かった方がいいのではないでしょうか」

スミスは、二〇〇九年のラグビーが「キックテニス」のようになってしまったときのことを話してくれた。選手たちのキックによって、ボールはあっちに転がり、こっちに転がりした。タッチラインを越えることもあったが、まれだった。観客たちの首は、テニスの試合でも見ているかのように、ボールを追うために常に左右に振られていた。ニュージーランドのコーチ三人組、ヘンリー、ハンセン、スミスは、そのようなスタイルを受け入れることはなかった。犠牲が大きすぎたのだ。南アフリカはその一年でオールブラックスに三勝した。フランスも一勝した。ニュージーランドは、大きく飛んできたキックボールをキャッチし、カウンターアタックを仕掛ける。だがブレイクダウンなどでミスをして、反則とされる。それが相手のペナルティキックによる得点につながってしまう。実際に、相手はペナルティキックばかりを決めていった。

「当時は強いプレッシャーを感じていましたね。特にメディアからの圧力はひどかった」。スミスはそう振り返る。だが結局は、賢く、冷静な頭脳が勝利を収めた。ヘンリーはラグビーがそのような状態であり続けるわけがないと主張し、国際ラグビーボードがこのようなプレースタイルを許すはずがないと周囲に話していた。オールブラックスは、自分たちのスタイルを守って黙々とプレーを続けていた。

一二月、国際ラグビーボードが動き、ルールの平等化を図った。ブレイクダウンからの攻撃の機会を与えるようにルールを変更した。ニュージーランドは、一年も前からこの事態を見越していたのだ。スミスは言う。「翌年二〇一〇年、オールブラックスは爆発しました」。十四回のテストマッチで十三勝を挙げたのだ。敗北した戦いも、たったの二点差だった。面白いようにトライが決まった。「これぞ、自分のビジョンと未来を見通す力を信じることの好例です。なにかが起こる前に決定を下して、行動に移すんです」。ニュージーランドが他国よりも優れている例は、これだけではない。

一九九一年のワールドカップでコーチとしてオーストラリアを優勝に導いたボブ・ドワイヤーは、オールブラックスが今の地位を築く上でこの十五年が極めて重大だったと考えている。「彼が就任してから、オールブラックスは劇的に成長し、多くのことが改善されました。年を追うごとに目に見えて良くなっています。パフォーマンスを支えるための基礎を完璧にする必要性についてもよく理解しているため、自分たちの基礎をどんどん強化していきました」

　二〇一七年三月の終わり、私はそのニュージーランドの「ずば抜けた基礎力」の秘密を垣間見たことがある。スティーブ・ハンセンは、ダニーデンで行われたハイランダーズ対メルボルン・レベルズの試合を観戦していた。彼は息子とともに、目当ての選手を見に来ていて、私も同行させてもらった。ハンセンという人は、他人に手の内を見せようとしない。だがハイランダーズが五一対一二まで差をつけたとき、そんな彼も全てを胸の内にしまっておくことができなかったようだ。レベルズが致命的なミスを犯し、ハイランダーズがまた得点した。ハンセンは叫んだ。「向こうは基本的なことさえできていないんだ」。オールブラックスのコーチとして、彼はそのような事態が許せなかったのだ。

　ドワイヤーの話に戻ろう。

「もう思い出せないほど昔から、ニュージーランドはラグビー大国として長いこと君臨しています。彼らは全ての選手が、基本について徹底的に理解できるように、あらゆる手を尽くします。一流に成長した選手に対しては余分な部分を払いとる程度です。

　優れた集団に入れば、自ずと能力は高まっていきます。若き選手に手取り足取り教えようとするのは間違っています。良きラグビーコーチになりたければ、幼児の成長を見守るような態度を身につけることです。誰も彼らに教えられる者はいません。彼らが自分たちで学んでいくんです。まずは言葉を話し始めて、歩こうとして……九五パーセントのことは、自分たちでできるようになります。とにかくやらせてみれば、選手たちは周囲を真似しながら習得していくものです。自然に任せるんです。

プレッシャーをかけられずに成長していく。ニュージーランドの若者はそうやって育っていくんです。とにかくプレーを楽しんでいる。プレッシャーはもっとずっと後からやってくるものです。その頃には、彼らは基礎をちゃんと身につけています。またこの国の人口が分散された環境もとても有利に働いています。スペースはそこかしこにあって、プレーする場所には事欠かない。人々もラグビーへの情熱をたっぷり持っている。ボールをつかんで、体を鍛えて、反射神経を高めていく……ニュージーランド人はそうやってラグビーに親しんでいくんです。シンプルで素晴らしいアイディアもたくさん持っている。子供の頃は裸足でプレーする。良い発想ですよね」

この考えは、ハンセンの願望とも一致する。ニュージーランドの少年少女たちは、できる限り様々なスポーツを体験している。これによって反射神経が強化され、身体も作られ、ボールを扱う技術も向上する。彼らが最終的にどの競技に打ち込むか決めようが、それまで身につけたスキルは必ず役に立ってくるものだ。

シンプルさ。ドワイヤー、ハンセン、スミス、アラン・ジョーンズらの考えに触れていると、この言葉が際立っていることに気づく。「シンプルなゲームだからですよ」そうドワイヤーは話す。「トライが決まるのも、極めてシンプルなことの積み重ねです。心身的なプレッシャーにさらされながら、着実なプレーができるスキル。ニュージーランド人はこの基本をよく理解しています。この基本を中心にして、自分のプレースタイルを築いていくんです。ニュージーランドのチームの素晴らしさには、心から敬意を払います。彼らと私たちとの差はとても大きい。私たちだけじゃありません。南アフリカだって同じ立場でしょう」

二〇一七年九月一六日。オークランドでラグビーチャンピオンシップの試合が行われた。ニュージーランド五七、南アフリカ〇。八トライを記録したニュージーランドは、最大得点差で相手を下した。選手一人ひとりが的確な判断を下せるオールブラックスは、まさに理想のチームだ。その一ヶ月前にはシドニーでのオーストラリア戦にて、前半だけで四〇対六と圧倒的な実力の差を見せつけていた。ニュージーランドは十八回のオフロードパスを行い、二十七回のラインブレイクを果たした。ドワイヤーの指摘が正しいことが分かるだろう。

スーパーラグビーでも、国際レベルでもニュージーランドは輝かしい活躍を遂げる。だがその陰で、他の国が取り残されてしまっている。元スプリングボクスのウイング、アシュウィン・ウィレムスは「南アフリカでは、ラグビーはただの政治の道具にすぎなくなってしまいました」と話す。「五七対〇でニュージーランドに負けた？　十回試合を行えば、七回は同じことが起こるでしょうね。七〇パーセントの確率です。二〇一七年後半には、スプリングボクスが二四対二五の僅差でオールブラックスに負けた？　そういった接戦は十戦中二戦、二〇パーセントの確率で起こるくらいですね」

そんなウィレムスの言葉から、ニュージーランドが他の国をできる限りの力で引き上げていくことの必要性が強く感じられる。アイルランドやウェールズ、イングランドは、そこまでの助けを必要としていないだろう。だが南アフリカのような、自力では成長しきれない国は多い。そのまた下には、カナダやアメリカ、サモア、フィジー、トンガ、ルーマニア、ジョージアといった国も存在している。

ボブ・ドワイヤーは簡潔にこう言った。「最近のニュージーランドは、かつてのオーストラリアのようなプレーを見せます。後半団結してパスを回しながらボールを保持していく。逆にオーストラリアは一九六〇年代のニュージーランドのようなプレーをしています。がむしゃらなフォワードで前に進んでいくだけ。私たちもあまりうまくはないんです」

ニュージーランドがラグビー界に君臨し続ける大きな理由を、ここでも知ることができる。オールブラックスを志す若い選手に対する厳しい視線だ。ドワイヤーは、二人の若者のケースを覚えている。アルディ・サヴェアとアーロン・スミスについてだ。ドワイヤーは、二〇一四年から二〇一五年の間にスーパーラグビーの試合で活躍するサヴェアの姿を見てきた。サヴェアはその後、オールブラックスのテストスコッド入りをした。ドワイヤーは若きサヴェアについて、グラハム・モーリーと話した。「彼に聞いてみたんです。なぜサヴェアはオールブラックス入りできなかったのかと。大変有望な選手で、ワラビーズにいればトップグループに入ることは間違いありませんでしたからね」

モーリーの答えはシンプルなものだった。「サヴェアがグラウンドから離れた、高すぎる位置でプレーしていたからです。彼は垂直方向でプレーするから、選ばれなかった。鼻は地面から五十センチくらいにあるべきなんです」

ドワイヤーはアーロン・スミスの例についても触れた。「アーロンがテストマッチでデビューして間もない頃、ある試合で彼はハーフタイムで交代を告げられました。なぜ交代になったか、当時の私にも分かりました。彼はボールを持ち上げるとパスする前に一回サイドステップを踏んでいたんです。次の試合ではベンチ入りからスタートして、後半だけに出場した。以来、アーロンがあのようなパスを放つのを、一度たりとも見たことがありません。今のオールブラックスのハーフバックが、サイドステップをしてパスをすることなどありません」

世界でも最も厳しいラグビーの性能試験場にて、選手の細部に厳しい目を注ぐことで、ニュージーランドは王者の地位を保ち続けている。運は関係ない。純粋な努力と、本来備わっている知恵だけが頼りなのだ。私たちは、最終形態のニュージーランドのラグビーチームの姿しか知らない。その準備段階の過酷な状況を目にすることはほぼないのだ。

デビューしたてのジェリー・コリンズを見た多くの人が、その才能に驚いた。だが同時に、彼のパスが完璧ではないことも明らかだった。彼はパスが苦手だったのだ。ではどのように改善したのか。チームはコリンズを二つの壁の間に立たせ、一日に千回のパス練習を課した。彼は二ヶ月もの間その練習を続けた。その後、彼のパス技術は改善していた。

オールブラックスほど、自分たちのやり方に徹底的にこだわり、不測の事態への備えを怠らないチームはない。ドワイヤーは「オールブラックスは他チームと比べて、全ての面ではありませんが、多くの面でより優れています」と話す。

ドワイヤーによると、ニュージーランド人はラグビーの簡単なことをとても上手にやってのける「驚くほどの才能」を持っているという。オールブラックスは、自分たちのボールスキルに対して絶大なる信頼を寄せている。そう痛感する場面に立ち会ったことがある。二〇一三年一一月のダブリンで行われたアイルランド戦だ。試合の立ち上がりは早く、大変ドラマチックなものだった。アイルランドは試合開始早々に十九点リードし、スタジアムのあるランズダウン・ロードは大歓声に包まれた。あのオールブラックスでさえ、見知らぬ丘に取り残された羊のように呆然としていた。その後オールブラックスは少しずつ態勢を立て直し、点数も稼いでいった。それでも試合は、二二対一七とアイルランドが有利な状況で最終局面を迎えていた。そして残り十七秒のところでオールブラックスがペナルティを奪った。

ニュージーランドがペナルティでボールを奪ったことで、試合が大きく動いた。あと一度でもミスをしたり、パスを落としたり、反則があれば、そこで試合は終了となるはずだ。アイルランドが勝利すれば、百八年もの歴史における初の快挙となるはずだった。一九〇五年にアイルランドとニュージーランドの交流戦が始まって以来、初めてアイルランドが勝利を手にする瞬間が訪れる。

ニュージーランドがボールを保持していたが、流れは明らかにニュージーランドにあった。コーチ席のスティーブ・ハンセンはこう仲間につぶやいていた。「ボールを持っていれば必ず得点する」。焦ったような様子はなかった。大げさな身ぶりはなく、大声で指示を飛ばすこともなかった。ハンセンたちは、選手のボールスキルと状況を読む力に全幅の信頼を置いていたのだ。椅子に深く腰掛け、点数が入る瞬間をただ待った。簡単なことではない。

オールブラックスは左から攻撃を仕掛け、すぐに右に動いた。ベン・スミスが左へ走りタックルを受けるも、ボールはそのまま右から真ん中、左、また右へとつながっていく。どの選手も自分の持ち場に集中しながら、じわじわと敵陣を攻め進む。そして八十九秒にもわたる二十四回もの素晴らしいボールつなぎの後に、動揺も大きい相手の隙をついて、ライアン・クロッティがトライ。同点だ。全員が自分がなすことに専念し、ポジションを入れ替えながら、アイルランド陣営の中に深く入り込んでいった。

この時点で二二対二二。敗北は免れた。鋭い観察眼を持つテレビ解説者ブライアン・ムーアは、「驚異的な流れだ」と述べた。だがニュージーランドが引き分けで満足するわけがない。アーロン・クルーデンがアイルランド側のアーリ・チャージでコンバージョンキックを外すも、二度目のキックを見事に決めてオールブラックスは二四対二二で勝利をつかんだのだった。その晩、ダブリンにはギネスビールよりも大量の涙が流された。

その四年後、私はクライストチャーチ郊外にあるクルセイダーズのトレーニング施設のガランとした一室に座っていた。フォーマイカ製のテーブルに、どこにでもありそうな椅子が何脚か。壁にはなにもかけられていない。無個性な会議室だった。そこにライアン・クロッティが入ってきた。愛想が良く、人好きのする態度だ。

彼が口にしたことに私は驚いてしまった。その年に、海外のチームへの移籍の話が持ち上がっているというのだ。悪い話ではなく、クロッティは真剣に考えているようだった。「簡単に決めない方がいいですよ」。私は忠告した。「どこに行こうと、プロの選手としてやっていく以上、ここよりも高い水準を誇る場所はないんですからね。クルセイダーズとオールブラックスですよね？　より優れたチームは存在しませんよ」

クロッティにもそれは分かっていた。だが金と自身の将来がかかっていることなのだ、と彼は言った。二〇一九年ワールドカップ後でもいいのではないだろうかと私は言った。「移籍するのであれば、ここで全力でプレーし尽くしてからの方がいいでしょう。同じ環境はどこにもないのですから。よく考えた方がいいでしょう」。それから一、二ヶ月後、クロッティがニュージーランドに残り、二〇一九年ワールドカップまで契約を続けることにしたと新聞記事に出ていた。

クロッティはアイルランド戦でトライを決めたときのことを思い出して微笑みながら、なぜニュージーランドの選手たちのボールスキルと状況判断力が特別に優れているかを説明してくれた。

「あのトライがあったからこそ、例のテストマッチはオールブラックスの試合の中でも特に有名になりました。あの試合に出られて良かったです。自分自身と仲間への信頼と自信があのトライにつながったんです。私たちは、隣に立つのが誰であろうと、その選手に絶大なる信頼を寄せています。特別な相手じゃなかったら、そこに立っていないんですからね。そんな考え方が、長い時間をかけて形成されてきたんです。あのトライを決める最後の瞬間に、私はリッチー・マコウを見ながらこう思っていました。『もらった』とね。まだ引き分けの状態でしたが。相手を下に見ていたわけではなく、仲間を信じていたからです。練習してきたことを出しきり、計画した通りにプレーすれば、決めることができるはずだと思ったんです」

そんな彼らのラグビーに対する姿勢が多くの人を惹きつけてきた。ディグビー・イオアネは、二〇〇七年から二〇一三年の間にオーストラリア代表として三十五戦に出場し、二〇一七年にクルセイダーズに加入した。チャンスが巡ってきたとき、イオアネは飛びついた。

「最初はパリのスタッド・フランセと日本でプレーしてきました。特に後のチームは、仕事と割り切ってやっていた部分もあります。起きて、トレーニングに出かけて、家に帰って……。同じサイクルを繰り返しているだけといった感じでした。でもクルセイダーズでプレーをするようになって、ラグビーへの愛が戻ってきたんです。ここでのラグビーはエキサイティングですよ。スキルを磨くとか、自分にとっては小さなことなんですけど、そんな取り組みがニュージーランドを別格な存在にしているんです。ここでは基本を本当に大切にします――ボールをキャッチして、パスを出す。誰もがレギュラーを目指しますが、チームがいつだって最優先されます。チームのことを本当に考えられる選手がいる。そして、他の選手が成長できるように助けていく。そんな背景も、ニュージーランドの強さの秘訣ですね。オーストラリアでは決して見られなかったことです」

現在、イアオネは三〇代前半。二〇一七年に、日本のパナソニックワイルドナイツへ移籍した（二〇一九年三月退団を発表）。そんな彼は、クルセイダーズで刺激を受け、再びラグビーへのやる気を取り戻したと述べた。「ここでは相手が誰であろうと、より良いプレーができるように働きかけてくれます。オーストラリアではそんなことはありません。誰かを助けたり、こうした方がいいなどとアドバイスをしたりしません。ラグビーに関してはニュージーランドはレベルが違います。彼らのランニングラグビーが大好きですよ」

基本を学ぶこと。ニュージーランドのラグビー界において繰り返し議論されるテーマだ。ダン・カーターはその重要性についてこう語る。「基本はとても重要です。見栄えのするような動きではない。子供たちを教えに行くと、どんな珍しいドリルをするんだろうと期待されたりします。でも成功するには、基本を徹底的にやるしかないんです。何度も何度もね。他のチームよりも基本が上手くならなければいけない。

私たちも、基本練習に何時間もかけます。パス、スクエアランといった基本中の基本をやるんです。どうやったら素早くボールをキャッチできるか。ボールを守りきるか……。そういった五歳で学ぶようなことを根気よく続けていきます。

どれだけ多くのトライが決まるかは、基本動作をどれだけしっかりやったかにかかってきます。優れたパス、良いランニングライン、スペース。それらがオールブラックスの成功の大きな秘訣だと思います。ラグビーはシンプルな競技であり、だからこそ複雑にすることもできます。オールブラックスのプレースタイルは、とにかく物事をシンプルにし続けているんです」

二〇一七年五月、ブリティッシュ&アイリッシュ・ライオンズとのテストマッチ三戦を控えたある日、私はオールブラックスのトレーニングの見学に招待された。スティーブ・ハンセンが目を光らせる中、アシスタントコーチのイアン・フォスターとウェイン・スミスがトレーニングを指揮していた。ハンセンはフォスターについてこう語った。「この五年間、彼はオールブラックスのコーチングとマネジメントに携わってきました。チームに落ち着きや良識、知性を与えてくれた。なくてはならない存在です」

レアル・マドリードやマンチェスター・シティ、バイエルン・ミュンヘンといった世界屈指のサッカークラブのトレーニングを見学に行くと、クラブの駐車場にはベントレーやランボルギーニ、フェラーリなどの高級車がずらりと並ぶ。だがここはそうではない。ニュージーランドのラグビー選手にはそれほどの大金は支払われない。もちろん、見栄えのする車が買えるほどの額ではあるが、そんな車に乗っている選手はほとんどいないのだ。選手たちは、みんなでバスに乗ってトレーニング場にやってくる。オールブラックスの選手たちが最新型のフェラーリやランボルギーニに乗らないのは「伸びすぎたポピーは切られる」という考え方があるからだ。もちろん例外もいるが、ほとんどのニュージーランド選手は、そのような派手な振る舞いが傲慢さへとつながっていくことを分かっているのだ。選手がそのような状況を理解せずに悪目立ちすれば、この国の人々はこぞってポピーを切りにやってくるだろう。

あのオールブラックスのトレーニングなのだから、九十メートルの独走トライの秘訣や、素晴らしく複雑な動き、ハッとするような鮮やかな作戦が見られるのではないか。そう思って見学に訪れた人は、がっかりしてしまうかもしれない。彼らのトレーニングは、それよりもずっとシンプルだ。だが選手やコーチがその基本に徹底した練習に手を抜くことはない。その日、オークランド郊外は大雨に見舞われた。だが濡れていたからといって、ボールを落とすことは決して許されなかった。

アーロン・スミス、TJ・ペレナラ、タウェラ・カーバーローのハーフバック陣は、ボールを素早く出す練習をしていた。三人組は順番にボーデン・バレットに素早くパスを放っていく。十〜十五メートル離れたところで、コーチが別のボールを地面に置く。バレットにボールを投げた選手は、間髪入れずにそのボールを拾って、再びパスを放つ。そんな動作が繰り返されていく。

呼吸を整えたり、ポジション確認のためのスローダウンもない。パスを出す前に一、二歩サイドステップを踏むこともない。一つの動作だけですぐに地面のボールを拾っては、素早く正確にボールを出していく。バレットはあちこちから飛んでくるボールを全てキャッチしなければならない。もし確認しようと動きを止めれば、それはすなわち、そのパスが失敗したということなのだ。とてもシンプルな動きだ。だがそこにはオールブラックスが求めてきたもの全てが詰まっている。常にプレッシャーがかかっている状態で、基本を完全にこなすのだ。

別の一角では、スティーブ・ハンセンが、二メートル離れた地点からフランカーのサム・ケインにボールを放っている。ただボールに突撃すればいいというわけではない。キャッチしなければならない。一回も落としてはいけない。また別の一角では、ラインアウトとスクラム練習が別々に行われている。スクラムの王者マイク・クロンが指導している。バックスが合流すると、プレッシャーがかかった状況でスキルと動きの練習が行われた。

ニュージーランドが、他の国に比べて優れたスキルを誇る背景は、技術を完璧なものにしようと専念し続けるその姿に集約される。相手の目を欺くような複雑な動きなど、ほとんどない。目の前に両手が出ていたら、すぐにパスを出す。極めて単純で、難しいことはなにもないのだ。同じように、バレットとアーロン・クルーデンも、スペースを見つけようと、脇から絶妙なクロスキックを放ち続けていた。

ウェイン・スミスは話す。「ラグビーを複雑なものにすることもできます。不思議なことかもしれませんが、オールブラックスの練習は、私がこれまで見てきた練習の中でも、最もシンプルなものです。スティーブ・ハンセンをはじめとして、私たちコーチ陣は、本質主義的な考え方をします。ハンセンは、誰もが、本当に重要なことだけに集中できるような状態を追求します。選手が本当に必要としていること、今なすべきことを身につけられるように、私たちも全力を尽くします。複雑なことはなにもありません。ただ難しいのは、本当にシンプルにやりたいなら、そのシンプルなことが正しい行為かどうかをしっかりと確認しなければいけないことです。それが私たちの仕事です。物事を複雑にしたければ、複雑にできます。シンプルなことでも、あえて複雑にできる。でも私たちは、ラグビーをシンプルなものにしようとしているんです」

第11章 崖っぷちの草の根ラグビー

フランク・バンス、ブラッド・ジョンストン、ウェイン・シェルフォード、
スティーブ・ハンセン、スティーブ・チュー、デイン・コールズ、
サー・ブライアン・ロホア　その他多数の協力を得て

「ラグビー協会が、子供のラグビー環境を考える必要はないという意見もあるかもしれません。そんなことはありません。考えるべきなんです」

ブラッド・ジョンストン（元オールブラックス プロップ）

フランク・バンスは困っていた。南オークランド郊外にあるマヌカウ・ラグビークラブの更衣室では、午後の練習を終えた四十五名の若者たちがシャワーを浴びていた。誰もがとても大きな身体を持ち、腹をすかせている。そのほとんどがトンガ人の少年たちだ。巨漢で、食欲も底なしだ。

バンスは考える。マクドナルドでトリプルチーズバーガーとフライを買ってこようか。フ

ルーツは出さなくてもいい……。

だが、それだけでは足りないだろう。いつもの食材メーカーからはすでに断られてしまっていたし、近くのピザ屋は三十分以内に四十五枚のピザを届けることはできないという。

かつてはこうではなかった。選手たちに料理を振る舞うために、スタッフが調理台についていた。ほんの昔までは、毎週十四、五チームがクラブを訪れていた。無数のスタッドが、更衣室のコンクリートと床を打ち鳴らしては、もうすぐ試合が始まることを知らせていた。銃声のような大きな音だった。そんな音を聞くこともうない。今では週に五、六チームが集まるだけだ。

マヌカウのようなクラブはニュージーランド中に存在する。どのクラブも、選手の食事は地元の店で買ってきた出来合いのもので適当に済ませている。

バンスといえば、そう。あのタフで頼りになる、肉弾戦をこなし、目の前の状況を鮮やかに見極めていたフランク・バンスである。一九九一年ワールドカップでは、西サモア代表の一員としてウェールズを下した。あの試合からは、ラグビー界おきまりのジョークも生まれている。

「ウェールズが西サモアに負けたって聞いたかい？」

「ああ、でもまだ東サモアには負けてないだろ。良かったよな！」

バンスは心身ともに健康そのものだ。こういったクラブの代表は体力勝負である。彼は、クラブにまつわる全ての仕事をこなしている。減り続ける資金について会議に出席すれば、レフリーが試合後のバーで揉め事に巻き込まれないように仲を取りもつ。故障したシャワーがないか点検をすれば、試合結果の資料をジュニアチームから整理し直していく。

時計の針が止まることはなく、少年たちはシャワーを浴び続けている。あるピザ屋は二十五枚のものなら用意ができると言うが、それでは足りない。バンスはアドレス帳を操ってはさらに頭を悩ませる。携帯電話に、別のピザ屋の番号を入れる。

「トッピングですか？　なにができますか？　はい、はい。それで大丈夫です。カードの番号は……」

通話を終えて、携帯電話のボタンを押す。ほっと息を吐き、頬を緩める。「危ないところだったな」とつぶやく。

ラグビー界にとって、フランク・バンスは特別な人物だ。一九六二年にオークランドで生まれた彼は、ニウエの血を引いている。一九九一年ワールドカップでは西サモア代表として四試合に出場した。その後、オールブラックスのコーチ、ローリー・メインズに声をかけられてニュージーランド代表入りを果たした。

オールブラックスデビュー当時、バンスはすでに三十歳だった。そこから彼は五五キャップを積み重ね、三十五歳まで活躍を続けた。元オーストラリア代表のキャプテン、ジョン・イールズは、シドニーでこう話してくれた。「一九九六年と一九九七年のニュージーランド代表は、今のオールブラックスと同じくらい圧倒的なチームでした。私が対戦した中でも最高の集団でした。どの選手も素晴らしかった。でも選手たちにとってフランク・バンスは欠かせない存在のようでした。チームの要だったんです」

それから二十年ほど経過した現在でも、バンスの身体は引き締まったまま。クラブの仕事に追われて息つく暇もない生活を送っている。だが彼の置かれた状況が珍しいわけではない。バンスのような人々が、かつて栄えたラグビークラブを絶滅の危機から救っているのだ。そんな彼らの奮闘は「無謀な抵抗」でもある。クラブが破綻するのは目に見えている。その日をどれだけ先延ばしにできるか分からないまま、彼らは抗い続けているのだ。

ラグビー界の表面を見ているだけでは、そのような危機に気づくことはまずない。一見した限りでは、ニュージーランドのラグビー界を取り巻く環境は順風満帆だ。だが、それは大きな誤解だ。オールブラックスやスーパーラグビー、学校レベルでは問題がなさそうでも、少し掘り起こしてみれば、多くのクラブがバラ色とは決して呼べない状況に直面していることに気づく。今や国中のクラブが崖っぷちに立たされているのだ。

*

二〇一七年四月、ニュージーランドの主要日刊紙に「クラブラグビー『いまだ健在』」という見出しの記事が掲載された。

よく考えられた見出しだ。執筆したのは、クライストチャーチの報道機関『ザ・プレス』の職員で、「いまだ健在」という部分にかぎ括弧をつけたことで、これが自分たちの見解ではないことを示している。そう、クラブラグビーは健在なんかではなく、報道側もそのことを充分に理解していたのだ。

記事によると、オールブラックスのキャプテンであるキーラン・リードが、リンフィールドパークにある母校の大学を九年ぶりに訪れ、そこで彼は「クラブラグビーはいまだ健在だ」と発言したと伝えられている。

二〇一六年一一月に手首の故障をしてから、リードは長いこと試合から遠ざかっていた。第一線に復帰する前に身体を慣らしたかった彼にとって、クラブの試合に出場することは理想的な選択肢であった。

記事では、次のようなリードの言葉が取り上げられている。「こんなに大勢の人が集まってくれたのですから、クラブラグビーはいまだに健在ですね。とても楽しいひと時を過ごせました」

オールブラックスのキャプテンが、地方のクラブにやってきた。デビッド・ベッカムが、出身地レイトンストーンのフットボールクラブを訪れるようなものだ。どれほどの騒ぎになるか、容易に想像できる。しかもリードは、九年ぶりの母校訪問だったのだ。大勢の人が詰めかけるのも当然だろう。だが普段は、それだけの人がクラブに集まっているわけではないのだ。この章では、クラブラグビーがどれほど助けを必要としているか、厳しい現実に目を向けていきたい。

*

フランク・バンスは、自身にとって古巣のクラブであるマヌカウにて、四年間コーチを続けてきた。今でも、全てを昨日のことのように思い出せると話す。「毎日、車で走り回っては、車内で寝起きするような生活でしたよ。もうなんでもやりました。人手が全く足りなかったんです。管理業務もコーチもいろいろやりましたよ」

彼には、なにが問題かはっきりと分かっていた。「ラグビー界では、エリートレベルばかりに力が入れられている。そのしわ寄せが小さなクラブに来て、苦境に立たされているんです。かつて人々は、ただ純粋にラグビーを楽しんでいましたが、今のラグビー界は、とにかくオールブラックスの勝利だけを考えています。でも、全ての人がオールブラックスに夢中になっているわけではありません。そのせいで地域のラグビーはひどい目にあっているんですからね。バック・シェルフォードも、オールブラックスのファンしか生み出せていない現状を危惧していました。オールブラックスだけに関心があって、ラグビーのファンではない人が大勢いる。彼らは、オールブラックスだけを応援しているんです。そのような事態が起こるべきではありません。でもプロフェッショナル化したからこそ、このような状況になってしまっているんです」

バンスは、オールブラックスの成功に文句をつけているわけではない。彼だって元オールブラックスの一員であり、「偉大なる歴代ニュージーランド選手」の十六番目に選ばれたこともある。彼はナショナルチームの活躍を楽しみにする一方で、そのためにあらゆる存在を犠牲にしている現状を変えるべきだと感じている。

「ラグビー界のトップレベルは素晴らしいですし、スーパーラグビーのチームも観客を沸かせるプレーを見せてくれます。その裏で、クラブラグビーがないがしろにされている。ラグビー界は、オールブラックスとスーパーラグビー以下の試合をなんとも思っていないようにすら見えます。そのような事態を良く思っていない人も大勢います」

ニュージーランドのラグビー界は、二つの世界にはっきりと分かれている。ラグビー強豪校は一流選手を生み出し続けている。彼らの試合を見れば、そのレベルの高さがすぐに分かる。ボールスキル、視野の広さ、身体能力、試合を深く理解する姿勢、作戦、プレッシャーがかかった状況での判断力――どの選手も素晴らしい資質を持ち合わせており、その年齢からは想像もつかないほど高い実力を見せつける。ボーデン・バレットが指摘したように、彼らには成功するための道が用意されている。学校で活躍し、ファーストフィフティーンに選ばれ、そこで懸命にプレーをする。セカンダリースクールで実力が認められた選手は、スーパーラグビーのアカデミースクールへの入学が許される。そこでさらに身体を鍛え、スキルを磨いては、厳しいスーパーラグビー界に備える。そうやって進んでいくのだ。

その先で待ち受けているのが、あの聖杯だ。オールブラックスのチーム選抜である。サー・グラハム・ヘンリーは「ラグビー人口は減ってきているかもしれませんが、才能の質は落ちていません」と言っていた。だが問題は、この道から一つのステージがすっぽりと抜け落ちていることだ。王道から少し離れたところにある、クラブラグビーである。バレットが言うように、オールブラックスに続く道よりは、確かに地味だ。でも必要な存在だ。例えば、あなたが、そこそこ優秀な選手だったとする。プレーは上手いし、練習熱心。ベストも尽くしている。目標に手が届いている、あるいは届きそうな状態だ。でもあなたの隣には、同じ年くらいで、天才的な才能を持った選手がいる。

あなたは、セカンドフィフティーンのレギュラーになった。でもファーストフィフティーンの試合に出場したときのことが、今でも頭から離れない。相手の脚にタックルを食らわせたあの瞬間のことだ。だがそれも一、二週間後に、怪我で欠場していたライバルが復帰して終わってしまった。回復したライバルはファーストフィフティーンに難なく戻っていき、あなたはセカンドへと帰っていく。心の中では、ライバルにはかなわないと分かっている。それでも、あなたは他の大勢の子供よりは良い立場にいる。ほとんどの学校には、三チームしか存在しない。そこではラグビーへの熱意はあっても、目立った才能のない子供たちにはまずチャンスは巡ってこない。彼らは徐々に情熱を失い、ラグビー界から去っていく。これが一流選手の育成だけに専念してきたラグビー大国の損失だ。全員でトップを目指そうとすれば、必ず落第者が出てくる。

なら、クラブでラグビーをすればいいではないか。そう思う人もいるかもしれない。だがバンスはこう言う。「クラブには十三歳から十八歳の若者がプレーできるグレードが存在しないんです。ラグビー協会は、その年の若者たちには学校でラグビーに専念してもらいたいと思っているからです。でも学校のチーム数には限界があるため、希望者全てを受け入れることはできず、多くの子供があぶれてしまうんです。その年の子供たちは学校のチームに入れなければ、もう行き場所はありません。全てが強豪校レベルだけを基準にしています。優れた選手はアカデミーと契約していきます。その一方で、システムから外れてしまった選手たちは、誰に気づかれることもなくラグビー自体から遠ざかってしまうんです。このような現状を恨めしく思うクラブ関係者も少なくありません」

なぜニュージーランドの十三歳から十八歳の子供たちは、クラブでプレーができないのだろうか。法律で決まっているからだ。そう、オールブラックスでプロップを務めたブラッド・ジョンストンは話す。一九六〇年代からこの法律が存在していたという。学校のラグビーチームの強化を図ることが目的で、以来スクールラグビーは急速な進歩を遂げてきた。ラグビーで強くなりたいなら、学校でプレーするしかなかったのだ。

ジョンストンは、典型的なプロップだ。がっしりとした体躯に、刈り上げた頭。筋肉の発達した太い首に、太い腿。胴部分もしっかりと厚みがある。ジョンストンは全てをラグビーに捧げてきた。今でもラグビー界に貢献し続けている。そんなジョンストンも、既存のシステムを変えるべきだと感じているようだ。

「当時は、学校の教師が放課後にラグビーの指導にあたっていました。でも今では他の仕事が山積みで、そんな時間も取れなくなっています。このシステムは今の時代に合っていません。多くの学校が、スポーツの指導スタッフを確保できずにいるんです。

オークランドのタカプナ・グラマースクールは、私のクラブでもあるノースショアRFCからサポートを受けています。でもラグビー以外に興味を持つ生徒も増えたので、学校のチーム数は減少しています。かつては卒業したばかりの生徒たちがクラブに大勢加入していましたが、今では年に四、五人入ればいい方ですよ。二〇一七年には、U19のチームがなくなってしまいました。これまでは、そのグレードには必ず一チームは存在していたのですが。

フランク・バンスの意見は正しいですよ。学校を非難するつもりはありませんが、ラグビー界の発展のためにも、学校でプレーできない若い選手たちを、クラブに戻すべきなんです。ここには、子供たちがしっかりとプレーできる施設もキャパシティもあるのですから」

南オークランドの中心地マヌカウは、ポリネシア人が多く住む地域だ。ここでは別の問題が持ち上がっていると、バンスは話す。学校のファーストフィフティーンに入れなかった子供たちが、試合をやらせてほしいとクラブを訪ねてくる。「そう頼まれても、こちらは断らなければならないんです。子供たちには『十八歳になったら戻ってきて』と伝えるしかありません」

全ては時代錯誤の法律のせいだ。でもよく考えもせずに、子供たちを野に放たない方がいい。「頭が痛いのは、うちのクラブのすぐ近くにラグビーリーグのクラブがあることです。うちで断られた子供たちは、今度はそっちに行ってプレーしたいと頼むんです。制約がないラグビーリーグは、子供たちを受け入れます。あちらには十三歳から十八歳まで、各レベルでチームが設けられているんです。こんなのおかしいですよ。私たちは、これから何十年もつながっていける若者を大勢失っているんです」とバンスは嘆く。

言うまでもなく、クラブのセカンド、サード、フォースフィフティーンでプレーする選手は、ゆくゆくはそのクラブを担う存在となる。ジュニアチームのコーチや事務員、理事、バーのアシスタントなどの立場で、何十年もクラブを支えていくのだ。古き良きラグビーの世界はそうやって成り立ってきた。若き選手を失ったクラブに未来はない。

地元のクラブのために喜んで身を削る人間が大勢いるという現実を、うまく想像できない人もいるかもしれない。二〇一六年にオタゴ・プレミアクラブにてカイコライを優勝に導いたアンディ・ハンターもこの問題を認識している。

「子供のラグビー離れは確かに加速していいます。高校でも問題になっているようです。ファーストフィフティーンに入れなかった選手たちが、他のスポーツに流れてしまうんです。マウンテンバイクやサーフィンなど、最近ではいろいろなスポーツがありますからね。ラグビーのプレー人口は、確実に減少していますよ。

クラブも同じような状況です。うちのクラブのコルツは、ジュニア・コルツとプレミア・コルツの二つがあります。他にもプレミア1とプレミア2があるのですが、このプレミア2の選手のメンバーが集まらないんです。ここに当てはまるのは、学校のセカンドフィフティーンでプレーしてきたような選手なので、彼らがプレミア1でプレーすることはまずありません。このレベルの選手の多くが途中でラグビーをやめてしまう。でも彼らこそクラブを支える存在でもあるんです。プロになる気はないけれど、ただラグビーをしたい。そんな人たちが、クラブの未来を担っているんですよ……。

この流れが続けば、コルツチームとプレミアチームだけになってしまうでしょう。そんな状況で、クラブを運営する上で欠かせないスタッフをどうやって確保すればいいのでしょう？」

アマチュアラグビーは、建国以来ニュージーランドの文化の一部として存在してきた。マナワツからマヌカウ、ネーピアからネルソンまで、市民の社会生活や地域とのつながりを支えてきた。国中にあるクラブの扉を開ければ、どこでも温かく迎え入れられ、すぐに気の置けない友人ができるはずだ。センチメンタルになるつもりはないが、このようなクラブが消滅すれば、ニュージーランドは大切なものを失うことになるだろう。

二〇一八年で創立百四十五周年を迎えたノースショアＲＦＣは、優れたクラブとして有名だ。顔見知りでも、そうでなくても、ここに来れば誰もが関係を深めることができる。ブラッド・ジョンストンもこう力説する。

「クラブは、この国のラグビー界の魂のような存在なんです。問題を放置し続けて、一つのチームしか存在しないクラブばかりになってしまえば、未来のラグビー選手たちが大量に失われることになるでしょう。その罪はあまりに大きい。私がイタリアにいた頃、向こうのクラブも同じような状況でした。

私は、強い情熱を持ってクラブ活動に携わっています。父が選手としてプレーし、コーチとして指導にあたっていた場所です。私も同じ道を辿り、今では私の孫娘がプレーしています。ノースショアは、私にとってラグビーの輝かしい思い出がいっぱい詰まった場所です。あの熱き日々を今でもよく思い出します。ただそこに行って、仲間とベストを尽くす。勝つときも負けるときもいつも一緒でした……。でもそういったものが失われつつあるんです」

クラブに貢献した存在といえば、ノースショアのボティィカ一家を忘れてはならない。半世紀ほど前、オークランド北部で、クロアチア系ニュージーランド人ニック・ボティィカが高速道路の建設作業を行っていた。ある日彼は、そこで出会った人物と立ち話をした。ニュージーランド人の常で、会話はすぐにラグビーの話題に及んだ。するとその人物は「ノースショアクラブに行きませんか？」とボティィカを誘ったのだ。この会話がきっかけで、ボティィカとクラブとの五十年にもわたる付き合いが始まった。今では十一人ものボティィカの家族がクラブに参加している。オールブラックスの一員として二十七戦でプレーしてきた（テストマッチ七回）フラノ・ボティィカもその一人だ。

「足を踏み入れた瞬間から、誰もが温かく迎え入れられる場所なんです」とニックは話す。

「素晴らしくアットホームな雰囲気のクラブで、私だけでなく、二人の息子もそこでプレーしていました。今では二人の孫息子が通ってきています。私には弟が六人いますが、彼らもこのクラブのメンバーでした」

選手としての日々が終わった後、ニックはコーチとして指導する側に回った。彼の父親はクロアチアのダルマチア出身で、母親はイングランド人とマオリ人の血を引く。母方の曽祖父は、イングランドのコーンウェルで生まれた後、一八四〇年代に初期入植者としてニュージーランドにやってきた。息子がマオリ人女性と結婚し、ニックの母親が誕生した。

一九六五年、オーストラリアとニュージーランドに遠征してきた南アフリカ代表とニックは試合を行っている。ワンガヌイ・キング・カントリーのプロップとして出場し、同チームのロックはあのコリン、スタンリー・ミーズ兄弟だった。「一九対二四で負けましたが、あの試合は一生忘れません」とニックは話す。

八十分間、スクラムのたびにミーズ兄弟に猛プッシュされるのだ。一生忘れられないのも頷ける。

ブラッド・ジョンストンも、ラグビーに一生を捧げてきた。悔いはないという。私がジョンストンと会ったとき、彼はいくつかの手術を受けた後だった。肘の手術、膝の人工関節の置換、脊柱の減圧――ラグビー人生の負の遺産である。古きラガーマンにとって、これらの痛みも兵士の勲章のようなものだ。彼はラグビーへの情熱を失っておらず、今でも土曜日にはできる限り地元のクラブを訪れる。彼の言葉には大切な意味が含まれており、私たちはそれに耳を傾け、よく考えてみなければならない。

「草の根レベルのラグビーは、これまで見向きもされてきませんでした。今後どうしていくか、よく考え、対策を立てないといけません。私のクラブも十九歳から三十歳のメンバーが年々減っています。かつてはシニアチームが十はあったのに、今では四チームしか存在せず、競争力が低下しています。二〇一七年の夏には、プレミア1から十一人の選手が退団しました。二人が別の地方に移り、二人がブルーズに入団しました。二人がフランスのクラブ、一人が日本のクラブ、二人がオーストラリアのクラブへ散っていきました。別の二人はただいなくなってしまった」

一方、ノースショアは若い選手が所属するチームの再建に成功している。二〇一七年には上位六チームによるプレーオフに進出するなど活躍も見られた。初戦は負けたが、優勝を果たすことができた。それでも選手離れは進んでいるようだ。ジョンストンはこう述べる。「この四年で、四百人いたジュニアチームの選手たちが二百五十人にまで減りました。五歳から十二歳の選手が在籍するチームです。この割合で減少していけば五年後には何人残っているか? 火を見るより明らかです。

多くのクラブが、首の皮一枚でつながっている状態です。なんとかスポンサーを見つけては、生きながらえています。ラグビーの文化にかかわることですし、ラグビー協会はクラブを人々の手に返さなければいけません。今は脳しんとう問題なんかで手一杯のようですが、この問題に関しても対策を立てるべきです。子供たちのことを考えてほしい。

協会が、子供のラグビー環境を考える必要はないという意見もあるかもしれません。そんなことはありません。考えるべきなんです。プレー人口がどれだけ減少しているか数字を見れば分かります。今のニュージーランドでは、若者にとって魅力的なスポーツがたくさんあります。一つの競技だけに専念しなくてもいいんです。もちろん、才能のある若者はラグビーに引き寄せられ続けるでしょう。でも今のシステムでは、そんな若者はクラブにはほとんど現れません。また冬の寒い中で三、四ヶ月もかけてトレーニングを積んだり、試合に出たくないと考える子供が増えていることも問題です」

デイン・コールズも同様の懸念を抱いている。「ニュージーランドには、ラグビー以外にもたくさんのアクティビティがあります。山登り、トレイルウォーキング、釣りなど若者が健康的に成長していける環境が整っています。ここでの生活は最高です。世界中に素晴らしい場所がたくさんありますが、それでもニュージーランドは特別な場所です。私にとってラグビーとは、自分を表現しながら、人生を楽しんでいくものなんです」

ラグビー協会は、オールブラックスのブランドに頼りきるのではなく、十五歳から十八歳の年齢層にラグビーをアピールすべきだ。ジョンストンはそう訴える。ラグビーをプレーすることで、どのようなことが得られるか気づいていない子供も多いはずだという。楽しみながら、チームワークを通じて仲間意識や自制心を育み、他者となにかを達成する喜びを知る。ラグビーはそういったことを無料で教えてくれる。もちろん、他のスポーツにも同じ利点はあるだろう。だがラグビーはニュージーランドにとって特別な存在なのだ。

フランク・バンスも同じ思いを抱く。「クラブ文化が消滅してしまえば、ラグビー界はめちゃくちゃになってしまいます。そして、代償を支払うのはラグビー界だけではありません。国、特に地域レベルで様々な社会問題が起こっていくはずです。エネルギーが有り余っている若者たちの、やることがなにもなくなる。どうなるか分かりますよね？

でもクラブに所属していれば、子供たちは指導を受けながら、チームワークについて学んでいけます。子供とは、自分にとって必要なことをとてもよく吸収するものです。そうやって他者を思いやる気持ちや年長者への話し方など、生きていく上で求められる姿勢なんかも身につきます。社会的な問題も、結局はここにつながっています。若い頃にそういったことの大切さを学んでいない選手は、ラグビーで成功をしても、つけ上がるだけです」

ノースショアには、ジョンストン以外にも元オールブラックスの選手が存在する。ウェイン・シェルフォードだ。一九八五年から一九九〇年に、オールブラックスとして四十八戦（二十二戦がテストマッチ）に出場していた。ある秋の日、ノースショアのおしゃれなカフェでシェルフォードと会った。タカプナの弓なりに伸びる美しい砂浜を眺めながら、じっくりと話をした。小さな発着場から小型ボートが音を立てて出入りしている。犬たちがビーチを走り、波間に浮かぶスタンドアップパドルボードの前を通り過ぎていく。穏やかな朝の光景が広がっていた。

シェルフォードは、目を輝かせ、眉をアーチ状に持ち上げては、この国のクラブが苦境に立たされている理由を三つ挙げた。一つ目は、ニュージーランドの飲酒運転の取り締まりが世界で最も厳しいこと。この法律を変えることはできない。「でもクラブへの影響は大きすぎる。クラブにやってくる人は、一、二杯ほどしかアルコールが飲めませんからね」。デボンポートに位置するノースショアRFCは、内陸部に建っている。タカプナからは一本の道路しかないので、飲酒運転をすれば警察に摘発される。

「うちのクラブのバーで提供する酒量は、年一五から一八パーセントほどの割合で減少しています」とシェルフォードは言う。バンスがいるマヌカウの状況はさらに悪い。クラブがあるのが、ポリネシア系が多く住む南オークランドの中心街だからだ。ポリネシア系の人々は、試合の日には全く酒を飲もうとしないのだ。土曜の午後にラグビー場の周辺を歩くのは楽しいものだ。イギリス、アイルランド、オーストラリア、南アフリカ。どこの国でも、観客たちはビールやラガー片手に試合を楽しんでいる。だがここでは、酒を飲んでいる者は誰もいない。島出身の人々の大半が飲酒をしないのだ。これではバーは儲けを出すことができない。

二つ目の理由は、オークランドの高級住宅街の人気が高まっていることだとシェルフォードは指摘する。近年、この一帯の不動産価格は急騰している。「ここでラグビーをプレーしているのは地元の子供ばかりです。でも十八歳や二十歳になると、別の場所に引っ越してしまいます。家賃が高すぎるためです。実家に残ればいいのでしょうが、若者は家を出たがるものです。

彼らはより安い地域に移り住むと、クラブには戻ってきません。交通量が多すぎて、いつも道が混んでいるからです。この一年半で、地域の交通量は二〇パーセントも増加しています。だから引っ越した若者たちは、より近くて通いやすいクラブを選ぶんです」

三つ目の理由は海外が関係してくる。国中にある全てのクラブが直面していることだ。二〇一六年、アンディ・ハンターとブレア・トゥイード率いるカイコライが、オタゴ・プレミアクラブの決勝で十四回目の勝利を収めた。同チームは、ダニーデンを二九対二二で下し、スパイツ・チャンピオンシップでも優勝を飾っている。

カイコライは三千五百名以上のラグビー選手を輩出しており、その多くがラグビー界で輝かしい活躍を見せてきた。そんなクラブにとって一九九七年以来の優勝だった。だがその数週間後、カイコライを衝撃が襲ったとハンターは話す。

「トップレベルを除けば、ニュージーランドのラグビー界には金銭的な余裕がありません。これは大問題です。有望な選手が、海外のチームと割の良い契約を結んで流出してしまうからです。カイコライでは、二〇一六年に優勝したチームから、三人の選手が脱退しました。二人はフランスのトップ14のクラブへ、一人はイングランドのアビバ・プレミアシップのクラブへ。ここでセミプロとして活躍するよりも、倍以上の収入が得られるでしょうからね。

その三人は、あわせて二〇〇キャップを誇るほどの優秀な選手でした。彼らがチームから抜けるのは大きな痛手です。クラブは、彼らの代わりに十九歳の選手たちをチームに投入しました。あと二年で、彼らがどれだけ成長できるかに、クラブの未来はかかっています。選手がどれだけチームにいられるか考えながら、未来の計画を立てていかなければならないんです。若者たちに早い時期から機会を与えられると捉えることもできます。でも若い選手は、優れたベテラン選手と共にプレーしながら、経験を積んでいった方がいいんです。彼らがいなくなるのは、試合だけでなくクラブ全体にとって大きな損失なんですよ。

国中で同様の事態が起こっています。フランスは金銭面で魅力的な行き先です。日本やイギリス、アイルランドもそうですね。お金になるんです」

このような状況が長く続けば、深刻な結果が待っているとハンターは言う。「ニュージーランドには才能のある選手もいて、システムもちゃんとしています。でもピラミッドというのは、土台がしっかりとしていなければいけません。クラブの構造が蝕まれていけば、努力もしない選手でもトップにたどり着け、そこにとどまれるようになってしまう……大きな問題です」

スティーブ・ハンセンは、そういった問題提起の声に反論する。ハンセンによると、これはニュージーランドのラグビー界がプロ化してからの問題だという。今の制度はトップダウンであり、ボトムアップではない。さらに彼は、同様の問題が世界中で発生しているとも指摘する。

「イングランドでは、国中のクラブの費用は、トゥイッケナム・スタジアムに八万三千人もの観客が集まることで工面されます。イングランドがクラブにお金を回さなくなれば、全てがダメなってしまいます。

ニュージーランドラグビー協会が金銭的に困っているのは確かなことです。トップレベルでも困っていて、充分な費用が賄えていないんです。人口四百八十万のこの国で私たちにできることと言ったら、オールブラックスのブランドの価値を上げ、そこで働く人々の信用を高めることなんです」

ニュージーランドラグビー協会のCEOスティーブ・チューは、強気な物言いをする人物だ。愛想もなく、現実的でビジネスライクな姿勢を崩さない。身は引き締まって背が高く、いつも忙しそうに立ち振る舞う。言葉は簡潔で短く、余計なことは口にしない。典型的なタフなニュージーランド人であり、そのがっしりとした体格で周囲からの批判を受け止める。この問題は、ラグビー界にはつきものだ、とチューは言う。ラグビー界の問題に対しても、彼の態度は率直だ。

「この国では、やり遂げたいという強い熱意が一流の選手を作ります。オールブラックスになれない選手たちは、途中で諦めてしまうからなれないんです。彼らは、ラグビー自体をやめてしまいます。そんな人たちをどう引き留めればいいのでしょう？　問題への指摘は正しいけれど、どんなスポーツでも起こりうることです。私には、成人した娘が三人います。学校ではネットボールのトップ選手として活躍していました。でも彼女たちはそこで引退した。

長女のルビーは、ボート競技のニュージーランド代表として活躍しています。二〇一六年のリオオリンピックにも出場しました（女子エイトで第四位の成績）。でもセカンダリースクールで一緒に練習をしていた選手たちは、卒業を機に全員ボート競技をやめてしまったんです。人はそれぞれ、人生の異なる局面で、異なる選択をします。もちろん、若きラグビー選手の存在は必要です。でも小学校からセカンダリースクールに上がる時点で、何人もの子供たちがラグビーから離れていく。そしてセカンダリースクールを卒業する時点でも、また何人もの子供たちが離れる。ラグビーをやらなくなる子供の割合は高く、小学生の時点でやめてしまう子供は大勢います」

この問題の要因はそれだけではない。最近の若者は、自由に使えるお金を欲しがる。最新のテクノロジーに誘惑され、無数の製品が彼らの時間を奪っていく。ひとり親世帯の増加など、深刻な社会問題も関係している。そのような家庭にとっては、トレーニングの送迎だけでも大きな負担なのだ。若者にとって、なにかのスポーツに専念することはそこまで魅力的な行為ではなくなってきている。

それでもチューは、希望を捨てていない。「多くの人がラグビーをプレーしてくれたらと思います。私たちも、この問題について調査を重ねては、子供たちがラグビーを続ける理由とやめる理由を探ってきました。ほとんどの問題が、私たちの手でまだ解決できるものばかりです。経験の問題、コーチの問題、親の姿勢、試合中の観客のマナー。これらに対して手立てを講じながら、ラグビーを盛り上げ、より広い人々に受け入れてもらう。民族や経済的な背景に関係なく、少しでも多くの人にラグビーに携わってもらいたい。それこそ最も大切なことなんです。そのために私たちは綿密に調査し、行動しているんです」

クラブラグビーの将来を案じる若者もいる。デイン・コールズも、バンスやジョンストン、シェルフォードと同じような懸念を抱く。

「地域に根ざしたクラブラグビーには、とても感謝しています。私は、ウェリントン東部にあるポネケのクラブで三年間プレーをしていましたが、そこでの経験は素晴らしいものでした。今でも顔を出しては、基本動作の練習をしたりするんです」

ポネケは比較的安定したクラブだ。プレミア、プレミア・リザーブ、ファースト・グレードが二つ、U21、アンダー八五キログラム、プレジデンツ、ゴールデン・オールディーズ、女性チームを擁し、拠点であるキルバーニーパークは常に活気であふれている。コールズは、そこでプレーする名もなき戦士たちに賞賛の言葉を送る。「みんなラグビーが大好きで、火曜や木曜の夕方になると集まっています。でも若者たちはクラブではプレーしません。彼らはカレッジからそのままプロの世界に入っていきます。多くのアカデミーが選手を外に出そうとしません。クラブでのプレーを禁じているんです。とても悲しいことですね。オールブラックスの選手でさえ、古巣のクラブに立ち寄っては関係を保っている。クラブも、それをとても歓迎しています。私がクラブにいたとき、最初の二、三年は、ベンチから試合を見ていました。二十一歳か二十二歳のときのことです」

コールズでさえ、クラブでの見習い時期があった。当時の彼は痛みも学んだという。スピードがあり、優れたボールスキルを誇る若きコールズは、クラブチームで「ターゲット」にされていたという。フロントローのベテラン選手たちは、インサイドセンター並みに俊敏な若きフッカーを温かく迎えることはなかった。

「ラグビー場では恐ろしい思いを何度もしました。若い頃は特にそうだった」とコールズは振り返る。ベテラン選手たちが、彼に個人的な恨みを抱いていたり、特別いじわるだったわけではない。そういう世界なのだ。「誰もがそこで揉まれながら、周囲とどう接し、どう行動するかを学んでいくんです。強いプレッシャーがかかる場面もありました。今の私なら、そんな状況をどう切り抜ければいいか分かっています。クラブで経験を積んできたからです。でも若い頃には、それができなかったんです」

クラブでは、若者はそうやって経験を積んでいく。目標がなんだろうと関係はない。いかに生き延び、いかにダメージをかわし、いかに諦めずに立ち上がるか。そんな術を学び、身につける場所なのだ。選手たちは技術的、精神的に成長する。また、どれほど高度なボールスキルが身につき、生き延びる力が伸ばせたか徹底的に試される。それがクラブなのだ。

サー・ブライアン・ロホアは、若者が田舎で育ち、地域でラグビーをプレーすることの大切さを力説する。「デイン・コールズは小さな田舎町の出身です。都会の子供ではなかった。そして地元のクラブに入りました。でも今では、多くの地域クラブが生き延びるのに必死な状況です。クラブがなくなってしまわないように、気をつけなければいけません。このような環境がなくなったら、なにが起こるか。しばらくは大丈夫でしょうが、いつかは大きな問題になります。田舎の人たちがラグビーをしていなかったら、オールブラックスは今の力を持てずにいたでしょう」

この事態を変えるには、まず「十三歳から十八歳の若者は学校でしかラグビーをプレーできない」という長年のルールを撤廃すべきだろう。そうすれば、クラブも希望を見出せる。そのためには、世間が声を上げることが大切だ。ラグビー協会が考えを改め、子供たちがクラブでプレーできるようになれば状況は良くなるはずだ。

ルールを変更するからといって、学校レベルで一流の選手を育てることが難しくなるわけではない。突出した才能のある選手は、学校のファーストフィフティーンでプレーできる。だがそれ以外の、プロになれるほどの力量がない選手たちが、クラブでラグビーを続けられるようになれば、多くのクラブに活気が戻るだろう。

そんな変化を、本当に起こすにはどうすればいいか？　その答えを知っている男性がいる。ジェロミー・ノウラー。有名な人物ではないが、彼には考えがある……。

＊

今から百五十年以上も前のことだ。プレブル一家は、イングランドのケント州マーシャムを出発した。「イングランドの庭園」とも呼ばれるケントだが、一家にとっては庭園でもなんでもなくなっていた。彼らは新たな生活を求めて、遠く離れたニュージーランドを目指した。初期入植船に乗り込み、一八五五年に新天地にたどり着いた。そこで一家を待っていたのは、ある歴史家が「野生的で、魅力的ではない」と言い表すような環境だった。エドワード・プレブルは五十エーカーの荒地を入手すると、小さな土地に区切った。各土地のオーナーは、伸び放題の草や木を切り手入れをしては、人が住めるように整えていった。セルウィン地区のクライストチャーチから南西に十四キロほどのところに、その町はある。現在ではプレブルトンと呼ばれており、カンタベリー平原でも最初にでき上がった町の一つだ。最初は小石だらけの土地が、個人個人の区画に分けられているだけだったが、初期開拓地の多くがそうであったように、この町もすぐに適当な規模の集落へと成長していった。教会が建ち、日用雑貨店や学校なんかもでき、町らしくなっていく。善男善女が、自分たちと子孫のために新たな生活を作り上げていった。

ケントにいた農夫に、オックスフォードからやってきた販売員。スコットランドのリンリスゴーに住んでいたパン屋。彼らは秋風に舞って一箇所にかたまった落ち葉のように、身を寄せ合いながら新たな国の土台を作り上げていった。現在のプレブルトンは、国内屈指の農業地帯の中心地だ。最初は一堂だけだった教会も、今ではアングリカン教会、長老派教会、メソジスト派教会が存在する。日用雑貨店も最初の一軒も含めて四軒になり、ホテルやバーもある。クライストチャーチ南部はおしゃれな地域に生まれ変わりつつあるが、なかでもプレブルトンが最も繁栄している。人口は三千人を超えた。

ジェロミー・ノウラーは、プレブルトン・ラグビークラブの会長だ。ジュニアクラブの他に、二十六のチームを生み出してきた。カンタベリー・ユニオンの中でも最大のクラブである。

だがそれも、多くの人の助けがなければ成し遂げられなかった。前会長トニー・グリムウッドも週に三十時間もクラブに貢献し、偉大な手本となってきた。全てが無償行為だ。引退後のグリムウッドは、以前よりも精力的にクラブのために尽くしている。誰もが彼を「クラブの心」と呼ぶ。「グリムウッドは素晴らしい仕事をしてくれます」とノウラーも話す。「ピッチのライン引きから、クラブ中のペンキ塗り、壊れた箇所があれば修理をし、ミーティングに出てはアイディアを披露する。もうなんだってしてくれるんです」

さらにグリムウッドは、ディヴィジョン・ワンと呼ばれるチームの監督まで務めている。彼のように、愛するラグビーそして地域のために尽力する人々は、この国に何千人も存在する。ノウラーと妻ジョリーンも、日頃から積極的にクラブの働き手となっている。土曜日の朝早くからノウラーはクラブの厨房に立ち、大きなローストポークを焼く。その後は百個以上のジャガイモの皮むきだ。全ては選手のため。彼らは、昔のように試合を終えた選手たちに食事を提供することをとても大切にしている。ノウラーが副料理長で、ジョリーンが料理長だ。うまい料理を食べさせるのは、若者たちをクラブにつなぎとめるためでもある。ニュージーランドでは、こうやって何千もの小さなクラブが、誇りを持ってそれぞれの方法でラグビー界に貢献している。「面倒なことなどありませんよ。楽しんでやっているんです」

プレブルトンのようにうまく運営できているクラブでも、フランク・バンスやブラッド・ジョンストンらが指摘したような問題を抱えている。ノウラーも「フランクの言っていることはよく分かります」と話す。「他のクラブの人たちともそんな話をしますよ。コーチや運営メンバー、学校のラグビー関係者とも相談します。国全体で同じ問題が起こっています。なんらかの手が打たれるべきです」

そんなノウラーには考えがある。「子供たちは、水曜日に学校でラグビーをして、土曜日にクラブに通うようにするんです。クラブ関係者は誰もが同意してくれます。学校のファーストフィフティーンは、将来有望な選手を発掘するための巨大ビジネスの場になってしまいました。学校でプレーする若者たちも、大きなプレッシャーを感じています。セカンドフィフティーンやU16Aチームなどでプレーする子供たちこそ、クラブは求めているんです」

ではクラブがそんな若者たちを失い続けたらどうなるのだろう？　ノウラーはバンスと同意見だ。「ディヴィジョン・ワンのクラブでさえ厳しい状況に置かれています。優れた若い選手が、クラブからいなくなっています。彼らが戻ってくることもありません。うちのクラブもジュニア・グレードは強豪ですが、シニア・グレードになると選手が抜けてしまう。でもラグビー協会はそんな実状に目を向けようとしません。でもカンタベリー・ラグビー協会に新たに就任したネイサン・ゴッドフレイCEOは違います。ニュージーランド人でありながら、オーストラリアンフットボールの世界にいた人物です。彼は私たちの声をちゃんと聞いてくれます。そして、この窮状をなんとかしようと真剣に考えています」

ノウラーは、これは小さな町にとって切実な問題だと言う。「クラブは十三歳から十八歳の子供たちを受け入れられない。問題なのは、学校が広い視野で物事を見ようとしないことです。百年もの歴史を誇るクラブが経営の危機に瀕《ひん》していたりします。最悪な事態ですよ」

クラブラグビーの熱心な愛好家も、プロ化したラグビー界の現状を受け入れている。コリン・ミーズは、あの世へと旅立つ前に「もうテクイティからはオールブラックスの選手が誕生することはないだろう」とも言い残している。

彼の予言は的中するかもしれない。でも、だからといってクラブラグビーが終わりを迎えるわけではない。クラブは地域の中心としての大切な役割を果たしている。小さな村だろうと、そこそこ栄えている町だろうと、南オークランドなどの都会だろうと、それは変わらない。

スティーブ・ハンセンも、次世代のリッチー・マコウやボーデン・バレットがどこから出現するか分からないと認めている。それだけでなく、多くのクラブは風光明媚《めいび》な場所にあるため素晴らしい環境でラグビーを観戦したり、プレーすることができる。フィールドに立ってその美しい風景を眺めながら、新鮮な空気を胸いっぱいに吸い込む。

またクラブの規模にかかわらず、そこには人との出会いがある。職業や地位に関係なく、あらゆる人間が集ってはラグビーへの愛を高め合う。地域の人々が一緒になって、様々な場面を通じてお互いを支え合っていく。現代社会からは失われつつある、地域のつながりだ。

フランク・バンスが次のような話を披露してくれた。クラブのテレビで大事な試合を流していると、それを目にした人々が「試合を見てもいいか」と集まってくる。バンスは行方知らずだった兄弟を迎えるように、彼らを歓迎する。みんなで試合を見ながら、ビールを一、二杯飲んだり、配達してもらったテイクアウト料理を食べたりする。試合が終わった後もビール片手に話し続ける。見知らぬ人々が、ラグビーの試合で一体となる。

美しく晴れ上がった秋の午後。私は、ポート・チャーマーズにあるハーバー・ラグビークラブ「ハーバー・ホークス」に向かっていた。南島の南部、つまり地球の底あたりに位置するダニーデンから海岸沿いに数マイル行ったところに、そのクラブは建っている。ジェフ・ウィルソンやトニー・ブラウン、ワイサケ・ナホロといった元オールブラックス選手、それに女子代表のフィオナ・キングがプレーしていたことで知られている。二〇一七年七月、ハーバー・ホークスはプレミア1の決勝に進出したが、サザンに一五対二四で敗れた。

壮大な景色に抱かれるようにして、その可愛らしいクラブハウスは建っていた。裏手には豊かな丘が広がり、タッチラインの向こうはもう海だ。クラブには、先端に網が取りつけられた長い金属製の棒が二本置かれている。特大の虫捕り網のような見た目をしている。このクラブには欠かせない道具だ。ボールがタッチラインに向かって蹴られるとき、この網を持った若い選手たちが水辺近くのライン沿いに並んでいた。運が悪ければ、ボールはそのまま海に落ちてしまう。そこで選手たちは網を使って、波間に漂うボールを拾うのだ。少しでも無駄にしないために。ボールがそのまま遠ざかっていってしまうこともある。「ひとシーズンに十から十二個ほどのボールを失いますね」グラウンドの管理人は悲しげな微笑みを浮かべて言った。

クラブは、ニュージーランドの古きアマチュア時代のラグビーの基盤であった。各クラブの選手たちが、激しい試合を繰り広げてきた。オールブラックスの選手を生み出すルートは閉ざされてしまったが、クラブの存在がなくなっていいわけではない。若者が集まっては、人生で大切なことを学んでいく施設。今の社会は、そのような場所をとりわけ必要としている。

長年にわたって、若者たちは、クラブが大切にしてきた価値観を教わりながら、育ってきた。友情やチームワークの大切さ。他者を思いやり、身体を使った健康的なアクティビティを楽しむこと。そんな日々を過ごしたことを後悔する人はいないはずだ。大人になって、クラブで働く者も中にはいる。そうやってクラブは長いこと続いてきた。

国中のクラブが直面する問題を解決するためには、明確なビジョンを持ち、根気強く対応していくことが求められる。あらゆる立場の人々の協力も不可欠だろう。だが乗り越えられない問題では決してないはずだ。

第12章 ラグビー界の女性たち

ジュディ・クレメント、ダレン・シャンド、メリッサ・ラスコー、ジョン・ハート、スティーブ・チュー　その他多数の協力を得て

「この国でオールブラックスを知らない人はいません。誰もがひいきのラグビーチームを持っている。それも、オールブラックスの存在があるからこそです。ブラックファーンズも同じような存在になりつつあると感じますね。すでに多くの国民が彼女たちを応援し、誇りに思っています」

メリッサ・ラスコー（元ブラックファーンズ キャプテン）

クリスマスの朝。ここでは、北半球のクリスマスカードに描かれる満点の星空や雪景色が広がることもなければ、ホワイトクリスマスを願うビング・クロスビーの哀歌のような雰囲気が漂うこともない。ニュージーランドのクリスマスは穏やかだ。

天候は申し分ない。北島の中部から東部沿いの海岸に立てば太陽が小さく見える。ウェリン

トンには心地良い南風が吹き付けているということだろう。住民にはお馴染みの風だ。どこの気温もだいたい二〇度ほど。とても過ごしやすい。

このときばかりは、さすがのニュージーランド人もラグビーのことは考えない。車のトランクにバーベキューセットを積み込むと、家族でビーチにやってくる。ラグビー関係者たちも、年明けから始まるトレーニングキャンプを前に、思い思いに過ごしている。

あるラグビー選手は、静まり返ったハミルトンの通りで家族に別れを告げていた。チーフスとオールブラックスでフランカーとして活躍するリアム・メッサムだ。彼は家族を見送ると、たった一人で女性専用シェルターに向かった。女性たちと挨拶を交わすと、コーヒーを飲みながら会話をする。悩みを抱える魂に寄り添い、彼女たちの声にただ耳を傾ける……。

そのあとは昼食の用意を手伝う。クリスマスなのだ。メッサムの家族だって、彼と一緒に過ごしたいはずだ。だがメッサムはいつだって世の中を良くしようと奮闘してきた。彼は、チーフスのプログラムの一環でここを訪れている。このプログラムには、二つの重要な目的がある。若い選手の社会的役割を向上させること。そして、選手の引退後のキャリアを強化することだ。

このプログラムを先導しているのが、ジュディ・クレメントだ。だが彼女ですら、メッサムがクリスマスに社会活動を行っていることは把握していない。彼が個人的に行っていることなのだ。クレメントは、チーフス・ラグビークラブの自己啓発マネージャーとして八年以上働いてきた。彼女は自分の仕事に誇りを持っている。ニュージーランドのラグビー界では、彼女のように多くの女性が重要な役割を担っている。この国の歴史を振り返れば、いつだってそんな女性たちが存在してきたことが分かる。建国時には未開の地をその手で整備し、戦時中には戦地に行った男性の代わりとなり、あらゆる場面で重要な役割をこなしては社会に貢献してきた。さらに女性たちはラグビーにも造詣が深く、他国の男性よりもずっと多くのことを知っている。

スティーブ・ハンセンやグラハム・ヘンリーのように目立つ場所に立ちたいと願う女性は少ないかもしれない。だが彼女たちは裏舞台で活躍しては、ラグビー界を支えてきた。体を動かし、計画を立て、選手たちを励まし、世間にラグビーを広めるなど懸命に働いている。ボランティアとして無給で働く女性だっている。彼女たちは、地元クラブの委員会に出席し、ジュニアチームの用具を洗う。クラブのバーカウンター内で客にお茶を入れたり、ソーセージやポテトを調理したりもする。コーチとして、ブラックファーンズ(女子ラグビーのニュージーランド代表チーム)を夢見る少女たちを指導する人もいる。どの仕事も見過ごされてはならない。こういった女性のおかげで、ニュージーランドはラグビー大国でいられるからだ。

ニュージーランドのスポーツ界では、女性ラグビーが最も主要な成長市場だ。二〇一六年オリンピックでは、ブラックファーンズが銀メダルを獲得。二〇一七年にはアイルランドで行われたワールドカップで優勝を果たした。同年には、ワールドカップラグビー女子セブンズシリーズでも優勝。二〇一二-二〇一三シーズンの創設以来、四回目の優勝だった。

オールブラックスのマネージャーであるダレン・シャンドは、男女両方の代表チームについてこう話している。「ニュージーランドのラグビー界は、己にとても厳しい環境を誇っています。世間からいつも見られている立場にいるなら、なおさら厳しくなくてはなりません。私たちはラグビーにとても真剣に向き合っているんです」

そこにはブラックファーンズを率いるコーチや選手、ジュディ・クレメントのような立場の人間も含まれている。知識がない者にとって、クレメントの役割は重要に見えないかもしれない。だが、かけがえのない仕事なのだ。

ニュージーランドラグビー協会とニュージーランドラグビー選手会は、全てのプロチームに専任の、州ユニオンに非常勤の自己啓発マネージャーを配置している。メッサムの他にも多くのラグビー選手が参加するこのプログラムは、ニュージーランドのラグビー界で二十年にもわたって続けられてきた。「選手用支払い基金」が積み立てられ、そこから支援を受けている。協会と選手会が管理をし、各マネージャーに予算が割り振られてはその中で活動が行われる。

クレメントは、チーフスの地区の四名の非常勤マネージャーのバックアップを主に担当していた。

本プログラムの主要目標は、以下の四つに分けることができる。

1：キャリア形成。ラグビー界を引退した選手が、キャリアを形成できるように支援する。将来の選択肢の調査、就学や就労体験の参加など。

2：自己啓発。選手の自己認識・理解、自立を後押しし、他者への還元を推奨する。メッサムのように、恵まれない人々をサポートする選手もいる。

3：プロとしての能力の向上。アンチ・ドーピング、インテグリティの徹底、メディアへの適切な対応。これらの管理をサポートすることで、選手はプロとしてより競技に専念することができる。

4：金銭面での助言。選手が全ての給与を家族に差し出さなくて済むように、目標予算を定め、財務状況の整理を手助けする。自分が自立できれば、無理なく家族を支えられるようになるなどと、選手を指導する。

プログラムでは、このようなケースも見られた。オールブラックスとチーフスでロックとして活躍し、二〇一四年には年間最優秀選手賞にも選出されたブロディ・レタリックは、工学の学位を有している。だがセカンドキャリアをラグビー選手時代と同様に輝かしいものにするためには、さらなる資格が必要だ。そこで彼は本プログラムを利用し、将来の計画を具体的に立てていった。

このプログラムと本書が論じようとしていることは、全くの無関係にも見える。ニュージーランドはいかにしてラグビー大国になったのか？　これが本書の主題だ。選手の財政面についてアドバイスをすることとなんの関係があるのだろうか？

実はこの二つの要素は、手とグローブのように密接した関係にある。プログラムを通じて若い選手の能力を高めれば、彼らを安全地帯から連れ出し、物事を考え抜く力、状況に応じて決断を下す力を与えることができる。社会的人格と判断力を高めるのだ。これらの力はラグビーの試合でも求められる。

日常生活の全てにおいて他人任せにしていると、試合でも自分一人ではなにも判断できない人間になってしまう。経験もなければ、判断基準も持たない。状況を見極めてベストな行動を選び取る力もない。普段の生活でその力を持たないのなら、試合でどうやって発揮できるだろう。

ジョン・ハートも「この国では多くのラグビー選手が、ごく幼い頃から甘やかされています」と話す。「なにもかもやってもらえるので、日常生活について考えることもありません。使いきれないほどのユニフォームやトレーニング道具が山ほど与えられ、全てのことが先まわりしてやってもらえる。トレーニングに連れていってもらい、食事も出され、車だって買い与えられる。正常な状況ではありません。大人になってダメになってしまう選手が出てくるのも無理はない。度を越えています」

ジュディ・クレメントの仕事は、このような状況を問題視する声から生まれた。若者たちがしっかりとした生活を送り、早い段階から自立できるように後押しする。そんな考えが根底にある。女子は、同年齢の男子に比べると成長が早いので、少し話は違ってくるかもしれない。クレメントは、このプログラムを運用するにあたってある理念を掲げている。

「まずはチーム選手の支援に専念すること。彼らはラグビー選手である前に、一人の人間です。人として選手を支え、教え導いていくことが必要なんです。彼らを外の世界へ放り出して、国家の問題を解決させようとしているのではありません。選手たちには、社会とかかわりを持ち、様々な人々と一緒に暮らしていけるだけの知識とスキルを身につけてもらいたいんです。

西洋社会では、子供に基本的なことを教えようとしません。人間関係の保ち方、金銭感覚、良い親になる方法、適切なコミュニケーションの取り方など、学校でもノータッチです。社会全体が、良き市民を育てることよりも、学歴や資格ばかりに専念しています」

この分野での、クレメントの影響力は飛躍的に高まってきた。始めたばかりの頃の彼女には、プログラムの重要性がいまいちつかめなかったようだ。自分が女だから、このような役割があてがわれたのではないかと考えることもあった。だがその後に仕事の重要性を痛感し、真剣に職務に励んできた。昨年、ラグビー協会は、新たに五人の自己啓発マネージャーを採用した。現在では予備要員も二十人ほどいる。男子・女子セブンズのためのマネージャーと、海外移籍・帰国する選手をサポートするマネージャーも各一人ずつ存在する。学校を訪問しては、若き選手たちにプロの世界について教育するスタッフもいる。

あるマネージャーは、マイター10カップが開催されている七月から一〇月のシーズン中は週に三、四日働く。シーズンオフ時は、アカデミーで仕事を続ける。本プログラムは、特に優秀だとみなされた選手をサポートすべく、広範囲をカバーしている。

ニュージーランドだけでなく、他国にも同様のシステムが存在する。二〇一七年にはパリで国際会議も開かれた。クレメントも含め、二十七カ国から九十名の関係者が出席した。スポーツの種類も、ラグビーユニオン、野球、オーストラリアンフットボール、ラグビーリーグ、アイスホッケー、ハンドボールと多岐にわたった。

そこでクレメントは、自国のラグビーがいかに先進的であるか実感したという。ニュージーランドは、この分野でも強さを見せつけたのだ。「他に比べて、私たちが最も進んでいると確信しました。ラグビー協会とラグビー選手会が共同で立ち上げたこのプログラムは、とても特別なものです。他のラグビー国もそんな制度の必要性を認識していますが、時間も経験も不足しているため、なにもできていないのが現状です。日本には、同様の制度は存在しません。イングランド、アイルランド、スコットランドは少しは動き出していますが、ニュージーランドほどではありません。私たちほど、時間が取れないのです。フランス？　とても限られていますね。一人のマネージャーが十四チーム全てをカバーしなくてはいけない。形ばかりの制度と言っていいでしょう」

だがニュージーランドは違う。仕事量が増え続けても、しっかりと選手のケアがなされている。チーフスの選手は週に一日四時間ほどプログラムに参加する。午前八時から十二時まで行われることが多い。一般企業で職業体験も行う。引退後に働きたい職務を実際にやってみるのだ。選手自身がスポンサーを通じて企業と連絡を取り、段取りを整える。クレメントが全ての面倒を見るわけではないのだ。

もちろん、オールブラックスを目指す十九歳の選手は、引退後のことなど考えたりはしない。目標を達成することが全てだ。だが大怪我を負ったり、健康状態の悪化があれば、選手はすぐにファーストフィフティーンから外される。そこで初めて、他の選択肢が目に入ってくる。

クレメントは、若者たちにこちらの意見を押し付けてはならないことを経験上分かっている。彼らは、自分の手でなにかを選び、その良さを知っていきたいのだ。「プロとして活躍し始めて、チームリーダーへと成長していく選手たちと話せるのは、素晴らしいことです。その成長を目の当たりにできて、とても光栄です。彼らは伸び盛りで、多くの物事に対処できる力を持っています。世界を変えることだって夢ではない。誰かの人生を救うことだってできるかもしれない」

彼女はいつも楽しんで仕事に取り組んできた。「こういう仕事が大好きで、つい夢中になってしまうんです。一つの分野で長く働いていると、どう仕事が展開するか見えてきますよね。これはうまくいかないな、などと察知できたり。そういうときはコーチに『なんとなくバランスが取れていない気がする。選手はもっと時間が必要なのかもしれない』など直接かけあったりもします。選手たちに正しい教育を受けてもらいたいからこそです」

選手たちも、このプログラムの理念を理解しつつある。ベテラン選手になると、アカデミーに在籍する選手たちに経験談を披露することもある。現在のスター選手が、未来のスター選手と会話を交わし、質問に答えていく。毎年二月にはアカデミー生を対象としたキャンプが開かれ、その地方の若者八十名ほどが出席する。新人教育の場で、ベテラン選手は大きな役割を果たす。彼らにとっても、選手として成長し、ラグビーに恩返しができる良い機会だ。金銭面でのアドバイスは、ポリネシア系選手に対して特に有効だ。

プロのラグビー界だからこそ、このような制度が存在しているのかもしれない。そうクレメントは考えている。ビジネスの現場では、人を支えることは欠かせない。

「被雇用者を気にかけるなら、実際に彼らの面倒を見て、使い捨ての駒として扱っていないか確認する必要があります。選手たちの成功を願っているからこそなのだと、行動で示すことが大切なんです」

もちろん、万事がうまくいくわけではない。二〇一六年八月、チーフスの選手がスキャンダルを起こし、国中から批判が集まった。「マッド・マンデー」と呼ばれるシーズン終了時の打ち上げにて、選手たちがパーティー会場に呼んだストリッパーの体を不適切に触ろうとしたのだ。怒ったストリッパーが一人の選手を蹴りつけた。

このことはメディアに大きく取り上げられ、瞬く間に世間に知られることとなる。クレメントのようにチームの舞台裏で奮闘するスタッフは、自分たちの努力が水泡に帰したような無力感に駆られた。

その数ヶ月後、クレメントはこう話してくれた。「若い選手たちが、プログラムの内容に不信感を抱くこともありました。チームに関連した騒動が起こると、世間の非難の目が自分たちにも向けられているように感じると話しています。ターゲットにされているような気分だと。でも私はそこで心を広くして、公正になることが大切だと感じています。だから彼らには、なにかに腹を立てるのではなく、プログラムを続けていくことがいかに大切かを話して聞かせました」

この騒動について、クレメントは次のように考えている。「選手だって人間です。『君たちもごく普通の若者だ』と言っておきながら、同時に『でも馬鹿げたことはするなよ』と押し付ける。そんなの無理な話です。選手たちだってマズイことをしでかします。でも、わざとではないんです。普通の若者なのに、そう振る舞うことが許されない。彼らがやることを寛大な態度で受け取めることも大切ではないでしょうか」

スティーブ・チューの見解はこうだ。「選手が騒動を起こすことはあります。だからといってメディアが大騒ぎしても、事態はなにも改善しません。正確な報道がなされなかったり、明らかに偏った批判がなされたりもする」

メディアにはそういった問題もあるが、ここで批判を展開するつもりはない。ラグビー選手が問題を起こしてきたのは事実なのだ。チューもそのことを理解しては、責任を受け止めている。「メディアはラグビー界のスキャンダル、誤った判断、悪い態度などを報じます。それが彼らの役割でもあるでしょう。でも、ラグビーはこの国の一部です。社会で起こっている問題が選手に影響を与え、それが個人の問題となって表面化しているんです。私たちの仕事は、ラグビー界に入ってきた選手たちにベストな機会を与えることです。ラグビーというスポーツとしての最高の勝利を収めることもあれば、失敗することだってあるんです」

このプログラムでは「尊敬」と「責任」が重要な要素となっている。より広く受け入れられては、社会問題の解決手段になってほしいとの願いも込められている。西洋社会の中でも、ニュージーランドはドメスティック・バイオレンスの発生率が突出して高い。若者の死因の第二位は「自殺」だ。二〇一四年から二〇一五年にかけての自殺者数は、検視局が統計を取り始めて以来、過去最悪となった。二〇一四年六月から二〇一五年五月の間に、自殺、あるいは自殺したとみられる件数は五百六十九件にも上った。なかでも十八歳から二十四歳のマオリ系やポリネシア系の若者の割合が高い。その理由は分かっていない。

クレメントにも、自ら命を絶った知人がいるという。「ラグビー選手ではありませんでしたが、知り合いの若者が二人自殺しました。一人は二十八歳で、もう一人は十九歳。薬物をやっていたわけではありません。家族にも、なぜ彼らが命を絶ったのか分からない。精神的に病んでいたのかもしれません。今となっては分かりようもありません」

二〇一七年、チーフスは自殺防止の教育プログラムを始動させた。選手に自殺に関する正しい知識を授けることで、地域の人々の支援につながると考えたからだ。「私たちは、選手たちに素晴らしい若者になってほしいと考えています。豊かな人生を歩めるように、ライフスキルの強化に務めています。家庭環境によっては、子供たちのそんなスキルが全く伸ばされない場合もあるでしょう」そうクレメントは話す。

有名なラグビー選手が若者に語りかければ、問題解決に近づくかもしれない。自分と同じくらいの年齢の第三者や両親よりも、リアム・メッサム、ブロディ・レタリック、ダミアン・マッケンジーといったスター選手の言葉の方が、若者の心に届きやすいのは確かだろう。

とはいえ、全ての若い選手が、社会問題の解決に尽力するべきだと押しつけているわけではないとクレメントは主張する。その重荷を背負うかどうかは、選手の自由だ。クリスマスに保護施設を訪れたメッサムのように、社会の力になりたいと自発的に動く選手ももちろん存在する。

「ラグビーで成功を収めたからといって、人生でも同様に成功しているとは限りません」とクレメントは話す。プログラムがこのまま一定の成果を挙げ続ければ、さらに多くのチームが参加して、その効果を実感できるようになるだろう。「もちろん、選手の年齢とステージに見合った活動が不可欠です。目の前の若者についてよく知って、彼らがなにを求めているか把握すること。選手たちと対話できる機会を大切にする姿勢も欠かせません」

二〇一七年九月、クレメントはチーフスでの十年のキャリアに終止符を打ち、新たな挑戦を始めた。自分で会社を立ち上げたのだ。この分野で培ったスキルを生かし、一般企業で働く社員の福祉向上、自己啓発に取り組んでいくことにしたのだ。彼女とつながりを持つビジネス関係者も、この決断を好意的に受け止めた。「大好きな仕事をやめるのは辛いですが、新たな分野に挑戦したいという自分の気持ちに正直になることにしました。社会にもっと大きな変化を起こしたいんです。自分がやっていることに対して、愛情を抱いているうちに次に進む。これまでに選手たちに伝えてきたことを、自分で実践しているんです。これからなにが起こるかワクワクします」

クレメントについて、ウェイン・スミスも絶賛している。「うちのチームには、世界トップクラスの自己啓発のマネージャーが揃っています。ジュディ・クレメントは、その中でも特に優秀な人材でした。選手たちが勉強し、仕事の経験を積み、教師になるための学校に通いながら働いたりできるように、サポートしていました。本当に素晴らしいプログラムなんです……。プロの選手をそうやってケアするのはとても重要なことです。コーチ陣もラグビーの練習と同じほど、セルフケアの重要性も認識しているはずです。ラグビー界にとって、このプログラムは欠かせないものなのです」

次のような女性スタッフたちが、自己啓発のマネージャーとして働いている。フィオナ・ブラディング（ノース・ハーバー）、ジョー・ムーア（オークランド）、ヴィクトリア・フッド（ブルーズ）、カイリー・ソウザ（カウンティーズ・マヌカウ）、レイチェル・スティーブンソン（ワイカト）、リサ・ホランド（タラナキ）、ニッキー・ガニング（マナワツ）、ヴァージニア・ルバス（クルセイダーズ）、マリー・ボウデン（カンタベリー）、エミリー・ダウンズ（セブンズ）。ラグビー選手会のマネジメントチームでは、ジェンマ・ブラウンがコマーシャル・

オペレーションズ・マネージャーとして働いている。

「スーパーラグビーレベルだけでなく、マイター10カップレベルでも、彼女たちのような素晴らしい人材が働いているんです」

彼女たちの存在によって、ラグビー界のみならず、ニュージーランドのスポーツ界全体での女性スタッフの重要性が改めて認識されるようになった。ブラックファーンズ並みの影響力だという声も聞かれるほどだ。クレメントが行った調査では、ラグビー界で働く女性が増加していることも判明している。調査結果によると、自己啓発マネージャーは二十人存在し、うち八人が男性で、十二人が女性だ。クレメントが働き始めた頃は男性の方が多かったが、その数が逆転したのだ。また三つのチームで女性マネージャーが働いており、他のチームにも、物理療法士や栄養士、スポーツ心理学者の女性が多数在籍していることも分かった。

ラグビー協会の理事会に所属するドクター・ファラー・パーマーは、元ブラックファーンズだ。ピオピオという小さな田舎町で生まれ育った。彼女と同郷のクレメントは、「女性が増えることでラグビー界のバランスを整わせ、新たな視点を提供していきたいですね。試合だけでなく、他の分野についても議論を広げたいです」と話す。

クレメントをはじめとする女性スタッフは、寛容で忍耐強く、勤勉で物事を理解しようとする姿勢を保っている。重要な役目をこなしていく上で、欠かせない資質だ。カンタベリーでも、別の女性が活躍している。彼女は、ラグビーはニュージーランド人女性の健康に貢献することができると信じている。大胆な発想かもしれない。だがメリッサ・ラスコーは、その思いを実現できるだけの素晴らしい経歴を持っている。オランダ系ニュージーランド人のラスコーは、サッカーとラグビーで国の代表を務めてきた。ラグビーでは、ブラックファーンズ、ブラックファーンズ・セブンズの両方に選出された。サッカー選手として二十三のテストマッチに出場し、キャプテンとして多くの試合を率いた。さらにタラナキ、ワイカト、カンタベリーの代表にもなった。一九九七年には年間最優秀選手賞に、二〇〇〇年には国際年間最優秀女性選手に選ばれている。

彼女がラグビー界に足を踏み入れたのは二〇〇三年のことだ。二〇〇五年に年間最優秀女性選手に選出され、二〇〇六年にはブラックファーンズの一員としてワールドカップで優勝に貢献。二〇一〇年大会ではキャプテンとしてチームを率いた。それと並行して、タッチラグビーやバスケットボール、スカッシュもプレーしてきた。二〇一一年の新年叙勲者リストでは、スポーツ界への貢献が認められ、ニュージーランド・メリット勲章が授与された。

セカンダリースクールで保健体育の教師として働いているラスコーは、人々の健康意識を高めていきたいと考えている。アウトドアが盛んなこの国でも、健康にまつわる問題は存在する。「スポーツを行う、特にラグビーをプレーするのは、とても大切なことです。ニュージーランドでも、肥満が深刻な社会問題になっています。ラグビーだけで解決できるわけではありませんが、その手助けにはなるはずです。私自身の経験から、チーム競技であるラグビーには、子供たちをよりアクティブにさせる力があると確信しています。初心者でも楽しめるタグラグビーでも充分です。ラグビーを通じて、身体を動かすことの重要性を学んでいく。それは他のスポーツでも言えることです」

子供たちにラグビーに触れさせ、プレーさせるだけでよいというわけではないと彼女は続ける。「現代の子供たちは、スポーツ以外の多くのことに興味を持っています。ニュージーランドでも、特に懸念されています。子供たちがスポーツをより楽しめるように、振興基金などでも大きく予算が割かれています」

四〇代前半のラスコーだが、体力は二〇代と同レベルだ。若い女性が長い間スポーツをやっていくと、ラスコーのようになれる。彼女の存在に刺激を受けて、なんらかのスポーツを始める若い女性も増えそうだ。若者たちに、長期的な健康がいかに大切か伝えることも、ラスコーは熱心に取り組んでいる。

情熱がなければ、彼女はこんなにも長いこと活動を続けてこなかっただろう。二〇一七年ワールドカップでの優勝など、偉業を達成することで、若者たちにスポーツをプレーする大切さを示してきた。「女性ラグビー選手は確実に増えています。カンタベリー・ユニオン（ラスコーはカンタベリー・ウーマンのコーチを務めている）も、そのことを実感しています。組織には、女子チームのために働く二つのポジションがあり、そのうちの一つが、女性の能力開発を推進するためのスタッフです。七人制、十五人制の女子ラグビー組織で、より多くの人を重要なポジションに就かせるための役割なんです」

ラスコーは他のクラブのトレーニングセッションに出席しては、カンタベリー・ユニオンを発展させていく方法を模索し続けている。

ラグビーをプレーする少女たちが増えていることが、なによりもラスコーの力になるという。先日クライストチャーチ郊外で開催されたラグビー大会には、U6の女子チームが三組参加していた。この国の少女たちの間で、ラグビーがどれだけ浸透してきたかがよく分かる。ブラックファーンズ・セブンズの活躍を受け、セカンダリースクールの女子ラグビーチーム数も増加した。だがラスコーは、女性のラグビー人口を増やすために、セブンズだけに頼るべきではないと考えている。「この国にはそれだけの人口がいません。ラグビーに対するより大きな形を示していかなければならないんです」

他にも課題はある。現行の制度では、女子選手が一貫してラグビーを続けていくことができないのだ。ラスコーは説明する。「女子は十六歳になるまで、女性ラグビー界でプレーできないと法律で決められているんです。でも男女混合チームでは十四歳までしかプレーできないため、この十四歳と十六歳の間に空白ができてしまうんです。その間、女子選手はどのグループにも所属できません。ネットボールなど他の競技では、途切れることなくプレーをし続けられるのに、ラグビーではそれができない。どうにかしなければいけません」

このラグビー大国で、男子女子ともに同じような問題を抱えているのは明らかにおかしなことだ。男子が十三歳から十八歳までクラブチームでプレーできないのは、フランク・バンスはじめ多くの人が指摘した通りだ。そして女子ラグビー界にも、同様の問題が存在しているのだ。

ラスコーは言う。「十四歳までラグビーを続けてきた選手が、突然十六歳までプレーできなくなってしまうんです。学校以外にプレーできる場所がなく、学校のクラブに所属していても、順風満帆に進んでいけるわけではありません。学校を卒業したら、すぐにブラックファーンズやカンタベリー代表などに飛び込んでいかなければならない。その前段階が欠けているんです。U16カンタベリー女性チームも、U18チームもありません。突然、シニアチームに放り込まれるんです。そんな環境に耐えられる選手も一人か二人ならいますが、ほとんどがそこで脱落します」

この問題を解決するためには、女子選手もクラブのアンダーチームでプレーできるようにすべきだとラスコーは提案する。土曜日の午前にクラブのU16のチームで練習し、必要なら午後にも学校のチームでプレーをする。水曜日の放課後はトレーニングにあてる。学校とクラブが協力し合うことが不可欠だ。

またセカンダリースクールがかかわりすぎていることも問題だという。「学校はファーストフィフティーンに勝利してもらいたい。でもそのことにこだわりすぎて、長期的な視点に欠けてしまっています。学校側はトップ以外の選手を大勢受け入れれば、その分ファーストフィフティーンが弱くなることを懸念しているようです」

ラグビー強豪校は、ラグビー界が必要とする措置よりも目先の勝利を優先する。この傾向は、国中の学校で見られる。

もし政府が、全国民を対象にした健康増進プログラムを開始し、学校にもその負担を求めれば、間違いなく学校はトップ選手だけに力を注ぐことが不可能になる。学校はそのような事態を望んでいない。「ラグビー強豪校」という評判を得ることこそ、なによりも優先しているのだ。

「セカンダリースクールレベルでは、近隣校との競い合いになっています。それぞれ違った特徴を持っているのに、同じ目標を目指して進もうとしているんです」

女子ラグビーが存在することに驚く人もいるが、本来なら驚くべきことではない。男子ラグビーのような極端な肉弾戦はなく、純粋なスキルの高さを堪能することができる。ラグビー純粋主義者は、女子ラグビーのスキルこそ楽しめるそうだ。

「女子ラグビーには、身体的な優位性をひけらかすような場面はありません。だから選手たちのスキルをそのまま堪能できるんです」とラスコーは話す。「女子選手たちのスキルが高いのは、身体的な要素よりも、いかにスキルを上達させるかが幼い頃から優先されているためでしょう。女子ラグビーに対する、知識や理解がさらに深まっていけば、試合の力強さと質も向上してくはずです」

　自分たちはどのようなプレーが求められているか、どのような試合が求められているかを理解したいと願う女子選手も多い。ラスコーによると「自分はなんのためにこのスポーツをやっているか」と自問する女性も多いようだ。男子選手には見られない特徴だ。中立的な立場から眺めると、女子ラグビーでは、フィールド上のスペースを探し出し、ボールスキルとパススキルを駆使する試合展開が多いように感じられる。古き良きラグビーの姿がそこにあるのだ。

　ニュージーランドの社会全体にラグビーは行き渡っている。ラグビーについてなら、誰とでも会話をすることができる。インバーカーギルにある衣料品店の店員とだって、オークランドのパーネル・ビレッジのカフェにいる元首相とだって、オークランドからハミルトンに続く道沿いの喫茶店で休憩をするトラック運転手とだって、誰とでもラグビーについて話し合えるのだ。オールブラックスの試合がある日は、南島から北島までニュージーランド全土がラグビー一色になる。ラスコーは子供の頃は、真夜中に起き出しては、テレビで父親と一緒にオールブラックスの海外でのテストマッチを観戦したという。忘れられない思い出だと彼女は振り返る。

老若男女に関係なく、誰もが同じ目標を持ち、試合のたびに一喜一憂する。ラグビー界では、女性ならではの資質もいくつも発揮されている。なかでも冷静に物事を見る目は素晴らしい。「この国でオールブラックスを知らない人はいません」とラスコーは語る。

「誰もがひいきのラグビーチームを持っている。それも、オールブラックスの存在があるからこそです。ブラックファーンズも同じような存在になりつつあると感じますね。すでに多くの国民が彼女たちを応援し、誇りに思っています。

一九八〇年代後半から九〇年代前半にかけて、一〇代だった私は、ブラックファーンズのことをなにも知りませんでした。でも今では、女子ラグビーの代表チームがあることを、六歳の少女たちだって知っているはずです。女性がラグビーをプレーする機会も格段に増えました。ブラックファーンズ・セブンズやブラックファーンズの試合はテレビでも放映されます。女子ラグビーに対する、世間の認識が高まっています」

女子ラグビー人口が増えれば、コーチの数も増やさなければならない。当分はボランティアのコーチで間に合うかもしれないが、女子ラグビーを発展させるためには経験あるコーチが必要だ。ラグビーからどんなことを得たのか？　そう質問すると、ラスコーは慎重に言葉を選びながらこう答えてくれた。「自分には身体的な競い合いができると、己に対する自信を高められたことですね。他者と本気で身体をぶつけ合うのは、特別な行為です。特に女性はそういうことに慣れていないので、ラグビーは女性に向いていないという考えがあるのかもしれません。でもそんな流れも変わってきています。何度倒されても立ち上がり、諦めずにプレーを続ける——ラグビーからはそういった大切なことを教わりました」。そして不屈の精神はラグビー特有のものだと彼女は続ける。「そんな精神を子供たちに伝えていけたら、魔法のように素敵なことですよね」

現場からも、ラグビーをプレーする少女が増えているという声が聞かれる。オタゴ・ラグビー教会の代表のリチャード・キンレイは、オタゴ地方ではこの度初めて、女子ジュニアチームだけの大会が開かれたと話した。木曜日の夜にはコルツの試合が行われており、いつかは十人制の大会ができるかもしれない。七人制ラグビーの人気が飛び抜けて高く、オタゴの登録選手七千八百人のうち千二百五十人が女子だ。そのほとんどが十三歳から二十歳で、この年齢層の人気が特に高まっていることがうかがえる。女子選手が基本を身につけられるように、セカンダリースクールの七人制女子チームのトーナメントも新設された。この試みが功を奏し、プレー人数は劇的に増えた。

キンレイは、このまま女子選手が爆発的に増えていくとは思っていないようだ。もちろん彼は、すでに多くの女子がラグビーを行っている現実を軽視しているわけではない。「女子ラグビー界に、専門のスタッフが配置されると素晴らしいですね。現在は予算が足りないため、既存のスタッフが対応しています。ニュージーランドではウィンタースポーツとしてネットボールがすでに大人気で、ラグビーをプレーする女子は、男子ほど多くありません。でも、他の競技からセブンズに移ってくるアスリートは大勢います」

ではニュージーランドにとって、女子ラグビーはどれほど重要な存在なのだろうか？「とても重要だ」そう答えるのは、元クルセイダーズCEOのハーミッシュ・ライアックだ。「重要性はどんどん高まっています。地域ラグビー界での存在感も増している。ビジネスレベルでは、男子ラグビーに比べると、他スポーツとの競争がまだまだ厳しいですが、この国にとっては、女子ラグビーが盛り上がるのは歓迎すべきことです。カンタベリーには、長いこと女子ラグビーチームが存在しています。最近では、セブンズも素晴らしい活躍を見せています。でもそんな状態を支えるには充分な資金が必要です」

二〇一八年三月、女子ラグビー界にさらに喜ばしいニュースが舞い込んだ。国のトップ30に選ばれた女子選手は、ラグビー協会とブラックファーンズ契約を結ぶことができるようになったのだ。トップ7の選手は二万ドル、トップ8から14の選手は一万七千五百ドルの報酬が支払われる。さらにトップ15から21までは一万五千ドル、残りの九選手には一万二千五百ドルが支払われる。

またブラックファーンズのスコッドに対して、年五十日のトレーニングキャンプが行われることも決定した。週に二千ドル支払われ、予備として一万四千から一万五千ドルが上乗せされる。さらに新たに設立された「ブラックファーンズ・レガシー基金」から十万ドルの資金も提供され、三十人のスコッド選手で分けられることにもなった。二〇一七年のワールドカップで優勝したチームメンバーは、ワールドカップ大使として一万ドルが与えられ、ラグビーの普及と啓蒙《けいもう》のために活動を行う予定だ。各選手は週に十時間から十四時間をラグビーに費やし、残りの時間はラグビー以外の学習やスキル習得に充てられる。

この三十人に加えて、さらに二十人の選手が「ワイダートレーニングスコッド」に選出されることになる。スティーブ・ハンセンは女子ラグビーのプロ化に向けた動きを「素晴らしい」

と評価している。男子ラグビーが、プロ化に踏み切るまでに百年もの年月がかかったのだ。

一方のイングランドのラグビー協会は、二〇一七年中盤に十五人制女子代表選手のフルタイム契約の中止を発表。イングランドは、ここでもまたニュージーランドとは全く違った道を選択したのだ。

ラグビー界における女性の役割は見落とされがちだ。だが、ニュージーランドラグビー界がいかにして黄金期を築き上げ、世界に君臨してきたかを語る上で、彼女たちの働きを抜きにすることはできないのだ。

第13章

プロ化したラグビー界の現実

スティーブ・ハンセン、スティーブ・チュー、サー・グラハム・ヘンリー、
アンドリュー・スラック、サー・ジョン・キー、ブレント・インピー
ハーミッシュ・ライアック　その他多数の協力を得て

「今のオールブラックスは、ただのラグビーチームではありません。競技の垣根を越えたチームです。ニューヨーク・ヤンキースが地元にやってきたら、野球に興味がない人だって見物に来るでしょう。オールブラックスもそれと同じです。ラグビーが盛んでない国にも知られた、大きな存在なんです」

アンドリュー・スラック（元オーストラリア代表キャプテン）

かつてラグビーはシンプルな競技だった。八十分間ボールを持って走り、疲れたところでボールを蹴る。試合後にはバーに集まる。だが、ここからが問題だった。思ったほど観客が入らず、運営資金が集まらない。それでも深刻になる者はいなかった。ラグビーが楽しめればそ

れで充分だった。

そんな光景も、今では大きく変わった。サー・グラハム・ヘンリーは、ニュージーランドのラグビー界は、誰も想像しなかったような悲惨な結末を迎える可能性があると話す。オールブラックスが強すぎることが原因で、財政的に大打撃を受けるかもしれないのだ。

「南アフリカは深刻な問題に直面しています。もうラグビー強豪国と呼ばれることもないでしょう。多くの選手が国を去り、他の国や地域でプレーしています。高額納税者も続々と国を離れているため、スポーツ界全体の強さを保てないんです。特にラグビーはその傾向が顕著です」とヘンリーは話す。

二〇一六年にはサー・トニー・オライリーも、同様の懸念を口にした。「現在の南アフリカはひどいものです。二〇一六年一一月には取立てて強敵ぞろいだったわけでもないアイルランドにすら負けた。あのときのバックラインには見どころのある選手は一人もいませんでした」。二〇一八年に南アフリカはそれまでの方針を百八十度転換する。海外に拠点を置く選手を、代表チームには一切起用しないというルールを緩和させたのだ。それでもオールブラックスには到底かなわなかったはずだ。まれに勝利することすら難しい状態だった。

ではニュージーランドの宿敵オーストラリアはどうだろう。「急激に弱体化しています」とヘンリーは言う。「両国には、ラグビー強豪国として復活してもらいたいですね。彼らが弱いのは、ニュージーランドにとっても都合が悪いことです。でも、今の南アフリカには這い上がるだけの力はありません。問題に気づいたときには、もう遅かった。状況はなし崩しに悪化していったんです。オーストラリアも右肩下がりに後退していった。三、四年間ほどその予兆は感じられていましたが、崩壊は一瞬でした。今後オーストラリアのスーパーラグビーのチームまで勢いを失っていけば、問題はより深刻になるでしょう」

そうヘンリーが話したのは、二〇一七年前半のことだ。その年の後半には、彼の言葉が驚くほど当たっていることに気づかされた。オーストラリアは、シドニーで行われたニュージーランド戦で、前半だけで四〇点も失点したのだ。一一月には、マレーフィールドでスコットランドに二四対五三で大敗。かつての勢いからは見る影もない状態だった。実際にオーストラリアは、二〇〇二年以降ブレディスローカップを手にしておらず、二〇〇一年を最後に、ニュージーランドでのテストマッチでも勝利を収めていない。

二〇一七年一〇月にオーストラリアは、ブリスベンで行われたブレディスローカップ三戦目でオールブラックスを二三対一八で破った。といっても、この勝利を手放しで喜べたわけではない。一、二戦目で勝利を収めたオールブラックスは、このときにはすでにブレディスローカップを手中に収めていた。赤字続きのオーストラリアラグビー協会の資金を調達するためだけに、彼らは三戦目の開催に同意したのだ。さらにオールブラックスは、ラグビーチャンピオンシップを終えて、ブエノスアイレスとケープタウンから帰国してきたばかりで疲弊していた。

ボーデン・バレットやブロディ・レタリック、オーウェン・フランクス、ジョー・ムーディ、ベン・スミス、イズラエル・ダグといったオールブラックスの主要選手は試合に出場することなく、自宅に残されていた。チームはこの三戦目を新人選手たちの力量を試す場にしていたのだ。オーストラリアが、いかに弱くなったかがよく分かる。追い討ちをかけられるようにスコットランドに完敗したことで、その凋落《ちょうらく》ぶりが浮き彫りになった。

オールブラックスは、二〇一七年にケープタウンで行われた南アフリカ戦でも、同様の手を使っている。前述のオーストラリア戦を欠場した選手だけでなく、ジェローム・カイノ、アルディ・サヴェア、ルーク・ロマノ、アントン・リナート＝ブラウン、ワイサケ・ナホロ、ンガニ・ラウマペ、そしてあのヴァエア・フィフィタらも先発メンバーから外したのだ。これほどまでに優れた選手を揃えることなど、南アフリカにはできるはずもない。オールブラックスのバックアップレベルですら到底無理だ。オーストラリアにも、アルゼンチンにも不可能だ。

スティーブ・チューも、この事態を問題視している。世界最高のラグビーチームであるニュージーランドが、資金難に陥る可能性があるとはなんとも皮肉なことだ。しかもその原因は、強すぎるオールブラックスにある。近隣諸国の力量が低下していく一方、オールブラックスはより強くなっていった。そんな状況が、南半球ラグビー界の弱体化につながっていったのだ。ニュージーランドの一人勝ちでは、テストマッチが盛り上がるわけがない。では誰がこの問題に対処し、責任を取るべきなのだろう？　この状況を招いたのがニュージーランドなら、彼らが他国のラグビー界を救わなければならないのか？

南半球の四カ国が競うラグビーチャンピオンシップでは、試合前から結果の予想が容易についてしまう状態だ。メディアのアナリストで、元ブリティッシュ＆アイリッシュ・ライオンズ選手のステュアート・バーンズは、二〇一七年にこう書いている。「チャンピオンシップ（旧トライネーションズ）は、二一世紀末前後が最も盛り上がりを見せていた。オーストラリアが二〇〇〇年、二〇〇一年と立て続けに優勝した時期である。だがそれ以来、ニュージーランドが二年連続で優勝を逃したことはない。一二大会中十五回優勝しては、圧倒的な強さを誇っている。今シーズンのオールブラックスは、アルゼンチンからのタックルを受ける前に、第五節ですでに優勝を決めてしまっていた。

イングランドがラグビー界の頂点に立つためには、オールブラックスに匹敵する水準に達する必要があるだろう。だがイングランドラグビー協会の新代表スティーブ・ブラウンは、ニュージーランドの強さに気づいていないようだ。現在のイングランドは世界ランク二位だが、一位との差はあまりに大きい。イングランドは豊かな財力を有しているが、ニュージーランドは素晴らしい文化を誇っているのだ」

二〇一七年九月、オークランドのアルバニーでオールブラックス対南アフリカの試合が行われた。使用されたスタジアムの収容人数は二万五千席をやや上回る程度。ニュージーランドラグビー協会が、五万席ものキャパシティを誇る国内最大のイーデン・パークでは多くの空席が出るのではないかと懸念したのだ。確かにテレビ画面に映ったときには、満員のスタジアムの方が見栄えがする。

ラグビー王国が五万人規模のスタジアムを埋められない。財政面から見て、このような状況はなにを意味するのか？　また南アフリカやオーストラリアの弱体化が止まらなければ、どのような事態が起こるのだろう。誰がその空白と財源を埋めるのだろう。南半球のラグビー界にニュージーランドしか存在しないような状況になれば、世間のラグビーへの関心は弱まっていくだろう。勝利を喜ぶニュージーランド人でも、その現実に気づかないわけがない。二〇一七年にダニーデンのフォーサイス・バー・スタジアムで行われたオーストラリア戦でも、三万もの座席は完全に埋まらなかった。屋根付きで、見晴らしの良さが評判のスタジアムであるにもかかわらずにだ。

　二〇一七年の南アフリカがトップ選手だけを選出していたら、オールブラックスと互角に戦えたはずだ。そうスティーブ・ハンセンは振り返る。

「南アフリカがこの問題に真剣に取り組んでいるのか、私には分かりません。でも南アフリカは、ベストメンバーでチームを編成しようとしない唯一の国です。その理由は見当がついています。ネルソン・マンデラなら理解できるでしょう。スプリングボクスこそ国をまとめられる存在であることが、彼には分かっていました。私もそう思います。南アフリカが正しい選択をして自然に成長できれば、国を一つにするほどの力を持つチームになるでしょう。選手を正しく選出すれば、多様性を持ったチームになるはずです。

　ラグビーは黒人のスポーツではありませんが、他のスポーツやビジネスにはできないやり方で、南アフリカ国民を結びつけていました。今ではそんな統一感はまるでありません。強烈な歴史を持つ国です。部外者には理解できない部分もあるでしょう。

　怒りを抱いている国民も多い。でも誰もが、昔のような状態に戻りたくないと思っています。政治色の強い見方になってしまいますが、南アフリカの代表チームを見ていると、彼らが肌の色で選手を選んでいることに気づきます。これは友人ハイネケ・メイヤーに指摘されて、気づいたんです。スポーツマンシップの精神に明らかに反しているし、ベストメンバーを選べなかったり、選手たちが疑心暗鬼になったりもするでしょう。『自分はチームの〝バランス〟を取るためだけにここにいるのか？　それとも本当に実力が評価されて選ばれたのか？』と選手は混乱してしまいます」

ニュージーランドなら南アフリカに良い影響を与えられるはずだと、ハンセンは話す。「オールブラックスは、異なる文化を持った選手が集まり、団結しているチームです。南アフリカだって同じことができるはずです。他国の方針に口を挟むつもりはありません。でも今どんな選択を取るかで、未来は大きく変わってきます。かつての強力なライバル、そしてラグビー大国が消滅することは、不幸でしかありません」

スプリングボクスは、他国とやりあえるだけの選手を二十三人も抱えているのだろうか？ハンセンはこう答える。「それ以上に存在しますよ。でも選手は自分たちの将来のために、海外に出ていってしまうんです。金銭的な理由です。一ポンド＝十六〜十八ランドほどの為替レートなので、海外の方が金になるんです。でもスプリングボクスは、海外に拠点を置く選手をメンバーに選ぼうとしませんでした。そう決めておかないと、ほとんどの選手が外に流出してしまうからです」。だがニュージーランドにも同様の規定がある。ハンセンだってそれくらい分かっているはずだ。

これがプロ化したラグビー界の現実だ。ニュージーランドがラグビー界の先頭を走り続け、アイルランドとイングランドがトップとの大きな差をなんとか縮めようと争う。二〇一八年初頭は、それ以下の国は姿も見えないような状態だった。これは他の国だけでなく、ニュージーランドにとっても憂慮すべき状況だ。ワールドラグビーが本質的な問題に取り組まず、無意味な対策ばかり立ててきたせいである。「南アフリカやオーストラリアの衰退は、ニュージーランドにとっても憂慮すべき問題です」とチューも述べる。

地理的な孤立状態は、ニュージーランドにとって有利に働くこともある。だが遠征では不都合でしかない。チューは言う。「他国との試合の調整は簡単なものではありません。飛行機に乗って、長時間移動しなければなりません。毎週のように他国と試合を行えば、費用もかさみます。誰もが納得できるように試合を組むことは難しいんです」

二〇一七年のスーパーラグビーには、ニュージーランドの他に、オーストラリア、南アフリカ、アルゼンチン、日本のチームも参加した。だがニュージーランドのチームに匹敵するのは同国チームだけだった。何百万ドルもの大金をかけて海外へ赴き、そこで相手にならないチームと対戦をする意味などあるのだろうか。

大規模な方が盛り上がる。そんな思い込みを持つ頼りない管理組織のせいで、スーパーラグビーはつまらない大会になってしまった。世界のラグビーが無能な運営によって、何年も苦しめられてきた好例だ。スーパーラグビーを運営するSANZAARは、十五のチームを三つのカンファレンス各五チームに分け、二〇一八年にはスーパー15を開催した。適切な判断だとは言い難い。思い切ってチーム数を十二にまで減らすべきだったのだ。ニュージーランドから五チーム、オーストラリアと南アフリカがそれぞれ三チームで、アルゼンチンからは一チーム。以上だ。

ジョン・ハートも「スーパーラグビーの対策はひどいものでした」と述べている。「十八チームにまでに膨れ上がったときは最悪でしたね。構造的に大会は不公平になり、純粋にラグビーが楽しめなくなる。ニュージーランドのチームが強すぎるんです」

ニュージーランドのラグビー界は何度も資金繰りに窮しながらも、いつだって生き延びる道を見つけてきた。「資金がないとなにも始まりません。それが現実です」とチューは言う。「だからオールブラックスは、グローバル企業を主要スポンサーに据えているんです。ジャージのサプライヤーを増やすときも、よく考えて決定しました。ニュージーランドの企業ではありません。この国には、私たちが必要とするだけの資金を提供できる企業が存在しないんです」

だからオールブラックスは、ニューヨークへ飛んだ。多国籍の保険会社ＡＩＧと会うためだ。「成功のシンボル」であるオールブラックスのジャージは、まさに世界的に知名度を上げたいと考えていたＡＩＧが求めていたものだった。「あの一歩は大きかったですね」とチューは語る。「当時、充分な資金を生み出せておらず、経営難に陥りかけていたんです」

ニュージーランドラグビー協会は、あらゆる場面で資金を必要としている。地域で試合を行うにも金がいる。この国のラグビー界は、下部の組織のために上部の組織が資金を用意する。この方法は一長一短だとチューも認めている。「財政はますますひっ迫されています」

一流選手をニュージーランドに引き留めるためにも、大金が必要だ。豊富な資本を持つイングランドやフランスのクラブが、イズラエル・ダグ、ベン・スミス、ボーデン・バレット、ブロディ・レタリックといった選手を虎視眈々《たんたん》と狙っている。イングランドのブリストルなら、いくらだって大金を積んでくるはずだ。フランスのクラブも湯水のように金を使う。

だがニュージーランドは違う。ＡＩＧやＡｄｉｄａｓといった企業スポンサーが必要だ。そのためにはオールブラックスが、ラグビー界の頂点に君臨し続けなければならない。勝ち続けることが求められるので、一流選手は不可欠だ。彼らをつなぎとめるための大金が必要なのだ。

この問題について、多くの人が頭を悩ませている。首相レベルの人間にとっても、一筋縄ではいかない問題だ。元首相サー・ジョン・キーはこう話す。「世界的に見て、トップレベルの選手のギャラはとんでもない額に達しています。ラグビー協会にとっては厄介な問題です。南アフリカはより深刻な状況に陥っています。優れた選手が、次々と活躍の場を国外に移しているんです。ニュージーランドでも同じことが起こる危険性があります。オールブラックスも、選手たちに迷いが生じていることを認識しています。海外からの大金のオファーを断ってオールブラックスに残っても、活躍が保証されているわけではありません。バックアップに回され続けるかもしれない。それでも決断を迫られる。スティーブ・ハンセンも、資金が尽き、選手をつなぎとめられなくなる日が来ることを恐れています」

ここでは「新しい考え方」が重要になってくる。二〇一七年一一月、イングランドとニュージーランドが、トゥイッケナム・スタジアムでのテストマッチの開催を協議したときのことだ。ニュージーランド側は、イングランドに対して、試合出場料として二百万ポンドを提示した。自分たちは世界王者で、ラグビー界で最も注目を集める存在なのだ。ホーム側が相手国に出場料金を支払うのが通常のやり方だ。それでもホーム側は、儲けを手にできる。例えば二〇一七年のライオンズのニュージーランド遠征時、ニュージーランドは三千万ドル以上の利益を得た。

だがイングランドは、ニュージーランドの要求を一蹴した。オークランド・ラグビー協会の元CEOアンディ・ダルトンは、当時のことをこう語る。「無理もありません。イングランドでは、ラグビーはそこまで注目を集めるスポーツではないんです。フランス戦ですら、二年に一度トゥイッケナムで行われる程度なんです。ラグビーが見たければそっちに観客が集まります。オーストラリア対ニュージーランド戦は毎年三回は開催されていますが、イングランドはオールブラックスと戦う必要がそこまでなかったんです」

当時のイングランドラグビー協会会長のイアン・リッチーは「なら自分たちで八万人が収容できるスタジアムを建てればいいじゃないか」と言い捨てたという。正論だ。

二〇一一年にニュージーランドでワールドカップが開催されたが、それよりも前に、当時の労働党政府がオークランドのウォーターフロントに巨大スタジアムを建設するために予算を割くと発表した。イーデン・パークを取り壊し、その跡地に住宅街を作って予算に充て、足りない分は税金で賄うという。世界でのニュージーランドの存在感の高まりをアピールする狙いもあった。革新的なデザインがいくつも提案され、なかにはマオリ族のカヌーをモチーフにしたものもあった。とても素晴らしいデザインだった。

だが結局、そのデザインが本物のスタジアムになることはなかった。オークランド市議会はスタジアム建設に前向きだったが、地方議会が全会一致で反対したのだ。「後の世代から、マイク・リー（当時の地方議会議長）は、せっかくのチャンスにケチをつけたと言われるだろう」といった皮肉も聞かれた。

サー・ジョン・キーも「あれは誤った判断だった」と振り返る。「あのマオリのカヌーの形をしたスタジアム案は、ニュージーランドという国をよく表していましたし、ウォーターフロント開発の中心的な役割を果たしたはずです。誰にとっても良い計画だった。イーデン・パークは立地が悪いのが難点です。交通の利便性も低く、娯楽施設として不便なんです」

だがチューはイングランドの無愛想な態度に応戦することなく、ウィットに富んだ返答をした。「イングランドの判断は賢明でしたよ。収支のバランスを考えて、あの結論に達したはずです。世界最高のスタジアムだってある。立地も申し分ない。彼らは金を持っているんです」

もしニュージーランドが新たなスタジアムを建てていたら、テストマッチはそこだけで行われるようになっていたのだろうか？　それはないだろう。チューは答える。「素晴らしいスタジアムを建設したところで、オールブラックスが一つの場所だけでプレーすることはありません。第一、採算が取れない。そこでどれだけ試合ができるか考えなくてはなりません」

ニュージーランドは、毎年七、八回ほど国内でテストマッチを行っている。それらの試合を全てオークランドだけで行うことは想像できないとチューは話す。「他の人なら違う結論を出すかもしれませんが」そう前置きしながらも彼は、北島のオークランドだけで試合をするようになれば、南島やウェリントンなどに住む国民とラグビーのつながりが薄れかねないと、苦々しい口調で説明した。「現在のオークランドには、オールブラックスが試合できるスタジアムはありませんが。それにしても、ずっと同じ場所でプレーするのは無理でしょう」

大地震に見舞われたクライストチャーチで新たなスタジアムが完成するまで、あと十年以上はかかりそうだ。ダニーデンのフォーサイス・バー・スタジアムは、建設に一億九千八百万ドルもの費用がかかった。屋根付きで設備も申し分ない。しかし収容人数は三万人ほど。これでは大きな収益は見込めない。チューがこの問題に気づかないわけがない。「『オークランドにラグビー場を』と言うのは結構ですが、満席になるのは年に三、四回ほどあればいい方でしょう。五億から十億ドルもの費用をつぎ込んでもその程度なんです。とはいえ、他のスタジアムにも欠点はあります。ウェリントンのウエストパック・スタジアムは観客席からフィールドが遠い」

政府がかつての労働党政権のような気前の良さを発揮しない限り、優れたスタジアムを建てるためには、ラグビー協会は重い借金を背負わなければならない。ならスポンサーから巨額の出資を受ければいいのでは？　チューは即座に否定する。「スポンサー契約はすでに限界に達しています」

懸念点はそれだけではない。クライストチャーチが本拠地のクルセイダーズのCEOハーミッシュ・ライアックも、オークランドに新スタジアムができれば、主なテストマッチが全てそこで行われるのではないかと危ぶんでいる。そうなれば、クライストチャーチ、ひいては南島のラグビーシーンは終わったも同然だという。そんな事態を回避するために、オークランドだけでなく、クライストチャーチにも収容規模四〜五万人ほどのスタジアム建設が求められる。

「オークランドにスタジアムが建設されていれば、クライストチャーチとラグビーのつながりは希薄になっていたはずです。だってオールブラックスが自分の地域に来なくなるんですよ。国全体でラグビーの関係が弱くなっていた可能性すらあります。オールブラックスは、国民にとって重要な世界最高のチームです。国に対して誇りを抱いているのも、オールブラックスを誇りに思っているからです。ニュージーランドにとって、ラグビーとオールブラックスは特別な存在なんです」

ニュージーランドラグビー協会のチェアマンであるブレント・インピーによると、同協会はオセアニア、アジア全域（北、東、東南アジア）、北米の三地域を中心に新たなビジネスを展開させていくことを考えているようだ。二〇一六年にシカゴでアイルランドとのテストマッチを行ったことがきっかけで、二〇二〇年のボストン、二〇二一年の北京か上海でのテストマッチ開催予定につながったと考えられているのだ。しかし新しい地域で試合を行うようになれば、これまでの地域をおろそかにすることにもなる。かつてのつながりが失われてしまう恐れもあるのだ。

「ニュージーランド最大のブランドがオールブラックスでしょう。世界的にも有名です」インピーは言う。「資金的な問題を解消するために、これからは世界を舞台にした活動をより増やしていこうかと考えています。ラグビー人気は急速に高まっています。しかるべき手を打てば、この市場で成長していけるはずです。モンスターのように巨大になったラグビー界を維持するためにも、資金を調達しなければなりません。オールブラックスのジャージに三つ目のスポンサーをつけることも、今の時代なら可能です。国際的なパートナーシップを探していまず」

ラグビー協会は、テクノロジーに巨額の投資を行っているという。これからは、消費者行動に即した最新式のテクノロジーが不可欠だとインピーは話す。手本は世界中に存在している。二〇一七年、彼はサンフランシスコを訪れ、NFLサンフランシスコ・フォーティナイナーズの試合を観戦した。「一流のスタジアムで最高の体験ができました」と振り返っている。それならニュージーランドにも、七万人を収容できるスタジアムを建設すべきなのか？　インピーは笑いながら「そんなお金を払える人ばかりではありません」と言う。「現代人は、新たなエンターテイメント体験を求めています。吹きっさらしのスタジアムで観戦するより、高いお金を出してでも、温かいシートでビールを楽しめる方を選びます」

才能ある選手を獲得しようと、ニュージーランドには世界中からオファーが集まる。エージェントが伸ばしてくる触手は、この国のラグビー界にとってより大きな脅威となっている。ニュージーランドが才能ある選手をつなぎとめ続けるのはもう不可能だ。ダン・カーター、マア・ノヌー、チャールズ・ピウタウ、ジェイムズ・ロウ、スティーブン・ルアトゥア、マラカイ・フェキトア、リマ・ソポアンガ、ジェローム・カイノ、リアム・メッサムはすでに海外に移籍した。これからも、家族や目標など様々な事情で、選手たちは国を離れるだろう。ニュージーランドにとって大きな問題だ。

ラグビー協会の財力は限られている。ヨーロッパや北半球のラグビークラブとの限りないギャラ争いをどの時点で終わらせればいいのだろうか。

ボーデン・バレットはもちろんのこと、ライアン・クロッティ、ブロディ・レタリック、サム・ホワイトロック、サム・ケイン、リコ・イオアネ、アーロン・スミス、ベン・スミス、ダミアン・マッケンジーといったオールブラックスのスター選手は、イギリスやヨーロッパでは一年で八十万から二百万ポンド（あるいはユーロ）レベルの報酬が得られるはずだ。二年契約で一年のオプション付き。あるいは、ダン・カーターがラシン92と契約を結んだように三年契約で、三百万〜四百万ポンド（あるいはユーロ）もの報酬が得られるのだ。二〇一七年八月には、アーロン・クルーデンがフランスのモンペリエと、年八十万ユーロで三年契約を締結。二〇一八年前半には、ボーデン・バレットが、フランスのトップクラブから提示された一シーズン三百四十万ユーロのオファーを退けたと伝えられている。

ニュージーランドは、自国選手の海外移籍を阻止するだけの資金を有することができるのか？　無理だろう。しかし「強力な一手」が残っていることを忘れてはならない。ラグビー選手なら誰もが切望する、オールブラックスのジャージである。プライスレスな存在であり、この黒衣をまとった選手から誇りが消えることは一生ない。オールブラックスのジャージこそ、選手をつなぎ止める上で大きな効果を発揮するだろう。

ニュージーランドの第一線では戦えなくなったから。そんな理由で、海外に活躍の場を移す選手も存在する。だがフランスやイングランドほどの高報酬を求めながら、同時にニュージーランドにとどまることは不可能なのだ。

ニュージーランドのラグビー界を破壊したと、多額の報酬で選手を誘うフランスのクラブを責めることはできない。今後は、ニュージーランドもトップ選手との駆け引きを覚えていくべきだ。オールブラックスのセレクターは、自国のシステムにもっと自信を持つべきだろう。世界最高のシステムなのだ。トップ選手が海外に移籍したからといって、国内から優れた選手が出現しないと誰に言えるだろう。ボーデン・バレットの出現がそれを証明している。ダン・カーターは天才だったが、唯一無二の存在ではなかった。ニュージーランドでは優秀な選手が育ち続けているのだ。各選手の存在も重要だが、ニュージーランドにはオールブラックスというチーム、そしてこれまでに受け継がれてきた遺産が存在する。

二〇一五年のワールドカップ終了後、ダン・カーター、リッチー・マコウ、コンラッド・スミス、マア・ノヌー、トニー・ウッドコックは揃って引退した。オールブラックスの戦力は低下すると予想する人も多かった。あれだけの面々が引退したのだから、それもしょうがないという声も聞かれた。だが予想は外れた。二〇一六年、オールブラックスはテストマッチ十四戦で十三勝を挙げた。負けたのは、シカゴでのアイルランド戦のみ。過去最高のオールブラックスメンバーだと評判になった。

ボーデン・バレットも、そんなニュージーランドのラグビー界から生まれてきた一人だ。そのバレットが去ったとしても、今度はダミアン・マッケンジーのような素晴らしい選手が新たに出現する。ニュージーランドは、トップ選手だけに大金をつぎ込むことをやめた方がいい。ある程度の予算は必要だ。でも大金を投じてはならない。この国では草の根レベルでラグビーが楽しまれており、支援を必要としている。そのレベルへの支援を怠れば、いつか大きな報いを受けることになる。

インピーはそうは思っていないようだ。「この国にはラグビー選手が次々と生まれてくるシステムがあり、有能な選手も必ず出現する。そんな考えもあるかもしれません。でも私たちは一流選手を引き留め、オールブラックスを世界一に君臨させ続ける使命があるんです。ニュージーランドのラグビー界でお金を生み出せるのは、オールブラックスだけです。それははっきりしている。オールブラックスの勝利のために、トップ選手層に大金を注ぎこまなければいけないのです」

また彼は、地域ラグビーによって支えられているラグビー協会は、岩盤の上に建てられた家のようなものだと説明する。その証拠に、協会はプロヴィンシャル・ユニオン二十六チームによって所有されている。プロヴィンシャル・ユニオンへの支払いをより少なくすれば、協会は大きな利益を上げられる。「二〇一七年の収益は約一億六千万ドル。損失は七百万ドルほどでした。でもプロヴィンシャル・ユニオンには、九百万ドルほど資金を追加しました」

ラグビーの未来を考えていく上で、また別の問題も無視できない。怪我についてだ。二〇一六年、ニュージーランドのラグビー場では六万二千三百三十七件の負傷事故が起こり、ニュージーランド事故補償制度（ＡＣＣ）から七千八百二十万ドル支払われている。二〇一八年四月には英医学誌『ランセット・サイカイアトリー』に、脳しんとうについて次のようなデータが掲載されている。三十六年の追跡調査によって、脳しんとうを起こした人間は認知症を発症する危険性が一七パーセント高まり、外傷性脳損傷を負った人間は二四パーセント高まることが判明したというのだ。この結果を、ラグビー界は無視できないはずだ。

顧問神経病理学者ウィリー・ステュアート医師も、プロラグビー界で脳しんとうが起こる確率は「見逃せないほどに高い」と述べている。そして脳損傷のリスクを減らすために、シーズン中のコンタクトプレーのトレーニングを制限、もしくは完全に禁止すべきだと提言している。イングランドのラグビー界が発表した二〇一六‐二〇一七年版の傷害報告書によると、最も発生率の高い傷害は六年連続で脳しんとう。またあらゆる負傷事故の三分の一以上がトレーニング中に起こっているという。七年連続で脳しんとうの発生率は上昇しており、試合時間千時間あたり二十一件発生するまでになったとも報告されている。これはボクシングよりも高頻度ということだ。

ワールドラグビーは、この結果に対して、次のような声明を発表している。「当団体は、頭部損傷を重点分野に据え、あらゆるレベルでの傷害発生率を減少させるべく根拠に基づいた措置を講じています。未来の選手の保護を目的とした教育、管理、予防戦略に取り組んでは、高い成果を挙げてきました。トップ選手に対する頭部損傷評価（Head Injury Assessment：HIA）、段階的競技復帰プロトコル（Graduated Return to Play Protocol）、トーナメントプレイヤー・ウェルフェア基準（Tournament Player Welfare Standards）の導入だけでなく、あらゆるレベルでのより低い部分へのタックルの指導、グローバル教育、アクティブ・ウォームアップ・プログラムなどにも取り組んでいます。トレーニング・試合時の負傷リスクの低減を目的とし、各選手による負荷調整の重要性を強調するための調査・啓蒙も行っています」

イングランドの傷害報告書を受け、ワールドラグビーはルール変更を行い、反則とならないタックル位置の高さを下げた。イングランドラグビー協会の医療部門で責任者を務めるサイモン・ケンプ医師は、それだけでなく、ハイタックルに対する罰則も強化されるべきだと話している。「相手の肩のラインよりも下のタックルのみを認めるように、ワールドラグビーは変更すべきです。現状では安全なタックルと危険なタックルの違いが分かりづらいため、誤審も起こりやすい。より一貫したルールで、周囲の人間が明確に理解しやすいように改善すべきです。ワールドラグビーはハイタックルへのペナルティを強化しましたが、レフリー全員が正しくジャッジすることが求められます。我々の二〇一六–二〇一七年版報告書では、罰則強化が、脳しんとうのリスク減少につながっていないことが判明しています」

トレーニング中に起こる損傷の三六パーセントが脳しんとうだ。他のどの負傷よりも発生率が高い。また本書が出版されるまで、次の事実は公にされてこなかった。二〇〇四年に国際ラグビーボードがダブリン本部で開いた脳しんとうに関する会議に、サー・ブライアン・ロホアも出席した。

そして二〇一七年。ロホアは、ワイララパの自宅でこのときの会議について話してくれた。「選手の安全を守るためにも、タックル位置を肩よりも下のどこかにするべきだと私は主張しました。脇よりも下なら、レフリーも間違いようがありません。ですがイングランド、スコットランド、アイルランドの代表は、タックル位置の変更は不可能だと答えました。私は『そんなわけがない』と反論しましたが、聞き入れられませんでした。彼らが誤りに気づくまで、十二年もかかりました。でもその間により高い位置へのタックルがなされるようになってしまった。とても危険なことです」

同じく会議に出席していたのが、当時のアイルランドのコーチ、エディー・オサリヴァンだ。彼の記憶は、ロホアのものとは少し違うようだ。「あの会議では、腰よりも高い位置でのタックルをやめるべきだという意見が上がったはずです。タックルを受けた選手が、バランスを崩して頭から倒れてしまうからという理由です。そんな意見が聞き入れられないのは当然でしょう。相手の攻撃を止めることができなくなり、ラグビーは別のスポーツになってしまいます。オフロードパスだって止められなくなる。そんなルール変更ができるわけがありません」

本書を執筆するにあたり、私は当時の会議についてワールドラグビーに意見を求めた。最初にメールを送ったのが、二〇一八年四月五日。すぐに「メールを受信した」という自動メッセージが返ってきた。四月一六日に返事を催促すると、その日のうちにスタッフからメッセージが返ってきた。「なるべく早く返信する」と約束してくれた。だが連絡は来なかった。四月二九日と五月三日にもメールを送ってみた。四度目の連絡では本書の出版日について書いた。

「ご報告をありがとうございます」との返事が来ただけだった。本が印刷される段階になっても、ワールドラグビーから会議に関する返答はなかった。なぜここまで時間がかかるのだろう。分からない。だがこの件を通じて、改めてニュージーランドがいかに世界に先んじてラグビーについて真剣に取り組んでいるかをより強く実感したのだった。

現役時代のロホアも、脳しんとうを起こしたことがあるという。「相手の突進を受けて、何度か経験しましたよ。最も記憶に残っているのは、一九六五年にマスタートンで行われた、スプリングボクスとワイララパ・ブッシュとの試合でのことです。テストマッチの前の火曜日に行われたその試合に、私は出場していました。でも内容は一切覚えていません。『目が覚めた』ときには、すでに試合の残り時間は五分になっていました。スコアボードの得点は、三対〇から三六対〇に変わっていました。試合には出ていたけれど、ふらふら動きながら、無意識に身体を動かしていただけでした。それでも、四日後のテストマッチにも出場しました。プレーすることはできたけれど、全力は出し切れなかった」

脳しんとうのリスクを劇的に減らせないなら、世界中のラグビー協会や団体は、充分な予算を割いて、被害にあった選手を支援する手立てを講じるべきだろう。早急な対応が必要なのは確かだ。

では常に金欠状態であるニュージーランドのラグビー界は生き残っていくことができるのだろうか？　プロヴィンシャル・ユニオンの財政的支援を続けることができるのだろうか？　ブレント・インピーは「正しい手を打てば不可能ではない」と言う。ニュージーランドラグビー協会は、資金を生み出す別の方法も考慮に入れているようだ。スーパーラグビーのライオンズとブリティッシュ&アイリッシュ・ライオンズが三試合シリーズを行うアイディアも出されているが、それもサラセンズ、ノーサンプトン、グロスターといったイングランドクラブの役員室で却下されるだろう。イングランドの強欲クラブは、四年ごとに行われるブリティッシュ&アイリッシュ・ライオンズの遠征での試合を十から八に減らそうと考えているのだ。この案に反対するのは目に見えている。

七人制ラグビーの人気は急速に高まっている。オリンピック時だけでなく、より広く認識されるようになった。だがインピーは、七人制ラグビーでは「八百長」が引き起こされる恐れがあると危険視しているようだ。

「十五人制は八百長のターゲットにされにくいんです。まず十五人制のラグビーが盛んな国には、八百長の習慣が存在しない。でも七人制は事情が異なっており、八百長が起こりやすいんです。新しい国が次々と参入しており、隙もできやすい。気をつけなければいけません。街に貧しい子供があふれているような国も参加しています。具体例は省きますが、既存のラグビー国が優勢を保ち続けて、目を光らせていくべきだと思います。クリケットの例もありますし、慎重を期すべきなんです」

放送関係の専門家であるインピーは、メディアはこれから大きな変化を迎えると予想する。そしてニュージーランドは、この変化をうまく活用できるとも感じている。

既存のスポーツ放送の形態は、今後大きく変わっていきそうだ。現在ではスカイなどの有料放送事業者と契約してスポーツ競技を視聴するのが一般的だが、徐々に他の方法を選ぶ人も増えてきた。「今後はネット配信動画が主流になっていくはずです。現時点ではどれほど普及しているかは定かではありませんし、国や地域の市場形態によって事情も異なります。しかしこれからラグビーは、アジアとポリネシアでの成長が見込まれています。人々は放送局を通じて試合を視聴していくでしょう。そこで重要になってくるのが、チームのコンテンツ・プロバイダーが直接ファンとつながることができる点です。提供側はどんな客がコンテンツを購入したか、また、どのような試合が視聴されたかを把握したいはずです。スポーツ放映にまつわる市場は開発の余地が残っており、ビジネスを展開することができるでしょう。エンターテイメントについてよく考えてみなければなりません。人々はどのようなことに没頭しているのか？それがスポーツ観戦だという人も多いはずです」

チューも同意する。「これまでの契約交渉には、第三者も入ってしまう危険がありました。それで市場は拡大されていった。この世界は常に変化し続けています。それを受け入れなければいけない。受信スタイルが変わっても、配信するためのコンテンツが必要なことは変わりません。スポーツ界には、人々がお金を払って視聴したがるコンテンツが豊富にあります」

インピーは納得のいく説明を展開してくれたが、ある重要な要素が抜け落ちていた。一方的な展開の試合を楽しむ人は誰もいないということだ。応援するチームの勝敗は関係ない。チーム間の力量に大きな差があり、始まる前から結果の予想がついてしまう試合ばかりなら、人々はその競技への関心を失っていくだろう。誰もが、本物の興奮を求めているのだ。スポーツにそれが提供できないなら、一体なにに提供できるというのだろう。だからこそ、二〇一八年一一月のイングランド対ニュージーランド戦では、二千万ポンドを上回る収益が得られたのだ。四年に一度しか見られないその試合では、素晴らしいことが起こるはずだ。人々はそんな期待を抱いて、スタジアムに集まった。一週間後に行われたアイルランド戦にも同じ興奮があった。

現在のニュージーランドには、州代表チームだろうが、ナショナルチームだろうが、自国以外にライバルと言える存在が見当たらない。ニュージーランド、もしくはワールドラグビーがこの事態を真剣に受け止め、解決策を講じなければ、ニュージーランドラグビー界はさらなる資金難に喘ぐことになるだろう。ニュージーランドが強さに磨きをかけ、世界の頂点に立ち続けると、その結果自分の首を絞めることになる。なんたる皮肉だろう。

一九八四年の北半球遠征にて、グランドスラムを達成したオーストラリア代表チームで主将を務めたアンドリュー・スラックもこう話す。「スティーブ・ウォー率いるクリケットチームはとても強かった。当時のオーストラリア人は、チームが勝利を重ねるのを喜んで受け入れていました。でも勝ってばかりだったので、私は退屈に感じるようになりました。オールブラックスもそんな状態になる可能性もあります。まあ、すでにそうなっているのかもしれませんが」

楽天家を自称するスラックは、アイルランドとイングランドが力を伸ばしていると感じているようだ。あと五年もすれば、オールブラックスを揺るがす存在も出てくるだろうとも予想している。しかしそんなスラックでも、グラハム・ヘンリー同様に、南アフリカには期待をしていない。「ヘンリーの言う通りです。南アフリカが復活することは難しいでしょうね。オーストラリアも国中が熱狂するようなことはないでしょう。今でも、西オーストラリア州とビクトリア州ではラグビーへの関心が低いんです」

一方のオールブラックスは、かつてないレベルに達しているのではないかとスラックは続ける。「今のオールブラックスは、ただのラグビーチームではありません。競技の垣根を越えたチームです。ニューヨーク・ヤンキースが地元にやってきたら、野球に興味がない人だって見物に来るでしょう。オールブラックスもそれと同じです。ラグビーが盛んでない国にも知られた、大きな存在なんです」

もしそれが本当なら、次のような疑問が湧いてくる。ニューヨーク・ヤンキースやハーレム・グローブトロッターズのように、そのスポーツについて全く知らない層を楽しませ、新たに取り込めるだけの力量をオールブラックスは備えているのだろうか？

二〇一七年五月、ブリスベンで会ったスラックがこう言っていた。

「オールブラックスが特に優れているのは、そのレベルの高さと深さです。例えば、ボーデン・バレットを評するとき、つい褒めすぎてしまうことがあります。でも実際にバレットは素晴らしく、私は彼よりも優れた選手に出会ったことがありません。特にこの一年半のプレーは神がかっていた。どの動きを取っても驚異的で、どんな状況でも完璧にプレーできるブロックといえば彼しかいません。乾いていても、びしょ濡れでも、どんなボールでも完璧に扱ってしまう。

私は、マーク・エラやマイケル・ライナーといった偉大なる一〇番とプレーしてきました。でもバレットは、彼らよりももっとすごい選手です。マーク・エラも天才的な選手でしたが、バレットのような働きは見せませんでした。ダン・カーターが代表を引退したとき、彼ほどの逸材は二度と出現しないと誰もが思いました。でもバレットは、そんなカーターをも超える存在なんです。スピードも驚異的なので、ウイングに据えても遜色ありません。オープンプレーでも完璧なキックを見せ、強いタックルもできれば、試合勘も抜群です。実に超人的な選手なんですよ。彼がいるだけで、ラグビー観戦がぐっと楽しくなります」

ではチーム全体についてはどうか？　スラックはこう付け加える。「史上最高のチームです。とんでもない深みを備えている。オーストラリアは特にアーロン・クルーデンを欲しがっていますよ」。クルーデンはもうニュージーランドでプレーすらしていないのにだ。爆発的なスピードが持ち味のダミアン・マッケンジーも頭角を現し、バレットに追いつこうとしている。

だがオールブラックスのそんな圧倒的な強さゆえ、試合展開はいつも一方的だ。ニュージーランドでもラグビー熱が、徐々に弱まってきているのではないだろうか。スプリングボクスと戦えば五十点もの大差で圧勝し、オーストラリアには四十点もの差をつけて完勝。アルゼンチンの挑戦だって難なく退ける。これからはその高いブランド力でもって新たな客を呼び込み、ホームグラウンドに姿を現さなくなったラグビー好きの空白を埋めていくのだろうか？　国際的な大企業は勝者を好む。オールブラックスを放っておかないだろう。だがそんな企業ですら、同じような試合が続けば、エンターテイメント性が足りないとして手を引いていくかもしれない。そうなれば、ウェリントンのラグビー協会本部の頭上には暗雲が立ち込めることになるだろう。

突出した強さが逆効果になっているのは、国際試合ばかりではない。クライストチャーチを再訪した私の目の前には、復興には程遠い街並みが広がっていた。足場が設けられたままの家や建物を通り過ぎると、街の東側にあるメリヴェールに到着する。高所得者が住む地域だ。活気があるおしゃれなカフェに、駐車場にはＢＭＷがずらりと並ぶ。テストマッチ当日のトゥイッケナムにすら見えた。

ハーミッシュ・ライアックは、クルセイダーズのＣＥＯを十七年間務めた。ニュージーランド・プロヴィンシャル・ユニオンの中でも過去最長とされる在任期間中に、ライアックは心細く悲惨な日々も乗り越えてきた。二〇一〇年末、クルセイダーズには未来が保証されているように見えた。二〇一一年のワールドカップを目前に、ＡＭＩスタジアム（旧ランキャスター・パーク）の建設準備も進んでいた。大会後はクルセイダーズの本拠地になるはずだった。二十年以上先まで視野に入れたビジネスモデルが考えられていた。

だが二〇一一年二月二二日火曜日の午後一二時五一分。そんな夢も全て崩れ去った。マグニチュード六・三の大地震がクライストチャーチを襲ったのだ。百八十五人以上が死亡。ＡＭＩスタジアムだけでなく、街中の建物が見る影もなく倒壊した。多くの住民が住む場所を追われ、クルセイダーズも本拠地を失った。カンタベリー・ラグビー・リーグ・クラブが、ユニオンとリーグの垣根を乗り越えて、クルセイダーズに救いの手を差し伸べた。自分たちのクライストチャーチ・スタジアムを本拠地として使用するよう申し出たのだ。だがオフィスに戻ったライアックは、このスタジアムの詳細を知って、理想的とは言い難い状況に気づく。

「三万六千席を誇るスタジアムを失い、アディントン郊外の一万七千席のスタジアムに移ったんです。規模が大幅に縮小されただけでなく、地震が起こる前からスタンドの一部は修繕中であることも分かりました。とても地味なスタジアムでした。

カンタベリー・ラグビー・リーグは寛大な対応をしてくれました。他にもいろいろなイベントを招致できるように、スタジアムのリースを明け渡してくれたんです。クルセイダーズやサッカーの試合だけでなく、リーグの試合も行い、ブルース・スプリングスティーンのコンサートなんかも開きました。しかしクルセイダーズの本拠地として根を下すわけにはいきません。新たなスタジアムが必要なんです。ここは国際試合が開かれるようなスタジアムではありません。観客席には足場がつけられたままで、どう見ても一時的なものです。なのに修繕費はかさみ続けています」

地震前までは、クルセイダーズの一試合の平均観客数は二万二千人。だが今では一万二千人から一万三千人だ。最も苛立たしいのは、スタジアムの観客席が一万七千であるため、ハリケーンズやハイランダーズ、チーフス、ブルーズといったスーパーラグビーチームとのビッグマッチで観客数を増やせないことだ。AMIスタジアム時代でも、オーストラリアや南アフリカのあまり人気のないチームと対戦を行うときは観客数も少なかった。だがそれも人気の対戦で三万六千席を完売させて、帳尻を合わせることができたのだ。二〇一〇年にオールブラックス対オーストラリア戦が行われたときは、三万九千人もの観客が詰めかけた。まさにボーナスだ。

クライストチャーチの中心地にあるAMIスタジアムは、メルボルンのレクタンギュラー・スタジアムや、カーディフのミレニアム・スタジアムと同様の好立地だ。だが修繕が済むまであと十年はかかる。ライアックは、その進展の遅さに気を揉んでいる。

「とにかく早く完成すればいいというわけではありません。上下水道の修理といった、重要なインフラ整備を優先させるべきです。でももう、その段階は済んでいるんです。なのになぜ、そんなに時間がかかるのか。適切なサイズのスタジアムに戻れるまで、あと十年も待たなければならないんです。今使っているスタジアムは、ファンに愛されているとは言えません。観客席にも限界があり、試合を見たいのに見られない人だっている。チケットが入手困難な割には、それに値するような素晴らしいスタジアムではないんです。五年もこんな状態が続いて、ファンだって愛想を尽かし始めていますよ。

スポンサーからの支援が増加し、なんとか生き延びてこられました。スポンサーのもとを回って、窮状を訴えました。誰もが真剣に耳を傾けてくれました。地震が起こってから一年目はなんとか収支を過不足ゼロにできました。でも二〇一二年からはダメです。毎年損失が出ているような状態です」

ライアックは、クルセイダーズなどのプロチームが直面し、オールブラックスにも影響を及ぼしつつある問題についても説明してくれた。「スーパーラグビー界では、ある問題が大きくなっています。世間の好みが変わったのか、一度きりの特別な試合を望む観客が増えてきたことです。多くの人が他のことにもお金を使うようになってきたんです。ミュージシャンもインターネットのせいで儲けを失い、ツアーを再開するようになりました。印税は入るけれど、デジタル革命の波に完全に飲み込まれかけています。彼らは収入源を増やすために、かつてのようにツアーに力を入れています」

ニースからネーピア、ベガスからバヌアツまで、ミュージシャンらは様々な場所をツアーで回る。高齢に達したエルトン・ジョンに、若かりし頃のしゃがれ声を披露しようとするロッド・スチュアート、キツくてもタイトジーンズで頑張るブルース・スプリングスティーン。あらゆるところで出会える彼らの存在は、他のエンターテイメント界にも大きな影響を与えている。スポーツ界のポケットからも小銭を抜き取り続けている。

「スポーツ界も同じですよ。今でも一大イベントには大勢の観客がやってきます。でもスーパーラグビー第十七節のレベルズ戦なんかには人は集まりません。今のスタジアムでもハイランダーズ戦やハリケーンズ戦のチケットは売り切れるので、世間がラグビーに興味を持っていないわけではないんですよ。他の試合の集客力は落ちてはいますが」とライアックは話す。

クルセイダーズは二〇一八年シーズン開始前に、この問題に真正面から取り組んでいた。

「以前に比べて、世間はラグビーを見る目を持っており、それに合わせてラグビー界のビジネスも変わっていくはずです。誰もが見たくなるような大きなイベントを、最大限に利用すべきです。一年で他の強豪チームと四回試合を行えば、これまでにないビジネスチャンスが生まれます。注目のカードではチケット代もつり上がります。強い相手はそれなりの価値があるんです」

「ニュージーランド国内の試合は、国際試合に匹敵するほど高レベルだ」ライアン・クロッティもそう言っていた。

ライアックはより率直だ。「ビジネスばかりを追い求めるのは、なんだか嫌なものです。でも私たちは覚悟を決めなければいけない。不満を言っていてもどこにも行けません。収益をあげられるように最善を尽くしつつ、資金を注意深く分配していくんです」

ハーミッシュ・ライアックのように、厳しい財政難にあっても、ニュージーランドのラグビー界を第一に考える人間は存在する。これもまたこの国が、ラグビー大国として君臨し続けていられる理由の一つだろう。クルセイダーズなどの地方チームは、チーム内に二名の海外選手を在籍させることが許されている。だがニュージーランド代表としての資格を持たない選手を、それ以上有することはできない。それに比べると、フランスのラグビー界は異様である。一、二シーズン前には、国内最高峰リーグトップ14のうち十二のチームで、フランス代表の資格がない選手が「司令塔」とも呼ばれる重要なポジション、スタンドオフ（一〇番）を務めていた。近年のフランス代表に世界で通用する一〇番が存在しないのも無理はない。

トップ14のモンペリエが発表した二〇一七‐二〇一八シーズンの代表選手三十四人のうち、半数以上がナショナルチームの選出条件を満たさない選手だった。フランス人選手が十六人なのに対して、外国人選手は十八人。だがこれが金持ちチームの姿なのだ。彼らには彼らなりの考え方があり、ナショナルチームのことまで考慮する義理はない。

ライアックは言う。「私はビジネスマンですが、ビジネスを優先して国のラグビー界を損なうようなことはしません。イギリスやフランスの金持ちのオーナーなら、どこからでも十五人の選手を引っ張ってくることができます。でもそんなことは、ここでは絶対に起こりません。スーパーラグビーの選手は、各チームではなくラグビー協会と契約しています。協会は各選手について真剣に考え、ポジションも充分に意識します。スーパーラグビーの五チームでは、外国人選手が一〇番についてはいけないことになっています」

禁止されなくても、それらのチームが一〇番を外国人選手に任せることはないだろう。だからこそ二〇一八年のスーパーラグビーでは、五チーム中四チームの一〇番が世界レベルの力量を見せつけていた。

「国のラグビー界の成功に、なんらかの形で貢献したいですね。システムも、様々な人間が貢献できるようになっています」。そう話すライアックだが、協会に対して不満を抱くことはないのだろうか？　当然、ある。

「協会に対して、ひどく腹が立つこともあります。意見の食い違いもしょっちゅうです。活発な議論だって行いますし、協会がこちらの問題を理解してくれることもあります。でも協会側にも複雑な事情があるので、こちらの立場に完全に立つことは不可能でしょうね。それぞれ異なる現実を生きているんです。協会側は、私たちのように週に五十時間もオフィスに閉じこもっては、どうやってチームを成功させようかなどと考えたりしませんしね」

その言葉から、ニュージーランドラグビー界も勝利や栄光ばかりではないことが分かる。それでも「全てはオールブラックスのために」という信念が弱まることはない。ここでは一にも二にも、とにかくオールブラックスであり、国全体がこの信念を抱いている。世界のラグビー界の帝王こそ、ニュージーランドのラグビーなのだから無理もないだろう。この国のラグビー界全体が、とにかくオールブラックスの勝利を考えているのだ。

ニュージーランドとラグビー協会の結びつきは強く、ともに巨大なカウリマツの木のように深い根を持つ。スティーブ・チューも「国を一つにする上で、ラグビーはとても大きな役割を果たしている。紛れもない事実です。クライストチャーチ地震の後にクルセイダーズが地元住民に勇気を与えたように、困難なときには、ラグビー選手は人々を奮い立たせる存在になってきました。ラグビーほど地域やファンとの結びつきが強いものはありません。人々を力づけるだけでなく、小さな国の中で、外部からの力だけに頼ったりせずに、プロのスポーツとして必要なお金も生み出していく。そういうことを全てこなすラグビー界には、世間の注目が集まるものです。日夜分析され続けていると、様々なことが起こる世界の中でどうやってラグビー界の舵を取っていけばいいか分からなくなることもあります。でも、それが世界のあり方なんです」

元イングランドのコーチ、ディック・ベストは、次のような話を披露してくれた。一九九三年のブリティッシュ&アイリッシュ・ライオンズのニュージーランド遠征にアシスタントコーチとして参加したときのことだ。「ある晩、ホテルで夜のニュースを見ていました。トップニュースは、テストマッチに選出されたオールブラックスの選手についてでした。番組は何分もかけてそのことを分析した後、次のニュースに移りました。六人が死亡した交通事故についてでした。信じられませんでしたよ。だって六人も死んだ大きな事故よりも、オールブラックスのことがより大きく報じられたんです。イングランドでは絶対にあり得ませんよ」

第14章 魔術師

サー・ジョン・キー、スティーブ・ハンセン、サー・グラハム・ヘンリー、
ギルバート・エノカ、ダレン・シャンド、コンラッド・スミス、
デイヴィッド・ガルブレイス、セリ・エヴァンス、ジョン・イールズ
その他多数の協力を得て

「当時の私たちは、メンタルスキルについて無知で、早急にプログラムを作成しなければなりませんでした。今ではオールブラックスにとって必要不可欠な存在となっています。週を通してメンタルスキルのプログラムが常に行われています。この十年で、プログラムも大きく進化しました。おかげでプレッシャーがかかる状況でも、選手は冷静なプレーができるようになったんです」

サー・グラハム・ヘンリー（元オールブラックス ヘッドコーチ）

「オールブラックスの隠れた知性」。そう、彼は呼ばれている。チームにとっての影。そして亡霊。確かにそこにいるのに、背景に溶け込んでいる。世界のラグビー界で、彼のことを知っ

ている者はほとんどいない。なにをやっているかも全く知られていない。彼は柔らかな笑みをたたえては、ひっそりと存在することを好む。

グラハム・ヘンリーとスティーブ・ハンセン率いるオールブラックスは、この十五年でいくつもの勝利を手にしてきた。そこにはいつだってギルバート・エノカの計り知れない貢献があった。

ヘンリーは、エノカを「チーム全体の背骨とも言える存在だ」と評する。オールブラックス内で「リーダーシップ・マネージャー」との肩書を持つエノカだが、その主な役割はメンタルスキルコーチとして、スポーツ心理学を活用しながら選手を支えることだ。

ニュージーランドが二〇一五年ワールドカップで優勝したとき、当時のジョン・キー首相が、試合終了後にチームの更衣室を訪ねた。キー自身が語ったように、選手たちと写真を撮り、世間での好感度をアップさせるためだ。更衣室に入った彼に向かって、ハンセンはこうアドバイスした。「優勝を称えたいのなら、ギルバート・エノカの存在を知っておいてください。多大な貢献をした人物です」

ニュージーランドでは、首相だろうが、オールブラックスのコーチの言葉は重く受け止められる。二〇一六年、エノカはニュージーランド・メリット勲章を授けられた。かつてのエノカは、自分がなにかの一員になるとは想像もしていなかっただろう。彼の父親は、クック諸島のラロトンガ島からニュージーランドに渡ってきた。パーマーストンノースで白人女性と出会い、その後の九年間で六人の息子をもうけた。エノカは末っ子として生まれた。

だが父親は、障害のある妻と子供たちを残して自国へと帰ってしまう。母親は状況に対処できず、子供たちは養護施設に入れられた。まだ一歳半だったエノカは、兄たちとは別の施設に送られた。彼が家族と一緒にいた日々は、とても短かった。その後十年間、エノカは里親の家を転々とした。家族も、なにかを相談できるような相手もいなかった。心の中にあった普通の家族への憧憬も、陽に当たった水たまりのように消えてなくなっていった。

ある日、彼のもとを母親が訪れてきた。再婚したから、また一緒に暮らせるというのだ。エノカ少年は喜んだ。家族ができる。これで普通の、しかも幸せな生活が送れるのだ。

だがそんな夢も、家に足を踏み入れた瞬間から崩れ始めた。新しい父親は、壁中にヌード写真を貼り付けているような人物だったのだ。アルコールの問題も抱えており、生活は酒中心に回っていた。

ここでは暮らしていけない。そう思い続けたエノカは、十六歳になってようやく家から逃げ出した。カンタベリーの大学に進学すると、体育について学んでいく。厳しい環境で育った子供は早熟だ。エノカもすぐに大人の男へと成長していった。

エノカはどんな人物なのか。次の彼の発言を読めば、理解できるだろう。

「両親のことは憎んでいません。父に会いましたが、想像していたよりもずっと単純な人間でした。母だって、彼女なりに正しいことをしようとしていただけなんです。養護施設でも多くの人に助けられてきました。たくさんの機会に恵まれながら、私は生きてきたんです」

そのような生い立ちから、彼はメンタルスキルについて学び、努力で道を切り開いてきた。辛抱強く、己を信じ続けた。プロのラグビー選手ですら「メンタルスキル」という言葉をバカにするような時代だった。それでもエノカは、メンタルスキルこそ開拓されるべき分野だと信じていた。ただ、周囲を納得させることは容易ではなかった。

「この仕事を始めたばかりの頃は、よくバカにされたものです。『魔術師』なんて呼ばれることもありました。でもプログラムを通じて、問題を抱える選手の力になっていきました。すると何人もの選手が『最初はくだらない奴がチームにやってきたと思っていた』と、私のところに言いにやってきたんです。メンタルスキルの分野では、自分がどう働くかが全てです。セラピーそれ自体よりも、どんな人物がセラピーを行っているかが重要なんです。だから私は、自分の方法でやってきました。この分野のやり方ではなく、自分自身のやり方を大切にしてきたんです」

ニュージーランドには、エノカが必要だった。オールブラックスは、なぜかワールドカップになるとその圧倒的な強さを失っていた。一九九一年、一九九五年、一九九九年、二〇〇三年、二〇〇七年。いずれの大会でも優勝を逃してきた。勝っていたと思ったのに、負け始める。なぜ、この一線を乗り越えられないのか？

エノカはその理由を知っていた。オールブラックスは、自分たちこそ最高のチームだと思い上がっていたからだ。通常のオールブラックスは最高のチームだった。自分たちが本来の力を出せば、ワールドカップで優勝できるはずだ。そんな気持ちが彼らの中にはあった。だが敗北しても、そんな慢心が関係していることに思い至る者はほとんどいなかった。メンバーを入れ替えればいいという問題でもなかった。誰もが優秀な選手であることは、各ワールドカップ間に行われる試合を見ていればよく分かる。彼らは、世界最高峰の舞台でだけつまずいてしまうのだ。問題を解決するために、チームはメンタルコーチを迎えた。ギルバート・エノカだ。いまだに彼のことを「魔術師」と呼んでは、信じようとしない者もいる。だが彼らは、エノカがいかにオールブラックスを支えてきたか見ようとしていない。エノカ自身が驚くほどに、彼の力はチームに欠かせないのだ。

「自分の仕事をタイヤのスポークくらいに思っていた時期もありました。でも今では、中心のハブだと感じています。脳とその他の全ての部分をシンクロさせなければ、身体的なスキルと素質を引き出すことはできません。多くの人がこのことに気づきつつあります。全てが噛み合って、初めて本当の力が出るんです。身体と精神の重要性の割合は七〇対三〇でも、八〇対二〇でも、九〇対一〇でもありません。一〇〇対一〇〇。両方大切です。このことを充分に理解すること。メンタルを整えることがいかに重要か、多くの人が実感するようになり、今では偏見もありません。ポテンシャルを秘めた、引き続き調査の余地がある分野です」

エノカの仕事とは、選手に話をすればいいだけなのだろうか？「そんなに単純じゃないんですよ」とエノカは言う。

「多くの人が誤解していますが、決まった方法に従って進めればいいというものではないんです。目の前の人間の立場を理解し、その人がなにを必要としているか把握して計画を立てる。バランスが大切なんです。身体的な分野と同じです。

マインド・トレーニングを行うことで、個人、環境、状態は変化していきます。そこで〝最も重要な要素〟となるのが、アート、もしくはサイエンスに応用できるような架け橋を作ることです。この分野で本当に向上できる人は、この点を必ず押さえています。私も、毎回正しく理解できているとは限りませんが、より成功できるようになっていきたいものです」

エノカがオールブラックスで働くようになったのは、二〇〇〇年のことだ。チームは一九九一年、一九九五年、一九九九年と三度のワールドカップで敗退していた。当時のウェイン・スミスはすでにエノカの存在を知っており、メンタル面から選手のコンディションを整えていくというエノカの考え方に惹かれていた。常に革新を求めるのが、ウェイン・スミスという人物だ。その分野についての知識を全く持たなかったにもかかわらず、彼はエノカをオールブラックスに引き入れた。一朝一夕に物事が変わらないことは、グラハム・ヘンリーにも分かっていた。エノカの働きが本当に理解されるまで、何年もかかることだってある。オールブラックスがワールドカップで優勝したのも、エノカがチームにやってきて十一年目のことだった。

エノカは、集団でよりも、一対一で選手と向き合うことを好む。個々で成長するペースが違うからだろうか？　エノカはこう答える。「そういう場合もあります。でもグループや他者の存在を通して、その人の変化が初めて分かることもあります。『クリティカル・スペース』と言って、その選手が気づきを得られるように状況や方法をはっきりさせることです。これがなければなにもできません。逆にこれこそつかめれば、なんだって可能になります。魔法が起こせるんです！」

エノカは、選手に対して「話して聞かせる」ことが好きではない。ヒエラルキーができてしまうからだ。「選手に寄り添い、協力しながら問題を解きほぐしていけば、状況は改善できます。私がリードする場合もありますが、そうとは気づかないうちに、選手が自分自身をリードしていく場合もあります。状況を読み進めていくと、問題について理解できる決定的な瞬間があります。多くの人が、そういった状態を理解しようとしています。自分のベストに到達できるようになれば、いろいろなことが実現可能になります。みんな、その状態を求めているんです」

コーチ、スタッフ陣の中で、オールブラックスに最も長く在籍しているのがエノカだ。チームにやってきたばかりの頃は、自身の職務を周囲に理解させるために苦労もした。だが彼には「三人の賢者」がついていた。グラハム・ヘンリー、スティーブ・ハンセン、ウェイン・スミスである。明確なビジョン、忍耐強さ、目的意識を持ち、変化のためならリスクをも恐れない男たちだ。

狭量なコーチには、エノカのやろうとしていたことが全く理解できなかっただろう。だが彼がいたのは、鋭い洞察力を誇るスミス、ヘンリー、ハンセンのチームだったのだ。

貪欲に上を目指し、完璧な状態に少しでも近づこうとする。飽くなき探究心が、ここ十五年間のオールブラックスの大きな特徴だ。二〇一七年のラグビーチャンピオンシップ第六節にて、オールブラックスは南アフリカと戦うために、ケープタウンに降り立った。その二日前、私はスティーブ・ハンセンに、一ヶ月前の第四節でオールブラックスが五七対〇でスプリングボクスを下したことについて話を聞いた。他の競技の国際試合では、敵がなんであれ、一方のチームが五十七点も挙げることはとても珍しい。ラグビーの試合でも、無失点に抑えることは滅多にない。この結果を、ハンセンはどう捉えているのか？　返答には彼の人となりがよく表れていた。「あのような試合ができたとき、パフォーマンスに満足する気持ちが九八パーセントあります。でもさらに上を目指すなら、それだけではいけません」

残りの二パーセントが大切なのだ。完璧を目指す上で、この小さな数字が重要になってくる。だからこそ、オールブラックスのコーチ陣はエノカの信念を受け入れているのだ。彼らだって、最初はエノカのやろうとしていることを本当に理解できていたわけではないだろう。ヘンリーも「当時の私たちは、メンタルスキルについて無知で、早急にプログラムを作成しなければなりませんでした。今ではオールブラックスにとって必要不可欠な存在となっています。週を通してメンタルスキルのプログラムが常に行われています。この十年で、プログラムも大きく進化しました。おかげでプレッシャーがかかる状況でも、選手は冷静なプレーができるようになったんです」

二〇一一年ワールドカップ後、ハンセンはヘンリーの後を継いで、オールブラックスのヘッドコーチに昇格した。だがそれよりもずっと前から、彼はエノカの偉業を目の当たりにしてきた。「私たちはフィジカルとスキルを鍛えます。でも脳という巨大なコンピューターこそ、上手に使いこなさなければいけないんです。物事がうまくいくか失敗するかは、脳が大きくかかわってきます。現役時代に、この分野に関する知識が今ほどあれば、もっと良いパフォーマンスができたのになあと思います。それもあって『よし、やってみよう。シンプルさが失われないなら、やる価値はあるはずだ』と新しいことを受け入れてきました。ただし、複雑にしすぎてはいけません。誰もついてこられなくなりますからね」

ハンセンの言葉には、彼の〝いたずらっ子〟な気質が垣間見える。「〝マッド・プロフェッサー〟エノカの考えを、常人がすんなりと理解するのは難しいことがあります。周囲に理解させるためには、エノカは、分かりやすくシンプルに説明する能力を身につける必要がある。エノカができないなら、こちらが分かりやすい言葉を探してやる。エノカがラグビー界にやってきたとき、私はまだカンタベリーBチームでプレーをしていました。その後にウェイン・スミスとともに移ったカンタベリーで、私はエノカと知り合いました。現在では、とにかく自分自身に挑戦し続けなければいけないことが分かっています。でも当時の状況は、今とはだいぶ違っていました。私たちも、そちらのやり方に慣れている。それでもメンタルスキルとは、選手がより自由になれて、能力で彼ら自身を表現するための大きなツールだと考えています」

ではハンセンの立場から見て、メンタルスキルにはどれほどの開発の余地が残されているのだろう？

「限りなく残されています。果てが見えないほど、可能性を秘めた分野です。私たちができるのは、成長しようと努力し続けることだけです。自分たちがどこに向かっているか分からなくなることもありますが、でも前進していることは確かだ。トラにまたがって、とりあえず進めるだけ進んでいこう。そんな気持ちです」

彼の言葉からは、ラグビーに人生を捧げたニュージーランド男性の尽きることのない情熱が感じられた。五七対〇で勝っても、己の限界を越えるために歩みを止めない。他の国では考えられないことかもしれないが、ニュージーランドは大勝を収めた後でも黙々と練習に戻っていく。自国だろうが、異国だろうが、終わったばかりの試合の結果をそのまま受け止める。そして今度はもっとうまくやってやろうと、次の課題に立ち向かっていくのだ。試合に勝つことだけでなく、完璧なパフォーマンスを執拗《しつよう》に追い求める姿勢こそ、彼らがラグビー界の頂点にとどまり続ける理由なのだ。

六十歳を超えたエノカは、もうひよっこではない。そんな彼が、自分の息子または孫ほどの年齢の選手たちと、どうやって関係を築いていくのだろうか？　彼は苦々しく笑いながら、こう答えた。

「この前のツアーで、リコ・イオアネとおしゃべりをしていたときのことです。私はイオアネに『君がまだ三歳だった頃、私はオールブラックスで働き始めたんだ』と言いました。大昔のことです。十九歳のイオアネは、私を見て『本当に!?』と驚いていましたよ。

　私は人間同士のつながりを信じています。周囲に注意を払い、一人の人間として尊重すれば、その人と良い関係が築けていけるはずです。チームワークやチームの価値も、そこにいる全ての人間が個人として尊重されることで作られていきます。人とつながるために、既存のヒエラルキーを破壊することが大切なんです」

　選手たちに彼がやっていることを理解させるために、エノカはどうしているのだろうか？

「何事も理解することが大切です。理解しなければ、精神の領域から力を引き出すことはできません。どんなときでも、どんな試合でも、パフォーマンスに影響を与える要素は決まっていることをよく選手に伝えています。その要素とは、身体を良好に保つフィジカル・フィットネス、ラグビーのスキル、経験、メンタルマネジメントです。どんな試合でも、フィジカル・フィットネス、スキル、経験は割と安定しているものです。でもメンタルマネジメントだけは、不安定になってしまうんです。全力を出しているときには特に不安定になる。ここを鍛えない限り、良い選手には決してなれません。このことを充分に理解すれば、結果は自ずとついてきます」

　メンタルマネジメントが、プレッシャーのかかった状況での優れた判断力に関係してくるのは確かだろう。ならその他の場面では、どのような影響を与えるのだろうか。エノカはプレッシャーのかかった状況での判断力を、ホースから出る水の圧力に例える。歪められたホースから、水は勢いよく出てこないものだ。「決定的な場面では様々な要因が、私は〝構成部品〟と呼んでいるのですが、判断力に影響を及ぼしていきます。優れた選手は、影響を及ぼす要因（部品）を特定し強化していく。そうやってプレッシャーがかかる場面でも負けない判断力を培っていき、チームからの信頼を勝ち得ていくんです」

エノカとのセッションは、実際にどのようなことをするのだろうか？　難解な言葉が飛び出して、わけの分からない世界に誘われるのか。それとも、専門家にしか通じないようなメッセージが伝えられたりするのだろうか。二〇〇四年から十一年間オールブラックスに在籍していたコンラッド・スミスは、エノカの言葉に耳を傾け、彼の仕事ぶりを目の当たりにしてきた。そして、十五年にもわたってチームの黄金期を支えてきた男の価値を痛感したという。

「こちらが理解できるように、エノカはとても簡単な言葉を使って説明してくれました。セッション中に何度も、そのすごさを実感したものです。メンタルスキルがいかに選手に影響を与えるか。他のスキルと同じように、努力をすれば向上させることができること。それがいかに選手にとって有益なことかを教わりました。

スポーツ心理学について噛み砕きながら、逃げ場のない状況でどうプレーしていけばいいか説明もしてくれた。追い詰められたと感じるのは、普通のことだ。よく、そう言っていました。どんなに偉大な選手だって、プレッシャーを感じるものです。そこでどう行動するかが大切なんです。どんなリアクションを取るかは、自分で改善していくことができます。プレッシャーに強いか弱いかは、生まれながらに決まっているわけではありません。そんな状況で自分がどんな行動に出るか認識することが、大切なんです。おとなしくなる、一度に全てをやろうとする、なにもしなくなるなど、自分がどうなるか把握する。その上で、深呼吸をする、前向きな言葉を自分にかける、誰かと話すなど、リラックスできるシンプルな行動を見つけていくんです。

そういったシンプルな考え方は、選手に大きな影響を与えます。どの選手も、あと一パーセントの力を引き出そうと何時間もジムにこもったりします。でも試合でプレッシャーにさらされれば、平常心はたやすく吹き飛んでしまうものです。だからこそ三十分かけて試合について考えを巡らせてみる。過去の自分のリアクションや、そのときに取れたはずの行動などを思い浮かべてみるだけで、パフォーマンスの質は向上します。

エノカは〝チーム文化〟の管理も行っています。リーダーグループやソーシャルグループと協力しながら、チーム内の環境を整えます。選手たちが試合でベストなパフォーマンスができるように、そして誰もがチーム内で居心地良く過ごせるように、良い雰囲気を作っていくんです。

近年のオールブラックスが絶好調なのも、その辺の働きが優れているからでしょう。もちろん容易なことばかりではありません。シーズン始めには、エノカは特に多くの時間をチームと共に過ごします。各選手についてだけでなく、なにが互いの結びつきを深め、勝利への意欲を掻き立てるか確かめていくんです。そうやって理解を深めることで、チームの歴史、文化、ハカを結びつけているんです。他のチームでは、こういったことは見過ごされがちです。でもエノカは、その大切なことを忘れたり、ないがしろにしていないか私たちを立ち止まらせてくれるんです」

ウェイン・スミスも、他チームはそれらの重要性を理解できていないと感じている。オールブラックスが大切にしている要素なのだから、他が無視していいわけがないだろう。

先見の明を持つエノカは、人と違った景色を見ている。この十年以上オールブラックスの管理陣はとても安定していた。だからこそ、歳を重ねた彼らと、新たにチームに加わった若い選手との間で、意見の食い違いが起こりやすい。チームはこの問題に、常に正面から立ち向かってきた。

「選手たちとのつながりを失わないように、私たちは対話を行います」とエノカは話す。「本音が言えない風潮が生じれば、若い選手たちのことが理解できなくなり、彼らも自分勝手な行動を取るようになります」。この問題はあらかじめ予想されており、若い選手が加入する前から対策が立てられている。オールブラックスは徹底して細部に気を配る組織だ。万全を期して、あらゆる手段を講じていく。

エノカは言う。「若い選手とのつながりを大切にすべきです。ここでは誰もがチームに貢献し、自分が受けた以上に与えることが求められます。もちろんこちらも選手を支えますが、一方的に与えるだけではない。それがチームの方針です」

オールブラックスには、他にもメンタルスキルの分野で優れた働きをする人物がいる。マネージャーのダレン・シャンドだ。クルセイダーズの優秀なスタッフだった彼は、二〇〇四年よりオールブラックスに加入した。ベテランスタッフ？　「いや、たったの十四年ですよ。まだまだ先は長い」。そう言ってシャンドはニヤリと笑った。

元コーチであるジョン・ハートも、シャンドを褒め称える。「オールブラックスの管理部では、多くの縁の下の力持ちが働いていています。でも、彼ほど優秀な人材はいません。まさに陰のヒーローです。表面からは彼の姿は見えず、その働きも分からない。でもチームが一つになるように尽力してくれている。世間から注目される存在がスティーブ・ハンセンなら、裏方に徹するのがシャンドです。ラグビー界でナイトの爵位が授けられるべきなのは、まさに彼ですよ」

その豊かな人生経験を武器にして、シャンドはオールブラックスの中枢部という大きなストレスがかかる立場で働いている。

ラグビー選手として際立ったプレー経験があるわけでも、熱心なファンというわけでもない。チームルームで対面した私に向かってシャンドはそう認めながら、スキーやサーフィンの方が好きだとこっそり教えてくれた。彼にとっては、そちらの方が都合がいいようだ。「立場上、情熱的になりすぎないことが大切なんです。感情的にならなくて済みますしね。試合の結果も、そこまで気にしません。私の役目は、フィールド外の物事を円滑に進めることです。オールブラックスはフィールド上では無慈悲な顔を見せますが、普段はとても謙虚な集団です。フィールドの外で正しく振る舞えるんです」

シャンドの長所は、なんといっても重い責任を負いながら力を発揮できることだ。クイーンズタウンで十年間もアウトドアガイドとして働いてきた彼は、判断を誤れば命を落としかねない場面に幾度も遭遇してきたという。「例えば、八人の日本人観光客を乗せた救命用ボートが転覆した。一歩間違えば、死者が出る場面ですよね。私はそんな環境で働いてきたんです」

そういった経験を積みながら、彼は状況を客観的に把握する力を身につけ、メンタルスキルを磨いてきたという。

「現在のスポーツ界では、メンタルスキルへの指導も行われるようになりました。昔と比べて、最も大きく変化した点ですね。二〇〇七年のワールドカップで、私たちは準々決勝でフランスに敗れました。プレッシャーに押しつぶされて、チャンスをものにできなかった。あれからチームも成長しました。今ならうまく対処できるはずです。

それがラグビーです。もちろん、フィジカルな要素だってありますが、重圧がかかる中で正しい判断を下すことがなにより求められるんです。今のオールブラックスは、それがよく理解できています。この重要性を、人生だけでなく、トレーニングでも学んでいかなければなりません。練習を重ねれば、それだけ試合で活かせるようになります。試合のプレッシャーの中で、己を管理するようになるんです。チーム環境もそれに応じて変化していかなければなりません」

重圧を感じたときにどうすればいいか理解し、対処できるようになれば、選手はプレッシャーを恐れることなく、そのまま受け入れるようになる。その状態に到達できるように手助けを行うのが、エノカの役目だ。オールブラックスでは、どんな小さな要素もおろそかにしない。その一つ一つが、全体を作り上げていく。攻撃と守備を上達させるだけでは足りないのだ。

ラグビーに対して明快で効率的なアプローチを行っているからこそ、ニュージーランドはラグビー大国でいられる。そうシャンドは説明する。

「オールブラックスは前に進み続けています。どれだけ成功できるかは、どれだけ進化できたかで決まります。

ヘッドコーチがグラハム・ヘンリーからスティーブ・ハンセンに代わる以前から、入念な準備がなされていました。だからチームが混乱することはありませんでした。二〇一六年の〝ビッグ・エイト〟引退後についても、前々から手が回されていました。後釜となる選手たちには『君たちはあの選手たちのそばに五年間いたんだ。次は君たちの番だ。結果を出せ』と声をかけた。選手たちも、実際に結果を出しました。

私たちがするのはチームの〝再興〟ではなく、〝再構成〟です。なにも失敗していないのですから、組織を再び立て直す必要はありません。今の私たちにはラグビーの全体像が見えており、プレーやトレーニングだけにとどまらない部分も理解できています。ビジネスパートナー、地域、メディアに精通し、適切に対処していく。それが真のプロフェッショナルの姿です」

オールブラックスのラグビーに対する考え方は、他国とは明らかにレベルが違っている。

明日は今日から始まっている。これもオールブラックスが大切にしている哲学の一つだ。二〇一一年のオールブラックスは、二〇一五年ワールドカップ終了後に五名以上のベテラン選手が引退することを把握していた。チームはすぐに新たな選手たちの育成に着手した。その結果二〇一五年のチームには、すでに四年の経験を持つ選手が何人も在籍していた。彼らはテストマッチの出場経験があるだけでなく、チームの環境ややり方もきちんと把握していた。そのように前もって布石が打たれていくからこそ、オールブラックスの流れが滞ることはない。

あらゆることが一体となって、オールブラックスという圧倒的な存在を支えている。そうシャンドは話す。「たった一つの秘策があるわけではありません。様々な要素が混ざり合って、オールブラックスを異色の存在にしているんです。私たちは、決まった体育館もなければ、宿泊施設も、トレーニングベースも持ちません。路上生活を続けているようなチームです。決まったコンフォートゾーンにはとどまらず、外の世界に出て、あらゆるものを受け入れていく。だからこそ、選手は優れた判断力を有しているんです。今では、統計データなども詳しく分析できるようになりました。情報は豊富にあります。でもうまく扱わなければ意味がありません。私たちには最新式の設備を整えるだけのお金はなく、凍結療法室なんてものも使いません。イングランドのような潤沢な資金は望めない。私たちが『これは正しいものか？　これでなにか大きく変化するのか？』と真剣に自問するようになったのもそのためでしょう」

二〇〇七年ワールドカップで五大会連続の敗退を経験したことで、オールブラックスは今の道をたどるようになったのではないか。そう考えるのは、スポーツ精神医学のパフォーマンス心理学者デイヴィッド・ガルブレイスだ。チーフスに約十年在籍する彼は、あのワールドカップでの敗北こそ、チームにとって大きな分岐点だったと説明する。

「準決勝で敗退したことで、ニュージーランドは国をあげて、今の分野に着手するようになりました。ラグビー協会が、コーチ陣を変えないと決定したことも大きかった。それまでの束縛を打ち破ったんです。二〇一一年大会でようやく優勝できたことで、パシフィック系の人も、ニュージーランド人も大いに喜び、これが自分たちだと世界に示すことができた。ラグビーはただのパフォーマンスではなく、自分たちを表現する存在になったんです。

二〇一一年大会は、それまでの鎖を断ち切った場所だった。でも二〇一五年大会では、オールブラックスは純粋にラグビーを楽しんでいるようでした。自宅の裏庭で遊んでいるようですらあった。自分たちのプレーをして、ラグビーを楽しむこと。それが大会での目標でした。ニュージーランドではどのレベルの選手もラグビーを愛しています。仲間とプレーすることをなにより楽しみ、変に意地を張り合ったりもしない。スポーツ界での西洋的な考え方では、そのような姿勢は良しとされません。勝敗にこだわりすぎる。ニュージーランドの白人たちも、かつてはそうでした。ラグビーを愛するのではなく、自分たちのエゴとステータスのために利用していた。勝利が全てになっていました」

ガルブレイスは、選手に投資をすることで、試合中のパフォーマンスが向上すると考えている。選手が、試合やトレーニングだけでなく、フィールド外でも満足な状態でいられるようにすれば、試合にも良い影響が出るというのだ。だが現在のスポーツ界では、このような心理面からのアプローチはまだ一般的ではない。

「パフォーマンスに関係なく、選手がチームに対する一体感を感じられるようにする。そうすれば、負けることに対する恐れが薄れていくんです。勝つためのプレーと、負けないためのプレーは全くの別物です。ラインスピードにも如実に現れます。衝動が湧いてきて、より速く反応できるようになるものです。

するとチームを、十五人が別々に存在する集団ではなく、全員が一つになった集団であると感じられるようになります。兵士と同じような心理です。彼らは食べ物のために戦っているのではありません。家族のためですらない。ただ隣にいる仲間のために戦っているんです。戦地に赴いた人の多くが、仲間兵士との結びつきを深く感じたと話します。選手がチームや仲間とのつながりを感じられれば、帰属意識も芽生えます。とても重要なことです」

メンタルスキルをめぐる環境は、この十年で「劇的に変化した」とガルブレイスは感じている。「最初は不安の声も聞かれましたが、今では大きく進歩しました。この分野について理解できる人は多くありません。一般的にはパフォーマンスばかりが重視され、勝敗だけで語られる。でもオールブラックスの文化は違います。私たちの言う〝完全な状態〟とは、全体的にどうプレーするかにかかわってくるんです」

ガルブレイスのような人間がいることで、この考え方はオールブラックス以外の場所でも広がりつつある。スーパーラグビーの二〇一二年、二〇一三年チャンピオンであるチーフスは、オールブラックスに何人もの選手を送り込み続けている。その誰もが、オールブラックス加入前から、メンタル面について、そしてそれを整えることの重要性をしっかりと身につけている。

ニュージーランド出身の心理学者セリ・エヴァンスは、二〇一〇年からオールブラックスのアドバイザーを務めている。数年前に名門サッカークラブのアーセナルでも働き始めてからも、エノカとの仕事のつながりは続いている。彼はオールブラックスの選手たちとも関係を深めている。「ギルバートとはよく仕事で顔を合わせます。ともに同じ分野に重点を置いているので、仕事での関係が途切れることはありません」

メンタルスキルについて信じず、この分野で自分の可能性を試そうとしない人はまだ存在する。そのことについて、エヴァンスはこう話す。「本分野では、自身の弱さと向かい合わなければなりません。それで自分がさらに弱くなってしまうと感じる人もいるかもしれません。ポジティブな考え方を良しとする風潮もあります。強く興味を持つ人がいる一方で、疑問視する人も多いんです」

リッチー・マコウも、エヴァンスのオールブラックスとの仕事を高く評価している。サッカーのニュージーランド代表として五六キャップを獲得したエヴァンスは、ニュージーランドスポーツ界についての造詣も深い。

なにかを決定することについて、エヴァンスはこう話す。「良い決定が下せるかどうかは、情報にかかってきます。決定を下すことは技術であり、全ての技術が内部構造を持っています。正しい情報を得るための構造を作り上げてしまえば、選手たちも良い決定が下せるようになるんです」

オールブラックスでは特に、チームの一員でいるためには個人の性質が重要になってくるようだ。「そのほかの要素もありますが、ここでは選手の独自性が重要になってきます。美しい環境が、その人のベストな部分を引き出すものです。オールブラックスの選手たちは、ニュージーランドでは力を引き出されやすい。誰もが彼らを大切に扱ってくれます。でもそれは強さにもなれば、弱さにもなります。それで彼らは勘違いしてしまうこともあるかもしれません。周囲が崇め奉れば、選手たちは違った環境で必要となる力を失ってしまうんです」

様々な競技を経験することも、大きなプラスになるとエヴァンスは言う。彼自身もラグビー以外で身につけた経験をオールブラックスのために活かしている。

この先もコーチは選手の力を少しでも引き出そうと、様々な分野を開拓し続けていくだろう。たった数パーセントの力が引き出されるだけかもしれない。だがそんなほんの少しのアドバンテージを見つけ出すために、フィールドを探り回ることだってあるのだ。スティーブ・ハンセンも、たった数パーセントの違いが大きな結果となって現れることをよく分かっている。

ジョン・イールズもこう話している。「オールブラックスの選手とコーチは、ラグビーについて熟知しているように見えます。選手が自分たちの力で試合を進め、勝利をつかみ、圧倒的な強さを築き上げられるよう、チームは選手を育成するんです。彼らがどうやって試合を進めるか、チームはいつでも厳しい目を向けます。でもそうやってチームを発展させるのは、本当に難しいことなんです。他のチームにはできないことです」

フィールドの外でも、そんなオールブラックスの姿勢が垣間見られる。例えばファンやサポーターへの対応だ。サインやセルフィーを求める群衆に取り囲まれたとき、チームはこんな顔を見せる。

*

二〇一七年一〇月初旬、ラグビーチャンピオンシップの開催中のことだ。ある日曜日に、私は南アフリカとの試合を終えたオールブラックスに会いにケープタウンを訪れた。彼らが宿泊していたのは、私が住んでいるところから山を一つ越えた場所にあった。ケープタウンを走るクルーフネック・ロードに沿って、キャンプス・ベイの山を登っていく。ここからは世界一と言ってもいいほど美しい風景が見渡せる。砂浜と大西洋が眼下に広がる。薄い緑色が混ざった美しいディープブルーの海。砂浜には白い波が打ち寄せる。

私は、オールブラックスがいるホテルの入り口までやってきた。西ケープ州の美しい山々がホテルの背後にそびえ立ち、その下には青々とした芝生がどこまでも続いている。ホテルの前には一本の青いロープが張られている。富裕層以外の人間を入らせないようにするための印だ。オールブラックスのファンはゲートで待機しなければならない。この国では、いたるところで同様の光景を目にする。ホテルのスタッフがロープを引き、私はホテルへ入っていく。ファンたちの熱い視線が、私の車に注がれる。期待しないでくれ。私はただのライターであって、オールブラックスの選手ではないのだ。

そんな大勢のファンに混ざって、写真撮影に応じる一人の選手がいた。二十二歳の若きアントン・リナート－ブラウンだ。昨日のスプリングボクスとの試合には出場せず、ベンチにすら座っていなかった。だがリナート－ブラウンは、他者の意見に耳を傾け、周囲に目を凝らしては自分ができそうなことを探していた。そしてこれが、今の彼にできることだ。サインをし、握手を返し、写真を求められれば応える。

他の選手はホテルのロビーにいた。私はライアン・クロッティの姿を見つけた。オールブラックスのバックスのブレインとなり、目となってチームを支える。三月にクライストチャーチで会って以来だ。試合の翌朝だとは思えない爽やかな姿だ。引き締まった身体に、パリッとした白いシャツとトレーナー、灰色のショーツを身につけている。

「本の方は順調ですか？」彼はそう声をかけてくれた。

私は目をぐるりと回して「まだまだですよ」と答えた。

「頑張ってください。きっと良い本になるはずです」クロッティは微笑む。

「この会話も書いていいですか？」

彼はまた微笑みを浮かべた。

ロビーの反対側では、ボーデン・バレットの周りに人だかりができている。誰もが彼と一緒に写真を撮ろうとしている。どのオールブラックスの選手もそうであるように、バレットもそんな状況には慣れっこだ。

ハリケーンズ時代も同じだったはずだ。最初はびっくりしたのではないか？

「もちろん。最初にサインを頼まれたときには驚きましたよ。それまでサインなんてしたことがなかったので、練習しなくちゃなりませんでした。でもプロとしてプレーを続けるうちに、どんどん名が知られるようになって、サインする機会も増えていく。キャリアを積み重ねると、いろいろな人と気分良く付き合う方法も覚えていきます」

これをダレン・シャンドは〝四対十一の法則〟と呼ぶ。

「この法則について、選手にもよく言って聞かせています。どんな状況にも対処できるための心構えについてです。良いことをすれば、他人はそれを四人に話す。悪いことをすれば、他人はそれを十一人に話します。ちょっとした良いことをするのは簡単だけれど、悪いことをすれば大きなツケとなって返ってくるんです。

この法則は、選手にとってどんな意味を持つのか？　観客は選手になにを求めているのか？チームは選手になにを求めているのか？　そう選手に問いかけていきます。私たちは、フィールドの中だろうが外だろうが、いつだって素晴らしい集団でいたいと思っています。ケープタウンにも、オールブラックスのファンは大勢います。選手の行動次第でそういったファンを喜ばせることができるんです。難しいことではないはずです。

ヘンリーの時代になったとき、私たちはオールブラックスとしてフィールドの外でどのような態度を取るべきか、改めて考えてみました。普段はそのようなことを指導したりしませんが、時々話題に挙げては、お互いの意見を出し合います。チームのリーダーたちが良い行動を取れば、若い選手も自然と『自分もやるべきだ』と見習うようになります」

その点、ソニー・ビル・ウィリアムズは最高の選手だ。「まず目立つ」とシャンドは言う。「どこに行っても注目の的になるウィリアムズは、そんな状況の扱い方も心得ています。外に出れば、大勢の人だかりができる。もちろん負担になりますが、ウィリアムズはうまく対処します。行きすぎたり、熱狂的になりすぎるファンもおり、選手は忍耐が求められますが」

ウィリアムズは忍耐強い。彼はホテルのロビーで写真撮影に応じ、お礼の言葉をかけると、外に出ていった。開け放たれたドアからは、外でわき起こった歓声が流れ込んでくる……。

だが一時間もすれば、オールブラックスはこの地を去っている。ケープタウン国際空港で二時間ほど待機した後、二時間のフライトでヨハネスブルグに向かう。三時間のトランジットを過ごすと、シドニーまで十四時間の空の旅だ。そこでもまた三時間待ち、ニュージーランド行きの飛行機に三時間。ホテルから家に着くまで三十時間もかかる。シドニー行きの便はビジネスクラスだったが、その他の四時間以下のフライトは全てエコノミークラスだ。

十三年前、オールブラックスも同じ旅路をたどった。スプリングボクスに二六対四〇で惨敗し、ホテルで醜態をさらしたときのことだ。苦い思い出だ。だがオールブラックスについて語る上で、あの体験を抜きにすることはできない。あれこそチームにとって重大な分岐点だったからだ。それ以来、ニュージーランドのラグビー環境は一変した。かつてのオールブラックスが立っていた場所と、現在のオールブラックスが立つ場所は、大海に隔てられているほど遠い。

激しいテストマッチの後、マッサージや朝の水泳といったいつものルーティンを済ませ、ケープタウンから飛行機に乗り込む。なかには、回復するまで数日かかる選手もいる。身体中にアザができ、ボロボロな状態なのだ。他国のチームなら全身冷却装置などに頼るところだ。だが興味深いことに、世界のラグビー界の王であり、最先端の技術を持つこのチームは、古くからの回復方法に頼っている。

「マッサージ、栄養のある食事、睡眠、ストレッチ。それに勝る回復方法はありません」とシャンドは言う。「回復には、なにより睡眠が大切です。冷温圧縮や全身冷却などについても調査しましたが、質の良い食事と睡眠の方が効果があることが分かったんです」

とはいえ、ただ眠っているだけでは、医療ケアや治療を受けることができないのではないか？　オールブラックスは良い方法があると説明する。選手が個人的に所有しているリカバリーウェアを使用するのだ。小型の圧縮器がつけられたアメリカ製の装置で、内側に冷水が流れるウェアで手足を包むだけ。膝を怪我したら、ウェアを履いてタイマーをセットして眠る。夜間ずっと二時間おきにタイマーが作動して、電源が入る。

シャンドによると、回復プロセスにおいて試合後二十四時間がなによりも大切だという。このときに食事を欠かしてはならない。テストマッチでごっそり削られた体力を補わなければばならないのだ。そのためには、三、四時間おきに食事をすると良いと言われている。

空の旅でも身体は影響を受ける。二十四時間から三十六時間もかけてフライトを終え、そのままますぐにトレーニングを行うことなど到底無理だ。

「時間をかけて、身体を元に戻していかなければなりません。アルゼンチンに渡ったときは、三日かけて身体を休めた後に、普段の四〇～五〇パーセントの量のランニングを始めました。ウェイトリフティングもそうです。身体が回復するまでの二、三日はウェイトを持ち上げられません。トレーニングしようにも身体がついていかないんです。

アルゼンチンでなにもしていない数日は、とても長く感じられました。コーチ陣も退屈していた。でも、私たちは経験から学んだんです。二、三年前にアルゼンチンに行ったとき、最初のラインアウトのセッションで、選手が次々とボールを落としていました。タイミングの感覚が狂い、リアクション反応も遅かった。その次の年に一日早く現地に入ったところ、とてもうまくいったんです。前回よりも調子がいいと、誰もが言っていました。トレーニングを始めるときには、準備万端の状態でした」

二〇一七年ラグビーチャンピオンシップ。ケープタウンとアルゼンチンでもまた、オールブラックスは革新的なことを始めようとしていた。それまでは試合に出ない選手でも、スコッド全員で試合会場を訪れていた。だがこのときには、数人の主要選手が自宅に残っていた。ブロディ・レタリックなどは、南アフリカにもアルゼンチンにも行かなかった。第五節が行われるアルゼンチンには行かず、そのまま第六節のケープタウンへと飛んだ選手や、アルゼンチンだけを訪れた選手もいた。

様々な国を飛び回ってテストマッチを行えば、選手は当然疲労する。そんな状態からトップ選手を守るために、チームは新たな手を打ったのだ。毎年のように行われるワンシーズン十四回のテストマッチに加え、スーパーラグビーの試合（それにまつわる遠征なども含む）をこなしていけば、ダメになってしまう選手が出てくるのは当然だ。選手生命が数年短くなることだってあるだろう。

そこで考え出されたのが、このアイディアだった。「チームに優秀な選手が大勢いるからこそできる方法です。私たちは運が良かった。二〇一七年には、新しい選手をテストマッチに出場させてみたいと思っていました。国際試合という環境、そしてツアーでどのようなプレーをするか実際に試してみたかったんです。ワールドカップが開催される年には、怪我をしてしまうものです。そのときのための準備が必要です」

メンタルスキルか、マインドゲームか。いずれにせよオールブラックスでは、賢明なコーチ陣のもとで、この両方が完璧に混ざり合っているのだ。

第15章 賢者たち

イアン・フォスター、スティーブ・ハンセン、ニック・マレット、
パット・ラム、グラント・フォックス、グラハム・モーリー、
ボーデン・バレット、トニー・ブラウン、ダレン・シャンド、
ウェイン・スミス、リッチー・マコウ、コンラッド・スミス、
ジョン・ハート、アラン・ジョーンズ、アシュウィン・ヴィレムセ
その他多数の協力を得て

「なにかに成功していると、実際よりも優れた人間だと思われがちですが、私たちだって
ただのラグビー好きのキーウィ《ニュージーランド人》なんです。ラグビーが少しばかり上手いと思われている集
団にすぎないんです」

スティーブ・ハンセン（オールブラックス ヘッドコーチ）

インナーサークル。秘密結社。その中心に一人の男がいる。オールブラックスのヘッドコー
チだ。五人の役員からなる執行部を率いては、チームの進むべき方向を定める。エンジンであ

り、発電機。それがスティーブ・ハンセンだ。

ハンセンはタフだ。同時に仕事熱心でもある。かつてバックス・コーチからフォワード・コーチに就任したときには、オールブラックスの〝スクラムの伝道師〟ことマイク・クロンに複雑なスクラムについて詳しく教わった。

「スクラムについて全く分かっていない、と周囲から言われたくなかったんです」とハンセンは話す。彼はクロンを家に招くと、実際にスクラムを組みながら、その仕組みを学んでいった。「クロンは何度もポジションを入れ替えたり、様々な部位をツイストさせたりしていた」とハンセンは振り返る。練習後にも二人は何時間も話し合い、ハンセンはどんな細かいことでも知りたがった。何事にも手を抜かないのが、スティーブ・ハンセンという男なのだ。

ハンセンについて詳しく知っている人はそう多くないだろう。彼も、自身のオールブラックスでの立場に関して多くを語ることはない。プライベートの部分なら、なおさら秘密にされているはずだ。

オールブラックスのコーチはハイリスクな職業だ。かつて同じ立場にいた人物もそう認めていた。とにかく結果が全ての世界だ。世間から好奇の目にさらされ、どのような決断にも厳しい評価が下される。何年もそんな重圧に耐え続けるためには、強靭な回復力が必要だ。ハンセン自身も評価の厳しい人物である。そうでなければオールブラックスのコーチを務めることは不可能だろう。居心地の良いチームが、勝負の世界で勝ち続けられるわけがない。スコッドでは手加減などしていられない。ハンセンは、率直に意見を表明してくれる存在がいかに重要かよく理解している。彼の周囲のスタッフも臆することなく、ハンセンに意見する。経験豊富なスタッフもチームに欠かせない。もちろん、自分だって経験を積んでいなければならない。

ハンセンは一人きりで考えごとをするよりも、誰かと議論をすることを好む。私もハンセンに世界各地で話を聞いてきた。ローマ、クライストチャーチ、オークランド、ケープタウン。いくつもの会話を通して、彼はカーテンをほんの少しだけ開くと、その奥に広がる秘密の世界を垣間見せてくれた。そこで、ハンセンの興味深い面をいくつも目にした。例えば次のような質問をぶつけたとき、ハンセンからは予想外の答えが返ってきた。こんな回答をよこすラグビーコーチは、まず他にいないだろう。

「あなたにとって最大の成功はなんですか？」私がこう聞いたのは、クライストチャーチから十四キロほど離れたプレブルトンにあるハンセンの自宅だ。立派な建築技巧が施された、とてもモダンな家だった。彼の書斎の壁には、額入りのオールブラックスのジャージが飾られており、机の上では本や書類が山をなしていた。質問はあえてシンプルにした。答えもなんとなく見当がついていた。コーチなのだから「あの年の、あの大会で優勝できたこと」あたりだろうか。そう私は予想していた。

だからハンセンの言葉には驚いた。それはラグビーのコーチとしてではなく、ハンセンという人間としての答えだった。「自分をよく理解できたこと、でしょうか。それでよりマシな人間になれたからです。自分について理解すれば、より良き父、良き夫、良き友にもなれる。私にとって、とても重要なことです。まあ、かなり時間はかかりましたけどね」

ラグビー関連の質問だったとしても、ハンセンはこちらの予想を裏切る回答をしていたはずだ。「私のラグビー人生において、ワールドカップでの優勝は最大の達成ではありません。私がラグビーで目指していること、そしてコーチをしている理由は、選手が目標を達成できるように後押しすることです。クラブ、州代表、クルセイダーズ、ウェールズ、オールブラックスにて、私はヘッドコーチやアシスタントコーチを務めてきましたが、いつだって選手を助けることが私の仕事でした。どう目標を達成すればいいのか分からない選手も、こちらが手を貸すことで、優れた選手、優れた人間に成長していけるものです」

子供は親の背を見て育つ。ハンセンも両親の姿を見て育った。「両親はいつも働き詰めでした。父デスは大黒柱として動き回り、金を貯めるために週に三つの仕事を掛け持ちしていたこともあった。父の家は貧しく、また世代的にも父にとって労働が全てでした。後に農家となり、私と兄弟たちに本物の仕事がどういったことか教えてくれました」

親の死は、人生に大きな影響を与えるものだ。ハンセンにとっても重大な出来事だった。彼がいかに両親を愛していたか、その言葉からよく伝わってくる。

「二〇〇七年のワールドカップの最中に、母は心臓発作を起こしました。そのときは一命を取り留めましたが、二〇〇八年一月に他界しました。トロフィー奪還を願って、母は私をワールドカップへと送り出してくれました。でも、私たちは勝てなかった。だから二〇一一年に勝利できたときには、国とチームに対する安堵感もありましたが、心の隅では『やったよ、ママ。ついにやったんだ』なんて思ってもいました。

トロフィーを手にする瞬間は見せられませんでしたが、母は、私がオールブラックスの一員になり、多くのことを達成した姿を目にしてきました。誇りに思ってくれていたことでしょう。父はもう少し運が良くて、私の働きを少しだけ長く見届けることができました。でも二〇一二年に私がアルゼンチンに発つ前に、脳卒中で他界しました」

ハンセンは間違いなくタフな男だ。苦渋の決断をいくつも下してきた。だがいつだってそこには、彼なりの気配りが込められてきた。ハンセンも認めている。「両親は、他者を敬い、誠実でいることの大切さを教えてくれました。私もそうなれるように心がけています。ある程度年齢を重ねてきたからこそ、その大切さに気づけたのかもしれません。後悔するようなこともしてきましたが、あれも成長の一環だったのでしょう。私は二度離婚しています。子供たちなど、周囲の人間も傷つけた。大きな失敗です。それでも私は諦めずに進み続け、今では幸せを実感できている。二十歳だった自分よりも、だいぶマシな人間になれているはずです」

これは懺悔や告白などではない。一人の男が、自分の人生について語っているのだ。

「過去の出来事があったからこそ、今の自分でいられるのでしょう。だから全てをやり直したいわけではありません。でも、今なら違った行動を取るなと思ったりはします。重荷を運ぶことが人生ではありません。そのままでいいんです。ニュージーランドで、私たち大人が子供たちに与えられるものの中で最も優れているのが、本当の自分を理解できる環境です。子供たちは『こうならなければいけない』と考えたりしなくてもいいんです。本当の自分を受け入れればいい。それができれば、どんな困難があっても、人生を前向きに進んでいくことができます。親や兄弟の荷物まで背負い込む必要はありません。自分は自分だと受け入れる。私もそうしたいと願っています。

豊かな家で育ったか、貧しい家で育ったかは関係ありません。なりたい自分になり、自分の目標を追い求めることができるのが人間です。それは、より良い社会、より生きやすい世界を築く上で重要なことではないでしょうか」

運についてハンセンはこう話す。

「私は運に恵まれてきました。妻タッシュと出会えたことは、特に幸運でした。彼女はとても魅力的な魂の持ち主で、周囲の人間を大切にし、私の良い面も引き出してくれた。素晴らしい両親を持てたことにも感謝しています。偉大で、どんなときでも力になってくれた。父がラグビーについて詳しかったのも幸運でしたね。ラグビーコーチになる上で、少しだけ有利なスタートに立てた。父から、ラグビーについて様々な話を聞いたものです。

ラグビーを語るとき、父は〝どんなときに〟〝なぜ〟〝どうやって〟〝なにを〟にこだわっていました。『どういう場面でそれを使うんだ?』『なんでそうするんだ?』『どうやってそれをやるんだ?』なんて聞かれるんです。私はそう質問されることで、ディフェンスに通用しないスキルがあること、逆にオフェンスに通用しないスキルが存在することなども学びました。これは選手を育成する上でも、とても大きな力になっています」

二〇一七年にオールブラックスのアシスタントコーチを退任したウェイン・スミスも、ハンセンの父親のことをよく覚えていた。「デス・ハンセンは時代を先取りしたコーチで、試合に対する戦略的な考え方も並外れていました。スティーブも似ていますよ。確固とした考えを持ち、むやみに周りに同調しない。とにかく自分の道を行く人です。自分自身についてよりも、人間や集団についてよりよく理解している」

かつてスティーブ・ハンセンと試合を行ったメルヴェ・アオアケも、若きハンセンを見どころのある人物だと感じていたという。父親の影響もあったはずだと振り返る。「デスはラグビーを愛していて、シニアチームのメンバーだった息子を指導していました。コミュニケーションの達人で、試合後には、部屋に集まった人全員と話をするんです。地域の有名人で尊敬も集めていた。いつもラグビーについて考えていましたが、自分の意見を押し付けることはありませんでした。周囲の話に耳を傾け、考えを吟味してから、自分の意見を少しだけ口にする。ハンセンも父親の影響を受けています。特に、良きコミュニケーターである点はそっくりです」

若い頃からハンセンは、試合の流れを把握していたという。大きな視点で試合を捉え、自分の責任から逃げることもなかった。それは今も変わっていない。オールブラックスのコーチとして、良いニュースも悪いニュースも自分の口から選手に告げる。選手をチームから外すときも、マネージャーに任せたりしない。選手に直接電話をかける。そんな誠実な人柄は選手からも慕われている。選手たちは、自分の気持ちをコーチに伝えることができる。ハンセンの父親も、同様に真面目な人間だったとアオアケは言う。

ボーデン・バレットもこう話している。「ハンセンは優れたコーチですが、同時に厳しい人でもある。でも彼の意見に納得できなければ、誰だって反論してもいいんです。もちろん、充分な根拠が必要ですが、ハンセンはこちらの意見に耳を傾けてくれます」

ケヴェン・メアラムも、ハンセンに抗議をしたことがある。ハンセンはいつだって時間に厳しい。一時に予定されているミーティングは、一時きっかりに始める。一時五分でも、一〇分でもない。しかし一度、ハンセンはミーティングに遅れたことがある。歩いているときに携帯電話に連絡が入ったため、二、三分ほど過ぎて会議室に到着したのだ。そこではすでにメアラムが待っていた。メアラムは立ち上がると、「コーチ、ミーティングは一時からのはずですよね」と腕時計を指した。ハンセンは手をあげて、自分が悪かったと認めた。それがハンセンなのだ。

ハンセンは、豊富な知識を持ち、チームの動かし方なども熟知しているとバレットは言う。だが、誰もが彼を絶賛しているわけではない。元オールブラックスのアンディ・ヘイデンは、彼にシビアな態度を取る一人だ。「オールブラックスとそのコーチ陣は、確かに偉業を達成してきました。でもそれは彼らが特別優れているのではなく、他のチームが強くないからです。オールブラックスが常に成長し続けているわけではありません。ニュージーランドには、優れた選手が生み出され続けるシステムができ上がっているから、他の国よりも一歩先を行っているだけです」

二〇一一年のワールドカップ前、ヘイデンは、オールブラックスのフォワードについて感想を求められた。「あまり期待できない」。それが彼の答えだった。若い選手ばかりだから、適切なコーチが必要だというのがその理由だ。ヘイデンは「スティーブ・ハンセン指揮下のフォワード陣は体重が重たいだけだ」と続けている。元センターのハンセンには、コーナーにキックさせ、ウロウロしながらペナルティを待つだけの戦略しか取れないだろう。手厳しい言葉だ。誰に対しても率直なヘイデンは、お世辞を言うようなタイプではない。そんな彼の言葉を受け止めるも、受け流すもこちら次第だ。

その意見を快く思わなかったハンセンは、ヘイデンと直接会うことにした。彼らは正直に話し合うと、互いの意見が一致することはないと認めた。それでいいのだ。まっすぐな男同士が、妥協のない意見を交換した。それだけなのだ。だがヘイデンは、その場で別のことについても言及した。ハンセンに、必ずトライを生む戦術を伝授したのだ。特別な状況で、しかも一度きりしか使えない。ワールドカップ準決勝や決勝といったここぞという瞬間に取っておけ。絶体絶命のピンチを切り抜ける奥の手になるはずだから、と。

さらにヘイデンは、この動きを練習することを禁じた。とてもシンプルな動きなので、外に漏れる恐れがあるからだ。

二〇一一年ワールドカップ決勝に話を進めよう。自国メディアやファンからも見限られるほど不調なフランスだったが、いつもの予測不能な力を発揮して大接戦を演じた。一方のニュージーランドは極度の緊張状態にあった。

前半一五分、ニュージーランドは相手ゴール前のラインアウトからトライを決めて先制する。ラインアウトでは、選手は三手に分かれていた。奥にリフターとジャンパー、手前に五人ほど。その間にプロップが配置されている。この状況ではリフターとジャンパーに向かってボールが投入されるはずだ。フランスもそう思っていた。

誰もがリフターとジャンパーに注目していた。しかしボールは、真ん中に立つプロップ、トニー・ウッドコックに向かって投げられた。隙をつく形でウッドコックがそのままボールを手にすると、トライを決めた。最終的に、ニュージーランドは八対七の一点差で勝利した。

これがヘイデンが教えた戦術だ。でも彼は、どうやってこの動きを思いついたのだろう？

「記憶を掘り起こしたんですよ」と彼は言う。「オールブラックスの遠征中に、実際に使った手なんです。場所はイギリスかアイルランドだったかな。いつだったかは覚えていません。今では一度しか使えないけれど、当時は過去の映像がそこまで簡単に手に入らなかったから、相手チームの分析もできなかった。だから通じたんです」

オールブラックスのコーチ陣は世間からの評価が高い。だがヘイデンが必ずしもそう思っていないことが、その辛辣な言葉からうかがい知れる。ハンセンを「独裁者」だと言ったオールブラックスの元キャプテンもいる。ハンセンは独裁者なのか？　本人に尋ねてみた。

「そんなはずはありません。私の仕事は、選手がベストなプレーをできるように環境を整えることです。試合中でも、そうでないときでも、誇れるような選手を育成する環境を作ることです。私一人の力で、そんなことができるわけがない。他のスタッフだって力を持っています。コーチが『私のやり方に従わない者は去れ』と言うようなチームは長続きしません。独裁者は早晩に失脚するものです。二、三年だけ成功して終わりです」

ハンセンは周囲の人間にも率直で、思ったことを包み隠さず伝える。メディアの前では、肩透かしを食わせる態度を取ることが多い。気が向かなければ、愛想も振りまかない。そして控えめだ。この控えめさがあるからこそ、ハンセンは国の期待を一身に背負うオールブラックスというチームを率いることができている。そんな彼は、チームには民主的なプロセスが根付いていると話す。

「チームとしてなにをすべきか、私たちは何度も話し合いを重ねます。私の考えが取り入れられることもあれば、イアン・フォスターの考えが取り入れられることもある。誰の考えだろうと構いません。大切なのは、その考えが周囲と共有されることです。人の目に触れられるほど、その考えの長所と短所が浮かび上がってきます。独裁者にはそんなことはできません」

優れたチームには、緊張感とともに、配慮の行き届いた環境も求められる。例えば「リヴァプール・ブートルーム」がある。一九七〇年代から八〇年代にイングランドのリヴァプール・フットボール・クラブに存在したコーチングスタッフルームで、そこでは歴代の偉大なるコーチや優秀なスタッフたち――ビル・シャンクリー、ボブ・ペイズリー、ジョー・フェイガン、ロニー・モラン――が集まっては、チームや戦略について話し合っていた。現在のオールブラックスのコーチ陣には、その部屋の存在に通じるものが感じられる。ハンセンはこの部屋について知っているだろうか？

「聞いたことはあります。でも私たちは、意図的にそれと同じことをしようとしているわけではありません。私は様々なチームに所属してきましたが、どこでも家族と過ごすような環境を作るのが当然だと考えてきました。互いを思いやり、尊重し合う。率直に議論し、自分の意見が受け入れられなくても恨んだりしない。そんな環境ができ上がれば、仲間との関係も自然と深まっていくものです。

弱さがあれば、そこに他者との信頼関係が生まれます。共に悲しみ、解放感を味わったりしながら、兄弟のような関係を築いていくんです」

互いの違いを許し合うことで、より良い環境を作っていけるとハンセンは考える。彼は、選手の意見を聞くと嬉しくなるようだ。「オールブラックスにリーダーグループが存在するのはそのためです。リーダーたちが成長するほど、チームの環境は良くなっていきます」

ハンセンには、生きていく上で大切にしてきたことがある。努力、献身、ワークエシックだ。チームの若者たちにも、それらの大切さを教えている。なかでもとりわけワークエシックという言葉をハンセンはよく口にする。だが若い世代には問題もあるという。

「子供たちには、自分の子供時代よりも良い生活を送ってほしい。私たちはそう願って力を尽くしてきました。でも与えてばかりで、子供たちを甘やかしすぎてしまっているのが現状です。彼らは与えられることに慣れきっている。扱いも難しい。でもそれは子供たちのせいではなく、大人の責任なんです」

様々な要素がオールブラックスを支えているが、なかでも忘れてはならないのが、チームに対する誠実さだとハンセンは話す。どんなチームやビジネス現場でも、誠実さを常に意識し続けることが重要になってくるという。「若手には〝こうすべきだ〟と指導するのに、自分たちは全く違ったことをしている。そんなトップではダメなんです。トップが実践して、下に手本を見せていく。それができるかできないかで、文化が良くなるか、あるいはダメになるかが決まってきます」

そういったオールブラックスの根幹をなす要素は、ヘンリーをはじめとするチーム首脳陣によってもたらされてきた。ハンセン、スミス、エノカ、クロン、シャンド――。トッププランナーとしてラグビー界を牽引し続けるため、世界最高の若き選手たちを刺激し続けるための過酷なタスクだ。それをこなすには、集中力、責任感、一貫性が求められる。けれども精神を休められる時間は、夏休みとクリスマスを除けば、ゼロに等しい。そのような状況も、切り替えをうまく行えば乗り越えていけるとハンセンは言う。「私は、いつだってスイッチをオフにすることができます。ラグビーが生死よりも大切ではないと分かっているからです」。〝スポーツと生死〟といえば、リヴァプールのビル・シャンクリーの発言が有名だ。「サッカーは生死よりも大切なものだ」。シャンクリーはハンセンとは真逆の考えだった。

ハンセンも冗談を言っているわけではない。「自分のアイデンティティが、ラグビーだけで成り立っているわけではない。今では、それがよく分かっています。もちろん、スティーブ・ハンセンのアイデンティティの一つに〝オールブラックスのコーチ〟があります。でも同時に、夫として、父として、兄弟として、おじとして、友人としてのスティーブ・ハンセンだって存在しているんです。ただ一つのことだけに、自分のアイデンティティを託すのは健康的ではありません。自分のアイデンティティをきちんと把握できれば、『よし、今は父親だ。ラグビーのことは忘れるぞ』と考える余裕が生まれます。

大事なプロジェクトの最中には、頭の中が仕事一色になったっていいんです。私たちも家族から離れたところで、熱心に議論をしたりします。家族は力を与えてくれる存在であって、足かせではありません。家族と離れているときに、ベストを尽くせると素晴らしいですね。だって家族の方こそ、その仕事のしわ寄せを受けているんですから」

オールブラックスの一員でいることには重責が伴う。他者にその重さが理解できるのだろうか？

「理解できるわけがありません。オールブラックスのコーチだけでなく、荷物係、アシスタントコーチ、マネージャーなど、チーム全員がプレッシャーを感じています。オールブラックスの一員であることは、その後の人生でも変わりません。もう、ただのスティーブ・ハンセンには戻れないんです。オールブラックスのコーチのスティーブ・ハンセン。元コーチのスティーブ・ハンセンとして、残りの人生を生きていくことになるんです。

世間から絶えず注目を受けることにも、凄まじいストレスを感じます。成功者として私たちがどんなことをしているか、多くの人が知りたがる。この本だってそうでしょう。みんな逸話や神話が大好きです。あの成功者は、どんなことをしているんだろう？ どんな人間で、どうやって成功を勝ち取ったのだろう？ など好奇心を抱く。そして実物よりも、すごい人のように感じてしまうこともある。

なにかに成功していると、実際よりも優れた人間だと思われがちですが、私たちだってただのラグビー好きのキーウィ《ニュージーランド人》なんです。ラグビーが少しばかり上手いと思われている集団にすぎないんです」

二〇一二年初め、オールブラックスは重要な会議を開き、出席した主要マネージャー、コーチ、ベテラン選手にある問いを投げかけた。「これからどこに向かえばいいのか？」

大きなイベントでピークを迎えるチームは多いと、スティーブ・チューは語る。二〇一一年のワールドカップは、ホスト国、勝利国としてニュージーランドにとって最大のイベントだった。それを終えた後にチームはどうすればいいのか？ 「会議にはスティーブ・ハンセン、ウェイン・スミス、ダレン・シャンド、マイク・クロン、そして何人ものベテラン選手らが出席しました。二〇一一年のワールドカップ以降、二〇一五年までチームを率いてきた者たちです。彼らは特別ななにかを築き、最強軍団としてスポーツ史に残るような存在になることを目標に据えました。これまでの目標はリセットされ、さらなる努力が求められた。より身体を鍛え、スキルを上達させるにはどうしたらいいか？ ラグビーを次のレベルに引き上げるにはどうすればいいか？ 私たちは二〇一六年にも同じ課題について話し合いました。多くの優れた選手が引退しましたが、二〇一二年に匹敵するほど素晴らしい年にもなりました。でもそれもチームの深い経験があったからなんです」

チームへの期待が高すぎると感じることはないのだろうか？　ハンセンは肩をすくめる。「チームに入ってきたばかり頃は、要求の高さに圧倒されることもあります。管理側だろうが選手だろうが、周囲のサポートなしには、彼らはそのままチームをやめてしまう。でも要求のレベルを変えるつもりはありません。下げれば、強さが失われてしまいます。外部からの期待と内部の期待は、釣り合いが取れていないといけません。内部の方をより高くして初めて、外部の期待と同等、もしくはそれを越えていけるんです」

警察隊員だったハンセンは、その経験を無意識にラグビーにも生かしているようだ。警察の組織は、種類の違ったスポークがいくつも付いた車輪のようなものだと彼は言う。極限の緊張状況で、一度に多数のタスクをこなさなければならない。落ち着いて対処していくことがなによりも求められる。

そのためには他のコーチ、マネージャーらのサポートが欠かせない。元コーチであるジョン・ハートも「コーチとして多くの壁にぶつかってきた」と振り返る。「そんなときには周囲のスタッフの助けを求めます。ハンセンには頼るべき相手がいます。でもハンセンは、誰の助けを借りなくても、素晴らしい達成を成し遂げてきた。彼の力があったからこそ、オールブラックスはこれまでとは違ったレベルへと成長できたんです。人々が思っている以上に、彼は、ヘンリー時代から強い影響力を持っていたんです。そのときからすでに、オールブラックスは成長し続けてきたんです」

二〇一一年と二〇一五年のワールドカップを率いた元主将リッチー・マコウほど、ハンセンについてよく知っている人間もいないだろう。二人は、力を合わせていくつもの困難をくぐり抜けた仲だ。マコウはハンセンを敬愛している。

「スティーブとはとても良い関係を築けました。キャプテンとして試合中に決断を下すときには、いつだって後押しをしてくれました。試合中の出来事は全てキャプテンやリーダーたちが決めるべきだ。それが彼の考えでした。

ペナルティキックを得てゴールを狙うか、ラインアウトを選択するか迷う場面がありました。たいていの場合、私たちの意見は一致していましたが、たまにコーチ陣から私の決定とは違ったメッセージが飛んでくることがありました。初めて意見の違いが起こったとき、試合後に私はスティーブに自分の判断が間違っていたか聞いてみました。すると彼は『試合中の君の判断は全て支持する。あれは、一つのアイディアとして提示してみただけだ』と言っていました。

チームとして、個人として、私たちがどう事実に向き合っているか、ハンセンは必ず確認していました。物事がうまくいかないときほど、入念でしたね。改善が必要な部分があれば、彼にしかできないような方法で指摘してくれました。そして、個人の問題には決してしなかった。こちらの実力を信じながら、改善できる部分は改善していく。そんな姿勢がよく伝わってきました。

トレーニングを終わらせるタイミングも抜群でした。コーチの中には、うまくいくまで延々と練習を続ける人がいます。でもスティーブは、うまくいかないことがあれば練習を一旦やめて、翌日に続きをしていました。その日のうちに結果を出さなくてもいい、という考えだったんです。そしていつだって、新しいことを試そうともしていた。私は保守的な人間ですが、スティーブは新しく、従来とは違った方法を試そうとする人でした。これも彼の強さの一つですね。

また自分の考えを、常にオープンにしていました。この点は、時間が経つうちに際立っていった気がします。まっすぐに意見を伝えてくれるので、周囲は彼の本心を慮《おもんぱか》ったりしなくて済むんです。試合後のフィードバックもストレートでした。でも彼から悪かった部分を指摘されても『私のことを信頼してくれているんだ』と実感するため、嫌な気分にはならないんです。得難い能力ですよね。誰にでも真似できることではない。

試合中、あるいは週末に試合を控えているときなど、チームがなにを必要としているのか、彼はすぐに察します。チームの士気を高めるべきか、あるいは選手の肩に手を回して『もう少しだ、頑張れ』と勇気づけるか。その場面で最善の行動を取るんです。機転も利いて、問題を察知するとすぐに手を打つ。優れた聞き手でもあって、試合にまつわる長話にもじっくり付き合ってくれました。彼と話すと、自分が抱えていた問題に対する答えが見つかったものでした」

個性的なコーチといえば、一九七一年にブリティッシュ&アイリッシュ・ライオンズを率いたカーウィン・ジェームズだろう。彼は、テストマッチ前になると選手たちを座らせては、ライオンズとしていかにプレーをすればいいか尋ねて回り、そこにいる一人ひとりから意見を引き出していった。全員が発言を終えた頃には、すでに選手たちの中では試合の流れが明確になっているのだ。その流れはジェームズの主張と同じであることが多かった。けれどもそれは、ジェームズが押し付けたのではなく、選手が自分たちの手で形作っていったものなのだ。

ハンセンも同様の手を使っていたと、マコウは振り返る。ビール片手に選手たちと話をするが、偉そうに説教を垂れることはない。オールブラックスのキャプテン時代のブライアン・ロホアのように、親しみやすい態度を取る。それでも会話が進むにつれ、ハンセンの現実主義的な面が顔を出していく。「たわいのない会話をしていたと思ったら、一時間後には厳しい話題にも触れられている。あのスキルはすごかったですね。ハンセンは本当に特異な人ですよ」とマコウは話す。

別のオールブラックス関係者は、ハンセンについてこう語っていた。「田舎出身のスティーブは、典型的な農夫のような、素朴でシンプルな人です。なにかを伝えるときも、簡潔な言葉を用います。高い学歴があるわけではないけれど、大切なことは深く理解している。知性に学歴は関係ありません。頭が切れ、スポーツ心理学や様々な戦略にも精通している。多才で信頼でき、その上、選手のことも愛している。それがスティーブという人間です」

自分一人だけでは、コーチを務めることなど不可能だ。そう話すハンセンは、オールブラックスの勝利が監督の功績とされる傾向を、よく思っていないという。逆に、負ければ監督が全責任をかぶらなければならないが、彼はそのことには触れなかった。

「スタッフに恵まれて、どれほど幸福か分かりません。彼らはそれぞれの業務に励んでは、チームを動かしています。誰もが大切な存在です。彼らの可能性を高めていけば、チーム環境は向上していくでしょう。私一人ではなく、チーム全体で、試合に勝っているんです。フィールドの中と外が力を合わせて、勝利をつかんでいるんです」

ブレザーにネクタイ姿のオールブラックス選手が世界を飛び回っては、行く先々で賞賛を浴びる。だがそれも、彼らが厳しい基本指導をくぐり抜けているからこそ、なのだ。指導陣は、細かい部分も妥協せず、徹底的に掘り下げていく。オールブラックスのセレクターを務めているのは、ハンセン、イアン・フォスター、そしてグラント・フォックスだ。チームに中立的な人材が必要だと感じたハンセンが、フォックスをチームに招き入れた。

私はフォックスとともに、スーパーラグビーの試合を三回見に行ったことがある。彼は候補となる選手のどの部分を見ているのか。フォックスは説明する。「私たちは、一人の選手を集中して見ます。改善点などを探ることもあります。ボールを持っていないときに、なにをやって、なにをやらないかも重要になってきます。ボールを持っているときの行動は、コンピューターで分析することができますが、ボールを持っていないときの行動は把握できません。作業量についてだけではなく、そのポジションでどんな動きをするか。ボールを持った状態と、持っていない状態をあわせて、一人の選手の姿を浮かび上がらせていくんです」

ある試合で三人の選手を観察したとする。一人の選手の動きを二十分から二十五分ほど注視してから、次の選手に移る。

フォックスは、オールブラックスに在籍する選手の動きも見ている。例えばアーロン・スミスについて、彼はこう語った。

「とても小柄な選手なので、ハーフバックのＴＪ・ペレナラのような強靱なフィジカルも、相手をなぎ倒していく突進力もありません。だから彼は、パス練習だけに時間をかけるんです。

より素早く、よりフラットにパスが出せるように徹底的に練習します。彼はフォワードがいるであろう場所を計算して、そこにパスを出します。フォワードへのパスの仕方と、スタンドオフへのパスの仕方は違うんです。

オールブラックスの試合展開は、州代表よりも素早く、圧倒的に正確です。にもかかわらずスーパーラグビーの選手よりもシンプルでもある。それは彼らが基本をとても重視しているからです。身体に染み込ませるために、徹底的に基本をやり込むんです」

フォックスは広く知られた存在だ。一九八七年のワールドカップで優勝を飾ったオールブラックスメンバーで、最高のゴールキッカーとしても有名だった。引退後はコーチとして働き始めたが、すぐに自分には向いていないことを悟ったという。

「ラグビーコーチはとても難しい職業です。コーチをやってみて、二つのことを実感しました。まず、優れた選手は影響力を持っているものですが、コーチになるとその力を思ったように発揮できなくなること。グラハム・ヘンリーもそう言っていましたが、本当にその通りですね。そしてコーチとして、最高のチームを作り上げるために尽力しても、実際の試合では思い通りにいかないこと。そんなふうに感情に振り回される状態には、耐えられませんでした。選手時代にはなんとか対処できましたが、コーチとしてはうまくいかなかった。オークランドで五年、ブルーズで一年コーチを務めた後一九九三年に退任しました」

そんなフォックスにとって、代表チームのセレクターは天職のようだ。有能で、私がこの本を書くにあたっても、多くの貴重な視点を与えてくれた。彼はラグビー界に浸かりきっているわけではないので、新鮮な意見を聞くこともできた。忙しい中、多くの時間を割いてくれた。

フォックスは、彼にしかできない方法でラグビー界に貢献している。

「なぜニュージーランドでここまでラグビーが注目されているのか？　何度考えても、いつも同じ結論にたどり着くんです。地理的に孤立した小国が、これまでずっとラグビーで世界一に立ってきたからです。そのことに国全体が誇りを抱いているんです。南アフリカではラグビーは宗教的な意味を持っているようですが、ここではラグビーが生き方そのものになっているんです。この二つは全く違います」

フォックスがオールブラックスのセレクターとして働き始めたのは二〇一一年のことだ。彼はハンセンの誘いを喜んで受け、チームに加わった。

「私はラグビーを愛しています。オールブラックスの一員として働けることも光栄に感じています。国のためにプレーできる機会を与えられ、引退後にもその大切なチームに携われることなど滅多にありません。でもこれ以上、自分の時間を犠牲にすることはできません。オールブラックスのコーチになれば、年に二百日以上は家を空けなければならない。立場上仕方のないことですが、私にはできません」

他のニュージーランド人同様に、フォックスもラグビーの知識が豊富だ。そしてその知識を、周囲と共有することを厭わない。彼は、オールブラックスが洗練されたシステムを持っていること、とてもスムーズに運営されていることを以前から知っていた。それでもその素晴らしさを目の当たりにしたときには、驚いたという。

「チームは多層的な構造をしているので、強さの秘密は一つだけではありません。小さな要素が集まって、成功しているんです。土曜の試合前にどれだけ準備ができたかで、強さは決まってきます。日曜から金曜に行っていることこそが、強さの秘訣なんです。私たちは試合の準備段階に全力をかけます。ここで小さな要素をおろそかにすれば、良いパフォーマンスはできない。結果を出すことなど、まず不可能です。小さな要素を積み重ねるのは、決して難しいことではありません。その積み重ねを試合で発揮する。一つの試合が終われば、また次の試合でも同じことをする。その繰り返しです。私たちは試合に向けて、次のように準備を整えていきます」

・クオリティマネジメントを意識して、一週間のトレーニングスケジュールを立てる
・クオリティマネジメントでは、コーチングの知識を重視する
・フィジカル、メンタル面の調整（手を抜かずに徹底的に行うこと）
・戦略、ゲームプランを立てる。スキル、チーム理念を各試合、各大会、各シーズンごとに設定。相手チームの出方も考慮に入れること
・効果的に技術を使えるようにする
・判断力を身につける

「良いプレーができても、全ての細かな問題点がクリアにならないと負けてしまう場合もある。二〇一六年にシカゴでアイルランドに敗北したことで、私たちはそう痛感しました」

シカゴでの敗北後、チームはすぐに試合を分析し、問題点を洗い出した。まずトレーニング場とホテルが離れていたことが、問題点として挙げられた。毎日のように騒がしい街を抜けて

往復しなければならないことが、選手たちの負担になっていた。野球のシカゴ・カブスが百八年ぶりのワールドチャンピオンに輝いたため、街はお祭りムードで、選手たちのペースが乱されてしまったのだ。チームは、敗北を街のムードのせいなどにはしなかったが、試合後の分析では問題点として取り上げられた。ジェローム・カイノをセカンドローに配置したことなど、選手選びで問題があったことも指摘された。

では準備が整った後はなにをすればいいのか？「試合を楽しめばいい」とフォックスは答える。「ラグビーをプレーするのは楽しいことです。選手たちはラグビーが好きだから、プレーをするんです。試合が始まる前に『お金のためにプレーをするんだ』と思うような選手はオールブラックスにはいません。ラグビーをプレーすることは誇りであり、喜びなんです。それがなによりも大事なことです。その気持ちがあるから、私たちは進み続けられるんです」

たいていのコーチの辞書には、「楽しいからプレーを続ける」という台詞はあまり載っていなさそうだ。一流選手の多くも、そのような姿勢を軽蔑するかもしれない。だが、実際はそうではない。フットボール・クラブ・バルセロナを指揮したヨハン・クライフやジョゼップ・グアルディオラは、サッカーをする上で、楽しむことを最も大切にしていた。才能だけでなく、笑顔でプレーできる選手を求めていた。

グアルディオラは、そんな雰囲気をマンチェスター・シティでも生み出してきた。重圧がかかる状況でも、彼はそれを全く感じさせない態度を取り、エネルギッシュにプレーするように選手を勇気づけて回る。チームの成功には、選手が楽しんでプレーすることが欠かせない。それが彼の信条だ。二〇一八年のマンチェスター・シティは、そんなコーチの考えがとてもよく反映されていた。輝かしく、洗練されていて、独創的でスタイリッシュ。見ているだけで楽しく、ワクワクするような試合を展開した。

ではスティーブ・ハンセンはどうだろう？　いつも沈鬱な表情を浮かべては、感情を表に出さず、世間から距離を置こうとしているような人物だ。そんなコーチが率いるチームは、独創的でなく、スタイルやエネルギーを欠いていることが多い。機能的。でもそれだけだ。

だが現在のオールブラックスは、そんなチーム像とは程遠い姿をしている。彼らほど観客を興奮させ、楽しませるチームは他に存在しない。このことから、ハンセンが現実主義で結果だけを考える気難しいコーチなどではないことが、よく分かる。彼が率いるチームは、歴代オールブラックスの中でも、特に積極的に試合を展開する。「全体は部分の総和に勝る」。そんなアリストテレスの考えを証明しているのがハンセンなのだ。

では、オールブラックスのコーチ陣への重圧はどうだろう？　昨年の夏、私はウェイン・スミスとイアン・フォスターの家を訪ねた。彼らは休暇を存分に楽しんでいた。彼らには、心穏やかなひと時が長くは続かないことが、分かっていたのだ。

オールブラックスの一員であることについて、本当に理解できる人は滅多にいない。そうフォックスは説明する。

「この二十年間でラグビー界はプロ化が進んできました。でもそれよりも前から、オールブラックスは大きな期待を持たれてきた。現在では多くのファンが『オールブラックスには大金がかけられており、その中には自分が払った金も入っている。だからより過激に批判してもいい』と考えるようになりました。でも世間にそんなことを言う権利が、本当にあるのでしょうか？　私はそうは思いません。図太い神経でも持っていなければ、批判にさらされ続ける状況に耐えることはできません。選手やスタッフ以上に、その配偶者や両親が参ってしまうことも多いんです。

家族は世間からの非難を、本人以上に真剣に受け止めてしまいます。『ラジオを聴くのをやめればいいじゃないか。新聞やインターネットを読むのをやめれば、批判の声は入ってこない』などと言われますが、そんなに簡単なことではありません。世間の反応を見聞きしようとするのは、人間の本能でもあるんです」

そのようなプレッシャーが存在することが分かっていても、大勢の人間が、ラグビーのコーチになろうと志願する。海外のチームで活躍するコーチも多い。なぜこの国からは、優れたコーチが生み出され続けるのか？「ニュージーランドがラグビー王国でいられるのは、コーチの存在があるからです」とフォックスは語る。

「北半球のラグビー国と違って、ニュージーランドのラグビー界には、クラブとトップレベルの間に、別の段階が存在します。オークランドやウェリントン、カンタベリーのような州レベルのクラブです。この段階の存在が、ニュージーランドのラグビー界を支えているんです。

選手だけでなく、理学療法士から医療班、コーチといった専門家を育成する上で、この段階が大切な役割を果たしています。素晴らしい人材が、ここで育ち続けています。我が国のラグビーの評判は世界でも高く、ニュージーランド人コーチを求める国はたくさんあります。彼らは、ラグビーの知識量が豊富です。ここではラグビーが日常的な存在なので、平均的な知識量も高いんです」

コーチとしてのプレッシャーに耐えられ、その中で結果を残していける指導者はどこでも歓迎される。だからこそオーストラリア、アイルランド、スコットランド、ウェールズ、日本、フィジー、イタリア、アメリカは、ニュージーランド人コーチをこぞって求める。ニュージーランド人コーチほど、優れた知識と影響力を持った存在はいない。バース、カーディフ、クレルモン・オーヴェルニュ、ノーサンプトン、モンペリエ、グラスゴー、スタッド・フランセ、ロンドン・アイリッシュだけでなく、アイルランドや日本などのクラブや州が、ニュージーランド人コーチを求めてきた。彼らを迎えることは、その人物だけの影響を受けるわけではない。その背後にあるニュージーランドのラグビー文化を受け入れることになるのだ。長い年月をかけて鍛え抜かれた、ロレックスの時計のような一流の文化がクラブに入ってくる。

ニュージーランド人コーチと、それ以外のコーチには大きな違いがある。リスクに対する姿勢だ。

「ニュージーランド人コーチたちは、少し違った視点を持っています」そう話すのはウェイン・スミスだ。

「スキル開発に多くの時間を割き、プレッシャーがかかった状態でもそのスキルを発揮できるように訓練していく。戦略を用いて、相手の試合を形作るという考え方も主流です。ボールを常に支配するというわけではありません。キック主体のゲームを展開しては、相手が一箇所で防御に徹するようにコントロールした上で、自分たちが望む攻撃を仕掛けていく。

一九〇五年のデイブ・ギャラハー率いるチームもそのような試合を行っていた。それがニュージーランドのスタイルなんです。機会をうかがって攻撃し、必要なリスクを恐れない。

私たちの内に流れる開拓者精神にも合っているのでしょう。私たちのスキルが格別に高いというわけではありません。ただ試合で必要なスキルを高め続け、危険を冒す精神を大切にしてきたからこそ、ここまで強くなれたんです」

二〇一二年から二〇一三年にかけて、スミスは、チーフスのデイブ・レニーとともに、アルゼンチンでラグビーコーチ二百二十名を対象としたセミナーを開催した。まずはコーチたちに、自陣二十二メートルライン付近でスクラムになっているチーフスの映像を見せ「このような場面では、敵陣にボールを蹴るように指示を出すか？」と質問した。二百二十の手が一斉に挙がった。次にスミスは別の映像を見せた。チーフスはボールを確保するとスペースをついて突進。敵陣へボールを運ぶとトライを決めた。「これでもボールを蹴るように指示しますか？」と問うと、また二百二十の手が挙がった。

スミスは言う。「それがアルゼンチンのコーチの考え方です。彼らにしてみれば『それはニュージーランド人にとっては有効なのでしょう。でも私たちは同じことはしません』ということだったのでしょう。他の国でも同様の反応が返ってきます。彼らは自陣二十二メートルライン内からトライに走ることはしないんです。私たちは、そんな場面をチャンスとして捉えます。とはいえ、シンプルな基本動作ほど実戦で活かすことが難しい。来る日も来る日もトレーニングを重ね、実戦を想定して練習しないとキャッチ&パスはできないものです。練習した上で、フィジカルなプレッシャーだけでなく、メンタル面でのプレッシャーがかかった状態で試してみることも必要です。練習でできないなら、試合でもできるわけがないんですから」

元オーストラリア代表のコーチであるジョン・コノリーは、オーストラリアとニュージーランドでは、状況が全く違っていると説明する。オーストラリアでは、才能ある若い選手がコーチによって見出されることはない。「ニュージーランドでは、優秀な選手が十九歳や二十歳で出現します。ボーデン・バレットやダミアン・マッケンジーなど、これまでずっとそうでした。ニュージーランドでは、コーチの指導力が優れているからです。ラグビー界全体がビジョンを持って取り組み、成功している。それに比べて、オーストラリアの現状は惨憺《さんたん》たるものです。また現在のラグビーの流れは、ニュージーランドの選手の資質に合っている。以前の試合では、揺るがない一つのスタイルが必要とされていました。でも今の試合は実に多面的で、勝利するには、多様な攻撃パターンとスキルが欠かせません。ニュージーランドはスキルを磨き続けてきたので、今では素晴らしいレベルに達するまでになった。オーストラリアは、それほど熱心には取り組んできませんでした。ニュージーランドほど、選手の力の伸ばし方に精通している国はありませんよ」

ニュージーランドが基本動作を大切にしてきた一方で、オーストラリアは慢心していた。その良い例が、クエイド・クーパーだとコノリーは言う。「二〇一一年、当時二十三歳だったクーパーはレッズの選手として素晴らしい成績を収めました。でもそれから六年経った現在、彼はかつての輝きを失っています。それはオーストラリアのシステムのせいなんです。今でもクーパーは、キックをうまく蹴ることができませんし、スキルも低いままです。素晴らしいパスは出せるけれど、ラグビー選手としては全く向上していません」

皮肉なことにクーパーはニュージーランド人だ。もし母国に残っていれば、やり手のコーチのもとでオールブラックス史に残るスタンドオフに成長していたかもしれない。コノリーは

「オーストラリアには、彼を育て上げられるだけの力がなかったんです」と言う。

良い成績を残し続け、独創的なプレーを誇り、その上、優秀な選手をオールブラックスに送り込む。優れたコーチが存在するからこそ、ニュージーランドのラグビー界は今のような姿でいられる。傑出した才能を持つ若い選手と世界トップレベルのコーチ陣を輩出し続ける限り、ニュージーランドのラグビー界は安泰だ。ただ、そのどちらか一つが損なわれれば、話は大きく変わってくる。

ハンセン率いる先鋭ぞろいのコーチ陣の中に、ディフェンス・コーチのスコット・マクラウドがいる。現役時代にはオールブラックスで一〇キャップを重ね、引退後はハイランダーズでアシスタントコーチを務めた。彼のように、ニュージーランドラグビー界にはどの段階にも、優れたコーチが存在する。

世界でも、ニュージーランド出身の一流コーチは引く手あまただ。ハリケーンズを二〇一六年シーズンチャンピオンに導いたクリス・ボイドは、二〇一八年にイングランドのノーサンプトン・セインツのコーチに就任している。二〇〇一年から二〇〇四年に同チームのコーチを務めたウェイン・スミスがチームから助言を求められ、ボイドを薦めたのだ。チームは彼の意見に従い、ボイドとの契約を進めた。

国から輸出されているかのように、ニュージーランド人コーチは世界のいたるところで活躍している。ニュージーランドは、そんな現状を受け入れている。今後も優れたコーチが誕生し続けることが分かっているからだ。ヘンリー、ハンセン、ガットランド、シュミット、コッターといった面々は、他国でコーチを務めながら、同時にその国についての知識や考え方を獲得してきた。そして海外からオールブラックスに戻ってきたときには、それまでに蓄えた他国についての知識が強力な武器となるのだ。

バーン・コッター、ウォーレン・ガットランド、ジョー・シュミット、クリス・ボイド、ジェイミー・ジョセフ、トニー・ブラウン――現在、海外で活躍するコーチが、未来のオールブラックスにとって重要な存在になることは間違いない。それにひきかえ、イングランドの状況は大違いだ。二〇一五年、イングランドラグビー協会は、ステュアート・ランカスターの後任を大急ぎで探していた。適切なイングランド人コーチがいなかったため、オーストラリア人のエディー・ジョーンズが選定された。しかしジョーンズは、すでに南アフリカのストーマーズでの就任が決まっており、会見も開いた後だった。そのためラグビー協会はケープタウンへ赴き、ストーマーズへ補償金を支払わなければならなかった。ニュージーランドは長期的展望を持っているのに対し、イングランドは短期主義だ。両国の姿勢に大きな違いがあることが分かる。

グラハム・モーリーも、ニュージーランドのコーチ技術は、世界でもずば抜けていると認めている。だが同時に、難しい問題をはらんでいることも指摘する。「ラグビーの才能があっても、他の点でまるっきり無能な選手もいます。生活がめちゃくちゃで、金銭管理もできず、プロであるのに酒を飲みすぎたりする。彼らを育てるには、各選手に合った、画一的でない管理方法が求められます」

かつてローリー・メインズに率いられたオールブラックスは、目立った功績を残していない。なぜならメインズは、選手に決まったやり方でプレーすることを求めたからだ。一方、今のオールブラックスのコーチは、彼とは全く違ったスタイルを持っているとモーリーは言う。「グラハム・ヘンリーは、自身の指導スタイルを民主的なものに変えることに成功しました。スティーブ・ハンセンは、選手の管理に長けています。心の知能指数が高く、選手やスタッフが自身の行動に責任感を抱くようにうまく指導しています。

現在のオールブラックスは、チーム指導がよくできています。選手にはフィールド外のことにも責任感を持たせている。そうすることで、試合中の判断力も向上します。アメリカのスポーツ界はなにもかもが独裁的です。でも、選手のスタイルや考え方まで管理することはできません。選手たちはただ『はい、コーチ。いいえ、コーチ』と言うのに慣れているだけなんです。でもニュージーランドでは、コーチの指導のおかげで、選手たちはトレーニングと試合での判断力がつながっていることを理解できているんです」

トレーニングや試合で責任を与えられ、自分で判断するように鍛えられた選手は、プレッシャーのかかる場面でも正しい選択をすることができる。それも当たり前だろう。コーチだけが力を持つようなチームでは、選手は自分で判断をする癖を持たない。判断力が育たないのだ。

一方のイングランドの選手たちは、この二年間で三回も試合中に「車の前に飛び出したウサギ状態」に陥ってきた。試合中に予期せぬことが起こり、判断力が働かなくなってしまったのだ。二〇一七年シックス・ネーションズのイタリア戦でのことだ。イタリアは、タックル成立後にラックを形成せず、オフサイドラインを発生させないというズル賢い戦術をとった。対応に苦慮したイングランドの選手たちは、フランス人レフリーのロマン・ポワトになんとかするよう主張。するとポワトはこう返した。「私はレフリーであって、コーチではない」。イングランドはリードされたままハーフタイムを迎えると、ロッカールームに引き返し、コーチの指示を仰がなければならなかった。コーチが全てを決定していたため、選手は責任を取りたくなくて決断を避けたのかもしれない。または、自分の力で試合をコントロールし、プランを変更してやろうとの考えが全くなかったのかもしれない。いずれにせよ、ニュージーランドではそのようなことは起こらないだろう。彼らは、試合中は選手だけで判断し、問題を解決しなければならないと考えているからだ。それができない選手は、そもそもオールブラックスのジャージを着る資格を持たない。

スティーブ・ハンセンは、テストマッチで充分にやっていけるレベルにチームを仕立て上げる。それが彼の仕事だ。そして試合中には、必ず問題が起こるものだ。ハンセンは、選手が自分の頭で考え、解決策を見つけ出すことができると信じている。リッチー・マコウが言っていた通りなのだ。

選手たちの考える力を伸ばそうとするのが、オールブラックスのコーチ陣だ。ダグ・ハウレットもそう証言する。「どのコーチがより優れているかは選べません。でも様々な思考パターンを身につけられるように、全員で鍛えてくれました。自分自身に挑戦するよう求められるんです。プレーのパターンやプランを改善させるときと同じように、これまで自分の頭の中にあったことを違ったレベルから考えていく。チェスのように、行動に移す前に次の手をいつも考えなければいけないんです」

ウェイン・スミスも、ニュージーランドの強さはその判断力にあると認めている。「ニュージーランドは、特に判断力に優れています。世界中のラグビー関係者が『ヘッドアップ（頭を上げて視野を広げること）』の大切さについて話しますが、私には、意味がないとしか思えないんです。自分の頭をアップしたところで、なにを見ればいいか分からなければ意味がないでしょう。全てを見ようとすると、なにも見えなくなってしまう。どうしようかと考えすぎて混乱状態になり、動きにもキレがなくなる。試合中になにを見ればいいのか、どこを見ればいいのか。選手にシンプルに教えることが重要です。私たちが判断力に優れているのも、シンプルに指示を出しているからです。ラグビーとは多層式なスポーツです。試合の流れを読み、その都度判断していくことが求められます。それでいて、チーム全員が同じ認識を持っていなければいけません。一つの合図を見たら、みなが同じように動く。それが優れた判断力なんです」

南アフリカとイタリアの代表チームを率いたニック・マレットも、ニュージーランドのコーチ陣の優秀さを認めている。ラグビーの圧倒的な強さも、全てはコーチのおかげだと言う。「それにひきかえフランスやイングランドでは、レベルの低いコーチがトップクラブを率いている場合があります。指導とプレーに関して、ニュージーランドの知的資本は世界中で共有されています。選手は良い影響を受けても、ニュージーランドほどのラグビー環境がないため、指導面ではその知識が活かしきれていません」

技術的な観点からも、マレットは、ニュージーランドの選手が教わっている内容を高く評価している。「試合中に正しい選択ができるよう、敵を想定したトレーニングが行われます。ボールを持ち、他の選手と相対して練習するため、正しい判断を下せるようになっていく。どんな試合の前でも、選手たちはスキルと判断力が叩き込まれます。試合前の平日には全ての点で指導を受け、スキルの練習も徹底的に行われます。他の国、特にフランス、南アフリカ、イングランドでは、そのような練習風景はまず見られません」

ニュージーランドには、成功するための信念が存在する。「シンプリシティ（簡潔さ）＝クラリティ（明確さ）＝インテンシティ（強さ）」。オールブラックスのコーチが教えてくれたものので、これがニュージーランドの活動スタイルだ。

二〇一七年のハイランダーズ指揮官トニー・ブラウンは、こう話す。

「ウェイン・スミスが良い例です。彼は国中のラグビー全体のレベルを上げることを考え、自身のコーチとしての経験を広く共有してくれました。とても大きなことです。スミスやハンセン、フォスターも、その経験を惜しげもなく語ってくれました。そのため、ラグビー界全体のコーチの知識レベルが、向上したんです。ハンセンらは、それが自分たちの使命だと考えているようです。クラブレベルのコーチでさえ、彼らの知識をトレーニングに活かすことができるんです。

ニュージーランドラグビーが無敵の強さを誇るのも、彼らのおかげでしょう。全員が一丸となって働き、トップレベルが情報を共有することで、ラグビー界に連続性ができ、安全性も保たれる。情報の内容も進化し続けているため、去年の情報は今ではもう通用しない。ラグビー界をより良くしようと、誰もが常に行動しているんです」

ボブ・ドワイヤーなど、ニュージーランドは情報を出し惜しむ秘密主義だと考える人もいる。ウェイン・スミスはそれを否定する。「シーズンが終われば、アイディアや戦略などを秘密にすることはありません。他国のコーチから聞かれれば、快く教えますよ。相手チームにも強くなってほしいですからね。同時に、私たちも次のシーズンの戦略に集中することができます。そうやって成長してきました。前進をやめず、変化し続けなければならない状況に、自らを追い込んでいくんです」

ニュージーランドは、そうやって常に走り続けてきた。他のチームが「もう少しで追いつけるかもしれない」と思う位置まで到達できても、そのときには彼らはさらに前に進んでいる。飽くなき探究心を持って進化をやめない。それが、ニュージーランドのラグビーなのだ。現状を維持することで満足する国もあるが、彼らはそうではない。これもニュージーランドの強さを解明する上で、重要なピースとなるはずだ。

スミスは続ける。「ニュージーランドの一挙手一投足に、世界中が注目をしています。でもそれでは、ニュージーランドを真似するだけになってしまい、追い越すことはできません。私たちは自らにプレッシャーをかけ、成長を続けてきました。そしてラグビーの現状を改善しながら、ラグビーの未来を作り出そうとしているんです」

この国のプロのラグビー界では、秘密主義のコーチに出会ったことはない。そう、トニー・ブラウンも述べている。「誰もが、誰かの力になろうとしています。ラグビー界を盛り上げていくためには情報の共有が不可欠だと、コーチたちには分かっているんです。スーパーラグビー界でも、他のレベルのコーチ陣を招いては、情報交換を行います。そこで得たアイディアが、各チームの役に立つからです。与えれば、こちらだって新しい情報を受け取ることができる。私もコーチとして成長することができました。まだまだ敵を倒し、チームを向上させるための新たな方法が存在しているはずです。独創的な発想で、勇気を持って物事に取り組んでいけば、選手たちも理解してくれます。そうなれば誰にも負けません」

元オールブラックス、またサモア代表としても活躍したパット・ラムも、コーチとして海外でラグビーのスキルを広めている。アイルランドのコナート、イングランドのブリストル・ベアーズで指揮を取ってきた。そんなラムも、ニュージーランドの強さの秘訣はコーチの指導にあると話す。

「ニュージーランドラグビー界全体がとんでもなく高レベルです。だから若い選手たちは、どの段階でも技術を身につけることができます。ラグビー強豪校などに行かなくても、素晴らしいコーチから技術を学ぶことができます。どこにいたって質の良い指導を受け、ラグビーをよりよく理解していくことが可能なんです。

多くの人が、オールブラックスに貢献しています。長い年月をかけてでき上がったシステムからは、優れた若い選手が出現してくる。これがニュージーランドの強みなんです。誰もがラグビーが大好きで、多くの人が無給にもかかわらず、ラグビーのために働いています。クラブのコーチになって、地域に恩返しをする人もいます。このシステムが存在するからこそ、新たな才能が生み出され続けているんです」

ニュージーランドに優れたコーチが多い理由について、ラムはこう説明する。「私たちはラグビーを理解しています。本当に理解できれば、より深く考えることもできます。選手としてラグビーを楽しみ、大切なことや戦略についてよく理解していく。そして、チームの一部としてプレーする。そうやってラグビーに触れたのちに、コーチや運営側に回る人も多いんです。みんな本当にラグビーが大好きなんです。コーチになっていなくても、日常生活ではラグビーについて誰かと話し続けるものです」

細かい部分を掘り下げ、知識を得ていくことが、ニュージーランドの強さを支えている。イアン・フォスターも、現役時代のダン・カーターの小さな癖を見抜いたという。

「ダン・カーターは判断力に優れた、素晴らしい選手であることは最初から明らかでした。オールブラックスに加入したばかりの私は、『彼に教えられることなどあるのだろうか？』と途方に暮れたものです。でもそのうち、一つだけ気になることが出てきました。カーターのちょっとした行動なんですが、それをやらないと彼はうまくプレーできないようでした。どう見ても明らかでした。ダンは退屈するとプレーをしているふりをするんです。ボールを外側の腕でキャッチして、ダラダラとフィールドを走る。周囲に自分を合わせるんです。でも本気のときは、ボールを素早くキャッチし、最短距離で走るんです」

フォスターはラグビーについてよく理解し、なおかつ現実主義的な面も持っている。私は彼に、なぜニュージーランドの選手が圧倒的に正確なプレーをこなすことができるのか、尋ねてみた。彼は驚いたようにこう答えた。

「私たちが、選手たちにそうあるように望むからですよ。指導し、準備したことを、試合で発揮するように望むのは当然です。また選手に望むのも、基本的なことだけです。パスし、走り、ボールをキャッチし、タックルし、状況を判断する。実際に行うのは難しいものですが。

アイルランドも素晴らしい試合展開を見せます。あらかじめゲームプランを用意しておいて、それに沿って試合を展開していく。でも試合がプラン通りに進まないこともあるので、プランは一つ以上用意しなければいけません。プレッシャーがかかれば、体が動かなくなり気分も暗くなります。余計な感情が顔を出し、物事をまっすぐに考えられなくなる」

ニュージーランドのラグビー界では、基本の動作を確実にこなすことが常に求められる。学校、州代表、スーパーラグビー、オールブラックス。どのレベルでも、コーチから同じことが要求される。完璧なスキルを追い求める旅が終わることはない。ダレン・シャンドは言う。「飽くなき向上心を持った人々に囲まれることで、私たちは成長していけます。犬の集団に追いかけられているような気分になることもありますが、トップでい続けるためには、そのプレッシャーが必要なんです。オールブラックスの、さらに上達したいという気持ちの強さには、いつも驚かされます。二〇一三年一一月にダブリンでアイルランドを下した後、年が明けてすぐにミーティングが開かれました。躍進を遂げた二〇一三年が終わったばかりなのだから、選手はまだリラックスしているだろうと思っていました。でも、そうじゃなかった。チームはテストマッチ十八連勝という記録を達成したにもかかわらず、『同じことをするにはどうすればいいか？』と話し合ったんです。少なくともリーダーたちは、そのように休むことなく進んでいきます。それほど強く勝利を求めているんです」

プレッシャーと期待。ニュージーランドのラグビー界では、この二つが肩を並べる。ではコーチ陣にプレッシャーがかかりすぎていることはないのだろうか？「全くありません」とラムは言う。「それも私たちの文化のうちです。チームやコーチに関係なく、どの選手も勝利することが期待されているんです。オールブラックスのレベルに達するときには、もうそんな状態には慣れきってしまっているものです」

もちろん勝った方がいいが、常に勝てるわけではない。それでもハンセンは「人は敗北から多くを学べる」という言葉が大嫌いだという。「誰だって負けることはあります。でもそこからなにかを学べるというのは、ただの言い訳です。なら勝利からはなにも学べないのか？　スポーツにおいて、勝利から学ぶのは最も難しいことかもしれません。それでも、求めることが無意味なわけではない。難しいなら諦めていいというふうにはいきません」

ニュージーランドのラグビー選手たちの向上心はとどまるところを知らない。スティーブ・ハンセンも、ラグビーについて全ての時間を費やしている。そんな彼の姿勢は、ラグビー界全体に伝わっていく。グラント・フォックスも言う。

「自分たち、選手たちへの挑戦を止めることはありません。常に向上する。秘密なんてありません。ただ厳しいほどに正直でいるだけです。トップレベルの選手やコーチには、隠れる場所などありません。覚悟を決めなければやっていけない世界です。

スティーブ・ハンセンとスティーブ・チューの関係も、この率直さをよく表しています。二人はよく辛辣な会話をしては、細かい部分まで話し合っています。ハンセンは心の知能指数がとても高く、オールブラックスを大切にしています。でもそんな彼にとっても、チームよりも重要な存在が、ラグビー界にはあるんです。ラグビーそのものです」

「もちろんオールブラックスよりも、ラグビーの方が大切ですよ」。ハンセンはあっさりと認めた。「いかにプレーするかは、いかにラグビーを扱うかと同義です。正しいことをやらなければ、この競技の一部でいられません。ラグビーが、ラグビーでなくなってしまう。当然のことでしょう。私たちはラグビーというパズルの一ピースにしかすぎないんです。プレーが上手いからといっても、競技自体を踏み躙《にじ》って良いことにはなりません。なによりも、ラグビーは、私たちに良くしてきてくれたんですからね」

本書を執筆している際、スティーブ・ハンセンやニュージーランドラグビー界が、私が追い求めているものを本当に理解してくれているか、確信を持てずにいた。私は更衣室に隠しカメラを仕込んでは選手が喧嘩するのを待つような、スキャンダルやドラマを求めていたわけではない。ラグビーについて、今後ラグビーがどうなっていくかを探っていたのだ。オールブラックスだけが強くなりすぎれば、ニュージーランドだけでなく、ラグビー界全体が危機に陥るだろう。ニュージーランドのラグビー協会は、他国チームの向上を後押しする責任があると私は考えている。彼らは、他のチームのレベルを引き上げ、選手やコーチがより高いスキルを持てるように先導していくべきなのだ。どんな分野であっても、それがトップの役目なのではないだろうか?

だが、この理屈を理解しない人も存在する。あるニュージーランドラグビー協会関係者は「敵を助けるのは、私たちの仕事ではありません。勝者でい続けるために、自分たちだけのことに集中しなければいけない」と素っ気なく言ってのけた。だからこそ、なのだ。もし他の国が負け続ければ、ニュージーランドだって影響を受けるはずだ。人々は、戦いが見たくてスポーツを観戦する。でもその興奮が消えれば、スタジアムに観客が集まらなくなり、テレビの視聴率も下がっていくだろう。元オーストラリア代表のアンドリュー・スラックだって、スティーブ・ウォー率いるクリケットチームがあまりに強すぎて、試合を見るのがつまらなくなったと言っていた。

自身の実力に満足せずに、たゆまぬ努力を続ける。その姿勢をニュージーランドは世界に教えることができるはずだ。ハンセンもこう語る。「何年か前に〝今はあなたの時代でも、いつかは衰えるときが来る。でもまた復活するでしょう〟と言われたことがあります。この言葉も、ただの戯言《ざれごと》にすぎない。衰えるときが来るのは、自分の立場に満足したときです。向上心を忘れてなにもしなければ、立場を追われるのは当たり前です。でも名誉と敬意を勝ち得よう、伝説を損なわないようにしようと、努力を続ければ、衰えることはありません」

このような考えの持ち主は、常に緊張していなければならない。それでもニュージーランドの覇権を本気で覆したいなら、他の国も同様の考え方を持つべきだ。一筋縄ではいかないだろう。でも最大の困難を乗り越えてこそ、最大の功績は得られるものだ。

他の国も覚悟を決める勇気が必要だ。大きな夢を抱き、攻撃し、リスクを取り、新しいことを試そうとする姿勢を持つ。それだけが残された道だ。だがここに問題がある。果たしてウェールズやスコットランド、イングランド、オーストラリアの若者が、ニュージーランドの選手ほど熱心にナショナルチームに貢献するだろうか？　彼らには、彼らなりの考え方があるだろう。国のためにプレーをすることを望む若者は、世界中に存在する。けれども彼らは、最新型のBMWやポルシェを買うためにクラブや州代表と大金で契約を結びたいと思っているかもしれない。

このことについて、ハンセンは良いアイディアを一つ教えてくれた。優れたラグビー国が存在するのに、なぜどこもオールブラックスのライバルになれないか、彼は分からないという。二〇一九年ワールドカップでは、オールブラックスは史上初の三連勝を狙っている。勝利すれば、ラグビー王国としての立場がさらに強化される。

「ラグビー界全体が強くなければ、ラグビーというスポーツ自体が強くなれません。世界全体で強くなっていかなければならない。ではどうやって互いに助け合えばいいのか？　ニュージーランドが選手やコーチを世界各国に送り込み、アイディアを共有していくことだと思っています。私たちだけで、抱え込んではいけないんです」

他の国にもできることはある。そうハンセンは考える。

「イングランドのような国が態度を変えて〝収益の一部を他の国にシェアする〟と言い始めることだってできるはずです。でも、彼らはそんなことはしません。敵の助けになるかもしれないからです。でも、私はそんなふうには考えません。他の国よりも有利でなくてもいいんです。助け合いながら、互いに強くなっていければいい。ラグビーがなくなれば、全員が職を失うことになるんですからね。

だから今のオーストラリアを見ていると辛くなります。彼らに勝つことは気持ちがいいですが、負けることだって同じくらい悪くないんです。なんといってもアンザックの仲なんですからね。心から尊敬する存在です。強くいてほしい。ニュージーランドラグビー協会は、ラグビーのことを本当に大切にし、気にかけています。ラグビー界がどうなっていくか、あらゆる角度から考えているはずです。ワールドラグビーの会議に出席するのも、自分たちだけのちっぽけなことのためではありません。でも世界では、自国のためだけという考え方が主流です。誰もが自国本位で出席している。

でも私たちは、そんな余裕はありません。ラグビーのためでなくてはいけないんです。会議で決まったことを受け入れ、調整しなければいけない。それを最も受け入れることができた国がトップに立つんです。会議に行って『うち国のためにこうしてほしい』と言うだけではダメなんです。ラグビー界全体にとって正しいことではありません」

これらの状況を語る上で、ハンセンの視点は重要だ。ラグビー界の計画を推進し、指示を出していくのは、ラグビー国の主要コーチなのだ。彼らの思惑が影響されることは避けられない。

だが、ちょっと待ってほしい。ニュージーランドだって、自分たちのことだけを考えてきたはずだ。だからこそ第一回ワールドカップから三十年経っても、世界にラグビーが広がっていないのではないか。アラン・ジョーンズは、二〇一九年ワールドカップの準々決勝以上の顔ぶれは、一九八七年ワールドカップと同じになるだろうと予想した。ギルバート諸島だろうが、南極だろうが、モンゴル東部だろうが、ラグビー発祥の地がどこだろうと構わない。伝統的なラグビー国以外では、ラグビーはあまり大きな進展を見せていない。これは「ラグビー強国」の責任だろう。彼らが、小さな国により大きなパイを切り分けようなどと考えたことが一度でもあるだろうか？

アンディ・ヘイデンも現状を問題視している。

「優れたラグビー組織を持たない国ばかりなら、その中でトップに立つのは簡単なことです。他の国だって勝ちたいけれど、ニュージーランドほど細かな部分まで対応できていない。だから勝てないんです。ニュージーランドには、学校から新たな選手が輩出され続けるシステムだって存在している。

ラグビー強国以外でも、存在感を発揮する国もあります。ケニアが思い浮かびますが、それも七人制でのことです。十五人制には新たな進展が全く見られません。イタリアや日本などは、確かに一歩前進しています。でも大きな躍進を遂げた国は皆無です。ラグビー界が発展していることが実感できるように、成功した国が出てきてほしい。でも難しいでしょうね。アルゼンチンはまあ成長はしているのですが……」

ワールドラグビーの責任が大きく、一九八七年のワールドカップから、なにも進展していないことをヘイデンは指摘する。

「イタリア、カナダ、アメリカ、サモア、日本といった国が出現してきましたが、数合わせのようなものです。二〇一五年ワールドカップで日本が南アフリカを破りましたが、それも例外にすぎません。百カ国以上がラグビーをプレーしていますが、その多くが発展途上にあります。

そんな状態では、ニュージーランドも大きく成長できないはずです。ラグビー界全体を盛り上げ、豊かにしていきたいなら、ニュージーランドのような国がもっと頑張らなくてはならないんです。ライバルがいないような状況で、トップに立つことはそこまで難しくはない」

しかし今のままの予算配分では、この状況は変わらないだろう。「ラグビー界はワールドカップで集めた金を、より公平に使っていかなければいけません」そう、ヘイデンは主張する。現在、トップ八カ国に予算の八〇パーセントが配分されているという。「配分された金は、現状を維持するためだけに使われており、他の国の向上のためには使われていません。ラグビーを本気で発展させたいなら、他の国にもより多くの予算を配分するべきです」

ハンセンもこの問題点には気づいている。「全ての国が、これまでの行いを反省するべきです。私はウェールズの監督としてシックス・ネーションズに携わることができましたが、彼らは『自分たち対相手』という敵対構図で、勝ち負けにしかこだわっていなかった。ニュージーランドに戻ってきても状況は同じでした。だから私は『なあ、ちゃんとしたラグビーの試合をしようよ！』と言いたいんです」

二〇一六年、ハンセンがイングランドを称えたところ、多くの人から「偽善的」だと批判を受けたという。「本心からイングランドを素晴らしいと思ったんです。偉大なラグビー国で、彼らには優れた国であってほしいんです。私たちは、シカゴでアイルランドに敗れました。敗北した責任は取らなければならない。でもラグビー界にとっては良いことでしたよ」

コンラッド・スミスは、二〇一五年からフランスのセクシオン・パロワーズでプレーをし、オールブラックスの一員としても九十四試合に出場してきた。彼はニュージーランドのコーチについてどのような印象を抱いているのだろうか？

「良いコーチの影響はとてつもなく大きいものです。私がナショナルチームに加入したとき、ウェイン・スミスがバックスのコーチを務めていました。私はすぐに、彼を尊敬するようになりました。聞きたいことがあれば、なんだってスミスに相談していました。厳しく、挑戦的な態度を取る人物でもあります。私も何度か悪態をつき返しました。でも彼は、オールブラックスと選手のことを本心から気にかけ、選手の力を最大限に引き出そうとしてくれていたんです。ウェイン・スミスが三人もいれば、アクが強すぎてそのチームはうまくいかないでしょう。そんな非凡な人物なんです。

ニュージーランドでは、勝てばいいというものではありません。自分たちが思い描くスタイルでプレーをしなければなりません。選手にはプレッシャーもかかります。でもコーチの方がより強い重責を感じていることでしょう。フランスのような国は、ただ勝てばいいだけです。試合はただの試合なんです。でもニュージーランドは違います。正しいスタイルでプレーしなければ、たとえ勝っても観客は興奮しません。勝てばいいというものではなく、トライなしの勝利など誰も喜ばないんです。

強い期待がかけられた状態で、トップに立ち続けるのはとんでもなく厳しいことです。チームもそのことがよく分かっています。私たちは、そんな困難に百年以上も向き合い続けてきたんです。そしていつだって、その困難の中で戦おうと努力し続けてきた。

努力があったからこそ、オールブラックスの成功があります。運ではありません。オールブラックスの情熱は百年以上も途切れずに続いています。この国の要であり、誇りなんです。オールブラックスはとにかく全力で情熱を費やしてきました。勝利と関係のないことをやっているように見える場面もあったかもしれません。だからこそ、私たちはラグビー大国になれたんです。ジャージを着ている選手にはサポーターから、そしてチームを動かす国から並大抵でないプレッシャーがかかります。でも、それがチームが直面する困難の大部分を占めていたりするんです」

コーチ陣も重い責任を背負いながら戦い続けなければならない。まさに終わりなき旅だ。オールブラックスの強さを支える存在はいくつもあるが、その上位にニュージーランドの優れたコーチ、管理陣が位置することは間違いない。二〇〇四年にグラハム・ヘンリー率いるコーチ、管理陣が就任したことで、状況は大きく変わった。

ラグビーへの深い知識、チームへの貢献は世界最高レベルだった。彼らほど深い知識を備えた国は他になかった。ラグビーについてだけでなく、ニュージーランドの文化、人々についてもよく知っていた。彼らの指導を受けられた選手はとても恵まれていた。

それ以前にも優れた選手は大勢存在した。彼らも他を圧倒する力を誇ってはいたものの、これほどまでに安定してはいなかった。なぜか？　二〇〇四年までは、まだアマチュア的な要素が残っていたため、チームはプロとして徹底できていなかったのだ。コーチ陣も頻繁に変更されていた。フィールド外での不安定さは、試合にも反映される。当然のことだ。

オールブラックスのコーチ、スタッフたちの懸命の働きがあったからこそ、二〇〇四年以降の安定が築かれ、そして支えられてきた。世界最高レベルの、唯一無二の有能な集団だ。一九九〇年代から二〇〇〇年代初頭にかけて、コーチ陣が頻繁に変わりすぎていたため、彼らはその力を発揮できなかった。だがラグビー協会は過去の失敗から学び、サー・ブライアン・ロホアなどの意見に耳を傾けるようになった。

一九九五年のプロ化以降、他の国もうまくいきかけたこともあったが、すぐにスタッフが変えられてしまう。ニュージーランドは二〇〇四年以来、未来へと引き継がれるシステムが採用されてきた。同じコーチ陣、一流選手を継続してチームに在籍させることが、チームを成功させる上でなによりも大切だ。そのことをニュージーランドは学び、計画の基本としてきた。二〇一九年ワールドカップ後には優秀な人材が引退をするだろう。でも、この姿勢が崩れることはない。そのためにもイアン・フォスターが次期コーチに就任すべきだ。

そして、オールブラックスが豊富な人材を安定して確保できている裏に、国中の名もなき人々の力があることを忘れてはならない。日が沈んでも若きダン・カーターにアドバイスを与え続けた学校教師。ボーデン・バレットの才能を見抜き、それを生かそうと熱心に指導した州代表チームのアシスタントコーチ。そういった人々の存在があって、この人口四百八十万人の小国がラグビー界を制圧できてきたのだ。それぞれの立場でシステムを支えているのだ。

スポーツチームとは大企業のようなものだ。多数の才能を抱えていても、トップが熱心でなかったり、無知であれば、その組織はなにも成し遂げられず、徐々に傾いていく。ナショナルチームも同じだ。判断力を持たず、適切なシステムを構築できず、誤った人員配置がなされれば残念な結果にしかならない。

そんな中にあって、ニュージーランドは特異な存在だ。正しいポジションに、正しい人材を配置するために、入念なリサーチもされる。決まったやり方を持っているわけではない。ただ優れた洞察力と信念、的確な判断力を備えているだけだ。だがそのおかげで、二〇〇四年から現在までニュージーランドは圧倒的な成功を収めてきた。この栄光の道は、二〇一九年ワールドカップでの三連覇という偉業の達成へと続いていくはずだ。

第16章 ジャージ

ゲーリー・プレーヤー、イアン・フォスター、キーラン・リード、
ニック・ファージョーンズ、ボーデン・バレット、サー・コリン・ミーズ、
ジョン・ハート、ウェイン・スミス、ライアン・クロッティ、
デイン・コールズ、リアム・メッサム、アラン・ジョーンズ、
ダグ・ハウレット、ボブ・ドワイヤー、ジェローム・カイノ、
ギルバート・エノカ、クレイグ・ダウド、ジョエル・ストランスキー、
ダン・カーター、ワイアット・クロケット、イアン・スミス
その他多数の協力を得て

「オールブラックスの魅力をどう説明すればいいか？　オールブラックスは美しい歴史と伝統を誇るチームです。果てない努力、綿密な計画、素晴らしいコーチ陣。優秀な選手に、その他の数多の要素が合わさって、今の集団を作り上げてきた。なかでも忘れてはならないのが、勝利に対する強力な意志、ジャージの品位を決して損なわないという決意です。そういった全てから最後の力を引き出しては、私たちは前に進み続けてきたのです」

サー・ブライアン・ウィリアムズ（元オールブラックス ウイング）

リッチー・マコウは、試合前になると必ずそれに顔を埋めた。別の選手は、感涙にむせびながら、気持ちを落ち着かせるためにそれで鼻をかんだ。「『どうせ血と泥で汚れるんだ、鼻をかむくらいいいだろう』と思ったからです。罰当たりな行為ではなかったはずです」そう話すのはウェイン・スミスだ。

ライアン・クロッティが、シドニーでの試合でオールブラックスデビューを果たしたとき、両親も現地に駆けつけた。試合後、クロッティは父親にそれを手渡した。「最初の一枚は父親に渡して、その後の十枚は自分で持っています。それを着るときは、いつだって感謝の気持ちでいっぱいになります。一流選手の証なんですから」

デイン・コールズは、カピティ・コーストの小さな町に暮らしていた。近所には、オールブラックスでフルバックとして名を馳せたクリスチャン・カレンが住んでいた。十二歳だったコールズは、カレンの家を訪ねたことがある。そこで彼は、それのコレクションを目にした。「部屋に入った瞬間、とてもびっくりしました。それを身につけながら『僕も欲しい』と思いました」。何年にもわたる不断の努力の末、コールズはそれを手に入れた。カレンの家でそれに袖を通したときから、全てが始まったのだ。

ウェイン・スミスは、それを全て手放したという。自分はすでにそれから必要なマナは受け取った。あとは他者に手渡した方がマナが生き続ける。そう考えてのことだ。

「それ」とはなんなのか？　そう、ジャージだ。オールブラックスのジャージである。このジャージ以外に、ここまで崇拝されるスポーツユニフォームは考えられない。ニュージーランドにとって、このシンプルなジャージはどれほど貴重な存在なのだろう？

スポーツ界全体を眺めると、ただ一つだけこのジャージに匹敵しうる存在を見つけることができる。別の国の、別のスポーツの衣類だ。プロレベルのラグビーは、限られた国だけで行われているチームスポーツだ。だがゴルフは違う。世界各国から優れた選手が一堂に会し、頂点を目指して競い合う。オーガスタで開かれるマスターズ・トーナメントのあのグリーンジャケットこそ、オールブラックスのジャージに並び立つ唯一の存在だ。もちろん、全く同じというわけではない。グリーンジャケットは勝者にのみ与えられ、ジャージはオールブラックスとしてプレーすることが許された者にのみ与えられる。それでも共に、各界の頂点に君臨しては、選手たちの憧れを一身に集める。

南アフリカを代表するプロゴルファー、ゲーリー・プレーヤー。一九六一年、一九七四年、一九七八年にマスターズで優勝してきた彼には、ニュージーランド人が抱く、オールブラックスのジャージに対する信仰にも似た憧れを理解できるだろうか？

「もちろん、理解できますよ」プレーヤーは言う。

「ビジネス界やスポーツ界で成功するには、情熱が欠かせません。ニュージーランド人が情熱あふれる国民であることは、よく知られています。ラグビーにはさらに熱い気持ちを持っていますよね。情熱がなければ、エネルギーが出ず、なにも達成できません。ゴルフのように個人で行うスポーツであっても、情熱がなければ頂点に到達することは不可能です。

オーガスタのグリーンジャケットに袖を通せたことは、私の人生のハイライトの一つです。ゴルフクラブを初めて握った日から、あの瞬間を夢見てきました。ニュージーランドのラグビー選手だって同じでしょう。ラグビーボールを初めて手にしたときから、あのジャージを身につけることを夢見てきたはずです」

確かにニュージーランドの若者たちは、誰もがそんな日が来ることを夢見ている。実際に夢を実現させた選手たちの胸には、私たちには想像もつかないほどの誇らしい気持ちが広がるようだ。

ボーデン・バレットは、オールブラックスに招集されながら、ジャージを着られずにハリケーンズに戻ってきた選手たちの姿を見てきた。誰もが真っ青な顔をしていたという。

「幸運なことに、私はスコッドから漏れたことはありません。でもジャージを着ることなく戻ってきた選手たちは、最も辛い経験だと口を揃えて言います。

オールブラックスの一員になれなかったことで、彼らは深く傷つきます。だから選ばれたら、全力でその場にしがみつくんです。どんな機会も逃しません。でも自分が来週もここに残っているかは、誰にも分からない。全ては自分のパフォーマンス次第です。自己満足に陥った時点で終わりなんです。

いつでも動けるように自己研鑽《けんさん》を怠らず、あらゆる機会で自分の力を伸ばし、挑戦をやめないこと。オールブラックスのジャージを奪われる危機感は常にあります。何者だろうが関係ありません。他のチームの選手なら、これほどまでのプレッシャーを感じることはないでしょう。でもここほど成長できる環境もありません。名誉ある立場だけれど、いつ追われてもおかしくない。だから力を出し切ってチャンスをものにし、チームの遺産を受け継いでいくんです。あのジャージのためなら、全てを犠牲にします」

機敏なスタンドオフだろうが、ギョウザ耳のベテランプロップだろうが関係ない。そこにいる全員が、自分はチームから消えるのではないかという恐怖を感じている。

クルセイダーズでプロップを務めたワイアット・クロケットも、そのときには涙を流したという。

「代表チームからの脱落は、とても辛い体験でした。もう戻ってこられないだろうと絶望し、二〇一〇年以降にはオールブラックスに復帰できないと思っていました。でも、なんとか戻ることができた。

離れてみて初めて、オールブラックスの一員であることが、自分にとってどれほど大きな意味を持っているか気づかされました。だから復帰するためにはなんだってした。チームから外れた瞬間に、あのジャージを着るのがどんなに名誉なことか思い知らされたんです」

クロケットほど、その恐ろしさ、痛みを知っている選手は他にいないかもしれない。二〇一〇年にオールブラックスを退いたが、なんとか復帰し、二〇一七年一一月まで活躍。三十四歳で代表を引退したときには、七一キャップを獲得していた。

なんとも長いキャリアだ。いや、ここでは、「ジャージとの長い付き合い」と表現してもいいかもしれない。だが彼の痛みは、他の選手にもよく理解できるものだ。一九六〇年代のオールブラックスでウイングとして活躍したイアン・スミスも、オールブラックスを外されたときのことを「人生最悪の日だった」と表現している。「一九六三年から一九六六年まで、長いことオールブラックスでプレーすることができました（二十四試合、九キャップ）。そんな日々が終わりを迎えたときには、ひどい痛みを感じたものです。今でもその痛みは残っています」

それから長い年月が流れた。五十年以上も昔の傷なら、もうとっくに癒えているのではないか？　そうではないようだ。

「この国ではオールブラックスのジャージを手に入れるのは、特別なことなんです」とスミスは語る。「私の番号は六四四でした。今でもご近所さんから、その数字で呼ばれますよ。私にとって誇りなんです。国の代表としてプレーできたことは、かけがえのない財産になっています。あのジャージを着たからといって大金が手に入るわけではない。でも、人々の尊敬を集めることができるんです」

スミスは、初めてキャップを獲得したとき、キャプテンのウィルソン・ワイナリーからこんな言葉をかけられた。「とにかく楽しんでこい。もう二度と同じ状態には戻れないから」。彼は正しかった。スミスは、あのときに自分の人生が決まったと振り返る。

遠い昔にオールブラックスで活躍した選手たちは、カウリマツの巨木の節くれだった枝のような存在だ。長いこと社会を支えながら、時代の移り変わりを見守ってきた。オールブラックスとして四十五戦に出場し、一三キャップを重ねてきたブラッド・ジョンストンもその一人だ。ニュージーランドと他の国はどこが違うか？　彼は目を細めながらこう回答した。

「百年以上にもわたって、オールブラックスはブランド、文化を作り上げてきました。世界を相手に戦うときに、そのジャージを身につけます。でも同時に恐ろしさも感じます。先人が築き上げてきたものを、自分が傷つけてしまうかもしれない。それはものすごい恐怖です」

元南アフリカのコーチであるニック・マレットは、そのような考え方に当惑した態度を見せる。「他の国の選手は、そんな考え方はしません。オールブラックスの選手のような強いプレッシャーを感じることもない。大きな違いがあります。でもそれが、ニュージーランドの強さの秘訣でもあるのでしょう」

ではオーストラリアはどうか？　犬猿の仲であるイギリスとの試合では、オーストラリアは国を挙げて相手を倒そうとする。観客は酒を浴びるように飲みながら、母国チームを応援する。だがそれでも代表チームの「ジャージ」に対しては、ニュージーランドほど強い思い入れはない。元オーストラリア主将ニック・ファージョーンズもこう説明する。

「オーストラリア人は国のジャージに対して、もう何十年も、ニュージーランドほどの誇りを持っていません。一方、オールブラックスのジャージを身につけた者は誇りを感じ、義務感を抱くようになります。ニュージーランドは小さな国かもしれませんが、その歴史、文化、ラグビーの強さが合わされば大国になります」

サー・コリン・ミーズほど、誇りを持ってジャージに袖を通してきた選手はいないだろう。彼は一生をかけて、ニュージーランドラグビー界に貢献してきた。彼にとってオールブラックスのジャージとは、戦士の身体についた傷や血の痕のようなものなのだ。

あなたはジャージにどのような感情を抱いていますか？　私がそう問いかけると、ミーズは動きを止めた。そして軽いため息を漏らした。興奮からだろうか。もしかしたら、神聖な話題に及んだからかもしれない。

「オールブラックスのジャージは、これまで変わることなく魅力を放ち続けてきました。現代の選手だって、かつての選手と同じようにその魅力に惹きつけられています。初めてのテストマッチの前の晩に、あのジャージを着て眠る選手がいます。なかにはあのジャージ姿で、トレーニングまで行う選手もいる。私には、それが良いことだとは思えません。私はジャージに敬愛の念を抱いてきました。いつだって。あのジャージは、国のためにプレーするときにだけ身につけるべきだと思うんです。私は社会的な場面などでも、あのジャージを着用したことはありません。

試合中に、自分の身を守るためだけに着ていました。初めてあのジャージを手にしたとき、試合に出場する前に足を骨折してしまうのではないかと、気が気ではありませんでした。そんなことが起これば、オールブラックスだと名乗れなくなる。そんな悲劇を体験した選手は何人もいます。彼らは選ばれることも、オールブラックスだと名乗ることも二度とありませんでした。

オールブラックスとしてプレーしたことは、私のスポーツ人生における最大の功績です。家族とスポーツ人生は、全くの別物です。人は、自分が成し遂げたことと、我が子のことを誇りに思うものです。でも私はいつだってこのジャージを誇りに思ってきたんです」

やはり他国と比べても、ニュージーランドの若者は代表チームのジャージを着ることを重く受け止めているのか？　ミーズは答える。「フランスやイングランドとは、大きな違いがあるでしょう。ニュージーランドの若者にとって、ジャージはとても重要な存在です。イングランドには、ラグビーよりも盛んなスポーツがあります。フランスでも、他にも多くのスポーツが人気を博しています」

サー・ブライアン・ロホアも同様の意見を口にした。「私も、オールブラックスに再びかかわるまでは、前ほどジャージの力が感じられなくなっているだろうと思っていました。でもそんなことはなかった。ジャージへの気持ちは、ちっとも変わっていませんでした。今でも、かってのように大切な存在です。ジャージは、この国の若者にとって、大きな意味を持っているんです」

若者たちのそんな気持ちも、ニュージーランドのラグビー界を形成する重要なピースだ。オールブラックスのジャージを着ることで、感情は高まり、自負心が胸に広がる。他の国の選手には、理解できないかもしれない。もちろん、誰だって国の代表に選ばれれば誇らしい気持ちになるだろうし、他人の感情を決めつけることも不可能だが。

ただニュージーランドでは、ジャージがとても重要な存在であるのは確かだ。ジョン・ハートもこれに同意する。

「他の国が、他のスポーツと比較することは不可能でしょう。これは文化であり、アイデンティティです。私たちにとって、ラグビーはなくてはならないものなのです。ジャージへの情熱が衰えることはありません」

どのようなトロフィーやメダルでも、ジャージに取って代わることはできない。二〇一四年に最優秀選手に選ばれたブロディ・レタリックもそう認めている。「家のリビングにメダルやトロフィーを飾ったりはしません。ガレージの小さな棚に入れてあります」

きっと埃まみれになっているに違いない。

リッチー・マコウが引っ越したとき、個人的な記念品や特別なパーティーやイベントへの招待状などが後に残されていて、新しい入居者を驚かせた。マコウにとって、それらはどうでもいい物だった。もちろん、オールブラックスのジャージは残されていなかった。

マコウはジャージについてこう語る。「細かなことかもしれませんが、サッカーのユニフォームには、個人の番号が入っていますよね。でもラグビーは違います。私が七番のジャージを着ていても、あれは私のものではなかった。オールブラックスのジャージでした。チームにいるときだけその番号を務め、できればチームに貢献し、そこになにかを残していく。そして自分が抜ければ、他の誰かがその番号を身につけてプレーを続けていくんです。この感覚は、私がオールブラックスに入った頃から変わっていません。自分のものだと思った時点で、選手は違った態度を取るようになるでしょう。オールブラックスのジャージは、個人を超えた大きな存在なんです」

目標や目的を共有する仲間意識も、ジャージから作り出される。「あの瞬間は特別なものです」とマコウは言う。

「試合後のロッカールームで一緒に座った仲間としか共有できない、理解し合えない気持ちがあります。選手たちには、お互いが結果を出すためになにをやったか、なにをやるべきだったかが分かっています。

あの感覚は、他ではちょっと体験できないものです。今でも懐かしく思い出します。フィールドに出ていって、身体をボロボロにしたことを懐かしいとは思いません。でもロッカールームで味わうあの感情は特別でした。言葉で表現するのは難しい。今でも、あの雰囲気をもう一度味わいたいと思うことがあります。とても特別なものだったんです」

一方のイアン・フォスターはこう話す。「ジャージの魅力？　オールブラックスの遺産を守る者として感じるプレッシャーですね。私たちは、選手がラグビーを愛し、チームから離れたくないと思わせるような環境や場を作り上げなくてはなりません。チーム環境を整え、困難を乗り越えられるように最高の集団でいなければならない。あとどれだけ長く、ニュージーランドは一流選手をつなぎ止めておけるか？　そう聞かれることもあります。確かに私たちはこの問題に立ち向かわなければならず、敵の数が減っているわけでもありません。それでも私たちには、ジャージという存在があります。まだ選手たちの中から、オールブラックスになりたいという強い気持ちは失われていないんです」

どれだけ時が流れても、ジャージに対する憧れや感情が衰えることはない。一九八五年、ウェイン・スミスは、オールブラックス選手として最後の試合を終えた。リーダーとしての優れた判断力を持ったスミスは、今度は指導者として強い影響力を発揮するようになる。現役時代の達成を超えるほどの、目覚ましい活躍ぶりだった。サー・グラハム・ヘンリーも、スミスについて「私が会ったオールブラックスのコーチ陣の中でも、最も優秀な人材だ」と評している。そんなスミスは、自身のラグビーにまつわる特別な思い出について、こう語っている。

「私はオールブラックスとして、二百試合以上にかかわってきました。三十五試合に出場しています。十七試合がテストマッチでした。でも選手として最初にジャージを着たときを上回る経験は他にはありません。最高の瞬間でした。試合前夜に、選手はジャージを手渡されます。私はジャージを持ってベッドに入りました。あのときの気持ちは、今でもよく覚えています。一九八〇年のことでした。あれから三十八年が経ちましたが、今でもあの瞬間は特別なものです。

選手としてプレーしているときが、人生における最良の時代だ。私はよく周囲にそう言います。コーチとして選手を指導するのも素晴らしい経験です。引退後にもラグビーにかかわりたくて、この道を選びました。それでも選手としてプレーすることが一番なんです。私にとって選手だったときが、人生で一番良い時代でした」

またスミスは、ジャージを受け取るとどのような気持ちになるものか、どんな影響を受けるものか、丁寧に説明してくれた。

「選手はジャージからそれぞれのやり方で、マナを受け取っていきます。ジャージを身につければ、それはあなたの一部となり、マナを残らず引き出していく。私は全てのジャージを手放してきました。なぜなら自分にとって必要なマナは、すでに引き出し尽くしたからです。クラブが何枚か所有していて、残りは全てチャリティーに出しました。そうすることで、ジャージの真の役割が果たされるように感じます。

オールブラックスのジャージとは、戸棚にしまいこんでおくようなものではありません。病気で苦しむ人や、そこに宿ったマナを必要としている人などに手渡していく。そうすれば、そのジャージは、ずっと人の役に立つことができます」

スミスは、ジェローム・カイノのジャージへの思いを聞いたことがあるという。「カイノは、選手の間でジャージが引き継がれていくことについて話していました。彼はジェリー・コリンズからジャージを引き継ぎました。以来、コリンズを越えようと努力してきた。でもまだ越えられていないと、カイノ自身は感じているようです。彼は、ジェリーに追いつき、追い越そうと不断の努力を重ねてきました。カイノがジャージを引き渡す番になれば、今度は別の誰かが同じことに挑戦していくでしょう。そこで初めて、カイノは胸を張ることができるんです。なんとも美しい流れです」

オールブラックスのスコッドに入って、他の仲間と最初にやることがあるという。スクラムやラインアウトなどの練習を徹底的にやるのではない。

「自分が誰のためにプレーをするか、そこにどんな意味があるかを知ること。それがオールブラックスの一員として、最初にやることです。他のチームでは考えられません。『そんな時間はない。今すべきなのは試合の戦略を考えることだ』とそのステップを飛ばしてしまうんです。

でもオールブラックスは、この過程こそ重要だと考えています。だから飛ばすなんてあり得ません。自分の行動に、個人的な意義を見出していく。オールブラックスが偉大なチームでい続けられることにも大きく関係しています。自分の身を危険にさらす覚悟を込めたものに深く思いを寄せれば、より良いプレーができるようになります。

正しい姿勢、勇気、度胸を見せれば、ラグビーもそれに報いてくれる。だからこそ選手はそれらを身につけ、ジャージに敬意を抱いていかなければならないんです。

オールブラックスの選手やコーチは、いつだって世間の厳しい目にさらされては、生半可でないプレッシャーを感じています。でも裏を返せば、オールブラックスに入れた者だけ、ジャージを手に入れた者だけが、そのような環境にいられるんです。彼らは、歴史の一部になれるチャンスをつかんだ者たちです。素晴らしいことです。だからこそ、プレッシャーに向かっていっても自分は平気だ。プレッシャーがかかる状況でも、プレーを楽しむことができる。そんな気持ちが湧いてくるんです。私は、他のチームにも所属してきましたが、オールブラックスほど重圧がかかる場所はありません」

もちろん、プレッシャーや期待に選手が怖気づいてしまうこともある。コンラッド・スミスも、過剰な重責だと感じることもあるという。かつてのスミスは、週末に試合が予定されていると、週の始めにはいつだって緊張に押しつぶされそうになっていた。だがそのうち、彼は自分にこう言い聞かせるようになった。どんな状況でも、ベストを尽くすしかないじゃないか、と。そう思うことで最後には金曜や土曜になっても、落ち着いていられるようになっていたという。

「チームから学んだ対処法です。全ての選手が同じ心構えを持っていました。どんなときでも、やれることをやるしかない。プレッシャーがあろうがなかろうが、私たちにはそれしかできないんです。

でもオールブラックスのジャージを着ているときは、そのプレッシャーが特に大きな困難となります。サポーター、そしてチームを動かす国から多大な圧力がかけられます。誰にとっても、オールブラックスとは大きな存在です。選手もそのことを自覚しています」

ニュージーランド人のジャージに対する敬意は、コンクリートのように固い。アラン・ジョーンズも「ニュージーランド人はジャージに対して、羨望の念を抱いています。しかし国際的なルールが変わって、最後の二分間試合に出場しただけでも、ジャージを手に入れることができるようになった。そのため、人々の羨望も少しだけ薄まってしまった。あまり歓迎できる流れではありません。でも、選手はジャージに特別な思いを抱いています。だからこそ、一度つかんだら離さないように必死になるんです」

なぜそれほどまでに、あのジャージは人を惹きつけるのか？　私は、チーフスのリアム・

メッサムに尋ねてみた。

「それが、あの黒いジャージが持つ力なんです。オールブラックスになりたいと思わなければ、スーパーラグビーの選手になったりしません。どの選手も、マナが宿り、誉れ高いあのジャージを着てみたいという強い気持ちを持っています。だから一度ジャージを手に入れれば、それを失わないように、必死にくらいついていく。オールブラックスのジャージを手に入れるのは、困難なことだと言われています。でもそれを保持し続けるのは、さらに難しいものなんです。チームに加入した選手はすぐに、そこにとどまり続けるためにどれほど努力をしなければならないか痛感します。

あのジャージに袖を通すたびに、これがオールブラックスとしての最後の機会になるかもしれない。そう思ったりします。だから試合で全力を尽くすんです」

メッサムの言葉から、オールブラックスという偉大な集団ですら「失敗に対する恐怖」を抱いていることが分かる。チームから脱落し、二度と戻ってこられないかもしれないという怖れが、選手たちを突き動かす。全身の筋肉を痛めつけ、腱を限界まで伸ばしながら戦い続ける。病的なほどの執着を見せるのだ。気を抜けば、すぐに足元をすくわれる。虎視眈々とジャージを狙うライバルや捕食者たちが、いつだって側にいる。

「失敗するかもしれないという恐怖を感じないときはありません」アンディ・ヘイデンもそう認める。「でもそれと同じほど、成功への渇望が選手たちの血には流れているんです。オールブラックスの選手として成功したいという強い思いがある。でもオールブラックスの一員になれる確率は、千人に一人よりもずっと低いのが現実です」

そんな状況で若者の心が蝕まれないように、彼らの心理や感情を理解することがギルバート・エノカの役目である。だがネガティブに見える恐怖心でさえ、オールブラックスにとっては前進するための原動力になるのだ。

エノカは言う。「ジャージを大切に思うあまり、選手たちはいつまでもオールブラックスにとどまることを望みます。そのため、常にライバルの存在に怯えています。過去には、ポジションを失いたくないと、怪我を押してまで試合に出場した選手もいたでしょう。『オールブラックスの選手たちが、最も抱きやすいのはどんな感情なのか？』と聞かれることがあります。答えは、勝利したときの安堵感です。現在では、恐怖を抱くのはいいことだと分かってきてもいます。素晴しいことが起こる場所に足を踏み入れることを恐れているわけではありません。彼らが最も恐れているのが、あのジャージを失うことなのではないでしょうか。恐怖が選手たちを駆り立てます。恐怖に向かっていこうとするか、逃げようとするか。人によって違いますが、いずれにせよ原動力にはなっているはずです」

ダグ・ハウレットですら、次のように話す。「私はオールブラックスとして、六十二回のテストマッチで四十九トライ（オールブラックス歴代最多トライ記録）を決めてきました。それでも自分の立場が安泰だと思ったことは一度もありません」

他のチームのトップ選手がこのような気持ちを抱くことはまずないだろう。フランスやオーストラリア、イングランドのスコッドに、同様の恐怖が蔓延しているとは考えられない。他国の若い選手は代表チームのジャージを獲得することを、ニュージーランドの選手ほど重要視していないのかもしれない。

イングランドラグビー協会は、二〇一一年ワールドカップの敗北時の様子をある資料にまとめている。九割ものイングランド選手から証言が寄せられたこの資料には、準々決勝で敗北したときにある選手が「これで三万五千ポンドがパーだ」と発言したと記録されている。この発言を耳にしたという選手は「気分が悪くなった。選手はお金のためだけにプレーすべきではない」と述べている。

金が全てだと思っている選手は確かに存在する。同資料によると、大会開催直前にこのようなことも起こったようだ。ニュージーランドに向けて出発する間際になって、数人の代表選手が報酬額に対して不満を訴えたのだ。これに対してラグビー協会の幹部ロブ・アンドリューは、次のように発言したと記録されている。「出発直前にチームは不安定な状態に陥ってしまった。トゥイッケナムで行われたワールドカップ送別会に、スコッドが出席できない危険さえあった。ラグビーよりも金銭を重視するベテラン選手がいることが判明した」

同じことがニュージーランドで起こった場合、スティーブ・チューとスティーブ・ハンセンはどう対処するだろうか？　簡単に想像がつく。選手を家に送り返し、二度と代表に選ばない。そのせいでワールドカップで敗北したとしてもだ。イングランドもそうすべきだったのだ。でも彼らはそうしなかった。

「他の国ではそうかもしれませんが、ニュージーランドの選手にとって、金は一番大切なものではありません」と元オーストラリア代表コーチのボブ・ドワイヤーも話している。

二〇一五年のリッチー・マコウがそうだった。ワールドカップ終了後の移籍先として、マコウのエージェントは、フランスのトップクラブと交渉を進めていた。シーズン年俸百五十万から二百万ユーロ、もしくはそれ以上が見込まれた。条件は最低二年で、一年延長のオプション付きだ。

もしかしたら四百五十万から五百万ユーロでも交渉が成立したかもしれない。でもマコウはそうしなかった。彼は契約を蹴ったのだ。「海外でプレーしたい気持ちはありませんでした。ただ試合に出て、格下の相手と戦って大金を得る。自分にとって、正しい行為だとは思えなかったんです」

気持ちは分かるが、四百五十万から五百万ユーロは大金だ。喜んで引き受ける選手も大勢いるだろう。だがマコウはそのような選手ではなかった。彼がラグビーに求めていたのは別のものだった。

元イングランド代表のステフォン・アーミテージは、金銭的な条件を重要視しているようだ。アーミテージは、トゥーロンのヨーロピアン・チャンピオンズカップ三連覇に貢献し、二〇一三-二〇一四シーズンには欧州最優秀選手にも選出されている。卓越した才能を誇る選手だ。

二〇一五年ワールドカップにも、イングランドの代表選手としてアーミテージが選出されるものだと誰もが思っていた。当時のイングランドには、彼ほど優れたバックローはいなかった。ボールスキル、パワー、ブレイクダウンのテクニック。どれをとっても素晴らしかった。だが国外リーグでプレーしているという理由で、イングランドはアーミテージを選出しようとしなかった。代表になりたいなら、帰国するように主張したのだ。

アーミテージはそれを聞き入れなかった。そしてトゥーロンから、これまたフランスのセクシオン・パロワーズに移籍していった。

二〇〇九年から二〇一一年の間に五つのキャップを得た彼は、イングランドのジャージを再び身につけたいと思わなかったのだろうか。キャップ数を重ねようとは思わなかったのだろうか。やはり自国のジャージよりも金なのだろうか。

海外に渡るオールブラックスの選手も増えている。だからといって、彼らがジャージへの敬意を失ったわけではない。ジェローム・カイノ、リアム・メッサム、ヴィクター・ヴィト、ベン・フランクス、タウェラ・カーバーロー、ブラッド・シールズ、アーロン・クルーデン、マラカイ・フェキトア、リマ・ソポアガなど――オールブラックスの第一線でプレーすることはもうない、国を背負っては戦えない。そう悟ったからこそ、彼らは海の向こうへと渡っていったのだ。

マコウが金銭目的でプレーしなかったように、キーラン・リードもまた金よりも大切なものがあると話す。二〇一八年までに一〇八キャップを獲得していたリードにとって、どの試合も等しく価値があるという。

「国を背負ってプレーをするのは、いつだって素晴らしい気分になれるものです。あのジャージを着ると、腕や脚が新たに生えてきたような感覚を覚えます。永遠にオールブラックスとして戦えるわけではない。だからこそ、そのときの気分を思う存分に味わっておくんです」

そんなオールブラックスから国外リーグに移籍するとき、タイミングを間違えば後悔することになる。オールブラックスの元プロップであり、ロンドン・ワスプスでもプレーしていたクレイグ・ダウドはそう主張する。「海外に移籍した選手は、あるときテレビでオールブラックスの試合を目にします。でもジャージに未練が残っていたら『またオールブラックスでプレーしたい』などと思ってしまって、テレビ画面を見ていられないものなんです」

オールブラックスのフルバックのベン・スミスは、セクシオン・パロワーズとの高額契約を蹴ってニュージーランドに残った。「スミスは、自分にそんな気持ちがあることを分かっていたのでしょう。確かに彼はまだまだ現役として活躍できますし、ニュージーランドでも良い条件でプレーできるはずです。報酬は落ちても、この文化とチームに残れば、ワールドカップ三連覇の場に居合わせるのも夢ではない。世界中どこを探しても、ニュージーランドのような独特な文化を持った場所はありません。その中心にあるのが、あのジャージなんです」

他の国でもラグビー人気は高いものなのだろうか？　一九九五年ワールドカップでスプリングボクスの優勝に貢献したジョエル・ストランスキーは「人気はない」と言い切る。

「南アフリカでは、ラグビーのシステムはひどいもので、人気も実力も衰退の一途をたどっています。でもニュージーランドと違って、そんな状況が国全体に影響を及ぼすことはありません。

ニュージーランド以外では、ラグビーは最も重要な存在ではありません。イギリスだと、サッカーの方が人気も重要度も圧倒的に高い。ニュージーランドは他の国とは違います。なにしろラグビーが国技ですからね。でもそれがオールブラックスの強さの大きな理由になるわけではありません。選手数だって、イングランドや南アフリカよりも少ないですよね。選手を育成するシステムがしっかりしているからこそ、あれほどまでの強さが保てているんです」

またジャージには別の要素も含まれている。謙虚さだ。ラグビー界には謙虚な若者が多い。

ダン・カーターは、オールブラックスの選手たちは、気取らずに、周囲への感謝を忘れないように教えられていると話す。彼らの文化では、謙虚さがとても大切にされているのだ。選手たちは思い込みだけで先走ったり、周囲を見下したりしないように教えられる。二〇一八年にスキャンダルを起こしたオーストラリアのクリケットチームと違って、オールブラックスは、このことを忘れないように気をつけている。

「私たちは、子供の頃から謙虚でいるように教わります」とダン・カーターは振り返る。「オールブラックスになっても、同じことを言われ続けます。謙虚さこそ、プレーしていく上で最も大切なんです」。ではジャージは、チームにとってどういった存在なのか？　「オールブラックスはニュージーランドを代表するチームです。でもそこにはマオリも、パケハも、パシフィカもいて、それぞれに違った文化を持っている。そんな選手を一つに束ねるのがオールブラックスのジャージなんです」

だがニュージーランド人にとって、ジャージはすでに見慣れたものになっていて、かつてほどの魅力は失われているのではないか？　などとよそ者は思ってしまうが、そんなことは全くない。なぜだろう？　ウェイン・シェルフォードはこう答える。

「十人の選手が海外に移籍しても、一人の選手はニュージーランドに残り、ジャージの文化を作っていきます。この一人こそ最高の選手なんです。海外に行ってしまったのは、オールブラックスの要求を満たせなくなった者ばかりです。

世界のラグビー界において、オールブラックスのジャージこそ至高の存在だとされています。ニュージーランドの若者なら、誰もがそのジャージを着ることを夢見ます。他の国ではまず見られない状況ですよね。でもそれこそ、ニュージーランドのラグビーレベルが高い理由なんです」

エノカに言わせると、ジャージへの情熱は、ニュージーランドのラグビー界の「恥」にも関係しているという。そう、子供を一流ラグビー選手に育てたいと願うあまり過激な行動を取る親たちにも関係しているのだ。

私のニュージーランド人の友人も「地域の学校のファーストフィフティーンの試合を観戦したんだけど、親がひどかった。選手を罵倒したり、レフリーに食ってかかったりしていて驚いた」と話していた。

エノカもそんな親たちの姿をよく目にするという。

「五歳か六歳くらいの子供たちの試合でも親たちはヒートアップします。どの親も『うちの子もオールブラックスに入るかも』と思っているんですね。子供たちも代表入りして、ジャージを着ることを夢見ている。実際にジャージを着てみると、確かにスーパーマンになったような気分がするものです。

ミーズが言ったように、この国の若者にとってジャージは特別なものです。ニュージーランド人としてのアイデンティティと深くつながっているからかもしれません。人々はジャージに並々ならぬ思いを抱いています。オールブラックスで働いてきたこの十七年間、『ジャージを汚してはならない』という言葉を何度も耳にしました」。オールブラックスのジャージは、ニュージーランド人としてのアイデンティティが込められて初めて特別な存在となる。ニュージーランドのアイデンティティを象徴する「シルバー・ファーン（銀のシダ）」のついていないジャージは、ただのジャージでしかないのだ。ジャージに袖を通してきた者たちが、そこに新たな価値を積み上げようとすることでその魅力は保たれてきた。彼らは、ジャージは自分たちのものではないことが分かっている。オールブラックスとしてプレーする間だけそれを身につけ、価値を付け加えていく。

「これまで、その神秘性、特別性が損なわれることはありませんでした。しかし〝私〟の力が〝私たち〟の力を超えてしまえば、それらも蝕まれていくでしょう」とエノカは言う。

ベン・スミスがフランスに渡らなかった理由に、ジャージの存在もあった。サー・ブライアン・ウィリアムズは彼の気持ちがよく分かるという。

「ジャージの持つ力が、スミスを母国にとどめたのです。あのジャージをまだ着ていたかったんです。最初は、誰にとっても、苦労して手に入れたジャージにすぎません。しかし時間が経つにつれ、その価値は深まっていく。どんなに偉大な選手になろうとも、そんな気持ちの変化は同じです。ここでは、全ての若者がオールブラックスに憧れを抱いている。他の分野の成功者たちだって、同様の憧れを持っているものです」

元首相サー・ジョン・キーもその一人だ。「私たちは様々なスポーツを楽しみます。でもこの国の魂の特別な位置を占めているのがラグビーなんです」と言っていた。

一国の首相から、このような言葉を聞くことは滅多にないだろう。キーは続ける。「ラグビー大国として世界に君臨している背景には、そんな心理も影響しているんです。あのジャージを着ることは、もはや文化的な行為ですらあります。お金のためではない。特に意味づけしたりせずに、ただ自分たちにとって重要なことだからと、選手たちはジャージを着ていきます」

オールブラックスはもはや強力な文化であり、人々も大きな期待を寄せている。「世間はオールブラックスに勝利を求めます。いえ、勝つことが当たり前だとすら考えている。二位になるだろう、なんて観客は思いません。勝利だけを期待しているんです」

ジャージを身につけた男たちへの重圧は相当なものだ。言い訳は許されない。ニュージーランドの人々は、オールブラックスの勝利に慣れきってしまっているため、今では勝つことが義務となってしまった。

ジャージをまだ持っていますか？　私は、その七十五歳の老人に尋ねた。その瞬間、彼の目に力が宿ったのを私は見逃さなかった。彼の内側から誰かが火を灯したように、眠たげな目が輝き始めた。闇の中の灯台のような、力強い光だ。イアン・スミスは、無言のまま立ち上がると、しっかりとした足取りで部屋を出ていった。

戻ってきたとき、背筋の伸びたその身体には、シルバー・ファーンがついた黒衣がまとわれていた。

背後には大きく一四番と記されている。誇り高く、輝かしい。引退してから長い時間が経過しているが、ジャージはスミスの身体にぴったりと馴染んでいた。

それから数ヶ月後、スミスは他界した。デイブ・ギャラハー、ボビー・ブラック、サー・コリン・ミーズ、サー・ウィルソン・ワイナリー、ジョナ・ロムー、ジェリー・コリンズ——かつての仲間に会うために、彼は天に昇っていった。

一九一八年一一月一一日一一時。鳴り響いていた銃声が一斉にやんだ。大量殺戮が繰り広げられた第一次世界大戦が終結したのだ。それから百年後の二〇一八年一一月。ニュージーランドが雨と泥に覆われるこの季節に、ニュージーランド国民は戦没者を追悼した。一九〇五年にオリジナルズとして北半球に遠征を行い、オールブラックスの礎を築いたギャラハー、そしてブラックといった男たちだ。

ギャラハーは、ベルギーのパッシェンデールにある、静かな墓地に埋葬されている。母国から遠く遠く離れた場所で永遠の眠りについている。

彼をはじめとする多くの死者が、気高く、壮大な功績を支えてきた。その手から手へと、オールブラックスの精神を引き渡しては、他の誰にも真似できない偉業を達成してきた。彼らこそ、あのジャージを身につけた者たちなのだ。

オールブラックスW杯成績 ※左がオールブラックスの得点

1987年 第1回大会（ニュージーランド、オーストラリア）

一次リーグ	70 ― 6	イタリア
	74 ― 13	フィジー
	46 ― 15	アルゼンチン
準々決勝	30 ― 3	スコットランド
準決勝	49 ― 6	ウェールズ
決勝	29 ― 9	フランス

優勝 ニュージーランド

1991年 第2回大会（イングランド、フランス他）

一次リーグ	18 ― 12	イングランド
	46 ― 6	アメリカ
	31 ― 21	イタリア
準々決勝	29 ― 13	カナダ
準決勝	6 ― 16	オーストラリア

優勝 オーストラリア

1995年 第3回大会（南アフリカ）

一次リーグ	43 ― 19	アイルランド
	34 ― 9	ウェールズ
	145 ― 17	日本
準々決勝	48 ― 30	スコットランド
準決勝	45 ― 29	イングランド
決勝	12 ― 15	南アフリカ

優勝 南アフリカ

1999年 第4回大会（ウェールズ）

一次リーグ	45 ― 9	トンガ
	30 ― 16	イングランド
	101 ― 3	イタリア
準々決勝	30 ― 18	スコットランド
準決勝	31 ― 43	フランス

優勝 オーストラリア

2003年 第5回大会（オーストラリア）

一次リーグ	70 ― 7	イタリア
	68 ― 6	カナダ
	91 ― 7	トンガ
	53 ― 37	ウェールズ
準々決勝	29 ― 9	南アフリカ
準決勝	10 ― 22	オーストラリア

優勝 イングランド

2007年 第6回大会（フランス）

一次リーグ	76 ― 14	イタリア
	108 ― 13	ポルトガル
	40 ― 0	スコットランド
	85 ― 8	ルーマニア
準々決勝	18 ― 20	フランス

優勝 南アフリカ

2011年 第7回大会（ニュージーランド）

一次リーグ	41 ― 10	トンガ
	83 ― 7	日本
	37 ― 17	フランス
	79 ― 15	カナダ
準々決勝	33 ― 10	アルゼンチン
準決勝	20 ― 6	オーストラリア
決勝	8 ― 7	フランス

優勝 ニュージーランド

2015年 第8回大会（イングランド）

一次リーグ	26 ― 16	アルゼンチン
	58 ― 14	ナミビア
	43 ― 10	ジョージア
	47 ― 9	トンガ
準々決勝	62 ― 13	フランス
準決勝	20 ― 18	南アフリカ
決勝	34 ― 17	オーストラリア

優勝 ニュージーランド

著者略歴

ピーター・ビルズ（Peter Bills）

スポーツライター、ラグビージャーナリスト。1987年第一回大会より全てのラグビーワールドカップを観戦してきた。インディペンデント・ニュース&メディア・グループのチーフラグビーライター。ロンドン、ダブリン、ベルファストなどの新聞をはじめ、各メディアに寄稿。『ミディ・オリンピック』『シドニー・モーニング・ヘラルド』『マンチェスター・イブニング・ニュース』の元コラムニストでもある。

訳者略歴

西川 知佐（にしかわ ちさ）

1984年、広島県生まれ。東京農業大学卒業。共訳書に『CHOCOLATE（チョコレート）:チョコレートの歴史、カカオ豆の種類、味わい方とそのレシピ』『バラ大図鑑』がある。

カバー写真　Phil Walter / Getty Images

ALL BLACKS《オールブラックス》
勝者の系譜

2019（令和元）年 10 月 10 日　初版第 1 刷発行

著　者：ピーター・ビルズ
訳　者：西川 知佐
発行者：錦織 圭之介
発行所：株式会社 東洋館出版社
〒113-0021　東京都文京区本駒込5-16-7
営業部　TEL 03-3823-9206／FAX 03-3823-9208
編集部　TEL 03-3823-9207／FAX 03-3823-9209
振　替　00180-7-96823
U R L　http://www.toyokan.co.jp

装　丁：水戸部 功
印　刷：藤原印刷株式会社
製　本：牧製本印刷株式会社
ISBN978-4-491-03938-1 ／ Printed in Japan